Die Informationspflicht des § 630c Absatz 2 Satz 2 BGB

Europäische Hochschulschriften Recht

European University Studies in Law

Publications Universitaires Européennes de Droit

Band/Volume 6712

André Byrla

Die Informationspflicht des § 630c Absatz 2 Satz 2 BGB

Ärztliche Fehleroffenbarung und Selbstbelastungsfreiheit

PETER LANG

Bibliografische Information der Deutschen Nationalbibliothek
Die Deutsche Nationalbibliothek verzeichnet diese Publikation in der Deutschen Nationalbibliografie; detaillierte bibliografische Daten sind im Internet über http://dnb.d-nb.de abrufbar.

Zugl.: Potsdam, Univ., Diss., 2022

517
ISSN 0531-7312
ISBN 978-3-631-88154-5 (Print)
E-ISBN 978-3-631-89243-5 (E-PDF)
E-ISBN 978-3-631-89244-2 (EPUB)
DOI 10.3726/b20330

Peter Lang – Berlin · Bern · Bruxelles · New York · Oxford · Warszawa · Wien

Diese Publikation wurde begutachtet.

www.peterlang.com

Meinen verstorbenen Großeltern Anna und Karl.

Vorwort

Die ärztliche Heilbehandlung ist tendenziell stärker mit rechtlichen Risiken für die in unseren Krankenhäusern, Arztpraxen und Medizinischen Versorgungszentren tätigen Ärztinnen und Ärzte verbunden als viele andere berufliche Tätigkeiten. Für die medizinische Behandlungstätigkeit besteht schon ein gesteigertes strafrechtliches Risiko. Grund hierfür ist die bis heute geltende Einordnung auch der medizinisch indizierten und fehlerfreien ärztlichen Behandlung als tatbestandliche Körperverletzung. Ärztliche Informationspflichten über Behandlungsfehler stehen im Spannungsverhältnis mit den Interessen der Ärztinnen und Ärzte, die mit teils schwerwiegenden persönlichen Folgen rechnen müssen.

Die vorliegende Arbeit wurde als Dissertation zur Erlangung des akademischen Grades eines Doktors der Rechte im April 2021 an der Juristischen Fakultät der Universität Potsdam eingereicht und dort angenommen. Sie beschäftigt sich nach einem Überblick zum Recht der medizinischen Behandlung aus zivil- und strafrechtlicher Sicht mit der Frage ärztlicher Fehleroffenbarungspflichten vor Inkrafttreten des Gesetzes zur Verbesserung der Rechte von Patientinnen und Patienten (Patientenrechtegesetz) vom 20. Februar 2013. Hauptteil der Arbeit bildet die Auseinandersetzung mit der durch das Patientenrechtegesetz eingeführten Informationspflicht des § 630c Absatz 2 Satz 2 BGB und dem damit korrespondierenden Beweisverbot des § 630c Absatz 2 Satz 3 BGB.

Die Arbeit berücksichtigt Rechtsprechung und Literatur bis Ende 2020.

Danksagung

Ganz herzlich möchte ich mich bei den Menschen bedanken, die mich vor und während der Arbeit an dieser Dissertation begleitet und unterstützt haben.

Mein besonderer Dank gilt meinem Doktorvater Herrn Prof. Dr. Wolfgang Mitsch für seine ausgezeichnete Betreuung und seine fachlichen Impulse in all den Jahren.

Außerdem bedanke ich mich bei meinen Kolleginnen und Kollegen für die produktiven Gespräche und Anregungen auf meinem Weg zur Anfertigung dieser Dissertation.

Meinen lieben verstorbenen Großeltern Anna und Karl danke ich aus tiefstem Herzen für ihre vorbehaltlose Unterstützung auf so vielen Wegen seit meiner frühesten Kindheit. Sie sind das unverzichtbare Fundament, auf dem diese Arbeit ruht.

Meinen Eltern, meinem Bruder und ganz besonders meiner Frau Eva danke ich herzlich für ihre unerschöpfliche Geduld, ihren ermutigenden Zuspruch und ihren helfenden Beistand in den zurückliegenden Jahren.

Inhaltsverzeichnis

Einleitung

Am 26. Februar 2013 ist das „Gesetz zur Verbesserung der Rechte von Patientinnen und Patienten" oder kurz das sog. Patientenrechtegesetz vom 20. Februar 2013 in Kraft getreten.[1] Mit diesem Artikelgesetz wurden Änderungen des Bürgerlichen Gesetzbuches, des Fünften Buches des Sozialgesetzbuches, der Patientenbeteiligungsverordnung, des Krankenhausfinanzierungsgesetzes, der Zulassungsordnung für Vertragsärzte, der Zulassungsordnung für Vertragszahnärzte und der Bundesärzteordnung vorgenommen, wobei ein wesentlicher Teil des Gesetzes die Kodifizierung des Behandlungs- und Arzthaftungsrechts umfasst. So wurden im BGB die §§ 630a bis 630h unter dem zusätzlich eingeführten Gliederungspunkt „Behandlungsvertrag" eingefügt. Der Gesetzgeber beabsichtigte mit dem Patientenrechtegesetz die Herstellung von Rechtsklarheit und Rechtssicherheit für alle Beteiligten herbeizuführen.[2] Im Rahmen dieses Gesetzes wurden von der Rechtsprechung im Arzthaftungsrecht entwickelte Rechtssätze im BGB kodifiziert.[3]

Das Patientenrechtegesetz führte in § 630c Absatz 2 Satz 2 BGB eine in der juristischen Literatur partiell als Fehleroffenbarungspflicht deklarierte[4] Verpflichtung des Behandelnden ein, den Patienten auf Nachfrage oder zur Abwendung gesundheitlicher Gefahren über Umstände, die die Annahme eines Behandlungsfehlers begründen, zu informieren. Im Hinblick auf die sogenannte Selbstbelastungsfreiheit bzw. den Grundsatz „nemo tenetur se ipsum accusare" sah sich der Gesetzgeber darüber hinaus veranlasst, in Satz 3 des § 630c Absatz 2 festzuschreiben, dass diese Information in einem gegen den Behandelnden oder einen nahen Angehörigen geführten Straf- oder Bußgeldverfahren zu Beweiszwecken nur mit Zustimmung des Behandelnden verwendet werden darf.[5] Wie aus der Begründung des Patientenrechtegesetzes hervorgeht, vertritt der Gesetzgeber dabei die Auffassung, er habe nunmehr mit Einführung des

---

1 Gesetz zur Verbesserung der Rechte von Patientinnen und Patienten, BGBl. (2013) I S. 277.

2 Regierungsentwurf, BT-Drs. 17/10488, 10.

3 Regierungsentwurf, BT-Drs. 17/10488, 9.

4 Katzenmeier, in: BeckOK-BGB, § 630c, Rn. 10 f.; ders., in: Laufs/Katzenmeier/Lipp, Arztrecht, 7. Aufl., Kap. V, Rn. 18 f.; Schumacher, Nemo Tenetur.

5 Regierungsentwurf, BT-Drs. 17/10488, 21 f.

§ 630c Absatz 2 Satz 2 BGB lediglich eine ohnehin bestehende Informationspflicht über fehlerhafte Heilbehandlung ins BGB übernommen.[6]

Während die Abgeordneten des 17. Deutschen Bundestages, Regierungsvertreter und allen voran der damalige Patientenbeauftragte der Bundesregierung *Wolfgang Zöller* das Patientenrechtegesetz als „einen großen Wurf" feierten, wurde nicht nur von den Oppositionsfraktionen und von Vertretern der Patientenverbände teils heftige Kritik am Gesetz geübt.[7] In der juristischen Literatur war bereits vor Inkrafttreten des Patientenrechtegesetzes eine Diskussion über die Fehleroffenbarungspflicht des Behandelnden sowie Kritik an der Informationspflicht des § 630c Absatz 2 Satz 2 BGB laut geworden.[8]

Gegenstand dieser Arbeit ist die Untersuchung der Informationspflicht des Behandelnden nach § 630c Absatz 2 Satz 2 BGB sowie die hierauf bezogene Verwendungsregelung für Straf- und Ordnungswidrigkeitenverfahren nach § 630c Absatz 2 Satz 3 BGB. Dabei soll nach einer Einführung in die Grundlagen des alle Rechtsgebiete umfassenden Heilbehandlungsrechts und einer Darstellung der Grundzüge der historischen Entwicklung des Patientenrechtegesetzes und seines wesentlichen Inhalts zunächst mit Blick auf die Fehleroffenbarungspflicht der Diskussionsstand zur rechtlichen Lage vor Inkrafttreten des Gesetzes dargestellt werden. Im Anschluss daran werden Inhalt und Umfang der in Rede stehenden Informationspflicht sowie des Verwendungsverbotes untersucht.

---

6 Regierungsentwurf, BT-Drs. 17/10488, S. 21; Thole, MedR 2013, 145, 146.

7 Krüger-Brand/Rieser, Patientenrechtegesetz: Konsensfindung statt Revolution, in: Deutsches Ärzteblatt 2012, 109 (49).

8 Katzenmeier, MedR 2012, 576; Schelling/Warntjen, MedR 2012, 506; Spickhoff, ZRP 2012, 65; Wagner, VersR 2012, 789.

Kapitel 1 Grundlagen des Heilbehandlungsrechts

1.1 Das Arzt-Patient-Verhältnis

Arzt und Patient sind mehr als die Partner eines bürgerlich-rechtlichen Vertragsverhältnisses.[9] Sie werden als Verbündete gegen Krankheit und Tod gesehen.[10] Die Beziehung zwischen beiden ist vielschichtig, oft in ein komplexes Verhältnis zu verschiedenen anderen Beteiligten eingebunden[11] und geprägt durch eine Vielzahl von Regelungen, die in eine soziale, gesellschaftliche und berufliche Wirklichkeit eingebettet sind.[12] Der Arzt ist dabei auf der einen Seite als „Helfer des einzelnen Kranken" zunächst dem individuellen Interesse des Patienten verpflichtet; die ärztliche Tätigkeit dient jedoch auch dem Gemeinwohl.[13]

Das Verhältnis zwischen Arzt und Patient setzt ein hohes Maß an Vertrauen und persönlicher Zuwendung voraus, dessen Fundament die menschliche Beziehung zwischen Arzt und Patient ist.[14] Denn die Beziehung zwischen Arzt und Patient ist in vielerlei Hinsicht durch Asymmetrie gekennzeichnet.[15] Diese beruht zum ersten auf einem sachlichen Informations- und Kompetenzgefälle zwischen dem Arzt als medizinischem Spezialisten und dem Patienten als Laien, zum zweiten auf einem Gefälle hinsichtlich der emotionalen Beteiligung[16] und

---

9 BVerfGE 52, 131, 169 mit Verweis auf E. Schmidt, Der Arzt im Strafrecht, in: Ponsold, Lehrbuch der gerichtlichen Medizin, 2. Aufl. 1957, S. 2.

10 Schipperges, Moderne Medizin im Spiegel der Geschichte, 1970, S. 71; Kern, in: Laufs/Kern, Handbuch des Arztrechts, 4. Aufl., § 38, Rn. 5.

11 Katzenmeier, Arzthaftung, S. 18; Hattemer, Mediation bei Störung des Arzt-Patient-Verhältnisses, S. 79.

12 Hattemer, Mediation bei Störung des Arzt-Patient-Verhältnisses, S. 73.

13 Bereits aus § 1 Abs. 1 BOÄ ergibt sich, dass der Arzt der Gesundheit des einzelnen Menschen und des gesamten Volkes dient; vgl. auch: Laufs in: Laufs/Katzenmeier/Lipp, Arztrecht, 7. Aufl., Kap. I, Rn. 18.

14 BGH, NJW 1959, 811, 813; E. Schmidt, in: Ponsold, Lehrbuch der gerichtlichen Medizin, 2. Aufl. 1957, S. 1 ff; Katzenmeier, Arzthaftung, S. 9; ders., NJW 2008, 1116, 1117; Laufs, in: Laufs/Katzenmeier/Lipp, Arztrecht, 7. Aufl., Kap. I, Rn. 16.

15 Francke, Ärztliche Berufsfreiheit und Patientenrechte, S. 41; Hattemer, Mediation bei Störung des Arzt-Patient-Verhältnis, S. 73; Katzenmeier, Arzthaftung, S. 9; Panagopoulou-Koutnatzi, Selbstbestimmung des Patienten, S. 25 f.

16 Selbstverständlich gehört zur Arzt-Patient-Beziehung auch Empathie und Sympathie, ohne die eine persönliche Zuwendung unmöglich ist. Jedoch benötigt der Arzt zum

zum dritten auf einer rechtlich implizierten Entscheidungsgewalt des Arztes über den Patienten, die unter anderem die Fragen von Überweisungen, Verordnungen von Heil- und Hilfsmitteln und Krankschreibungen umfasst.[17] Hinzukommen können ferner sozial-kulturelle Unterschiede der Herkunft, des Lebensstils sowie der individuellen Werte, die auf die Interaktion und Kommunikation zwischen Arzt und Patienten Auswirkungen haben können.[18] Dies erzeugt insgesamt eine Abhängigkeit des Patienten, in der er „auf die Verantwortung seines Helfers angewiesen und ihm gleichsam ausgeliefert ist."[19]

Das Arzt-Patient-Verhältnis geht über eine juristische Vertragsbeziehung hinaus.[20] Neben zivil- und strafrechtlichen Vorschriften beeinflussen unter anderem Regelungen zur Ausbildung, Weiterbildung sowie der Organisation der Versorgungsbereiche das Arzt-Patient-Verhältnis.[21] Allesamt haben diese Vorschriften Einfluss auf Zeitanteile, Inhalte und Stile der Kommunikation.[22] Auch die ärztliche Berufsethik wirkt in ständiger Weise auf die rechtliche Beziehung des Arztes zum Patienten ein. Die Forderungen der Berufsethik an den Arzt übernimmt das Recht weithin zugleich als rechtliche Pflicht.[23] Die Beachtung des Selbstbestimmungsrechts des Patienten stellt dabei ein wesentliches Element des Pflichtenkreises des Arztes dar.[24]

Der Aufgabe des Arztes, die Gesundheit des Patienten wiederherzustellen und zu erhalten und dessen Streben, helfend einzugreifen, sind dort Grenzen gesetzt, wo diese mit dem Recht auf Selbstbestimmung des Patienten über seinen Körper kollidiert.[25] Das Selbstbestimmungsrecht des Patienten ist grundrechtlich geschützt. Es „folgt aus den Verfassungsprinzipien, die zu Achtung und Schutz der Würde und der Freiheit des Menschen und seines Rechts auf Leben

---

Patienten eine gewisse Distanz zum objektiven Einsatz seines fachlichen Wissens und Könnens (vgl. Katzenmeier, Arzthaftung, S. 8).

17 Francke, Ärztliche Berufsfreiheit und Patientenrechte, S. 41; Panagopoulou-Koutnatzi, Selbstbestimmung des Patienten, S. 25 f; Bleiler, Strafbarkeitsrisiken des Arztes, S. 2; Katzenmeier, Arzthaftung, S. 9.

18 Francke, Ärztliche Berufsfreiheit und Patientenrechte, S. 41.

19 Katzenmeier, Arzthaftung, S. 9.

20 BVerfGE 52, 131, 169 f. = BVerfG NJW 1979, 1925.

21 Katzenmeier, Arzthaftung, S. 32.

22 Francke, Ärztliche Berufsfreiheit und Patientenrechte, S. 46 f.

23 BVerfGE 52, 131, 170; E. Schmidt in: Ponsold, Lehrbuch der gerichtlichen Medizin, 2. Aufl. 1957, S. 2.

24 BVerfGE 52, 131, 170.

25 BGH, NJW 1958, 267, 268; 1959, 811, 813.

und körperliche Unversehrtheit verpflichten: aus Art. 1 Abs. 1 und Art. 2 Abs. 1 sowie Art. 2 Abs. 2 S. 1 GG."[26] Die Rechtsprechung hat aus diesem Verständnis und zur Durchsetzung des Selbstbestimmungsrechts das Erfordernis der Einwilligung und Aufklärung entwickelt.[27] Mit Urteil vom 31. Mai 1894 hatte das Reichsgericht entschieden, dass auch der medizinisch indizierte, fehlerfreie, ärztliche Eingriff den Tatbestand der Körperverletzung erfüllt und grundsätzlich nur durch Einwilligung gerechtfertigt werden kann.[28] Das Reichsgericht übertrug diese Rechtsprechung nach Inkrafttreten des Bürgerlichen Gesetzbuches auch auf das Deliktsrecht in § 823 BGB.[29] Es gilt heute als ständige Rechtsprechung, dass der ärztliche Heileingriff zum Schutz des Selbstbestimmungsrechts des Patienten und seinem Recht auf körperliche Unversehrtheit dessen Aufklärung und Einwilligung voraussetzt.[30] Dem Arzt kann jedoch nicht die gesamte Last des Arzt-Patienten-Verhältnisses auferlegt werden; es bedarf der Mitwirkung des Patienten, welche über die „in passiver Haltung [erteilte bloße] Einwilligung in ärztlicherseits gebotene Behandlungsvorschläge" hinausgeht.[31] Auch von Seiten der Patienten wird daher – soweit möglich – ein mitverantwortlich geführter Dialog vorausgesetzt.[32] Mittlerweile bestimmt das Leitbild eines kommunikativen und kooperativen Arzt-Patient-Verhältnisses („Patient als Koproduzent von Gesundheit") das ärztliche Berufsrecht[33] und ist auch in der ärztlichen Praxis im Begriff sich vollends durchzusetzen.[34]

Die Arzt-Patient-Beziehung ist durch die Novation des ärztlichen Selbstverständnisses, das Zurücktreten des Fürsorgeprinzips hinter dem

26 Laufs, in: Laufs/Kern, Handbuch des Arztrechts, 4. Aufl., § 57, Rn. 15.

27 Bleiler, Strafbarkeitsrisiken des Arztes, S. 23; Deutsch/Spickhoff, Medizinrecht, Rn. 403 ff.

28 RGSt 25, 375, 377 ff.

29 RGZ 68, 431.

30 BVerfGE 128, 282; RGSt 38, 34; BGHSt 11, 111; 12, 379; 16, 309; 43, 308; BGHZ 29, 46; 29, 176; 106, 391; BGH NJW 2011, 1088; vgl. Deutsch/Spickhoff, Medizinrecht, Rn. 713; Erlinger/Warntjen/Bock, in: MAH-Strafverteidigung, 2. Aufl., § 50, Rn. 77.

31 BVerfGE 52, 131, 170.

32 BVerfGE 52, 131, 170.

33 Vgl. § 7 Abs. 1 MBO-Ä: Jede medizinische Behandlung hat unter Wahrung der Menschenwürde und unter Achtung der Persönlichkeit, des Willens und der Rechte der Patientinnen und Patienten, insbesondere des Selbstbestimmungsrechts, zu erfolgen. Das Recht der Patientinnen und Patienten, empfohlene Untersuchungs und Behandlungsmaßnahmen abzulehnen, ist zu respektieren.

34 Brüggemeier, Haftungsrecht, S. 466.

Selbstbestimmungsrecht des Patienten und das Aufkeimen sozio-ökonomischer Faktoren einem Wandel unterworfen.[35] Die wissenschaftliche und technische Entwicklung sowie eine zunehmende Verrechtlichung der Medizin und auch eine wachsende Erwartungshaltung auf Patientenseite tragen dazu bei.[36] Die medizinische Praxis wird zudem immer stärker von sozialversicherungsrechtlichen Versorgungs- und Bedarfssteuerungsinstrumenten und anderen Regelungen bestimmt.[37] Seit längerem prägen die Begriffe „Wirtschaftlichkeit", „Effizienz" und „Einsparung" die gesundheitspolitischen Diskussionen.[38]

Mit diesem Wandel des Arzt-Patienten-Verhältnis wird ein zunehmender Vertrauensverlust zwischen Patient und Arzt verbunden.[39] Symptomatisch ist die seit den 1980iger Jahre stetig wachsende Zahl von Arzthaftungsfällen.[40] Als Gründe hierfür werden zum einen die zunehmende Erwartungshaltung der Patienten genannt, deren steigende Ansprüche an die ärztliche Sorgfalt mit dem medizinischen Fortschritt einhergehen.[41] Zum anderen wird ein Anstieg der Prozessbereitschaft der Patienten konstatiert,[42] die mit dem Schwund absoluter Autorität, dem Abbau gesellschaftlicher Standesunterschiede und der Rationalisierung der Medizin verbunden ist.[43]

Die zunehmende Reglementierung ärztlichen Handelns durch die Sozialgesetzgebung blieb nicht ohne Kritik;[44] befindet sich der Arzt doch dadurch immer mehr in einer Konfliktsituation. Denn auf der einen Seite wird von ihm seitens

---

35 Laufs, in: Laufs/Katzenmeier/Lipp, Arztrecht, 7. Aufl., Kap. I, Rn. 14; Hattemer, Mediation bei Störung des Arzt-Patient-Verhältnis, S. 72.; Katzenmeier, Arzthaftung, S. 10 f.

36 Hattemer, Mediation bei Störung des Arzt-Patient-Verhältnisses, S. 74 f; Katzenmeier, Arzthaftung, S. 10, 30 f.

37 Die kostenbewusste Leistungserbringung findet insbesondere im Wirtschaftlichkeitsgebot des § 12 SGB V seinen Ausdruck: „Die Leistungen müssen ausreichend, zweckmäßig und wirtschaftlich sein; sie dürfen das Maß des Notwendigen nicht überschreiten" (§ 12 I 1 SGB V).

38 Hattemer, Mediation bei Störung des Arzt-Patient-Verhältnisses, S. 75.

39 Katzenmeier, Arzthaftung, S. 19.

40 Ulsenheimer, in: Laufs/Kern, Handbuch des Arztrechts, 4. Aufl., § 112, Rn. 1 f.

41 Katzenmeier, Arzthaftung, S. 25; Ulsenheimer, in: Laufs/Kern, Handbuch des Arztrechts, 4. Aufl., § 112, Rn. 4 f.; Laufs, in: Laufs/Katzenmeier/Lipp, Arztrecht, 7. Aufl., Kap. I, Rn. 27.

42 Katzenmeier, Arzthaftung, S. 25; Laufs, in: Laufs/Katzenmeier/Lipp, Arztrecht, 7. Aufl., Kap. I, Rn. 25.

43 Katzenmeier, Arzthaftung, S. 29.

44 Katzenmeier, Arzthaftung, S. 19; Schipperges, Arzt und Patient in der Welt von morgen, S. 39; Heinze, MedR 1996, 252.

der Solidargemeinschaft die Zuteilung beschränkter, kollektiver Ressourcen erwartet, auf der anderen Seite die Wahrung der individuellen Interessen des Patienten.[45] Bereits im Jahr 1960 sah sich das *BVerfG* zu der Klarstellung veranlasst, dass die Rechtsstellung des „Kassenarztes“ (heute: Vertragsarzt), obschon er eine öffentliche Aufgabe erfüllt und durch seine Zulassung in ein öffentlich-rechtliches System einbezogen ist, kein öffentlicher Dienst ist.[46] Seit dieser Zeit wurden im Rahmen einer Vielzahl von Gesundheitsreformen legislative Maßnahmen initiiert, die die Rechtsstellung des Vertragsarztes weiter veränderten.[47] In diesem Zusammenhang vertrat der Gesetzgeber des Gesundheitsstrukturgesetzes[48] die Auffassung, dass beim Vertragsarzt „freiberufliche Elemente durch Elemente eines staatlich gebundenen Berufs überlagert“ würden.[49] Dies ist in der Literatur zum Teil auf heftige Kritik gestoßen, die die sozialrechtlichen Eingriffe als Inbegriff für eine „Ablösung des freien Berufes durch die Tätigkeit als „Kassenbeamter“[50] und „Amtswalter einer staatsbürokratischen Gesundheitsversorgung“[51] sehen. Dabei wirkt sich die Aushöhlung der Freiberuflichkeit des Arztes für den Patienten genauso nachteilig aus, wie für den Arzt selbst. Denn Entscheidungsfreiheit und Unabhängigkeit des Arztes sind wichtige Voraussetzungen für die Entfaltung der ärztlichen Fähigkeiten zugunsten des Patienten in der konkreten Behandlungssituation.[52] Auch in der Rechtsprechung hat diese gesetzgeberische Auffassung vom Bild des Vertragsarztes keinen Rückhalt gefunden. So hat der Große Senat für Strafsachen am *BGH* mit seinem Beschluss vom 29. März 2012 klargestellt, dass Vertragsärzte bei der Wahrung der ihnen übertragenen Aufgaben weder Amtsträger noch Beauftragte der gesetzlichen Krankenkassen sind.[53] Hervorgehoben wurde dabei, dass der Vertragsarzt auf

---

45 Katzenmeier, Arzthaftung, S. 19; Hattemer, Mediation bei Störung des Arzt-Patient-Verhältnisses, S. 75.

46 BVerfGE 11, 30, 40 f.

47 Vgl. Katzenmeier, Arzthaftung, S. 21.

48 Gesetz zur Sicherung und Strukturverbesserung der gesetzlichen Krankenversicherung (Gesundheitsstrukurgesetz) vom 21. Dezember 1992, BGBl. I, S. 2266.

49 Begründung zum Gesetzesentwurf, BT-Drs. 12/3608, S. 98.

50 Pitschas, in: FS Sozialgerichtsbarkeit in Rheinland-Pfalz, S. 217, 227; ders., in: Jahrbuch des Sozialrechts der Gegenwart, Bd.17, S. 267, 270; Zuck, in: Hermann/Backhaus, Staatlich gebundene Freie Berufe im Wandel, S. 1, 5; Bogs, in: FS Thieme, S. 715, 718.

51 B. Tiemann/Muschallik, ZM Nr. 2/1993, 22, 27; B. Tiemann, VSSR 1994, 407, 417; Hufen, MedR 1996, 394, 396.

52 Katzenmeier, Arzthaftung, S. 23.

53 BGHSt 57, 202.

Grund der individuellen, freien Auswahl der versicherten Person tätig wird und das Verhältnis des Versicherten zum Vertragsarzt wesentlich vom persönlichen Vertrauen sowie einer durch die Bestimmungen der Kasse entzogenen Gestaltungsfreiheit geprägt wird.[54]

Auch die insgesamt zunehmende Verrechtlichung der Medizin[55] außerhalb des Sozialversicherungsrechts wird bisweilen kritisch betrachtet, obwohl im Grundsatz die Notwendigkeit staatlicher Regulierung der ärztlichen Tätigkeit heute nicht mehr ernsthaft bestritten wird; betrifft die ärztliche Tätigkeit doch bedeutende Rechtsgüter wie Leben, Gesundheit, körperliche Unversehrtheit und Selbstbestimmung.[56] Die Verrechtlichung kann - wie in jedem anderen Lebensbereich auch - den Aufbau einer Vertrauensbeziehung erleichtern, wenn der Patient davon ausgehen kann, dass sein Arzt stets den gleichen Grundsätzen verpflichtet und sein Handeln rechtlich überprüfbar ist[57] und so zu einer Legitimation der Vertrauensbeziehung[58] führen. Eine weiter zunehmende Verrechtlichung lässt jedoch auch negative Wirkungen auf die Arzt-Patienten-Beziehung befürchten, wenn eine allzu weitgehende Reglementierung zu einer Differenz zwischen Recht und ärztlichem Ethos führt.[59] Es droht aus der verrechtlichten Medizin eine Defensivmedizin zu werden, wenn der Arzt, der in seinem Patienten bereits den Gegner eines Haftungsprozesses fürchten muss, sich juristisch so weit wie möglich gegen den Vorwurf eines Behandlungsfehlers oder einer Verletzung seiner Aufklärungspflicht abzusichern gedenkt.[60]

---

54 BGH, NJW 2012, 2530, 2532 = BGHSt 57, 202.

55 Katzenmeier, Arzthaftung, S. 30.

56 Katzenmeier, Arzthaftung, S. 33; Laufs, in: Laufs/Kern, Handbuch des Arztrechts, 4. Aufl., § 3, Rn. 25.

57 Katzenmeier, Arzthaftung, S. 34; Laufs, in: Laufs/Kern, Handbuch des Arztrechts, 4. Aufl., § 3, Rn. 25.

58 Katzenmeier, Arzthaftung, S. 35; Gahl, in: Kahlke/Reiter-Theil, Ethik in der Medizin, S. 23 f.

59 Katzenmeier, Arzthaftung, S. 36.

60 Katzenmeier, Arzthaftung, S. 38; Anschütz, Ärztliches Handeln, S. 186; Ulsenheimer, Ausgreifende Arzthaftpflichtjudikatur und Defensivmedizin, S. 9; ders. MedR 1992, 127, Laufs, in: Laufs/Katzenmeier/Lipp, Arztrecht, 7. Aufl., Kap. I, Rn. 26.

1.2 Die zivilrechtlichen Grundlagen der Heilbehandlung

1.2.1 Grundlagen der Haftung

Die Haftung für fehlerhafte Heilbehandlung wird in Literatur und vor allem Praxis unter dem Begriff der Arzthaftung zusammengefasst. Der Begriff ist insoweit irreführend, als dieser nicht allein die Haftung von Ärztinnen und Ärzten für ärztliches Fehlverhalten im Zusammenhang mit einer medizinischen Behandlung, sondern auch die vertragliche Krankenhausträgerhaftung für die Schlechtleistung ärztlichen und nichtärztlichen Personals und das sog. Organisationsverschulden erfasst.

Die Haftung für fehlerhafte Heilbehandlung ist eine zweigliedrige Verschuldenshaftung. Neben der vertraglichen steht die deliktische Haftung, der - jedenfalls bis zum Inkrafttreten des Patientenrechtegesetzes - in der Praxis der Arzthaftung eine größere Bedeutung als der vertraglichen Haftung zukam.[61] Eine Begründung hierfür lieferten bis zur Schuldrechtsreform 2002 die unterschiedlichen Verjährungsregeln und die Möglichkeit nur über deliktische Ansprüche Schmerzensgeld für Körper- und Gesundheitsschäden nach § 847 BGB a. F. durchzusetzen.[62]

Der Fokus des Arzthaftungsrechts liegt auf dem ärztlichen Behandlungsfehler und wird vom Aufklärungsfehler flankiert, wobei die Selbstständigkeit der Haftung wegen fehlender oder nicht ordnungsgemäßer Aufklärung umstritten ist.[63]

Unabhängig von der Begründung des Anspruchs auf Schadensersatz wegen fehlerhafter Behandlung aus Vertrag oder Delikt besteht nach den allgemeinen zivilrechtlichen Regeln die Darlegungs- und Beweislast auf Seiten des klagenden Patienten. Die Rechtsprechung hat frühzeitig begonnen Beweiserleichterungen und Beweislastumverteilungsregelungen zu entwickeln, wodurch eine umfangreiche, teils schwer überblickbare Kasuistik zur Beweisverteilung entstanden ist. Mit dem Patientenrechtegesetz hat der Gesetzgeber den Versuch unternommen, diese im Bürgerlichen Gesetzbuch unter § 630h BGB zu normieren.

1.2.2 Der Behandlungsvertrag

Die Musterberufsordnung der Ärzte (MBOÄ) sowie die einzelnen ärztlichen Berufsordnungen der Länder enthalten keine Regelungen zum

61 Brüggemeier, Haftungsrecht, S. 460.
62 Brüggemeier, Haftungsrecht, S. 460.
63 Brüggemeier, Haftungsrecht, S. 456.

Behandlungsvertrag zwischen Arzt und Patient. In ihr werden lediglich einige Einzelpflichten, wie die Aufklärungs- sowie die Schweige- und Dokumentationspflicht, jedoch nicht eine Behandlungspflicht des Arztes normiert.[64] Rechtsbeziehungen zwischen Arzt und Patienten können nach den allgemeinen Regeln des Zivilrechts durch Vertrag oder gesetzlich (Geschäftsführung ohne Auftrag und unerlaubte Handlung) begründet werden.[65] Durch das Patientenrechtegesetz wurde der Behandlungsvertrag nunmehr in §§ 630a bis h BGB besonders geregelt.[66]

Der Behandlungsvertrag wurde bereits vor den Änderungen des Bürgerlichen Gesetzbuchs durch das Patientenrechtegesetz nach allgemeiner Auffassung als ein spezifischer Dienstvertrag höherer Art eingeordnet.[67] Er kann abhängig von übernommenen Pflichten werkvertragliche Elemente enthalten; ausnahmsweise – wo ein Erfolg geschuldet, insbesondere wo der Erfolg ausdrücklich vereinbart ist – kann es sich um einen Werkvertrag handeln.[68] Insbesondere im Bereich der ambulanten Patientenversorgung durch niedergelassene Ärzte wird der Behandlungsvertrag in der Regel zwischen dem Arzt und dem Patienten geschlossen.[69] Abweichend davon wird insbesondere im Bereich der stationären Behandlung im Krankenhaus der Behandlungsvertrag als Teil des sogenannten totalen Krankenhausvertrags zwischen dem Träger der stationären Einrichtung und dem Patienten vereinbart.[70] Ausnahmen hiervon gibt es im Bereich der sogenannten Chefarztbehandlung, bei denen ein (Zusatz-)Behandlungsvertrag mit dem Chefarzt im Hinblick auf dessen jeweilige ärztliche Behandlung zu

64 Ratzel/Lippert, MBO-Ä, 6. Aufl. 2015, § 7, Rn. 15.

65 Ratzel/Lippert, MBO-Ä, 6. Aufl. 2015, § 7, Rn. 15.

66 BT-Drs. 17/10488, S. 17; siehe auch Kapitel 2.

67 BGHZ 63, 306, Lipp, in: Laufs/Katzenmeier/Lipp, Arztrecht, Kap. III, Rn. 26; Weidenkaff, in: Palandt, BGB, 71. Aufl., Einf v § 611, Rn. 18 u. § 627, Rn. 2; Ratzel/Lippert, MBO-Ä, 6. Aufl., § 7, Rn. 16; Kern, in: Laufs/Kern, Handbuch des Arztrechts, 4. Aufl., § 39, Rn. 9.

68 Kern/Rehborn, in: Laufs/Kern/Rehborn, Handbuch des Arztrechts, 5. Aufl., § 42, Rn. 8 f.

69 Wagner, in: MüKo-BGB, 7. Aufl., § 630a BGB, Rn. 23 f.; wobei auch ein Vertragsabschluss zwischen der Berufsausübungsgemeinschaft in Form einer Gesellschaft bürgerlichen Rechts oder einer Partnerschaftsgesellschaft und dem Patienten denkbar ist, wenn es sich um eine (echte) Gemeinschaftspraxis (im Unterschied zu einer Praxisgemeinschaft handelt, in denen sich die Berufsträger lediglich die Praxiseinrichtungen teilen (shared facilitys)).

70 Deutsch/Spickhoff, Medizinrecht, 7. Aufl., Rn. 113; Spickhoff, in: Spickhoff, Medizinrecht, 2. Aufl., § 630a BGB, Rn. 26.

Stande kommt,[71] sowie im Belegarztwesen. Hier wird der Behandlungsvertrag zwischen dem als Belegarzt tätigen nicht beim Krankenhaus angestellten Arzt (§ 18 KHEntG), der die stationären Einrichtungen des Krankenhauses für seine Behandlung nutzt, und dem Patienten geschlossen.[72]

Der Behandlungsvertrag bildet in aller Regel die Grundlage für die Rechtsbeziehung nicht nur zwischen Arzt und Privatpatient, sondern auch zwischen vertragsärztlichem Leistungserbringer und „Kassenpatienten".[73] Dies galt lange Zeit als äußerst umstritten. Während eine vor allem im sozialrechtlichen Schrifttum vertretene Ansicht,[74] zu der auch das Bundessozialgericht[75] gezählt werden muss, die Rechtsbeziehung zwischen Vertragsarzt und gesetzlich Krankenversichertem als ein öffentlich-rechtliches Rechtsverhältnis sui generis ansah, vertraten Teile des Schrifttums[76] sowie der *BGH*[77] die Auffassung, auch hier handele es sich um einen zivilrechtlichen Behandlungsvertrag, dessen Inhalt durch das Sozialrecht modifiziert wird. Dieser Ansicht hatte sich auch das *BVerfG* angeschlossen, ohne sich zu einer näheren Begründung veranlasst zu sehen.[78] Mit Einführung des Patientenrechtegesetzes stellte der Gesetzgeber allerdings in der Gesetzesbegründung klar, dass Arzt und Patient, unabhängig davon ob gesetzlich oder privat versichert, einen Behandlungsvertrag abschließen.[79]

1.2.3 Behandlungsfehler

Der Begriff des Behandlungsfehlers ist zentral für die Arzthaftung, nicht aber selbstständiger Haftungstatbestand.[80] Zum Pflichtenkreis des Arztes gehören, neben der Behandlung und der Aufklärung des Patienten, die Dokumentation des Behandlungsgeschehens und der medizinischen Befunde. Die Verletzung

---

71 Wagner, in: MüKo-BGB, 7. Aufl., § 630a BGB, Rn. 36.

72 Wagner, in: MüKo-BGB, 7. Aufl., § 630a BGB, Rn. 32 f.

73 Ratzel/Lippert, MBO-Ä, 6. Aufl., § 7, Rn. 16; Deutsch/Spickhoff, Medizinrecht, 7. Aufl., Rn. 4.

74 Lang, in: Becker/Kingreen, SGB V, 3. Aufl., § 76, Rn. 22 f.; Schnapp, NZS 2001, 337; Wilk, Die Rechtsbeziehung im Vertragsarztwesen unter besonderer Berücksichtigung der Rechtsstellung des Belegarztes, S. 54 ff.

75 BSGE 59, 172, 177.

76 Deutsch/Spickhoff, Medizinrecht, 6. Aufl., Rn. 4, 79; Hartmannsgruber, in: Ratzel/Luxenburger, § 7, Rn. 211 ff. jeweils m. w. N.

77 BGHZ 63, 306, 309; 76, 259, 261; 97, 273, 276; 100, 363, 367.

78 BVerfG, NJW 2005, 1103, 1104.

79 BT-Drs. 17/10488, S. 18 f.

80 BGH, NJW 1987, 705, 706; Greiner, in: Spickhoff, Medizinrecht, 2. Aufl., § 839, Rn. 4.

der Behandlungs- und Aufklärungspflichten führt zur Schadensersatzpflicht der Behandlungsseite. Demgegenüber begründen Dokumentationsfehler keine vertragliche oder deliktische Haftung, sondern erlangen lediglich über das Beweisrecht eine Bedeutung.[81] Der Begriff des Behandlungsfehlers hat den Begriff des „Kunstfehlers" abgelöst, gegen dessen Verwendung - wegen seiner Mehrdeutigkeit und emotionalen Aufladung - nachdrücklich Einwände erhoben worden sind.[82]

Der Arzt haftet, wenn er die gebotene ärztliche Sorgfalt verletzt und dies ursächlich für die Schädigung des Patienten ist. Dagegen verbleiben Schadensrisiken beim Patienten, die aus seiner Erkrankung resultieren und die sich auch durch fehlerfreie ärztliche Behandlung nicht vermeiden lassen. Denn der Arzt schuldet keinen Heilerfolg, weswegen die Risiken des Patienten aus der Grunderkrankung nicht deshalb zum ärztlichen Risiko werden, weil dieser die Behandlung übernommen hat.[83] Das Haftungsrecht zur Heilbehandlung muss demnach abgrenzen zwischen dem Gesundheitsschaden aus schicksalhaftem Verlauf, der auf der Unberechenbarkeit der menschlichen Natur oder auf einem Unfall beruht, und dem Gesundheitsschaden, der dem ärztlichen Fehlverhalten zuzurechnen ist.[84]

Im weitesten Sinn erfasst der Begriff des Behandlungsfehlers jedes nach dem Stand der Medizin unsachgemäße Verhalten des Arztes, unabhängig davon, ob es sich um ein Tun oder Unterlassen handelt. Dabei beinhaltet dieser nicht nur die „klassischen" Fehler bei der eigentlichen Behandlung, sondern auch die Fehler im Behandlungsumfeld.[85]

Der mit dem Patientenrechtegesetz eingeführte § 630a Abs. 2 BGB bestimmt, dass die Behandlung durch den Behandelnden nach dem zum Zeitpunkt der Behandlung bestehenden, allgemein anerkannten fachlichen Standard zu erfolgen hat, sofern nichts anderes vereinbart ist. Für die Behandlung durch einen Arzt kommt es demnach - wie bereits vor Inkrafttreten des Patientenrechtegesetzes - auf die Einhaltung des anerkannten medizinischen Standards an.[86] Vom Arzt wird erwartet, dass er „unter Einsatz der von ihm geforderten medizinischen Kenntnisse und Erfahrungen im konkreten Fall vertretbare

81 BGH, NJW 1988, 2949; Greiner, in: Spickhoff, Medizinrecht, 2. Aufl., § 839, Rn. 4.
82 Katzenmeier, in: Laufs/Katzenmeier/Lipp, Arztrecht, 7. Aufl., Kap. X, Rn. 3.
83 Greiner, in: Spickhoff, Medizinrecht, 2. Aufl., § 839, Rn. 5.
84 Greiner, in: Spickhoff, Medizinrecht, 2. Aufl., § 839, Rn. 5.
85 Katzenmeier, in: Laufs/Katzenmeier/Lipp, Arztrecht, 7. Aufl., Kap. X, Rn. 4.
86 Regierungsentwurf, BT-Drs. 17/10488, S. 19.

Entscheidungen über die diagnostischen sowie therapeutischen Maßnahmen getroffen und diese Maßnahmen sorgfältig durchgeführt hat."[87] Kernpunkt ist, wie bei der Fahrlässigkeitshaftung im Allgemeinen, die Festlegung des konkreten Verhaltensmaßstabs. Die Frage nach dem pflichtgemäßen ärztlichen Verhalten in der konkreten Behandlungssituation ist dabei eine normative Wertung, die dem Gericht vorbehalten ist.[88] Gleichwohl wird diese Rechtsfrage inhaltlich durch den medizinischen Standard, also die Erkenntnisse medizinischer Wissenschaft sowie ärztlicher Praxis bestimmt, weswegen die Gerichte regelmäßig auf medizinischen Sachverstand, insbesondere auf die Anhörung medizinischer Sachverständiger und die Einholung fachspezifischer Gutachten, angewiesen sind.[89]

Der medizinische Standard bedeutet dabei jedoch keinesfalls das „Zählen von Autoritäten" im Sinne eines Abstellens auf die „schulmedizinische" Mehrheitsmeinung.[90] Denn zum einen befindet sich die medizinische Wissenschaft in einem ständigen Fluss,[91] deren Dynamik für den Fortschritt der praktischen Medizin und damit für die Gesundheit der Bevölkerung von entscheidender Bedeutung ist.[92] So dürfen auch Handlungsanweisungen in Leitlinien ärztlicher Fachgremien oder Verbänden nicht ungeprüft mit dem medizinischen Standard gleichsetzt werden. Vielmehr können Leitlinien im Einzelfall zwar den medizinischen Standard zum Zeitpunkt ihres Erlasses beschreiben, sie können aber auch Standards ärztlicher Behandlung fortentwickeln oder ihrerseits veralten. Das Heranziehen von Leitlinien kann ein Sachverständigengutachten daher nicht ersetzen.[93] Zum anderen kommt dem Arzt die Therapie- und Methoden-(wahl-)freiheit zu, die beim ordnungsgemäß aufgeklärten und einwilligendem Patienten grundsätzlich auch die Anwendung sog. Neuland- oder Außenseitermethoden erlaubt.[94]

Im Lauf der Zeit hat sich eine schwer überschaubare Kasuistik der ärztlichen (Behandlungs-) Fehlerquellen herausgebildet, welche die Rechtsprechung und

87 BGH, NJW 1987, 2291, 2292.
88 Brüggemeier, Haftungsrecht, S. 472.
89 Brüggemeier, Haftungsrecht, S. 472.
90 Katzenmeier, in: Laufs/Katzenmeier/Lipp, Arztrecht, 7. Aufl., Kap. X, Rn. 83 f.; Kriele, NJW 1976, 355, 356.
91 Laufs/Kern, in: Laufs/Kern, Handbuch des Arztrechts, 4. Aufl., § 97, Rn. 15.
92 Brüggemeier, Haftungsrecht, S. 472.
93 BGH, NJW-RR 2014, 1053.
94 BGHZ 172, 254; Laufs in: Laufs/Kern, Handbuch des Arztrechts, 4. Aufl., § 60, Rn. 4 f.

das Schrifttum zu strukturieren versucht.[95] Es werden danach regelmäßig folgende Behandlungsfehlertypen unterschieden:

1.2.3.1 Diagnosefehler

Fehler bei der Befunderhebung umfassen sowohl das Unterlassen gebotener Befunderhebung als auch die fehlerhafte oder überflüssige Befunderhebung.[96] Der Arzt hat grundsätzlich alle erforderlichen Diagnosemaßnahmen zu ergreifen, die auf Grund der Umstände und Verdachtsmomente (Zustand des Patienten und Krankheitsbild) in Betracht kommen.[97]

Von einem Diagnosefehler wird gesprochen, wenn der Einsatz von nach dem medizinischen Standard gebotenen Erkenntnisquellen zumindest teilweise unterblieben oder entgegen der medizinischen Sorgfalt eine unzutreffende Beurteilung bereits erhobener Befunde erfolgt ist.[98] Der Diagnosefehler, der von der Rechtsprechung nur mit äußerster Zurückhaltung als Behandlungsfehler gewertet wird, ist vom sogenannten Diagnoseirrtum abzugrenzen. Eine solche nicht vorwerfbare Fehldiagnose besteht in der ohne Verstoß gegen ärztliche Standards vorgenommenen Fehlinterpretation sorgfaltsgemäß erhobener Befunde.[99] Strenger wird dagegen von der Rechtsprechung das Nichterheben von Befunden als vorwerfbarer Diagnosefehler angesehen (sogenannter Befunderhebungsfehler).[100] Die Abgrenzung dieses Befunderhebungsfehlers vom Diagnosefehler im engeren Sinne ist daher vor allem in der forensischen Praxis von erheblicher Bedeutung.[101]

---

95 Brüggemeier, Haftungsrecht, S. 474; Gaidzik/Weimer, in: Huster/Kaltenborn, Krankenhausrecht, 1. Aufl., § 13, Rn. 44; Greiner, in: Spickhoff, Medizinrecht, 2. Aufl., § 839, Rn. 22f.; Katzenmeier, in: Laufs/Katzenmeier/Lipp, Arztrecht, 7. Aufl., Kap. X, Rn. 4.

96 Hart, in: Liber Amicorum E. Schmidt, S. 131, 145; Schneider, Neue Behandlungsmethoden im Arzthaftungsrecht, S. 110.

97 BGH, NJW 1989, 2332; 2004, 293, 294; Laufs, in: Laufs/Kern, Handbuch des Arztrechts, 4. Aufl., § 98, Rn. 9.

98 Laufs/Kern, in: Laufs/Kern, Handbuch des Arztrechts, 4. Aufl., § 98, Rn. 6; Gaidzik/Weimer, in: Huster/Kaltenborn, Krankenhausrecht, 1. Aufl., § 13, Rn. 44.

99 Gaidzik/Weimer, in: Huster/Kaltenborn, Krankenhausrecht, 1. Aufl., § 13, Rn. 44.

100 Laufs/Kern, in: Laufs/Kern, Handbuch des Arztrechts, 4. Aufl., § 98, Rn. 11.

101 Gaidzik/Weimer, in: Huster/Kaltenborn, Krankenhausrecht, 1. Aufl., § 13, Rn. 44.

1.2.3.2 *Anwendungs- oder Therapiefehler/Behandlungsfehler im engeren Sinn*

Die Begriffe des Anwendungs- bzw. Durchführungs- oder Therapiefehlers[102] beschreiben die Fehlerhaftigkeit des konkreten ärztlichen Vorgehens bei einer medizinisch indizierten Behandlungsmethode eines zutreffend diagnostizierten Krankheitsbildes.[103] Dies wird auch als Behandlungsfehler im engeren Sinne bezeichnet und beurteilt sich nach dem geltenden medizinischen Standard der jeweiligen Behandlungsmethode.[104] Zu den Behandlungsfehlern i. e. S. können jedoch auch die sog. Indikationsfehler[105] gezählt werden. Einen absoluten Indikationsfehler stellt die Wahl einer medizinisch nicht angezeigten Methode dar. Um einen relativen Indikationsfehler handelt es sich bei der Nichtberücksichtigung einer hinreichend erprobten Methode, die größeren Heilerfolg bei geringerem Risiko verspricht.[106]

Der Behandlungsfehler i. e. S. tritt hauptsächlich als Zwischenfall bei operativen Eingriffen, Anästhesie oder Injektion auf.[107] Als klassische Behandlungsfehler gelten zurückgelassene Fremdkörper im Operationsfeld, das Übersehen innerer Blutungen, Nervenlähmungen durch Injektion sowie „Spritzenabszess" und „Spritzenhämatom".[108] Zu den Behandlungsfehlern i. e. S. gehören aber auch die Fehler bei den sog. konservativen Therapien, allen voran der Arzneimitteltherapie. Der Arzt haftet in diesem Bereich für eigenes Fehlverhalten, das unter anderem in der Verschreibung des nicht- oder gar kontraindizierten Arzneimittels, der fehlerhaften Darreichungsform oder Dosierung liegen kann.[109]

1.2.3.3 *Überwachungs- und Kontrollfehler*

Überwachungs- und Kontrollfehler beschreiben ärztliches Fehlverhalten nach Beendigung der konkreten Behandlungsmaßnahme. Der Arzt ist verpflichtet, den Heilungsverlauf des Patienten zu überwachen und den Patienten auf die Notwendigkeit von Kontrolluntersuchungen hinzuweisen (Nachsorge).[110]

102 Brüggemeier, Haftungsrecht, S. 477.
103 Brüggemeier, Haftungsrecht, S. 478.
104 Brüggemeier, Haftungsrecht, S. 478.
105 Brüggemeier, Haftungsrecht, S. 477.
106 Brüggemeier, Haftungsrecht, S. 477.
107 Brüggemeier, Haftungsrecht, S. 478.
108 Brüggemeier, Haftungsrecht, S. 479.
109 Brüggemeier, Haftungsrecht, S. 480 sieht darin einen eigenen Fehlertypus.
110 Wagner, in: MüKo-BGB, 6. Aufl., § 823, Rn. 800.

Entscheidend für den Umfang der ärztlichen Pflichten sind Risiken für den Patienten sowie Erprobungsgrad der Behandlungsmethode.[111] Ist nach Abschluss eines operativen Eingriffs beispielsweise mit inneren Blutungen zu rechnen, müssen entsprechende Maßnahmen zur Überwachung und Vorsorge getroffen werden.[112] Auch in Aufwachräumen ist nach Eingriffen unter Vollnarkose eine Überwachung durch Einsatz technischer Geräte und hinreichend qualifiziertes Personal sicherzustellen.[113] Soweit hierzu Veranlassung besteht, ist der Arzt zudem gehalten den Patienten zu erforderlichen Nachbehandlungen zu beraten und die Rehabilitation zu evaluieren.[114]

1.2.3.4 Sicherungsaufklärungsfehler/Fehler bei der therapeutischen Aufklärung

Anders als bei der sog. Eingriffsaufklärung (auch: Selbstbestimmungsaufklärung[115]) stellen Fehler bei der therapeutischen Aufklärung oder Sicherungsaufklärung einen Behandlungsfehler dar.[116] Im Rahmen der therapeutischen Sicherungsaufklärung sind dem Patienten die notwendigen Erkenntnisse über Art und Schwere der Therapie und deren Dringlichkeit zu vermitteln.[117] Die Aufklärung erfasst ferner die Information des Patienten über seinerseits zu beachtende Verhaltensregeln sowie die Erteilung von Schutz- und Warnhinweisen.[118] Ziel ist die Sicherstellung des Behandlungserfolges und die Vermeidung von Gefahren[119] (Sicherstellung der medizinischen Compliance[120]). So verlangt die therapeutische Sicherungsaufklärung beispielsweise bei gefährlichen Arzneimitteln einen ärztlichen Hinweis auf Höchstmenge und zeitliche Höchstdauer

---

111 Wagner in: MüKo-BGB, 6. Aufl., § 823, Rn. 801.

112 BGH, NJW 1968, 2291, 2292; Wagner, in: MüKo-BGB, 6. Aufl., § 823, Rn. 800.

113 BGH, NJW 2003, 2309.

114 Brüggemeier, Haftungsrecht, S. 480.

115 Terbille, in: MAH-Medizinrecht, 2. Aufl. 2013, § 1, Rn. 563.

116 Wagner, in: MüKo-BGB, 6. Aufl., § 823, Rn. 802; Terbille, in: MAH-Medizinrecht, § 1, Rn. 575.

117 Terbille, in: MAH Medizinrecht, 2. Aufl. 2013, § 1, Rn. 561.

118 BGH, NJW 1981, 2002, 2003; 1995, 2407; 2005, 427, 428; Greiner, in: Geiß/Greiner, Arzthaftpflichtrecht, 7. Aufl. 2014, B, Rn. 95; Wagner, in: MüKo-BGB, 6. Aufl., § 823, Rn. 802.

119 Gaidzik/Weimer, in: Huster/Kaltenborn, Krankenhausrecht, 1. Aufl., § 13, Rn. 44; Terbille, in: MAH-Medizinrecht, § 1, Rn. 562; Greiner, in: Geiß/Greiner, Arzthaftpflichtrecht, 7. Aufl. 2014, B., Rn. 95.

120 Wagner, in: MüKo-BGB, 6. Aufl., § 823, Rn. 805.

der Einnahme sowie zu den möglichen Nebenwirkungen, Komplikationen und drohenden Schäden.[121]

Die therapeutische Sicherungsaufklärung ist durch das Patientenrechtegesetz nunmehr in § 630c Abs. 2 Satz 1 BGB normiert worden.

1.2.3.5 Übernahmeverschulden/Übernahmefehler

Beim sog. Übernahmeverschulden[122] handelt es sich um den haftungsrelevanten Vorwurf, der den Behandelnden trifft, der die Grenzen seiner Fähigkeiten oder seiner apparativen Ausstattung verkennt und es versäumt, die Behandlung abzulehnen und den Patienten an einen Spezialisten bzw. für die Behandlung adäquat ausgestatteten Behandelnden zu verweisen.[123] Mit der faktischen Übernahme der ärztlichen Behandlung trifft den Arzt gegenüber dem Patienten eine Garantenstellung,[124] die den Behandelnden zur Vornahme der erforderlichen Maßnahmen nach dem behandlungsspezifischen Facharztstandard oder ggf. zur Hinzuziehung bzw. Überstellung an einen qualifizierten Arzt verpflichtet.[125] Das Unterlassen einer gebotenen ärztlichen Maßnahme stellt im Grundsatz eine Pflichtverletzung dar, deren Verschulden vermutet wird.[126] Ein Behandlungsfehler liegt in der Regel bereits in der Übernahme der Behandlung, wenn der Arzt seine fachliche Kompetenz oder körperlichen Fähigkeiten (wegen Müdigkeit, Krankheit, Alkoholeinfluss o. ä.) überschreitet oder die apparative Ausstattung für die Behandlung nicht ausreichend ist.[127] Der Arzt haftet für das Auftreten, Steigern oder Erhalten des pathologischen Zustandes, der durch die gebotene sorgfaltsgemäße Behandlung eines anderen Behandelnden vermieden bzw. verhindert worden wäre.

---

121 BGH, NJW 1970, 511; 2005, 1716.

122 Anders als die Terminologie suggeriert, wird mit dem Begriff des Übernahmeverschuldens nicht das Verschulden i. S. d. § 280 Abs. 1 S. 2 BGB, sondern die Pflichtverletzung gemäß § 280 Abs. 1 S. 1 BGB erfasst, Wagner, in: MüKo-BGB, 7. Aufl., § 630a, Rn. 103.

123 Spickhoff, 2. Auflage 2014, § 823, Rn. 23.; Terbille, in: MAH-Medizinrecht, §1, Rn. 543; Wagner, in: MüKo-BGB, 7. Aufl., § 630a, Rn. 83 und § 630c, Rn. 2.

124 Zur Garantenstellung des Arztes siehe unter 1.3.4.

125 Brüggemeier, Haftungsrecht, S. 480 f.; Ulsenheimer, in: Laufs/Kern, Handbuch des Arztrechts, 4. Aufl., § 139, Rn. 35.

126 BGH, MedR 1983, 107.

127 BGH, NJW 1984, 655; Laufs/Kern, in: Laufs/Kern, Handbuch des Arztrechts, 4. Aufl., § 97, Rn. 21; Terbille, in: MAH-Medizinrecht, § 1, Rn. 543.

1.2.3.6 Organisationsfehler/Organisationsverschulden

Die Organisationspflicht bei einer medizinischen Behandlung beschreibt die Verpflichtung, durch geeignete organisatorische Maßnahmen die dem Patienten aus seiner Erkrankung oder auch nur seiner Eigenschaft als Patient entstehenden Gefahren so weit wie möglich zu minimieren.[128]

Die Anforderung an die Organisation der Abläufe der Patientenbehandlung wächst mit der Zahl des an Diagnose und Therapie beteiligten ärztlichen und nichtärztlichen Personals sowie der Komplexität und des Risikos der Behandlung.[129] Dies gilt nicht nur für Krankenhausträger, sondern auch für niedergelassene Ärzte – wenn auch regelmäßig in weit geringerem Umfang.[130]

Die fehlerhafte Organisation kann als Behandlungsfehler zunächst die Haftung des Behandelnden auslösen. Ist der Behandelnde in eine Organisationsstruktur eingegliedert - gleich ob es sich dabei um ein Krankenhaus oder eine Praxis handelt -, besteht darüber hinaus eine Einstandspflicht des für die Behandlung Verantwortlichen (Krankenhausträger, Praxisinhaber, leitender Arzt).[131]

Anders als bei der haftungsrechtlichen Beurteilung des medizinischen Behandlungsgeschehens, bei der es wesentlich auf die Seitens der Medizin gestellten fachlichen Anforderungen ankommt, werden die Standards guter Organisation als multidisziplinäre und multiprofessionelle Standards durch das Recht und in einem rechtlichen Rahmen nach sachverständiger Beratung bestimmt.[132]

Die Anforderungen der Rechtsprechung an die Organisation werden - insbesondere für die Krankenhausbehandlung - als umfangreich und teils uferlos beschrieben.[133] Sie betreffen vor allem die sachliche und personelle Ausstattung,[134] die Schaffung geeigneter Kontrollmechanismen,[135]

---

128 BGHZ 171, 358, 362; Deutsch, NJW 2000, 1745; Erlinger/Warntje/Bock, in: MAH-Strafverteidigung, 2. Aufl., § 50, Rn. 40.

129 Laufs/Kern, in: Laufs/Kern, Handbuch des Arztrechts, 4. Aufl., § 101, Rn. 1.

130 Laufs/Kern, in: Laufs/Kern, Handbuch des Arztrechts, 4. Aufl., § 101, Rn. 1.

131 Katzenmeier, in: Laufs/Katzenmeier/Lipp, Arztrecht, 7. Aufl., Kap. X, Rn. 43.

132 Katzenmeier, in: Laufs/Katzenmeier/Lipp, Arztrecht, 7. Aufl., Kap. X, Rn. 42.

133 Quaas, in: Quaas/Zuck/Clemens, 3. Aufl., § 14, Rn. 119; Katzenmeier, in: Laufs/Katzenmeier/Lipp, Arztrecht, 7. Aufl., Kap. X, Rn. 41 f.

134 Krause/Brose, in: Spickhoff, Medizinrecht, 2. Aufl., § 222, Rn. 38.

135 Terbille, in: MAH-Medizinrecht, 2. Aufl., § 1, Rn. 550 f.

die Koordinierung der ärztlichen und nichtärztlichen Mitarbeiter sowie der Arbeitsabläufe.[136]

So zählen beispielsweise beim Einsatz medizinisch-technischer Geräte zu den Organisationsfehlern sowohl die fehlerhafte Anwendung durch medizinisches oder technisches Personal als auch die fehlerhafte Wartung der Geräte.[137] Die ordnungsgemäße Handhabung ist durch entsprechende Auswahl und Einweisung bzw. Schulung des Bedienpersonals zu gewährleisten; die Funktionsfähigkeit der Geräte durch regelmäßige Wartung fachmännischen Personals sicherzustellen.[138]

1.2.4 Die ärztlichen Aufklärungs- und Informationspflichten

Die ärztliche Behandlung ist durch eine Vielzahl unterschiedlicher, teils inhaltlich überschneidender Aufklärungs- und Informationspflichten durchzogen. Die Verpflichtungen des Arztes zur Aufklärung und Information des Patienten können dabei nach ihrer Schutzrichtung unterschieden werden.[139] So dienen Informationen, die der Patient zur Sicherung des Behandlungserfolgs erhält bzw. erhalten muss, primär der Abwendung bzw. Verringerung von Gesundheitsgefahren und sollen den Erfolg einer Behandlung bzw. eines Eingriffs sichern, während die einer Behandlung bzw. einem Eingriff zeitlich vorgelagerte Pflicht zur Aufklärung über Behandlungsverlauf, Chancen, Risiken und ggf. bestehende Behandlungsalternativen der Gewährleistung des Selbstbestimmungsrechtes des Patienten über seinen Körper dient. Neben der Gewährleitung einer effektiven Krankenbehandlung und der Abwehr von Gesundheitsgefahren sowie der Sicherung des Selbstbestimmungsrechtes kann sich die Aufklärung bzw. Information auch auf den Schutz des Patientenvermögens beziehen. Die Schutzrichtung der jeweiligen Aufklärungs- bzw. Informationspflicht hat regelmäßig Einfluss auf die rechtlichen Folgen eines Unterlassens oder einer fehlerhaften Erteilung von gebotenen Informationen.

---

136 Übersicht zu groben Organisationsfehlern in: Geiß/Greiner, Arzthaftpflichtrecht, 7. Aufl., B, Rn. 291; Nachweise der Rechtsprechung auch bei: Katzenmeier In: Laufs/Katzenmeier/Lipp, Arztrecht, 7. Aufl., Kap. X, Rn. 45.

137 Brüggemeier, Haftungsrecht, S. 481.

138 Brüggemeier, Haftungsrecht, S. 481.

139 Vgl. Schelling, Ärztliche Aufklärung, S. 24.

1.2.4.1 Selbstbestimmungsaufklärung

Bedeutung

Die Selbstbestimmungsaufklärung (terminologisch teilweise auch Einwilligungsaufklärung[140]) hat die Aufgabe, die freie und informierte Entscheidung des Patienten über eine Behandlung zu ermöglichen.[141] Der Patient soll in die Lage versetzt werden, das Für und Wider seiner Entscheidung selbst abzuwägen und ungewollte Eingriffe mit deren Folgen zu vermeiden.[142] Die Pflicht zur Selbstbestimmungsaufklärung ist von Rechtsprechung und Lehre im Rahmen des Rechtsinstituts der Einwilligung entwickelt und fortgebildet worden[143] und findet ihre Grundlage im verfassungsrechtlich gewährleisteten Selbstbestimmungsrecht des Patienten.[145] Nach ständiger Rechtsprechung des *BGH* ist die Selbstbestimmungsaufklärung des Patienten eine Voraussetzung für die Wirksamkeit der Einwilligung in einen ärztlichen Heileingriff.[146] Nur so könne „das aus der Menschenwürde (Art. 1 I GG) und dem allgemeinen Persönlichkeitsrecht (Art. 2 I GG) abgeleitete Selbstbestimmungsrecht des Patienten sowie sein Recht auf körperliche Unversehrtheit (Art. 2 II 1 GG) gewahrt" werden.[147] Umstritten ist, inwiefern Einwilligung und Selbstbestimmungsaufklärung im Hinblick auf Heileingriffe grundrechtlichen Schutz im Konglomerat aus Art. 2 Abs. 1 und Abs. 2 GG genießen[148] oder allein Art. 2 Abs. 2 Satz 1 GG als spezielleres Grundrecht maßgeblich ist.[149] Das *BVerfG* vertritt in diesem Zusammenhang die Auffassung, die Verfassung gebiete die nach derzeitiger Gesetzeslage

140 Thurn, MedR 2013, 154.

141 Müller, NJW 1997, 3049, 3051; Schelling, Ärztliche Aufklärung, S. 25.

142 BGH, NJW 1991, 2349; 2006, 2108; Schelling, Ärztliche Aufklärung, S. 8, 25; Tag, Der Körperverletzungstatbestand, S. 271.

143 Vgl. Sondervotum Hirsch, Niebler, Steinberger, BVerfGE 52, 131, 171; Kern/Laufs, Die ärztliche Aufklärungspflicht, S. 9 ff.; Schelling, Ärztliche Aufklärung, S. 21 ff.

144 Die sog. Elektroschock-Urteile des BGH (BGH VersR 1953, 496; 1959, 153 = BGHZ 29, 46) der 1950er Jahren gelten als grundlegende Entscheidungen für die Pflicht zur Selbstbestimmungsaufklärung.

145 BVerfGE 52, 131, 168; BGH, VersR 1959, 153, 155; Di Fabio, in: Maunz/Düring, GG, Art. 2, Rn. 204 spricht zutreffend von einem aus dem allgemeinen Persönlichkeitsrecht abgeleiteten Verfügungsrecht über den eigenen Körper.

146 BGHZ 106, 391; BGH, NStZ 1996, 34; NJW 2011, 1088.

147 BGH, NJW 2011, 1088, 1089.

148 BVerfGE 52, 131, 168.

149 So der Schwerpunkt im Sondervotum Hirsch, Niebler, Steinberger, BVerfGE 52, 131, 173ff.

rechtliche Ausgestaltung nicht, wonach sowohl im Strafrecht als auch im Zivilrecht die ärztlich angezeigte und lege artis durchgeführte Behandlung im Falle des Fehlens einer wirksamen Einwilligung als Körperverletzung zu behandeln ist.[151]

Unabhängig davon setzt die Gewährleistung des Selbstbestimmungsrechtes für die vom Patienten zu treffende Entscheidung über eine Behandlung den Erhalt diesbezüglicher Informationen vor der Behandlung voraus.[152] Der Patient kann seine aus freier Überzeugung getroffene Zustimmung zu einer Behandlungsmaßnahme nur geben, wenn er über deren Art, Reichweite und deren Sinn und Zweck aufgeklärt worden ist (sog. informed consent).[153] Die Aufklärung hilft den Patienten mit Blick auf die von ihm zu treffende Entscheidung zu einem „verständigen Partner" zu machen. Realisiert sich ein Risiko, trifft es den aufgeklärten Patienten nicht völlig unerwartet.[154] Gleichzeitig befreit die hinreichende Selbstbestimmungsaufklärung den Arzt von der (juristischen) Verantwortung für die Folgen einer medizinisch indizierten Behandlung, die nicht auf einem fehlerhaften Verhalten beruhen.

Teilweise wird in der Literatur als Fallgruppen der Selbstbestimmungsaufklärung zwischen der Risiko-, Diagnose- und Verlaufsaufklärung unterschieden, wobei der Risikoaufklärung das Hauptfeld gehöre.[155] Die Terminologie dieser Fallgruppen gründet offenkundig auf den Aufklärungsinhalt. So soll die Risikoaufklärung dem Patienten die Informationen über die mit der Behandlung verbundenen unvermeidbaren Gefahren, also mögliche permanente oder vorübergehende Nebenfolgen, die auch bei Anwendung der gebotenen Sorgfalt und fehlerfreier Durchführung mit einer gewissen Wahrscheinlichkeit auftreten können, vermitteln.[156] Die Diagnoseaufklärung erstreckt sich auf den medizinischen Befund.[157] Die Verlaufsaufklärung soll wiederum Art, Umfang und Durchführung der Behandlung beinhalten und den voraussichtlichen medizinischen Verlauf und damit die gesundheitliche Entwicklung des Patienten mit und ohne

150 Vgl. Koppernock, Das Grundrecht auf bioethische Selbstbestimmung, 1997, S. 54 f.

151 BVerfGE 52, 131, 168.

152 So auch: Sondervotum Hirsch, Niebler und Sternberger, BVerfGE 52, 131, 176.

153 Vgl. Schelling, Ärztliche Aufklärung, S. 27; BGH NJW 1956, 1106.

154 Sondervotum Hirsch, Niebler und Sternberger, BVerfGE 52, 131, 179.

155 Katzenmeier, in: Laufs/Katzenmeier/Lipp, Arztrecht, 7. Aufl., Kap. V, Rn. 14; Laufs, in: Laufs/Kern, Handbuch des Arztrechts, 4. Aufl., § 59, Rn. 11.

156 Katzenmeier, in: Laufs/Katzenmeier/Lipp, Arztrecht, 7. Aufl., Kap. V, Rn. 14.

157 Katzenmeier, in: Laufs/Katzenmeier/Lipp, Arztrecht, 7. Aufl., Kap. V, Rn. 14; Laufs, in: Laufs/Kern, Handbuch des Arztrechts, 4. Aufl., § 59, Rn. 13.

die vom Behandelnden vorgeschlagene Behandlungsmaßnahme umfassen.[158] Obgleich diese Fallgruppenunterscheidung zunächst geeignet ist, den Inhalt der Selbstbestimmungsaufklärung in groben Zügen zu umreißen, eine schematische Unterteilung ist weder trennscharf möglich noch dogmatisch und didaktisch geboten. Risiko-, Diagnose- und Verlaufsaufklärung gehen vielmehr fließend ineinander über; so etwa Risiko- und Verlaufsaufklärung mit Blick auf die Informationen über Behandlungsalternativen[159] mit ihren jeweiligen Erfolgschancen und Misserfolgsaussichten.[160] Zudem wäre es fehlerhaft die Risiko-, Diagnose- und Verlaufsaufklärung ausschließlich mit der Selbstbestimmungsaufklärung zu verknüpfen. So kann es zwischen der Selbstbestimmungsaufklärung und der therapeutischen Aufklärung[161] zu inhaltlichen Überschneidungen im Hinblick auf Risiken und Verlauf kommen, wenn die therapeutische Information auf eine notwendige, den Patienten belastende Behandlung gerichtet ist.[162] Im Übrigen kann die Diagnoseaufklärung eine von der Selbstbestimmungsaufklärung gänzlich losgelöste, eigenständige Hauptpflicht des Arztvertrages sein, wenn dieser auf die Einholung einer sog. Zweitmeinung (weiteren Diagnose durch anderen Arzt) gerichtet ist.[163]

Umfang

Im Hinblick auf den Umfang der Selbstbestimmungsaufklärung betont die ständige Rechtsprechung, dass der Patient inhaltlich über den Verlauf der geplanten Behandlung sowie deren Chancen und Risiken im „Großen und Ganzen" aufzuklären ist.[164] Einer exakten medizinischen Beschreibung aller denkbaren Risiken und auch die Angabe von Details zu den Risiken, die für die Entscheidung des Patienten im Blickpunkt stehen, bedarf es dagegen nicht.[165] Jedoch ist dem Patienten ein zutreffendes Bild über die Schwere des Eingriffs und der Art der damit für seine körperliche Integrität und seine Lebensführung verbundenen Belastung zu vermitteln.[166] Das schließt auch sehr seltene Risiken ein, die im Falle

158 Katzenmeier, in: Laufs/Katzenmeier/Lipp, Arztrecht, 7. Aufl., Kap. V, Rn. 14.
159 Zur Aufklärung über Behandlungsalternativen unten.
160 Vgl. Katzenmeier, in: Laufs/Katzenmeier/Lipp, Arztrecht, 7. Aufl., Kap. V, Rn. 15.
161 Hierzu sogleich.
162 Geiß/Greiner, Arzthaftpflichtrecht, B., Rn. 97.
163 Deutsch, Arzt- und Arzneimittelrecht, S. 57.
164 BGH, NJW 1963, 393; 1971, 1887; 1977, 337; 1984, 1397; 1989, 1533; 1992, 2351; 2006, 2108; 2011, 1088, 1089; NJW-RR 2017, 533.
165 BGH, NJW 1991, 2346, 2347; NJW-RR 2017, 533, 534.
166 BGH, NJW 2011, 1088, 1089.

ihrer Verwirklichung die Lebensführung schwer belasten und trotz ihrer Seltenheit für den Eingriff spezifisch, für den Laien aber überraschend sind.[167] Der Patient ist über die mit der Behandlung verbundenen Risiken und deren Folgen in verständlicher Weise zu informieren, ohne diese zu beschönigen oder zu übersteigern.[168] Der konkrete Umfang der Selbstbestimmungsaufklärung wird dabei von der jeweiligen Behandlungsmaßnahme und deren Dringlichkeit abhängig gemacht. Das heißt, je weniger ein sofortiger Eingriff medizinisch geboten ist, umso ausführlicher und eindrücklicher ist der Patient, dem der Eingriff angetragen wird oder der ihn selbst wünscht, über die Erfolgsaussichten und etwaigen schädlichen Folgen zu informieren.[169]

Der Schutzbereich der Selbstbestimmungsaufklärung erfasst die unvermeidbaren Risiken, nicht jedoch die vermeidbaren Gefahren einer Behandlung.[170] Unvermeidbare Risiken sind solche Gefahren für den Körper und die Gesundheit des Patienten, die sich auch bei allergrößter Sorgfalt und fehlerfreier Durchführung des Eingriffs nicht sicher verhindern lassen.[171] Als vermeidbar gelten demgegenüber Behandlungsfehler aber auch Gefahren, deren Abwendung bei gegenwärtigem Stand der Technik der Behandlung ohne nennenswerte Schwierigkeiten möglich ist.[173] Über den Umstand, dass dem Arzt ein Behandlungsfehler unterlaufen kann und dessen Folgen muss daher nicht aufgeklärt werden.[174] Wesentliche Begründung hierfür ist, dass die Einwilligung, an die die Selbstbestimmungsaufklärung knüpft, wirksam nur für die Behandlung lege artis erteilt werden kann.[175]

---

167 BGH, NJW 1984, 1395, 1396; NJW 1984, 1397, 1398; NJW 1990, 1528.

168 BGH, NJW 2010, 3230; NJW-RR 2017, 533, 534.

169 BGH, NJW 1959, 825; 1991, 2349; 2011, 1088, 1089

170 Ehlers, Die ärztliche Aufklärung vor medizinischen Eingriffen, S. 72; Hart, MedR 1999, 47, 48; ders., Jura 2000, 64, 66; Schelling, Ärztliche Aufklärung, S. 17, S. 31 f.; Tempel, NJW 1980, 609, 611.

171 Ehlers, Aufklärung vor medizinischen Eingriffen, S. 72; Schelling; Ärztliche Aufklärung, S. 31.

172 Hart, Jura 2000, 64, 66 spricht im Zusammenhang zwischen Gefahr und Realisierung eines unvermeidbaren Risikos von einem „schicksalhaftem Verlauf".

173 Schelling, Ärztliche Aufklärung, S. 32.

174 Schelling, Ärztliche Aufklärung, S. 32; siehe auch OLG Düsseldorf, VersR 1988, 968, 970; OLG München, VersR 1997, 1281.

175 Deutsch/Spickhoff, Medizinrecht, 7. Aufl., Rn. 418; Wagner in: MüKo-BGB, 7. Aufl., § 630d, Rn. 11.

Trotz des Grundsatzes der ärztlichen Therapiefreiheit, wonach die Wahl der Behandlungsmethode primär Sache des Arztes ist,[176] hat der Behandler auch über Behandlungsalternativen aufzuklären, wenn im konkreten Behandlungsfall mehrere medizinisch gleichermaßen indizierte Behandlungsmethoden mit unterschiedlichen Erfolgschancen und Risiken zur Verfügung stehen und so eine echte Wahlmöglichkeit für den Patienten besteht.[177] Daraus ergibt sich regelmäßig, dass der Arzt die Entscheidung zwischen konservativer und invasiver Behandlung nicht für den Patienten treffen darf, sondern dieser nach entsprechender Aufklärung selbst entscheiden muss.[178] An den Umfang der Aufklärung über Behandlungsalternativen werden keine höheren Anforderungen als an die Aufklärung im Allgemeinen gestellt; vielmehr genügt auch hier die Information im „Großen und Ganzen".[179]

Mit dem Patientenrechtegesetz wurde die Pflicht zur Selbstbestimmungsaufklärung und ihre wesentlichen Anforderungen in § 630e BGB aufgenommen. Die Vorschrift zeichnet die zur Selbstbestimmungsaufklärung bestehende gefestigte Rechtsprechung nach.[180]

Folgen fehlerhafter oder unterlassener Selbstbestimmungsaufklärung

Nach der gefestigten höchstrichterlichen Rechtsprechung, wonach jede Behandlungsmaßnahme eine rechtswidrige Körperverletzung darstellt, die nicht durch eine wirksame Einwilligung gedeckt ist (Körperverletzungsdoktrin),[181] haftet der Arzt im Grundsatz nicht nur wegen einer fehlerhaften sondern auch einer eigenmächtigen Behandlung.[182] Dies gilt auch bei medizinisch indizierten und gemäß des medizinischen Standards durchgeführten Behandlungen.[183] Die wirksame Einwilligung setzt voraus, dass der Patient hinreichend aufgeklärt wurde.[184]

---

176 BGH, NJW 1988, 765, 766; 1989, 1533, 1534; 2000, 1788, 1789; Katzenmeier, in: Laufs/Katzenmeier/Lipp, Arztrecht, 7. Aufl., Kap. V, Rn. 34.

177 BGHZ 102, 17, 22; BGH NJW 2005, 1718; Wagner, in: MüKo-BGB, 7. Aufl 2016, § 630e, Rn. 17 m. w. N.

178 BGH NJW 2005, 1718; Wagner, in: MüKo-BGB, 7. Aufl. 2016, § 630e, Rn. 17.

179 Wagner, in: MüKo-BGB, 7. Aufl. 2016, § 630e, Rn. 18.

180 Regierungsentwurf, BT-Drs. 17/10488, S. 24.

181 Zur sog. Körperverletzungsdoktrin unten.

182 Schelling, Ärztliche Aufklärung, S. 25.

183 BGH, NJW 2003, 1862; Giesen, JZ 1990, 1053, 1058; Schelling, Die ärztliche Aufklärung, S. 28; Wagner, in: MüKo-BGB, 7. Aufl., § 630e, Rn. 62 f. und 7. Aufl., § 823 BGB, Rn. 911.

184 Grundlegend in der Rechtsprechung seit BGH NJW 1956, 1106; Schelling, Ärztliche Aufklärung, S. 27; Wagner, in: MüKo-BGB, 6. Aufl., § 823 BGB, Rn. 775, 809.

Daraus folgt, dass eine Behandlung ohne oder ohne hinreichende Aufklärung neben der Verletzung des Persönlichkeitsrechts eine Verletzung des Körpers und der Gesundheit und damit eine unerlaubte Handlung i. S. d. § 823 Abs. 1 und Abs. 2 BGB darstellt, weil es an einer wirksamen Einwilligung fehlt.[185]

Neben der Haftungsbegründung im Deliktsrecht stellt die unterlassene oder fehlerhafte Selbstbestimmungsaufklärung auch eine dem Grunde nach gemäß § 280 Abs. 1 BGB schadensersatzpflichtige Verletzung des Behandlungsvertrages dar.[186]

Die Schadensersatzpflicht erstreckt sich auf alle materiellen, aber auch immateriellen Schäden (§ 253 Abs. 2 BGB) in Folge der Behandlung als Eingriff in die Selbstbestimmung.[187]

Allerdings ist die Rechtsprechung gestützt von der Literatur darum bemüht, die weitreichenden Folgen einer Verletzung der Pflicht zur Selbstbestimmungsaufklärung zu begrenzen und nimmt hierbei den Zurechnungszusammenhang zwischen der Aufklärungspflichtverletzung und dem Schaden in den Blick.[188] So lehnt die Rechtsprechung unter Verweis auf Schutzzweckerwägungen eine Haftung wegen Aufklärungsmängeln ab, wenn sich lediglich ein aufklärungsbedürftiges Risiko verwirklicht, über das tatsächlich auch aufgeklärt wurde.[189] Darüber hinaus wird dem Behandelnden der dogmatisch als rechtmäßiges Alternativverhalten eingeordnete Einwand[190] zugestanden, der Patient hätte bei ordnungsgemäßer Aufklärung in die Behandlungsmaßnahme eingewilligt (sog. hypothetische Einwilligung).[191] An deren Feststellung werden von der Rechtsprechung jedoch, insbesondere bei vom medizinischen Standard abweichenden Behandlungsmethoden, strenge Anforderungen gestellt.[192] Es ist dabei Sache des Behandelnden darzulegen, dass der Patient beispielweise wegen der Schwere der Erkrankung, günstiger Erfolgsaussichten der Methode und der mit dieser verbunden geringen Belastungen eingewilligt hätte.[193] Der Patient kann diesem

185 Giesen, JZ 1990, 1053. 1058; Schelling, Ärztliche Aufklärung, S. 28; Wagner, in: MüKo-BGB, 7. Aufl., § 630e BGB, Rn. 4.

186 Greiner, in: Spickhoff, Medizinrecht, § 839, Rn. 201; Schelling, Ärztliche Aufklärung, S. 28; Wagner, in: MüKo-BGB, 7. Aufl., § 630e BGB, Rn. 4, 62.

187 Schelling, Ärztliche Aufklärung, S. 28.

188 Vgl. Deutsch/Spickhoff, Medizinrecht, 7. Aufl., Rn. 515.

189 BGHZ 144, 1, 7; BGH, NJW 2001, 2798; BGHZ 168, 103, 111.

190 Deutsch/Spickhoff, Medizinrecht, 7. Aufl., Rn. 517.

191 Katzenmeier, in: Laufs/Katzenmeier/Lipp, Arztrecht, 7. Aufl., Kap. V, Rn. 70 m. w. N.

192 BGH, NJW 1998, 2734; 2007, 2767.

193 BGHZ 90, 96; BGH, NJW 91, 2342.

Einwand mit der Darlegung eines echten Entscheidungskonflikts begegnen, aus dem heraus eine Ablehnung der Behandlungsmaßnahme zum damaligen Zeitpunkt aus seiner Sicht plausibel erscheint.[194] Mit dem Patientenrechtegesetz wurde die Rechtsprechung zur hypothetischen Einwilligung in ihren Grundzügen in § 630h Abs. 2 S. 2 BGB normiert.[195]

In Teilen der Literatur wird zudem mit dem Argument eines fehlenden Pflichtwidrigkeitszusammenhanges vertreten, die Schadensersatzpflicht ausschließlich auf solche realisierten Risiken zu begrenzen, über die der Patient nicht aufgeklärt wurde.[196] Anders als bisweilen einige Oberlandesgerichte[197] hat sich die Rechtsprechung des *BGH* dieser Ansicht so nicht angeschlossen. In früheren Entscheidungen wurde dazu noch maßgeblich auf die Unteilbarkeit der Einwilligung verwiesen.[198] Die Einwilligung kann demnach entweder wirksam und damit im Hinblick auf die Behandlung rechtfertigend sein, was eine hinreichende Aufklärung voraussetzt, oder sie ist unwirksam, weswegen eine Rechtfertigung für den konkreten Eingriff fehlt.[199] Diese Argumentation ist, soweit der Körperverletzungsdoktrin gefolgt wird, folgerichtig, führt allerdings zur Verwässerung zwischen den Schutzgütern der körperlichen Integrität und Gesundheit auf der einen Seite und dem Selbstbestimmungsrecht auf der anderen Seite.[200] Die jüngeren Entscheidungen des *BGH*[201] zur Haftungseinschränkung über den Schutzzweck höhlen diese Argumentation jedoch erkennbar aus.

---

194 BGH, NJW 1982, 700; 91, 1543, 2344.

195 Regierungsentwurf, BT-Drs. 17/10488, S. 29.

196 Kern/Laufs, Die ärztliche Aufklärungspflicht, S. 151 f.; dies., JZ 1984, 631; Laufs, in Laufs/Kern, Handbuch des Arztrechts, 4. Aufl., § 63 Rn. 5 ff.; Deutsch, NJW 1984, 1802; Jungnickel/Meinel, MDR 1988, 456 ff.

197 OLG Karlsruhe, NJW 1983, 2643; MedR 2003, 104, 105; OLG Hamm, Urt. v. 17. 1. 1983 - 3 U 244/82; OLG Düsseldorf, Urt. v. 15. 3. 1984 - 8 U 95/83; OLG München, Urt. v. 15. 10. 1987 - 1 U 1532/86.

198 BGHZ 106, 391, 398; BGH, NJW 1991, 2346, 2347.

199 Vgl. Katzenmeier, in: Laufs/Katzenmeier/Lipp, Arztrecht, 7. Aufl., Kap. V, Rn. 67 unter Verweis auf BGHZ 106, 391, 398; BGH, NJW 1991, 2346, 2347.

200 Dies gilt freilich nur dann, wenn das Selbstbestimmungsrecht des Patienten in dieser Konstellation als eigenständiges Rechtsgut anerkannt wird. Anders beispielsweise Deutsch/Spickhoff, Medizinrecht, 7. Aufl., Rn. 528, wonach eine Aufspaltung des Eingriffs in die körperliche Integrität und das Selbstbestimmungsrecht als Teil des Persönlichkeitsrechts abgelehnt wird, weil das auf die Selbstbestimmung zugeschnittene Persönlichkeitsrecht doch gerade auf die Wahrung der körperlichen Integrität bezogen ist.

201 BGHZ 144, 1, 7; BGH, NJW 2001, 2798; BGHZ 168, 103, 111.

Auch eine (isolierte) Verletzung des Selbstbestimmungsrechtes bleibt danach schadensersatzlos.

1.2.4.2 Therapeutische Aufklärung/Sicherungsaufklärung

Bedeutung

Von der Selbstbestimmungsaufklärung als eine Hauptpflicht des Arztes und Voraussetzung für die wirksame Einwilligung ist die aus therapeutischen Gesichtspunkten gebotene Information, die sog. therapeutische Aufklärung oder auch Sicherungsaufklärung, zu unterscheiden.[202] Die therapeutische Aufklärung und Sicherungsaufklärung soll den Behandlungserfolg gewährleisten und dient der Gefahrensicherung. Sie bildet damit einen wesentlichen Teil des ärztlichen Gesundheitsdienstes.[203] Um den Patienten vor Schaden zu bewahren, wird der Behandelnde den Patienten oftmals nicht nur informieren, sondern unterweisen müssen, weshalb der gebräuchliche Begriff „therapeutische Aufklärung" als zu eng verstanden wird.[204] Daher erscheint der Begriff „therapeutische Beratung" für die therapeutische Information und Unterweisung vorzugswürdig.

Die Pflicht zur therapeutischen Beratung ist mit dem Patientenrechtegesetz in § 630c Abs. 2 S. 1 BGB gesetzlich geregelt worden. Sie ist von der in § 630e BGB geregelten Pflicht zur Selbstbestimmungsaufklärung zu unterscheiden. Insoweit ist die Feststellung, § 630c Abs. 2 S. 1 BGB und § 630e Abs. 1 S. 2 BGB enthielten eine unglückliche Doppelung identischer Pflichten,[205] nicht zutreffend. Richtig ist, dass sich die in ihrer Zweckrichtung verschiedenen Verpflichtungen inhaltlich überschneiden können. Daher können inhaltliche Fehler bei der Patientenaufklärung zu einer gleichzeitigen Verletzung der Pflicht zur therapeutischen Beratung und der Selbstbestimmungsaufklärung führen. So kann ein inhaltlicher Fehler unterschiedliche an die jeweilige Verpflichtung knüpfende Rechtsfolgen auslösen.

---

202 Greiner, in: Spickhoff, Medizinrecht, 2. Aufl., BGB, § 839, Rn. 206; Katzenmeier, in: Laufs/Katzenmeier/Lipp, Arztrecht, 7. Aufl., Kap. V., Rn. 16.

203 Laufs, in: Laufs/Kern, Handbuch des Arztrechts, 4. Aufl., § 58, Rn. 1.

204 Rieger, DMW 1996, 997; Laufs, in: Laufs/Kern, Handbuch des Arztrechts, 4. Aufl., § 58, Rn. 1.

205 Katzenmeier, in: Laufs/Katzenmeier/Lipp, Arztrecht, 7. Aufl., Kap. V, Rn. 16; Spickhoff, ZRP 2012, 65, 67; ders., VersR 2013, 267, 273.

Umfang

Im Rahmen der therapeutischen Aufklärung und Sicherungsaufklärung hat der Behandelnde den Patienten, soweit therapeutische Gründe dies gebieten, zur Ermöglichung, Vorbereitung und Unterstützung medizinisch notwendiger Behandlungsmaßnahmen rechtzeitig und vollständig zu informieren.[206] So soll dem Patienten durch Aufklärung über Ernst und Entwicklung seines Leidens die Dringlichkeit einer gebotenen (weiteren) Behandlung vor Augen geführt werden.[207] Die Intensität des Aufklärungsgesprächs richtet sich dabei nach den Umständen des Einzelfalls und gebietet einen gewissen Nachdruck, wenn der Patient dazu neigt, erhebliche Gefahren zu verharmlosen.[208] Die mangelnde Mitwirkung des Patienten an einer medizinisch gebotenen Behandlung schließt einen Behandlungsfehler nicht aus, wenn der Patient über das Risiko der Nichtbehandlung nicht ausreichend aufgeklärt worden ist.[209] Der Patient ist auch über mögliche Folgen einer Behandlung zu unterrichten, um ihn zu gebotenen Selbstschutzmaßnahmen zu veranlassen.[210] Dies beinhaltet eine nach Abschluss der Behandlung angepasste Lebensweise, die richtige Einnahme verordneter Arzneimittel und die Aufklärung über mögliche unerwünschte Arzneimittelwirkungen.[211]

Vielfach kann es zu inhaltlichen Überschneidungen zwischen der therapeutischen Information und der Selbstbestimmungsaufklärung kommen, insbesondere dann, wenn die therapeutische Information auf eine notwendige, den Patienten belastende Behandlung gerichtet ist.[212]

Folgen fehlerhafter oder unterlassener therapeutischer Aufklärung

Weil ärztliche Versäumnisse oder Fehler bei der therapeutischen Aufklärung und Sicherungsaufklärung solche der Gefahrensicherung sind, werden diese – im Unterschied zur unterlassenen oder fehlerhaften

---

206 Laufs, in: Laufs/Kern, Handbuch des Arztrechts, 4. Aufl., § 58, Rn. 1.

207 Geiß/Greiner, Arzthaftpflichtrecht, 7. Aufl., B., Rn. 95.

208 Geiß/Greiner, Arzthaftpflichtrecht, 7. Aufl., B., Rn. 98.

209 BGH, NJW 2009, 2820.

210 Geiß/Greiner, Arzthaftpflichtrecht, 7. Aufl., B., Rn. 95 f.

211 BGHZ 162, 320, 323 ff.; Katzenmeier, in: Laufs/Katzenmeier/Lipp, Arztrecht, 7. Aufl., Kap. V, Rn. 17.

212 Geiß/Greiner, Arzthaftpflichtrecht, 7. Aufl., B., Rn. 97.

Selbstbestimmungsaufklärung – als Behandlungsfehler bewertet.[213] Die insoweit von der Behandlungsseite zu erteilenden notwendigen Informationen sind im Rahmen des Behandlungsvertrages Gegenstand des § 630c Abs. 2 BGB. Ein Verstoß gegen die Pflicht zur Information stellt damit eine Pflichtverletzung im Sinne des § 280 Abs. 1 BGB dar. Führt die Pflichtverletzung zu einem Gesundheitsschaden des Patienten, wird damit also sowohl ein vertraglicher als auch deliktischer Schadensersatzanspruch begründet.

Mit Blick auf das zivilrechtliche Beweisrecht kann ein grober Verstoß gegen die therapeutische Informationspflicht folgerichtig einen groben bzw. schweren Behandlungsfehler darstellen, der zu den entsprechenden beweisrechtlichen Folgen, nämlich Entlastung des klagenden Patienten vom Kausalitätsnachweis zum Nachteil des Arztes führt.[214]

1.2.4.3 Wirtschaftliche Aufklärung

Bedeutung

Anders als dies unter bestimmten Umständen beispielsweise bei Rechtsanwälten möglich ist, trifft Ärzte keine Pflicht zur umfassenden Wahrung der Vermögensinteressen ihrer Patienten.[215] Dennoch ist in Rechtsprechung und Schrifttum eine begrenzte Pflicht zur wirtschaftlichen Aufklärung anerkannt.[216] Auch diese Pflicht darf nicht mit der (medizinischen) Einwilligungsaufklärung bzw. Selbstbestimmungsaufklärung gleichgesetzt werden, die dazu dient, dass der Patient eigenverantwortlich über die Art und Weise der Behandlung seines Körpers entscheiden kann, auch wenn zuweilen inhaltliche Überschneidungen möglich sind.[217] Die Pflicht zur wirtschaftlichen Aufklärung beschreibt die Informationspflicht des Behandelnden gegenüber dem Patienten, wenn der Behandelnde erkennt oder hätte erkennen können, dass die vom Patienten gewünschte oder

---

213 Katzenmeier, in: Laufs/Katzenmeier/Lipp, Arztrecht, 7. Aufl, Kap. V, Rn. 16; Laufs, in: Laufs/Kern, Handbuch des Arztrechts, 4. Aufl, § 58, Rn. 1 f.; Wagner, in: MüKo-BGB, 6. Aufl., § 823, Rn. 753 u. 772; BGHZ 107, 222.

214 BGHZ 107, 222; vgl. Laufs, in: Laufs/Kern, Handbuch des Arztrechts, 4. Aufl., § 58, Rn. 2.

215 Taupitz, Die zivilrechtliche Pflicht, S. 69; ders., NJW 1992, 713, 716; Terbille/Schmitz-Herscheidt, NJW 2000, 1749, 1751 f.

216 BGH, NJW 1983, 2630; Rechtsprechung konkret für Krankenhausträger: BGHZ 102, 106, 112; BGH, NJW 2000, 3429, 3431 f.; Baden, NJW 1988, 746; Terbille/Schmitz-Herscheidt, NJW 2000, 1749, 1754.

217 Baden, NJW 1988, 746, 747 f.; Schelling, Ärztliche Aufklärung, S. 147.

von ihm vorgeschlagene Maßnahme vom Versicherungsschutz möglicherweise nicht gedeckt ist.[218] Es handelt sich um eine vertragliche Nebenpflicht des Behandlungsvertrages,[219] die ihre Grundlage letztlich in § 242 BGB findet.[220] Diese Pflicht der Behandlungsseite, soweit sie aus ihrer Expertenstellung heraus über bessere Kenntnisse und ein besseres Wissen verfügt, einen Patienten vor unnötigen Kosten und unverhältnismäßigen Belastungen zu bewahren,[221] dient dem Schutz des Vermögens des Patienten.[222]

Die Pflicht zur wirtschaftlichen Aufklärung ist nunmehr durch das Patientenrechtegesetz in § 630c Abs. 3 BGB als wirtschaftliche Informationspflicht bezeichnet und geregelt. Für die Informationserteilung ist die Textform (§ 126b BGB) gesetzlich festgeschrieben.

Umfang

Die wirtschaftliche Aufklärungspflicht darf jedoch nicht überzogen werden.[223] Der Arzt ist kein Experte für private oder gesetzliche Krankenversicherungen. Die Pflicht, auf eine fehlende Erstattungsfähigkeit der gesetzlichen oder privaten Kostenträger hinzuweisen, ist demnach auf Fälle beschränkt, in denen dem Behandler dies ohne Nachforschungen bekannt ist oder bekannt sein muss.[224] Es handelt sich dabei beispielsweise um Fälle möglicher unterschiedlicher Bewertungen in der medizinischen Notwendigkeit des Umfangs einer Maßnahme, bei der Auswahl einer gegebenenfalls strittigen Behandlungsmethode selbst[225] oder wenn bei dem Behandelnden bereits positive Kenntnis von der Unsicherheit einer vollständigen Kostenübernahme durch den Versicherer vorliegt.[226] Nach der nunmehr gesetzlichen Regelung des § 630c Abs. 3 BGB trifft die Informationspflicht den Behandelnden, wenn er weiß, dass die Behandlungskosten

218 Kalis, in: MüKo-VVG, 2. Aufl. 2017, § 192, Rn. 36.

219 Katzenmeier, in: Laufs/Katzenmeier/Lipp, 7. Aufl., Kap. V, Rn. 21; Terbille, in: MAH-Medizinrecht, 2. Aufl. 2013, § 1, Rn. 453.

220 Baden, NJW 1988, 746, 747.

221 BGHZ 102, 106, 112; BGH, VersR 1983, 443,444; NJW 1996, 781; 2000, 3429, 3431 f.

222 Taupitz, NJW 1992, 713, 716.

223 Terbille/Schmitz-Herscheidt, NJW 2000, 1749, 1754.

224 Baden, NJW 1988, 746, 749; Spickhoff, NJW 2007, 1628, 1633; Taupitz, NJW 1992, 713, 716; Terbille/Schmitz-Herscheid, NJW 2000, 1749, 1754; Terbille, in: MAH-Medizinrecht, 2. Aufl., § 1, Rn. 453.

225 BGH VersR 1983, 443 ff.; OLG Stuttgart VersR 2003, 992 ff.; KG, r+s 2000, 120 ff.; LG Stuttgart, r+s 1989, 302.

226 OLG Stuttgart, VersR 2013, 583 ff.

durch einen Dritten, in der Regel den Krankenversicherer, nicht vollständig übernommen werden. Voraussetzung ist insoweit, dass der Behandelnde positive Kenntnis von der Unsicherheit der Kostenübernahme durch einen Dritten hat. Der positiven Kenntnis des Behandelnden steht es gleich, wenn sich aus den Umständen hinreichende Anhaltspunkte dafür ergeben, dass eine vollständige Übernahme der Behandlungskosten durch einen Dritten nicht gesichert ist. In beiden Fällen muss der Behandelnde die voraussichtliche Höhe der Behandlungskosten beziffern.[227] Der Gesetzgeber stellt allerdings klar, dass eine über die in § 630c Abs. 3 BGB definierte hinausgehende Informationspflicht des Behandelnden nicht besteht. Insbesondere ist es nach dem Willen des Gesetzgebers nicht die Pflicht des Behandelnden, den Patienten umfassend wirtschaftlich zu beraten. Das wirtschaftliche Risiko der Behandlung darf danach nicht allein dem Behandelnden aufgebürdet werden. Vielmehr entspricht es auch der Pflicht des Patienten als mündigem Vertragspartner, vorab bei der Versicherung eine vorherige Kostenzusage-/Übernahmebestätigung einzuholen.[228]

Folgen unterlassener oder fehlerhafter wirtschaftlicher Aufklärung

Die Rechtsfolgen eines Verstoßes gegen die wirtschaftliche Informationspflicht des § 630c Abs. 3 BGB sind gesetzlich nicht normiert. Die Verletzung der Informationspflicht stellt allerdings eine Pflichtverletzung im Sinne des § 280 Abs. 1 BGB dar. Die Gesetzesbegründung nimmt Bezug auf die Rechtsprechung.[229] Hiernach führt die Pflichtverletzung des Behandelnden zur Informationserteilung zu einem Schadensersatzanspruch des Patienten, mit dem dieser gegen den Vergütungsanspruch des Behandelnden aufrechnen kann.[230]

1.2.5 Besonderheiten des Beweisrechts im Arzthaftungsprozess

Auch im Arzthaftungsprozess gelten grundsätzlich die allgemeinen Regeln des Zivilprozesses, wonach der Anspruchsteller die Darlegungs- und Beweislast für anspruchsbegründende Tatsachen, der Anspruchsgegner die für die anspruchshindernden und anspruchsvernichtenden Tatsachen trägt.[231] Danach hat also prinzipiell der Patient als Anspruchsteller das Vorliegen eines

227 BT-Drs. 18/10488, S. 22.
228 BT-Drs. 18/10488, S. 22.
229 BT-Drs. 18/10488, S. 22.
230 BGH, NJW 2000, 3429, 3431; OLG Stuttgart, NJW-RR 2002, 1604, 1605; OLG Köln, MedR 2014, 317; vgl. auch BT-Drs. 18/10488, S. 22.
231 Deutsch/Spickhoff, Medizinrecht, 7. Aufl., Rn. 758.

Schuldverhältnisses, einer Pflichtverletzung, eines Schadens und der Kausalität darzulegen und zu beweisen.[232] Jedoch begegnet die Verteilung der Darlegungs- und Beweislast nach den allgemeinen zivilprozessualen Regeln im Arzthaftungsprozess besonderen praktischen Schwierigkeiten, die sich auf die typische Situation der Parteien eines solchen Verfahrens gründet.[233] Dies führt dazu, dass sich insbesondere der Patient wegen der tatsächlichen Gegebenheiten einer Heilbehandlung üblicherweise erheblichen Beweisproblemen ausgesetzt sieht, was sich naturgemäß im Prozess zum Vorteil des Behandelnden als Beklagtem und Anspruchsgegner auswirkt.[234] Diese „Eigenart des Arzthaftungsprozesses"[235] begründet nach dem *BVerfG* verfassungsrechtliche Bedenken, „die Beweislast für ein bestimmtes Vorbringen generell einer Seite aufzubürden, die von der typischen Art der Fallkonstellation her in der Regel nicht in der Lage sein kann, den erforderlichen Beweis zu erbringen."[236] Allerdings bereits frühzeitig wurde diese typische Beweissituation der Parteien im Arzthaftungsprozess von der Rechtsprechung erkannt und insbesondere im Bereich der haftungsbegründenden Kausalität auf verschiedene Weise durch Beweiserleichterungen bis hin zur Beweislastumkehr auszugleichen versucht.[237] Von der Rechtsprechung ist damit ein Instrumentarium geschaffen worden, das auch im Arzthaftungsprozess nach Ansicht des *BVerfG* in beweisrechtlicher Sicht ein faires Verfahren durch „gerechte Interessenabwägung" ermöglicht.[239] Der Gebrauch dieser prozessualen Möglichkeiten liegt in der Hand der Gerichte, die von Mal zu Mal einzelfallbezogen überprüfen müssen, ob dem Patienten „nach allem die regelmäßige Beweislastverteilung noch zugemutet werden darf".[240] Diese Verpflichtung leitet das *BVerfG* unmittelbar aus dem verfassungsrechtlichen Erfordernis

---

232 BVerfGE 52, 138, 158; BGHZ 61, 118; Deutsch/Spickhoff, Medizinrecht, 7. Aufl., Rn. 758.

233 Baumgärtel-Wittmann, JA 1979, 113, 114.

234 BVerfGE 52, 131, 146.

235 BGH, NJW 1979, 1933, 1934.

236 BVerfGE 52, 131, 146.

237 BVerfGE 52, 131, 146; Baumgärtel-Wittmann, JA 1979, 113, 114.

238 Über die Entstehungsgeschichte der Rechtsprechung zur Beweislastumkehr bei „grobem Behandlungsfehler" zur Zeit des Reichsgerichts, deren Übernahme durch den BGH sowie deren weitere Entwicklung und dogmatische Begründung und schließlich Kodifizierung im Patientenrechtegesetz bei: He, Anteilige Haftung für ärztliche Behandlungsfehler, S. 41 ff.

239 BVerfGE 52, 131, 146.

240 BVerfGE 52, 131, 147.

eines „gehörigen, fairen Gerichtsverfahrens", insbesondere aus dem Gebot der „Waffengleichheit im Prozess"[241] und dem Erfordernis der „Rechtsanwendungsgleichheit" ab, deren Beachtung zu überprüfen dem *BVerfG* obliegt.[242]

Mit der Rechtsprechung des *RG* und später des *BGH*, insbesondere des *VI. Zivilsenats (Haftungssenat)*, sind im Einzelnen insbesondere folgende Darlegungs- und Beweiserleichterungen im Arzthaftungsrecht geschaffen worden:[243]

1.2.5.1 Verminderte Darlegungslast

Nach ständiger Rechtsprechung werden im Arzthaftungsprozess an die Substantiierungslast des Patienten hinsichtlich der Behandlungsfehlerhaftigkeit verminderte Anforderungen gestellt.[244] Es handelte sich um eine Überspannung der Substantiierungspflicht, wenn der Patient in seiner Klage die einzelnen Mängel bei jedem besonderen Arbeitsschritt zuordnen und genau beschreiben müsste.[245] Die Aneignung medizinischen Fachwissens sind beim klagenden Patienten oder dessen Rechtsbeistand keine Voraussetzung für eine ordnungsgemäße Prozessführung.[246] Ausreichend ist, dass der Patient konkrete Anhaltspunkte für das Vorliegen eines Behandlungsfehlers vorträgt. Danach genügt ein Vortrag seitens des Patienten, der ein fehlerhaftes Verhalten des Arztes auf Grund der Folgeerscheinungen lediglich vermuten lässt.[247] Den Gerichten kommt damit eine verstärkte Verpflichtung zur Aufklärung im Arzthaftungsprozess zu,[248] der sie regelmäßig durch Beiziehung der Patientenunterlagen und Einholung eines Sachverständigengutachtens begegnen.[249]

---

241 BGH, NJW 1978, 1681, 1682; Franzki/Franzki, NJW 1975, 2225.

242 BVerfGE 52, 131, 147.

243 Vgl. Deutsch/Spickhoff, Medizinrecht, 7. Aufl., Rn. 759 f.

244 BGHZ 159, 245, 253; BGH, GesR 2014, 658, 659; OLG Düsseldorf, MDR 1984, 1033; KG, VersR 1986, 769, OLG Köln, VersR 1987, 164; OLG Stuttgart, VersR 1991, 229; OLG Brandenburg, NJW 2001, 1608 f.

245 OLG Düsseldorf, MDR 1984, 1033; Deutsch/Spickhoff, Medizinrecht, 7. Aufl. 2014, Rn. 754.

246 BGHZ 159, 245.

247 BGHZ 159, 245, 253; BGH, GesR 2014, 658, 659; OLG Brandenburg, NJW 2001, 1608 f.; OLG Düsseldorf, VersR 2005, 1737, 1738; OLG Naumburg, MedR 2014,174, 175.

248 OLG Brandenburg, OLG-NL 2001, 244.

249 Deutsch/Spickhoff, Medizinrecht, 7. Aufl. Rn. 754, 806.

1.2.5.2 *Beweiserleichterung durch Anscheinsbeweis*

Der Anscheinsbeweis als richterrechtlich anerkannte Form der Erleichterung der Beweisführung bei Vorliegen eines Erfahrungssatzes[250] ist auch im Arzthaftungsprozess insbesondere im Bereich des Behandlungsfehlers, der Kausalität und des Verschuldens von gewisser, wenngleich nur eingeschränkter Bedeutung.[251]

Es gilt als allgemein anerkannt, dass der Anscheinsbeweis nicht die Verteilung der objektiven Beweislast verändert, sondern ausschließlich im Rahmen der freien richterlichen Beweiswürdigung Bedeutung erlangt.[252] Mit Hilfe der allgemeinen Lebenserfahrung können bei der Beweiswürdigung fehlende konkrete Indizien überbrückt werden. Die anzuwendenden Erfahrungssätze müssen deshalb geeignet sein, die volle Überzeugung des Gerichts von der Wahrheit einer Tatsachenbehauptung zu begründen.[253] Demnach ist Voraussetzung für die Anwendung des Anscheinsbeweises das Vorliegen eines typischen Geschehensablaufs, weswegen diese Form der Erleichterung der Beweisführung im Arzthaftungsprozess angesichts der Komplexität und der daraus resultierenden Vielfalt körpereigener Geschehensabläufe sowie der Unterschiedlichkeit von Behandlungsbedingungen und Behandlungsverläufen selten angewendet wird.[254] In der Rechtsprechung ist (in einzelnen Fällen) ein typischer medizinischer Geschehensablauf und damit der Anscheinsbeweis insbesondere bei Gesundheitsschäden nach Injektionen,[255] beim Zurücklassen von Operationswerkzeugen[256] und bei Infektionen im engeren zeitlichen Zusammenhang mit einer Behandlung[257] angenommen worden.[258]

---

250 Prütting, in: Handbuch der Beweislast, Kap. 12, Rn. 23.

251 Katzenmeier, in: Laufs/Katzenmeier/Lipp, 7. Aufl., Kap. XI, Rn. 66 f; Terbille, in MAH-Medizinrecht, 2. Aufl. 2013, § 1, Rn. 588; Wagner, in: MüKo-BGB, 7. Aufl., § 630h, Rn. 120 ff.

252 BGH, NJW 1998, 79, 80 f.; Prütting, in: Handbuch der Beweislast, Kap. 12, Rn. 23.

253 BGH, NJW-RR 1988, 789, 790; BGHZ 100, 31, 33; BGH, NJW 1998, 79, 81.

254 BGH, NJW 1981, 1948; OLG Hamm, VersR 1988, 807; OLG Saarbrücken, VersR 1991, 1289; Terbille, in: MAH-Medizinrecht, 2. Aufl. 2013, § 1, Rn. 588; Wagner, in: MüKo-BGB, 7. Aufl., § 630h, Rn. 120.

255 OLG Düsseldorf, VersR 1984, 241.

256 BGHZ 4, 138, 144 f.; BGH, VersR 1981, 462; OLG Köln, VersR 1988, 140.

257 BGHZ 11, 227; 114, 284, 290; BGHZ 163, 209, 212 f.

258 Wagner, in: MüKo-BGB, 7. Aufl., § 630h, Rn. 120 f. m. N. aus der Rechtsprechung.

1.2.5.3 *Beweiserleichterung bei Dokumentationsmangel*

Nach ständiger Rechtsprechung führt die unterlassene oder lückenhafte Dokumentation einer aus medizinischer Sicht aufzeichnungspflichtigen Maßnahme zu der Vermutung, dass die Maßnahme unterblieben ist.[259] Die Beweiserleichterung soll dem Patienten zu Gute kommen, um die durch einen Dokumentationsmangel eingetretene Erschwernis des Nachweises eines ärztlichen Behandlungsfehlers auszugleichen und so auch für die Prozessführung eine gerechte Rollenverteilung im Arzt-Patienten-Verhältnis zu schaffen.[260] Dagegen ist eine Dokumentation, die medizinisch nicht erforderlich ist, nicht aus Rechtsgründen geboten, weswegen aus dem Unterbleiben medizinisch nicht erforderlicher Aufzeichnungen keine beweisrechtlichen Folgen gezogen werden können.[261] Denn die Dokumentationspflicht bezweckt nach ständiger Rechtsprechung die Sicherstellung wesentlicher medizinischer Daten und Fakten für den Behandlungsverlauf und nicht die Sicherung von Beweisen für einen etwaigen späteren Haftungsprozess des Patienten.[262] Darüber hinaus wird eine Beweislastumkehr im Hinblick auf die Kausalität zwischen Behandlungsfehler und Schaden nur dann angenommen, wenn eine gänzlich unterlassene oder unvollständige Dokumentation einen groben Behandlungsfehler oder das Unterlassen einer Diagnostik mit behandlungspflichtigem Ergebnis indiziert, die als solche selbst die Grundlage für eine Beweislastumkehr bilden.[263] In Anknüpfung an die Rechtsprechung zur Beweiserleichterung bei Dokumentationsmangel wurde mit dem Patientenrechtegesetz eine entsprechende Vermutungsregel in § 630h Abs. 3 BGB aufgenommen.[264]

1.2.5.4 *Beweiserleichterung bei mangelnder Befunderhebung oder Befundsicherung*

Dem Befunderhebungs- und Befundsicherungsfehler wird durch die Rechtsprechung eine gewisse eigenständige Bedeutung im Hinblick auf das Beweisrecht beigemessen. Sie wird darin gesehen, dass Beweiserleichterungen bereits vor

---

259 BGH, NJW 1982, 332; NJW 1988, 2949, NJW 1989, 2330; NJW 1993, 2375; BGHZ 129, 6, 10.

260 BGHZ 129, 6, 10.

261 BGH, NJW 1993, 2375, 2376.

262 BGH, NJW 1989, 2330, 2331; 1999, 3408, 3409.

263 BGH, NJW 1993, 2375, 2376; NJW 1999, 3408, 3409; Vgl. Geiß/Greiner, Arzthaftpflichtrecht, 7. Aufl., B., Rn. 250.

264 Regierungsentwurf, BT-Drs. 17/10488, S. 29.

Erreichen der Schwelle zum schweren Behandlungsfehler eingreifen, der für sich genommen als grober Behandlungsfehler mit der Folge der Beweislastumkehr zu bewerten ist.[265] Nach Auffassung des *BGH* verschlechtert der Verstoß gegen ärztliche Pflichten zur Befunderhebung und Befundsicherung die Möglichkeit des Patienten, den Beweis für den Ursachenverlauf zwischen Behandlungsfehler und Gesundheitsschaden, ähnlich wie bei der Verletzung der ärztlich geschuldeten Dokumentationspflicht oder beim Vorliegen eines groben Behandlungsfehlers, zu erbringen, weswegen auch hier eine Beweiserleichterung geboten ist.[266] Der Patient dürfe durch die Beweiserleichterung jedoch nicht besser gestellt werden, als er stünde, wenn der gebotene Befund erhoben worden wäre oder dieser zur Bewertung einem medizinischen Sachverständigen vorgelegt werden könnte.[267] Mit der Rechtsprechung kann auch schon ein einfacher Befunderhebungsfehler zu einer Beweislastumkehr führen. In ständiger Rechtsprechung des *BGH* führt eine fehlerhafte Unterlassung der medizinisch gebotenen Befunderhebung dann zu einer Umkehr der Beweislast hinsichtlich der Kausalität des Behandlungsfehlers für den eingetretenen Schaden, wenn sich bei der gebotenen Befunderhebung mit hinreichender Wahrscheinlichkeit[268] ein reaktionspflichtiges positives Ergebnis gezeigt hätte und wenn sich die Verkennung dieses Befundes als fundamental oder die Nichtreaktion hierauf als grob fehlerhaft darstellen würde.[269]

Mit dem Patientenrechtegesetz ist diese Rechtsprechung für die vertragliche Haftung in § 630h Abs. 5 S. 2 BGB gesetzlich geregelt worden. Demgegenüber ist der Befunderhebungs- sowie der davon abzugrenzende Diagnosefehler[271] bereits von § 630h Abs. 5 S. 1 BGB erfasst, wenn diese selbst als grobe Behandlungsfehler zu bewerten sind.[272]

---

265 Katzenmeier, in: Laufs/Katzenmeier/Lipp, Arztrecht, 7. Aufl., Kap. XI, Rn. 113.

266 BGHZ 85, 212, 217; 99, 391, 397.

267 BGH, NJW 1996, 1589, 1590.

268 Nach Auffassung von OLG Köln, VersR 2004, 247; MedR 2013, 299; OLG Dresden, VersR 2004, 648, 649; OLG Koblenz, GesR 2010, 546, 547 eine Wahrscheinlichkeit von mehr als 50%.

269 BGHZ 132, 47, 52 ff.; BGH, VersR 1998, 457; 1998, 585; 1999, 60; 1999, 231; 2004, 790; BGH, NJW 2011, 3441 m. w. N.

270 Katzenmeier, in: Laufs/Katzenmeier/Lipp, Arztrecht, 7. Aufl., Kap. XI, Rn. 116 von einem hypothetisch groben ärztlichen Fehler.

271 Katzenmeier, in: Laufs/Katzenmeier/Lipp, Arztrecht, 7. Aufl., Kap. XI, Rn. 119.

272 Regierungsentwurf, BT-Drs. 17/10488, S. 31.

1.2.5.5 *Beweiserleichterung bei Einwirkung auf Beweismittel*

In Anlehnung an die §§ 427, 444 ZPO ist in der Rechtsprechung der Grundsatz entwickelt worden, dass schuldhafte Beweisvereitelungen durch die nicht beweisbelastete Partei Beweiserleichterungen bis hin zur Beweislastumkehr zur Folge haben.[273] Es handelt sich dabei insbesondere um Fälle, in denen der Behandelnde Gegenstände, die als Beweismittel bedeutsam erscheinen, beseitigt, also beispielsweise ein möglicherweise schadhaftes medizinisches Gerät nach Misslingen eines Eingriffs bei Seite schafft, ein in Verdacht geratenes Sterilisationsgerät zerstört, einen in einer Operationswunde zurückgelassenen Tupfer bei einer Nachoperation entfernt und wegwirft oder verunreinigte oder sonst fehlerhafte Medikamente und Substanzen vernichtet.[274] Die Rechtsprechung nimmt in entsprechender Anwendung des § 444 ZPO eine Beweislastumkehr hinsichtlich des Ursachenzusammenhangs zwischen Pflichtverletzung und Gesundheitsschaden bereits bei nur fahrlässiger Beweisvereitelung an, wenn für denjenigen, der einen Gegenstand vernichtet oder vernichten lässt, der später als Beweismittel in Betracht kommt, bereits die spätere Beweisfunktion erkennbar ist.[275]

1.2.5.6 *Beweislastumkehr bei grobem Behandlungsfehler*

Nach ständiger Rechtsprechung führt das Vorliegen eines groben Behandlungsfehlers, der geeignet ist, einen Schaden der tatsächlich eingetretenen Art herbeizuführen, grundsätzlich zu einer Umkehr der objektiven Beweislast für den ursächlichen Zusammenhang zwischen dem Behandlungsfehler und dem Gesundheitsschaden. Ausreichend dafür ist, dass der grobe Behandlungsfehler geeignet ist, den eingetretenen Schaden zu verursachen. Es ist nicht erforderlich, dass der Fehler den Schaden nahelegen noch wahrscheinlich machen muss.[276] Eine Verlagerung der Beweislast auf die Behandlungsseite ist nur dann ausnahmsweise ausgeschlossen, wenn jeglicher haftungsbegründende Ursachenzusammenhang äußerst unwahrscheinlich ist,[277] sich das Risiko nicht verwirklicht hat, dessen Nichtbeachtung den Fehler als grob erscheinen lässt[278] oder wenn der Patient durch sein Verhalten eine selbständige Komponente für den Heilungserfolg

273 BGHZ 72, 132, 139; 99, 391, 395 ff.
274 Katzenmeier, in: Laufs/Katzenmeier/Lipp, Arztrecht, 7. Aufl., Kap. XI, Rn. 120.
275 BGH, VersR 1975, 952, 954; NJW 1994, 1594, 1595.
276 BGHZ 85, 212, 216 f.; 159, 48, 54; BGH, VersR 2005, 228, 229; VersR 2008, 490.
277 BGHZ 129, 6, 12, 138, 1, 8; 159, 48, 54.
278 BGHZ 159, 48, 54 f.

vereitelt hat und dadurch in gleicher Weise wie der grobe Behandlungsfehler des Arztes dazu beigetragen hat, dass der Verlauf des Behandlungsgeschehens nicht mehr aufgeklärt werden kann.[279] Die Darlegungs- und Beweislast für eine solche Ausnahmekonstellation trägt die Behandlungsseite.[280]

Die Rechtsprechung begründet das Rechtsinstitut der Beweislastumkehr bei grobem Behandlungsfehler damit, dass die Aufklärung des Behandlungsgeschehens wegen des Gewichts des Behandlungsfehlers und seiner Bedeutung für die Behandlung in besonderer Weise erschwert worden ist, so dass der Arzt nach Treu und Glauben dem Patienten den Kausalitätsbeweis nicht zumuten kann.[281] Bei der Erschwernis der Aufklärung handelt es sich jedoch nicht um eine Voraussetzung für die Beweislastumkehr bei grobem Behandlungsfehler, sondern um deren Motiv, wie der *BGH* klargestellt hat.[282]

Die Darlegungs- und Beweislast für das Bestehen eines groben Behandlungsfehlers trägt jedoch zunächst der Patient. Ein grober Behandlungsfehler liegt vor, wenn der Behandelnde eindeutig gegen bewährte ärztliche Behandlungsregeln oder gesicherte medizinische Erkenntnisse verstoßen und einen Fehler begangen hat, der aus objektiver Sicht nicht mehr verständlich erscheint, weil er einem Arzt schlechterdings nicht unterlaufen darf.[284] Dabei kommt es nicht auf das einzelne Fehlverhalten, sondern eine Gesamtbetrachtung an. Sind mehrere Fehler unterlaufen, ist demnach nicht nur zu prüfen, ob jeder Fehler für sich, als grober Behandlungsfehler zu qualifizieren ist, sondern darüber hinaus zu fragen, ob die Summe der Fehler die Behandlung insgesamt als grob fehlerhaft erscheinen lassen.[285] Darüber hinaus ist ein Behandlungsgeschehen trotz Vorliegens eines nur einfachen Befunderhebungsfehlers auch dann als grob fehlerhaft zu bewerten, „wenn sich bei der gebotenen Abklärung der Symptome mit hinreichender Wahrscheinlichkeit ein so deutlicher und gravierender Befund ergeben hätte, dass sich dessen Verkennung als fundamental oder die Nichtreaktion auf ihn als

---

279 BGHZ 159, 48, 54 f.; KG, VersR 1991, 928.

280 BGHZ 159, 48, 54 f.; BGH, VersR 1981, 954, 955; 1989, 80, 81.

281 BGH, NJW 1992, 754, 755; 2007, 2767, 2769; 2011, 3442, 3443.

282 BGH, NJW 2007, 2767, 2769.

283 Zur Historie der Beweislastumkehr bei grobem Behandlungsfehler und dessen Kritik: He, Anteilige Haftung für ärztliche Behandlungsfehler, S. 40 ff.

284 BGHZ 138, 1, 6; BGH, NJW 1993, 2376, 2377; 1995, 778; 1996, 1589; 1996, 2428; 1997, 798; 1998, 814, 815; 1998, 1782, 1783; 1999, 862 f.; 2011, 3342; 2012, 227; VersR 2001, 1030; 2001, 1115; 2001, 1116. 1117.

285 BGHZ 144, 296, 303; BGH, VersR 2001, 1030, 1031; 2009, 1406.

grob fehlerhaft darstellen würde, und diese Fehler generell geeignet sind, den tatsächlich eingetretenen Gesundheitsschaden herbeizuführen."[286]

Ein grober Behandlungsfehler kann danach also insbesondere dann in Betracht kommen, wenn eine medizinisch gebotene Befunderhebung unterlassen, die erhobenen Befunde grob falsch interpretiert oder auf eindeutige Befunde nicht in der üblichen Weise durch die gebotenen Therapiemaßnahmen reagiert wird oder Standardmethoden zur Minimierung von Behandlungsrisiken unbeachtet bleiben.[287]

Die Wertung des Behandlungsgeschehens als grob fehlerhaft ist dem Tatrichter vorbehalten, wobei dieser freilich die Ausführungen des medizinischen Sachverständigen zu Grunde zu legen hat.[289]

Mit dem Patientenrechtegesetz wurde die von der Rechtsprechung entwickelte Beweislastumkehr bei grobem Behandlungsfehler in § 630h Abs. 5 BGB aufgenommen.[290]

1.2.5.7 Beweiserleichterung bei Organisationsmangel

Aus der Pflicht des Behandlungsträgers zu einer geeigneten Organisation ist in der Rechtsprechung der Grundsatz der Haftung wegen Organisationsverschuldens gebildet worden.[291] Die Haftung wegen Organisationsmängeln ist durch eine weitere von der Rechtsprechung entwickelte Beweislastumkehr hinsichtlich der Kausalität zwischen Organisationsfehler und Gesundheitsschaden ergänzt. So hat der Krankenhausträger, wenn er offensichtlich ungeeignetes Personal für die Heilbehandlung einsetzt, darzulegen und zu beweisen, dass sich die mangelnde Eignung nicht auf den Körperschaden ausgewirkt hat.[292] Die Beweislastumkehr greift nicht nur beim Einsatz nicht hinreichend qualifizierten ärztlichen

---

286 BGH, NJW 2011, 2508 unter Verweis auf: BGHZ 132, 47, 51 f.; 159, 48, 56; BGH, VersR 1999, 60, 61; 1999, 231, 232; 2004, 790, 792.

287 Wagner, in: MüKo-BGB, 7. Aufl., § 630h, Rn. 91.

288 Überblick über die Erscheinungsformen schwerer Fehler in: Deutsch/Spickhoff, 7. Aufl., Rn. 784 ff.

289 BGHZ 138, 1, 6; 159, 48, 55; BGH, VersR 1997, 315, 316.

290 Regierungsentwurf, BT-Drs. 17/10488, S. 30.

291 BGHZ 95, 63, 71 ff; 121, 107, 112; 165, 90; Vgl. Deutsch/Spickhoff, Medizinrecht, 7. Aufl., Rn. 792.

292 BGHZ NJW 1984, 655, 656 f.; BGH, MDR 1993, 955; 1998, 535; OLG Bremen, MedR 2007, 660.

Personals, sondern unter anderem auch bei grobem Fehlverhalten von Pflegekräften[293] oder der Unterbesetzung einer Krankenhausstation.[294]

In Anlehnung an diese Rechtsprechung wurde mit dem Patientenrechtegesetz in § 630h Abs. 4 BGB eine Vermutungsregel für Fälle des sog. Anfängerfehlers bzw. Anfängeroperation geschaffen. Steht die mangelnde Befähigung eines Behandelnden fest und hat der Patient durch die Behandlung eine Gesundheitsschädigung erlitten, so besteht danach die Vermutung, dass die mangelnde Befähigung für den aufgetretenen Schaden ursächlich war.[295] Darüber hinaus können Organisationsfehler von der Beweiserleichterung nach § 630h Abs. 1 BGB wegen voll beherrschbarer Risiken[296] oder als Behandlungsfehler der Beweiserleichterung wegen grobem Behandlungsfehler nach § 630h Abs. 5 BGB erfasst sein.[297]

1.2.5.8 Beweiserleichterung bei voll beherrschbaren Risiken

Die Rechtsprechung hat hinsichtlich der Beweisführung für die objektive Pflichtwidrigkeit eine Beweislastumkehr zu Gunsten des Patienten anerkannt, wenn der Gesundheitsschaden aus dem Herrschafts- und Organisationsbereich der Behandlungsseite herrührt und weder aus der Sphäre des Patienten stammt, noch dem Kernbereich des ärztlichen Handelns zuzurechnen ist (sog. vollbeherrschbare Risiken).[298] Eine Tätigkeit außerhalb des Kernbereichs des ärztlichen Handelns liegt dann vor, wenn für diese ärztliche Fähigkeiten nicht oder jedenfalls nur untergeordnet erforderlich sind.[299] Besteht die Möglichkeit, dass der Gesundheitsschaden auf einer Disposition des Patienten beruht, greift die Beweislastumkehr nur, wenn auf Behandlungsseite Kenntnis von dieser bestand und die Versorgung des Patienten hierauf eingestellt werden musste.[300] Der Anwendungsbereich der Beweislastumkehr bei voll beherrschbaren Risiken bezieht sich daher „phänotypisch" primär auf Gesundheitsschäden, die der Patient im Krankenhaus, wegen fehlerhafter Gerätschaften oder

---

293 OLG Oldenburg, VersR 1997, 977; OLG München, VersR 1997, 977.

294 OLG Hamm NJW 1993, 2387.

295 Regierungsentwurf, BT-Drs. 17/10488, S. 30.

296 Dazu sogleich unter 1.2.5.8.

297 Umfassende Fallbeispiele grober Behandlungsfehler aus der Rechtsprechung: Geiß/Greiner, 7. Aufl. 2014, B. Rn. 291.

298 BGHZ 89, 263, 269; 171, 358, 360 ff; BGH, VersR 2007, 1416 f.; Vgl. Prütting, in: Handbuch der Beweislast, Kap. 25, Rn. 27 m. w. N.

299 Kunz-Schmidt, MedR 2009, 517, 523; Wagner, in: MüKo-BGB, 7. Aufl., § 630h, Rn. 26.

300 BGH, NJW 1995, 1618; Wagner, in: MüKo-BGB, 7. Aufl., § 630h, Rn. 26.

Gebäudeausstattung, mangelhafter Hygiene oder Organisation des Krankenhausbetriebs erlitten hat.[301] Es handelt sich um Risiken, die mit tatsächlich und wirtschaftlich zumutbaren Maßnahmen nicht nur vermindert, sondern ausgeschlossen werden können.[302] Mit dem Patientenrechtegesetz wurde dieses von der Rechtsprechung entwickelte Institut in § 630h Abs. 1 BGB kodifiziert.[303]

1.2.6 Vorprozessuale und außergerichtliche Klärung ärztlicher Behandlungsfehler

In heutiger Zeit liegen verschiedene Möglichkeiten vor, ohne Beschreitung des Zivilrechtsweges sowie auch ohne Einschaltung der Ermittlungsbehörden, die für die Patienten nicht nur rechtlich entscheidende Frage zu klären, ob ihr Gesundheitszustand nach einer Heilbehandlung die Folge eines Behandlungsfehlers oder eines schicksalhaften Behandlungsverlaufes ist.

1.2.6.1 Gutachterkommissionen und Schlichtungsstellen

Seit dem Jahr 1975 sind Schlichtungsstellen und Gutachterkommissionen mit dem Ziel, Arzthaftungsstreitigkeiten durch objektive Begutachtung ärztlichen Handelns beizulegen, gegründet worden.[304] Sie sind von Ärztekammern der Länder eingerichtet, jedoch von ihnen organisatorisch getrennt und im Wesentlichen mit ehrenamtlich tätigen Ärzten und Juristen besetzt.[305] Dort kann die Erstellung eines Gutachtens zur Klärung der Frage beantragt werden, ob der Patient infolge eines schuldhaften Behandlungsfehlers des Arztes einen Gesundheitsschaden erlitten hat.[306] Die Verfahren beruhen auf Freiwilligkeit und sind gebührenfrei.[307] Die Zulässigkeit der Anrufung der Schlichtungs- und Gutachterkommissionen ist jedoch bei anhängigen oder rechtskräftig entschiedenen gerichtlichen Verfahren, Honorarstreitigkeiten, überwiegend auch länger als 5 Jahre zurückliegenden Haftpflichtansprüchen sowie teilweise Amtspflichtverletzungen und Fällen unrichtiger Gutachtenerstattung ausgeschlossen.[308] Unabhängig vom Ausgang eines solchen Verfahrens von den Schlichtungsstellen und

301 Wagner, in: MüKo-BGB, 7. Aufl., § 630h, Rn. 25.
302 Wagner, in: MüKo-BGB, 7. Aufl., § 630h, Rn. 26.
303 Regierungsentwurf, BT-Drs. 18/10488, S. 28.
304 Ulsenheimer, in: Laufs/Kern, Handbuch des Arztrechts, 4. Aufl. 2010, § 113, Rn. 1.
305 Katzenmeier, in: Laufs/Katzenmeier/Lipp, Arztrecht, 7. Aufl., Kap. X, Rn. 113.
306 Terbille, in: MAH-Medizinrecht, 2. Aufl. 2013, § 1, Rn. 42.
307 Katzenmeier, in: Laufs/Katzenmeier/Lipp, Arztrecht, 7. Aufl., Kap. X, Rn. 114.
308 Ulsenheimer, in: Laufs/Kern, Handbuch des Arztrechts, 4. Aufl., § 113, Rn. 3.

Gutachterkommissionen steht den Beteiligten der Gerichtsweg offen.[309] Die Verfahren leisten einen erheblichen Beitrag zur außergerichtlichen Befriedung von Arzthaftungsstreitigkeiten[310] und bieten für die Patienten einen kostengünstigen Weg, durch objektive Begutachtung einen Behandlungsfehlervorwurf zu klären.

1.2.6.2 Unterstützung durch die gesetzlichen Krankenkassen

Seit dem Gesetz zur Strukturreform im Gesundheitswesen (sog. Gesundheits-Reformgesetz – GRG) vom 20. Dezember 1988[311] gibt es mit § 66 SGB V eine Regelung, die es Krankenkassen ermöglicht ihre Versicherten bei der Verfolgung von Schadensersatzansprüchen zu unterstützen. Der Gesetzgeber sah die Regelung im Interesse der gesetzlich Versicherten als erforderlich an, „weil übermäßige Technisierung und damit einhergehende Spezialisierung und Arbeitsteilung im Gesundheitswesen Gefahren für die Versorgung der Versicherten [bergen]" würden und Behandlungsfehler nicht auszuschließen wären. Gutachterkommissionen bei einer Ärztekammer oder Schlichtungsstelle kämen beispielsweise nicht in Betracht, wenn der Behandelnde dem Tätigwerden widerspricht oder ihm die Teilnahme an diesem Verfahren untersagt worden ist.[312]

Den Krankenkassen war es jedoch freigestellt, ihre Versicherten in Fällen, in denen der Verdacht auf einen Behandlungsfehler besteht, zu unterstützen. Von dieser Möglichkeit hatten die Kassen in unterschiedlicher Weise Gebrauch gemacht.[313] Mit dem Patientenrechtegesetz wurde die Unterstützung der Versicherten durch die Krankenkassen bei Behandlungsfehlern von einer Ermessens- in eine Pflichtleistung umgewandelt. Sie sind damit, ausgenommen es sprechen besondere Gründe dagegen, zur Unterstützung verpflichtet.[314] Die Unterstützung der Krankenkassen kann nach § 66 Satz 2 SGB V insbesondere die Prüfung der von den Versicherten vorgelegten Unterlagen auf Vollständigkeit und Plausibilität, mit Einwilligung der Versicherten die Anforderung weiterer Unterlagen bei den Behandelnden, die Veranlassung einer sozialmedizinischen Begutachtung durch den Medizinischen Dienst sowie eine abschließende Gesamtbewertung aller vorliegenden Unterlagen umfassen.[315]

---

309 Katzenmeier, in: Laufs/Katzenmeier/Lipp, Arztrecht, 7. Aufl., Kap. X, Rn. 114.

310 Katzenmeier, in: Laufs/Katzenmeier/Lipp, Arztrecht, 7. Aufl., Kap. X, Rn. 116.

311 BGBl. I S. 2477.

312 BT-Drs. 11/2237, S. 189, dort zu § 74 SGB V in der Entwurfsfassung.

313 BT-Drs. 17/10488, S. 32.

314 BT-Drs. 17/10488, S. 32.

315 § 66 Satz 2 SGB V ist mit dem Artikel 1 Nr. 4a des Gesetzes zur Särkung der Heil- und Hilfsmittelversorgung vom 4. April 2017 angefügt worden.

1.2.6.3 Privatgutachten

Selbstverständlich kommt neben den oben genannten Möglichkeiten zur Klärung, ob ein Behandlungsfehler vorliegt, auch die Beauftragung eines Privatgutachtens in Betracht, was allerdings mit nicht unerheblichen Kosten verbunden sein kann. Auf Grundlage solcher Gutachten können sich außergerichtliche Einigungen in einem Streitfall mit dem Behandelnden erzielen lassen. Die Rechtsprechung behandelt solche Gutachten in einem späteren Zivilprozess nicht als Beweismittel im Sinne der §§ 355 ff. ZPO, sondern als qualifizierten, urkundlich belegten Parteivortrag.[316]

1.3 Die ärztliche Heilbehandlung aus strafrechtlicher Sicht

Die ärztliche Heilbehandlung ist aus strafrechtlicher Sicht seit Beginn des 20. Jahrhunderts in Rechtspraxis und Lehre in Ermangelung von Sonderstraftatbeständen von einer Diskussion über die Anwendung der Körperverletzungsdelikte geprägt, die auch Einfluss auf die zivilrechtliche Rechtsprechung hat und Grundlage für das zivilrechtliche Deliktsrecht bildet. Nach ständiger Rechtsprechung erfüllt der ärztliche Eingriff den Tatbestand der Körperverletzung, weswegen Fragen des medizinischen Standards, der Einwilligung und ordnungsgemäßen Aufklärung des Patienten und nicht zuletzt auch der Kausalität nicht nur im Zivilrecht, sondern auch im Strafrecht den Schwerpunkt der forensischen Tätigkeit bei der Bewertung der ärztlichen Heilbehandlung darstellen.

1.3.1 Körperverletzungsdoktrin

Bereits im Jahr 1894 hatte das Reichsgericht den ärztlichen Heileingriff, unabhängig seiner medizinischen Indikation, seiner „heilkunstgerechten" Durchführung und seines Erfolges, als eine tatbestandliche Körperverletzung im Sinne des § 223 StGB qualifiziert, die ihre Rechtfertigung über die Einwilligung des Patienten erfahrt.[317] Wobei Fragen der Aufklärung des Patienten in Zusammenhang mit der Wirksamkeit der Einwilligung zunächst keine Berücksichtigung fanden und erstmals durch die zivilrechtliche Rechtsprechung des Reichsgerichts gegenständlich wurden.[318] Diese

316 BGHZ 98, 32, 40; BGH, NJW 1992, 1459; NJW-RR 2009, 1112, 113; 2014, 545.
317 RGSt 25, 375.
318 RGZ 78, 432, 433 f; vgl. Katzenmeier, Arzthaftung, S. 322 f.

Körperverletzungsdoktrin[319] wurde vom *BGH* übernommen und seither in ständiger Rechtsprechung weitergeführt.[320]

Die Ansicht der Rechtsprechung löste in der Ärzteschaft einen Sturm der Entrüstung aus und wird als der Beginn eines „Kalten Krieges“ zwischen Medizinern und Juristen bezeichnet.[321] Die Körperverletzungsdoktrin ist jedoch auch in weiten Teilen der Literatur auf Kritik gestoßen,[322] die in gewohnt sachlicher Weise, aber auch in polemischen Beiträgen geäußert worden ist.[323] So wurde vorgebracht, diese Rechtsprechung führe zu einer Stigmatisierung[324] und Diskriminierung[325] der ärztlichen Tätigkeit. Bei *Engisch* dient sie als Beispiel für die „Willkürlichkeit und Naturferne der Jurisprudenz“[326] und wird von *Tröndle* als „juristischer Kunstfehler“ bezeichnet.[327] Unzählige Beiträge und Auffassungen wurden seit der Entscheidung des Reichsgerichts zu dieser Problematik veröffentlicht. Es erscheint im Rahmen dieser Arbeit weder möglich noch sinnvoll diesen Meinungsstreit in Gänze darzustellen, der bis heute zu einer „Kluft zwischen Rechtsprechung und Lehre“ geführt hat,[328] dennoch sollen die wesentlichen Argumente der gegeneinanderstehenden Auffassungen nicht unerwähnt bleiben.

Gegen die Körperverletzungsdoktrin wird in erster Linie eingewandt, der spezifische Unrechtsgehalt eigenmächtiger Heilbehandlungen liege in der Missachtung der Autonomie und Entschlussfreiheit des Patienten und damit in der

---

319 Brüggemeier, Haftungsrecht, S. 466; Katzenmeier, in: Laufs/Katzenmeier/Lipp, Arztrecht, 6. Aufl., Kap. V, Rn. 8.

320 BGHSt 11, 111; 12, 379; 16, 303; 43, 306; 45, 221; 56, 284; NStZ 96, 34; NJW 2011, 1088.

321 Ulsenheimer, in: Laufs/Kern, Handbuch des Arztrechts, 4. Aufl., § 138, Rn. 1.

322 Bockelmann, NJW 1961, 945, 947; ders., Strafrecht des Arztes, S. 66 ff.; Brüggemeier, Haftungsrecht, S. 466; Eb. Schmidt, Der Arzt im Strafrecht, S. 69 ff; Engisch, ZStW 58 (1939), 1 ff.; Eser, ZStW 97 (1985), 1 ff.; Grünwald, ZStW 73 (1961), 5, 9; Arth. Kaufmann, ZStW 73 (1961), 341, 370 ff.; Lackner/Kühl, § 223, Rn. 8; Katzenmeier, in: Laufs/Katzenmeier/Lipp, Arztrecht, 7. Aufl., Kap. V., Rn. 8 f.; Lilie, in: LK-StGB, 11. Aufl., vor § 223, Rn. 3 f.; Niese, in: FS Eb. Schmidt, S. 364 ff.; Tag, Der Körperverletzungstatbestand, S. 165 ff., 197, 439 ff.; Ulsenheimer, Arztstrafrecht in der Praxis, Rn. 56 f.

323 Vgl. Ulsenheimer, in: Laufs/Kern, Handbuch des Arztrechts, 4. Aufl., § 138, Rn. 1.

324 Eser, ZStW 97 (1985), 1, 19; Duttge, MedR 2005, 706, 709.

325 Büttner, in: FS Geiß, S. 353, 354.

326 Engisch, Einführung in das juristische Denken, S. 6.

327 Tröndle, MDR 1983, 881.

328 Niese, in: FS Eb. Schmidt, S. 364.

329 Überblick in: Tag, Der Körperverletzungstatbestand, S. 6 ff.

Verletzung dessen Selbstbestimmungsrechts.[330] Daher würde mangels anderer Straftatbestände unter dem Deckmantel der Körperverletzung das Selbstbestimmungsrecht des Patienten geschützt.[331] Die ständige Rechtsprechung, nach der die ärztliche Heilbehandlung, unabhängig von ihrer medizinischen Indikation und fachgerechten Durchführung, den Tatbestand der Körperverletzung erfüllt, reduziere die Tatbestandsmäßigkeit auf das „objektiv wahrnehmbare Augenblicksgeschehen“ (Einstich, Schnitt, Exstirpation) ohne den Heilungswillen des Arztes oder den Heilerfolg zu berücksichtigen.[332] Bei der Einordnung des ärztlichen Eingriffs müsse auf dessen „soziale Sinnhaftigkeit“ abgestellt werden.[333] Eine in der Literatur auf *Bockelmann* zurückgehende Auffassung sucht deshalb die Abgrenzung der Heilbehandlung zur Körperverletzung, indem sie zwischen dem gelungenen und misslungenen Eingriff unterscheidet[334] (sog. Erfolgstheorie[335]). Danach scheide eine Körperverletzung tatbestandlich dann aus, wenn im Ergebnis das körperliche Wohlbefinden des Patienten insgesamt erhöht oder jedenfalls bewahrt worden ist.[336] Eine andere Auffassung stellt dagegen auf die „Kunstgerechtheit“ des Eingriffs ab, wonach die medizinisch indizierte und nach ärztlicher Sorgfalt durchgeführte Behandlung, die auf eine Wiederherstellung oder Erhaltung des körperlichen Wohlbefindens abzielt, selbst bei ihrem Misslingen, tatbestandsmäßig keine Körperverletzung sei.[337]

Die Einbeziehung des Handlungszwecks auf tatbestandlicher Ebene führt allerdings im Hinblick auf die eigenmächtige Heilbehandlung, die unabhängig

---

330 Esser/Weyers, Schuldrecht II/2, § 55 I. 1. b., Rn. 83.

331 Brüggemeier, Haftungsrecht, S. 466; Engisch, ZStW 58 (1939), 1 ff.

332 Katzenmeier, in: Laufs/Katzenmeier/Lipp, Arztrecht, 7. Aufl., Kap. V., Rn. 8.

333 Eb. Schmidt, Arzt im Strafrecht, S. 70; Schroeder, Besondere Strafvorschriften gegen Eigenmächtige und Fehlerhafte Heilbehandlung?, S. 19; Tag, Der Körperverletzungstatbestand, S. 174 ff., S. 439.

334 Bockelmann, Strafrecht des Arztes, S. 67 ff.; Gössel, Strafrecht BT/1, § 13, Rn. 74 f.; Hardwig, GA 65, S. 161 ff., Lilie, in: LK-StGB, 11. Aufl., Vor § 223, Rn. 5; Maurach/ Schroeder/ Maiwald, Strafrecht BT/I, § 8, Rn. 24 f.

335 Sternberg-Lieben, in: Schönke/Schröder, § 223, Rn. 30.

336 Vgl. Sternberg-Lieben, in: Schönke/Schröder, § 223, Rn. 30.

337 Engisch, Die rechtl. Bedeutung der ärztlichen Operation, 1958, S. 20, ders., ZStW 58 (1939), 1, 5, Gallas, ZStW 67 (1955), 1, 21 f.; Eb. Schmidt, Der Arzt im Strafrecht, 1939, S. 69 ff.

ihrer Absicht das Selbstbestimmungsrecht des Patienten verletzt, zu einer Strafbarkeitslücke.[338]

Die Befürworter der Körperverletzungsdoktrin führen gegen die Tatbestandslösung an, die strafrechtliche Bewertung des Heileingriffs müsse auf die einzelnen Maßnahmen, jedenfalls aber auf den unmittelbaren Eingriff als solchen und nicht auf die den Heilzweck prägenden, verletzungsbegleitenden Handlungen abstellen.[339] Es dürfe nicht ignoriert werden, dass bei zeitlich aufspaltender Betrachtung die Behandlung, vor allem der operative Eingriff, regelmäßig erst einmal mit einer Verschlechterung des körperlichen Zustands verbunden ist.[340] Bei einer Gesamtbetrachtung würden insbesondere substanzverletzende Maßnahmen unzureichend gewürdigt.[341] Auch kriminalpolitische Erwägungen sprächen - unter Hinweis auf die entstehende Strafbarkeitslücke[342] - gegen eine Tatbestandslösung, denn der Patient dürfte nicht zum „Objekt ärztlicher Vernunftshoheit" gemacht werden.[343]

Auch der *BGH* sucht die Härte der Einordnung ärztlicher Eingriffe als tatbestandliche Körperverletzung auszugleichen. So erfordert zumindest nach Ansicht des 1. Strafsenats des *BGH* die Annahme, dass ein Arzt einen Patienten vorsätzlich an Leben oder Gesundheit geschädigt hat, besondere Umstände des Einzelfalls. Selbst bei medizinisch grob fehlerhaftem Verhalten soll danach die Annahme fernliegen, dass die Art und Weise der ärztlichen Behandlung nicht am Wohl des Patienten orientiert war.[344] Dies führt im Ergebnis dazu, dass eine fehlerhafte Behandlung regelmäßig allein den Tatbestand der fahrlässigen Körperverletzung erfüllt, obschon dieser von der Einwilligung des Patienten regelmäßig nicht gedeckt sein dürfte. Denn die Einwilligung bezieht sich grundsätzlich auf einen medizinisch sorgfaltsgemäßen Eingriff.[345]

Zudem kommt nach der Rechtsprechung eine Qualifikation des ärztlichen Eingriffs als gefährliche Körperverletzung trotz des Einsatzes medizinischer

---

338 Hirsch, in: FS Tröndle, S. 19, 34; Lilie, in: LK-StGB, 11. Aufl., Vor § 223, Rn. 6; Küpper/Börner, Strafrecht BT 1, § 2, Rn. 48; Mitsch, Strafrechtlicher Schutz gegen medizinische Behandlung, S. 9 f.

339 Krey, Strafrecht BT/I, Rn. 219 ff.; Rengier, Strafrecht BT II, § 13, Rn. 17 f. jeweils m. w. N.

340 Arzt/Weber, Strafrecht BT, § 6, Rn. 100.

341 Cramer, in: FS Lenckner, S. 761, 773.

342 Küpper/Börner, Strafrecht BT 1, § 2, Rn. 48.

343 Cramer, in: FS Lenckner, S. 761, 776.

344 BGH, NStZ 2004, 35, 36.

345 BGHSt 43, 309; StV 08, 464, 465; Fischer, StGB, § 223, Rn. 23a.

Werkzeuge, wie beispielsweise eines Skalpells, regelmäßig nicht in Betracht. Das von einem zugelassenen Arzt oder Zahnarzt bei einem ärztlichen Eingriff bestimmungsgemäß verwendete ärztliche Instrument ist weder eine Waffe noch ein sonstiges gefährliches Werkzeug. Denn dem Einsatz von Instrumenten, die der Arzt in Ausübung seines Berufes anwendet, fehlt der für die qualifizierte Tathandlung erforderliche Angriffs- oder Verteidigungscharakter.[346] Daraus folgt, dass der Arzt, bei fehlender Einwilligung, lediglich wegen einer einfachen Körperverletzung zu bestrafen ist.

Die Rechtsprechung bleibt nicht ohne dogmatische Schwächen. Verständlich ist, dass die ärztliche Behandlung in der Regel aus Sicht des Arztes den Patienten nicht an der Gesundheit schädigen, sondern dessen Leiden heilen oder zumindest vermindern soll. Im Ergebnis ist deswegen auch zu befürworten, dass in der Praxis der Schwerpunkt der Strafverfahren wegen ärztlicher Behandlungen auf dem Vorwurf der fahrlässigen Körperverletzung liegt.[347] Jedoch erfolgen die ärztlichen Eingriffe regelmäßig vorsätzlich, wenn für den Vorwurf der Körperverletzung der einzelne Akt (Einstich, Schnitt usw.) den Ausgangspunkt der strafrechtlichen Beurteilung darstellt, denn diese Maßnahmen ergreift der Arzt, wie insgesamt die Behandlung der Patienten, bewusst und gewollt.[348] Demgegenüber führt allerdings auch die wohl herrschende Lehre insbesondere im Hinblick auf die eigenmächtige ärztliche Heilbehandlung zu unbefriedigenden Ergebnissen. Nicht unberechtigt ist daher in diesem Fall der Ruf nach gesetzgeberischem Handeln zur Schaffung von Straftatbeständen, die die fehlerhafte und eigenmächtige Behandlung regeln sollen.

1.3.2 Reformbestrebungen

Seit Beginn des 20. Jahrhunderts sind zahlreiche Reformvorschläge zu einem Straftatbestand der eigenmächtigen Heilbehandlung aufgekommen und diskutiert worden.

Bereits 1911 lässt sich ein von *Kahl*, *Lilienthal*, *Liszt* und *Goldschmidt* erarbeiteter Gegenentwurf[349] zum Vorentwurf eines Deutschen Strafgesetzbuches finden,

346 BGH, Urt. v. 24.05.1960 - 5 StR 521/59, NJW 1978, 1206; NStZ 1987, 174; kritisch Fischer, StGB, § 224, Rn. 15 sowie Kargl, NStZ 2007, 489, 490.

347 Ulsenheimer, Arztstrafrecht in der Praxis, 5. Aufl., Rn. 42.

348 Tag, Der Körperverletzungstatbestand, S. 43.

349 Der Wortlaut des § 279, überschrieben mit „Eigenmächtiger ärztlicher Behandlung" lautete dort: „Wer einen anderen gegen seinen ausdrücklichen oder nach den Umständen zu vermutenden Willen ärztlich behandelt, wird mit Gefängnis bis zu einem Jahr

der die von einem Heilzweck getragene eigenmächtige ärztliche Behandlung aus dem Anwendungsbereich der Körperverletzungsdelikte herausnimmt.[350] Als erster amtlicher deutscher Entwurf bedrohte in § 313 der Entwurf eines Strafgesetzbuches von 1919[351] die eigenmächtige Heilbehandlung mit Strafe.[352] Der Entwurf eines allgemeinen deutschen Strafgesetzbuches *Gustav Radbruchs* aus dem Jahr 1922 enthielt demgegenüber in § 235 lediglich die Klarstellung, dass ärztliche Eingriffe und Behandlungsweisen, die der Übung eines gewissenhaften Arztes entsprechen, keine Körperverletzung oder Misshandlungen sind.[353] Die amtlichen Entwürfe eines allgemeinen deutschen Strafgesetzbuches der Jahre 1925, 1927, 1933/34, 1935/36 sowie 1939 übernahmen die Konzeption *Radbruchs* teilweise. In den Entwürfen der Jahre 1927, 1933/34, 1935/1936 und 1939 war zudem ein ergänzender Straftatbestand über eigenmächtige Heilbehandlungen enthalten.[354]

Auch der Entwurf eines Strafgesetzbuches aus dem Jahr 1960 griff diese Regelungen wieder auf. So wurde in § 161 E 1960[355] zunächst die Heilbehandlung dem Anwendungsbereich der Körperverletzungsdelikte entzogen und in § 162 E 1960[356] ein Straftatbestand geregelt, der die eigenmächtige Heilbehandlung

---

oder mit Geldstrafe bis zu fünftausend Mark bestraft. Ist ein Dritter zur Sorge für die Person des Behandelten berechtigt, so ist der Wille des Berechtigten maßgebend."

350 Bockelmann, ZStW 93 (1981), 105, 122.

351 „§ 313: Eigenmächtige Heilbehandlung" lautete wie folgt:„ (1) Wer einen anderen gegen seinen Willen zu Heilzwecken behandelt, wird mit Gefängnis bis zu drei Jahren oder mit Geldstrafe bestraft. (2) Die Strafe tritt auch dann ein, wenn der Täter fahrlässig angenommen hat, daß der andere mit der Behandlung einverstanden war. (3) Die Tat wird nur auf Antrag verfolgt. Der Antrag kann zurückgenommen werden. (4) In besonders leichten Fällen kann von Strafe abgesehen werden."

352 Nathan, ZStW 43 (1922), 451, 453.

353 Vgl. Tag, Der Körperverletzungstatbestand, S. 33.

354 Vgl. Tag, Der Körperverletzungstatbestand, S. 33.

355 § 161 E 1960: „Eingriffe und andere Behandlungen, die nach den Erkenntnissen und Erfahrungen der Heilkunde und den Grundsätzen eines gewissenhaften Arztes zu dem Zwecke erforderlich sind und vorgenommen werden, Krankheiten oder Leiden zu verhüten, zu erkennen, zu heilen oder zu lindern, sind nicht als Körperverletzungen strafbar."

356 § 162 E 1960:

(1) Wer an einem anderen ohne dessen Einwilligung einen Eingriff oder eine andere Behandlung zu dem Zwecke vornimmt, Krankheiten oder Leiden zu verhüten, zu erkennen, zu heilen oder zu lindern, wird mit Gefängnis bis zu drei Jahren oder mit Strafhaft bestraft.

(2) Die Tat ist nicht nach Absatz I strafbar, wenn damit zu rechnen ist, daß der andere die Einwilligung erteilen würde, diese aber nur bei einem Aufschub der

erfasst. Der Rechtscharakter des § 161 E 1960 als Tatbestandsausschluss oder Rechtfertigungsgrund sollte - wie in den Entwürfen der 30er Jahre - vom Gesetzgeber bewusst offengelassen werden und der Rechtslehre überlassen bleiben.[357]

Der überarbeitete Entwurf des Jahres 1962 ersetzte in § 161 E 1962 den Begriff „erforderlich“ mit „angezeigte“ Eingriffe und Behandlungen und erfasste damit nicht nur die notwendigen, sondern alle medizinisch indizierten Heilbehandlungen.[358] In § 162 E 1962 wurden nunmehr in Ergänzung die Bezugspunkte der Heilbehandlung abschließend aufgezählt.[359]

Behandlung eingeholt werden könnte, der ihn in die Gefahr des Todes oder einer schweren Schädigung an Körper oder Gesundheit (§ 14 Abs. 2) bringen würde.
(3) Nimmt der Täter die Voraussetzungen des Absatzes 2 irrig an und ist ihm der Irrtum vorzuwerfen, so wird er mit Gefängnis bis zu zwei Jahren oder mit Strafhaft bestraft.
(4) Die Tat wird nur auf Antrag verfolgt.“

357 Entwurf eines Strafgesetzes (E 1960) mit Begründung, 274.

358 Entwurf eines Strafgesetzes (E 1962) mit Begründung, 298.

359 § 162 “Eigenmächtige Behandlung zu Heilzwecken” lautete:
„(1) Wer an einem anderen ohne dessen Einwilligung einen Eingriff oder eine andere Behandlung vornimmt, um Leiden, Körperschäden, körperliche Beschwerden oder seelische Störungen zu verhüten, zu erkennen, zu heilen oder zu lindern, wird mit Gefängnis bis zu drei Jahren, mit Strafhaft oder mit Geldstrafe bestraft.
(2) Die Tat ist nicht nach Absatz 1 strafbar, wenn die Einwilligung nur bei einem Aufschub der Behandlung eingeholt werden könnte, der den Betroffenen in die Gefahr des Todes oder einer schweren Schädigung an Körper und Gesundheit (§147 Abs. 2) brächte, und die Umstände nicht zu der Annahme zwingen, daß er die Einwilligung versagen würde.
(3) Die Tat ist auch dann nicht nach Absatz 1 strafbar, wenn ein Arzt eine Heilbehandlung (§ 161) an einem anderen vornimmt, ohne daß dieser im Sinne des Absatzes 1 eingewilligt hat, weil er vorher nicht über die für die Einwilligung wesentlichen Umstände voll aufgeklärt worden ist, aber
1. der Betroffene wenigstens eingewilligt hat, daß der Arzt ihn überhaupt in Behandlung nimmt und, wenn ein Eingriff vorgenommen werden soll, überhaupt einen Eingriff vornimmt,
2. die Behandlung nach den Erkenntnissen und Erfahrungen der Heilkunde erforderlich ist, um die Gefahr des Todes oder einer schweren Schädigung an Körper oder Gesundheit (§ 147 Abs. 2) von ihm abzuwenden,
3. eine volle Aufklärung den Betroffenen seelisch so schwer belasten würde, daß dadurch der Behandlungserfolg voraussichtlich erheblich beeinträchtigt würde, und
4. die Umstände nicht zu der Annahme zwingen, daß er bei voller Aufklärung die Einwilligung versagen würde.

Der aus dem Jahr 1970 stammende Alternativentwurf enthielt in § 123 einen Straftatbestand zum eigenmächtigen Heileingriff unter dem Titel „Straftaten gegen die persönliche Freiheit", wodurch zugleich eine Qualifizierung des Heileingriffs als Körperverletzung entfiel.[360]

Erst im Jahr 1996 wurde diese Debatte wiederbelebt durch die Absicht einer Novellierung des Rechts der Heilbehandlung im Strafgesetzbuch mit dem Ziel, das Selbstbestimmungsrecht und die körperliche Unversehrtheit des Patienten, gelöst von Fragen der Indikation und Durchführung des Eingriffs, zu schützen.[361] So sah der Referentenentwurf des BMJ zum 6. Gesetz zur Reform des Strafrechts (StrRG) in § 229 E[362] einen Tatbestand der eigenmächtigen Heilbehandlung, mit dem die Heilbehandlung aus dem Anwendungsbereich der

---

(4) Handelt der Täter in der irrigen Annahme, daß die Voraussetzungen des Absatzes 2 oder 3 vorliegen, und ist ihm der Irrtum vorzuwerfen, so wird er mit Gefängnis bis zu zwei Jahren, mit Strafhaft oder mit Geldstrafe bestraft.

(5) Die Tat wird nur auf Antrag verfolgt. Stirbt der Verletzte, so geht das Antragsrecht nach § 121 Abs. 2 auf die Angehörigen über."

360 Baumann u. a., Alternativ-Entwurf eines Strafgesetzbuches, BT, 1. Hb, S. 78 f.

361 Ulsenheimer, in: Laufs/Kern, Handbuch des Arztrechts, 4. Aufl., § 138, Rn. 13.

362 § 229 E „Eigenmächtige Heilbehandlung" lautete:
„(1) Wer ohne wirksame Einwilligung bei einer anderen Person einen körperlichen Eingriff oder eine andere deren körperliche Integrität oder deren Gesundheitszustand nicht nur unwesentlich beeinflussende Behandlung vornimmt, um bei ihr oder ihrer Leibesfrucht vorhandene oder künftige körperliche oder seelische Krankheiten, Schäden, Leiden, Beschwerden oder Störungen zu erkennen, zu heilen, zu lindern oder ihnen vorzubeugen, wird mit Freiheitsstrafe bis zu fünf Jahren oder mit Geldstrafe bestraft. § 226 gilt sinngemäß.
(2) In besonders schweren Fällen ist die Strafe Freiheitsstrafe von sechs Monaten bis zu zehn Jahren. Ein besonders schwerer Fall liegt in der Regel vor, wenn die Behandlung
1.der Erprobung einer neuen Behandlungsmethode dient, ohne dass dies im Interesse der behandelten Person oder ihrer Leibesfrucht geboten ist, oder
2.unter Abwägung des mit ihr verfolgten Zwecks und einer mit ihr für die behandelte Person verbundenen Gefährdung nicht verantwortet werden kann.
(3) Die Tat wird nur auf Antrag verfolgt, es sei denn, dass
1.sie unter den in Absatz 2 Satz 2 genannten Voraussetzungen begangen ist oder
2.die Strafverfolgungsbehörde wegen des besonderen öffentlichen Interesses an der Strafverfolgung ein Einschreiten von Amts wegen für geboten hält.
Stirbt die verletzte Person, so geht das Antragsrecht nach § 77 Abs. 2 auf die Angehörigen über.

363 § 230 E „Fehlerhafte Heilbehandlung" lautete:

Körperverletzungsdelikte entnommen wurde, sowie in § 230 E[363] einen Tatbestand der fehlerhaften Heilbehandlung vor. Jedoch konnte sich der Entwurf gegen die Kritik aus Wissenschaft und Praxis, die den Entwurf wegen darin enthaltener Widersprüchlichkeiten und Unklarheiten als unausgewogen und unbrauchbar bezeichneten, nicht durchsetzen, weswegen die vorgeschlagenen Tatbestände bereits keinen Eingang in den Regierungsentwurf des 6. StrRG[364] fanden.[365]

1.3.3 Beweisfragen des Medizinstrafrechts

Anders als im zivilrechtlichen Haftungsverfahren kennt der Strafprozess bereits von Verfassung wegen keine Beweiserleichterungen oder gar eine Beweislastumkehr zum Nachteil des Beschuldigten. Vielmehr gilt die Unschuldsvermutung als besondere Ausprägung des verfassungsrechtlich garantierten Rechtsstaatsprinzips, die einen verfahrensrechtlich ordnungsgemäßen Beweis des Gegenteils, also den Nachweis von Tat und Schuld erfordert.[366] Dem Beschuldigten sind daher auch im medizinrechtlichen Strafverfahren insbesondere der Behandlungsfehler i. S. d. Tathandlung und die Kausalität für den Verletzungserfolg ebenso nachzuweisen, wie die unzureichende oder fehlerhafte Aufklärung.[367]

1.3.4 Garantenstellung des Arztes

Unabhängig von der zivilrechtlichen Einordnung des im konkreten Fall bestehenden Verhältnisses zwischen Arzt und Patient ist der behandelnde Arzt durch die praktische Übernahme des Schutzes des Lebens und der Gesundheit des Patienten als Garant einzustufen.[368] Bereits die Diensteinteilung und das Erscheinen des angestellten Krankenhausarztes zum Dienst soll dessen Garantenstellung gegenüber dem Patienten begründen.[369] Denn mit der Übernahme

---

„(1) Wer fahrlässig durch einen Behandlungsfehler eine andere Person im Rahmen einer den in § 229 Abs. 1 Satz 1 bezeichneten Zwecken dienenden Behandlung an ihrer Gesundheit schädigt, wird mit Freiheitsstrafe bis zu drei Jahren oder mit Geldstrafe bestraft.

(2) § 229 Abs. 3 Satz 1 Nr. 2, Satz 2 gilt entsprechend."

364 BT-Drs. 13/8587.

365 Ulsenheimer, in: Laufs/Kern, Handbuch des Arztrechts, 4. Aufl., § 138, Rn. 14.

366 BVerfGE 19, 342, 347; 35, 311, 320, 74, 358, 372.

367 Deutsch/Spickhoff, Medizinrecht, 7. Aufl. 2014, Rn. 707.

368 Ulsenheimer in: Laufs/Kern, Handbuch des Arztrechts, 4. Aufl., § 140, Rn. 14.

369 BGH, NJW 2000, 2741.

370 BGH, NJW 1979, 1248, 1249.

der ärztlichen Behandlung darf der Patient darauf vertrauen, der Behandelnde „werde ihm unter Einsatz seiner ärztlichen Kenntnisse und Fähigkeiten beistehen, ihn weiter behandeln und notfalls weitere Hilfsmaßnahmen, zu denen er selbst nicht in der Lage ist, in die Wege leiten".[370] Daher wird sich der Patient nicht mehr um anderweitige ärztliche Hilfe bemühen.[371] Aufgrund dessen ist der Arzt dazu verpflichtet, alle gebotenen medizinischen Maßnahmen zu ergreifen, soweit sie ihm möglich und zumutbar sind, drohende Gesundheitsschäden vom Patienten abzuwenden.[372] Etwas anderes soll nur gelten, wenn der Arzt, wie beispielsweise bei der Schwangerschaftskonfliktberatung nach § 219 StGB, lediglich rein beratend tätig wird.[373]

Auch kann sich eine Garantenstellung des Arztes aus Ingerenz ergeben.[374] Dies wird insbesondere bei der Schaffung einer Gesundheitsgefährdung durch fehlerhafte ärztliche Behandlung relevant. Im Hinblick auf die Garantenstellung aus Ingerenz ist der Arzt zumindest auf Grund vorangegangenen pflichtwidrigen Tuns[375] Garant für das Leben und die körperliche Unversehrtheit des Patienten und auch eines mit der Gefahrenquelle in Berührung kommenden Dritten.[376]

Allein aus der beruflichen Stellung des Arztes ist eine Garantenstellung allerdings nicht abzuleiten.[377] Dies ergibt sich aus der Kontrahierungsfreiheit des Arztes, die mit Blick auf die Einheit der Rechtsordnung Auswirkungen auf das Strafrecht hat. So bestimmt § 7 Abs. 2 MBOÄ, dass der Arzt, abgesehen von Notfällen oder besonderen rechtlichen Verpflichtungen, frei ist, eine Behandlung abzulehnen.[378] Zwar schränken § 13 Abs. 7 Satz 3 BMV-Ä sowie § 95 Abs. 3 SGB V die Kontrahierungsfreiheit des Vertragsarztes ein.[379] So darf

371 BGH, NJW 1979, 1248, 1249; Ulsenheimer, in: Laufs/Kern, Handbuch des Arztrechts, 4. Aufl., § 140, Rn. 14.

372 BGH, NJW 1979, 1258; Ulsenheimer, in Laufs/Kern, Handbuch des Arztrechts, 4. Aufl., § 140, Rn. 14.

373 Geiger, JZ 1983, 153 f; Laufs, NJW 1983, 1345, 1347, Tag, Der Körperverletzungstatbestand, S. 408.

374 Ulsenheimer, Arztstrafrecht in der Praxis, 38; Tag, Der Körperverletzungstatbestand, S. 408.

375 Zur Garantenstellung aus Ingerenz auch bei rechtmäßigem Vorverhalten: Hillenkamp, Strafrecht Allgemeiner Teil, 29. Problem, S. 219 ff.

376 Tag, Der Körperverletzungstatbestand, S. 408.

377 Tag, Der Körperverletzungstatbestand, S. 409.

378 Tag, Der Körperverletzungstatbestand, S. 409.

379 Laufs, NJW 1987, 2262; Kern, in: Laufs/Kern, Handbuch des Arztrechts, 4. Aufl., § 40, Rn. 7.

der Vertragsarzt nur in begründeten Fällen die Behandlung ablehnen und ist zur Teilnahme an der vertragsärztlichen Versorgung verpflichtet. Dies allein soll allerdings gegenüber dem einzelnen Patienten keine Garantenstellung begründen, denn Regelungszweck der §§ 13 Abs. 7 Satz 3 BMV-Ä und 95 Abs. 3 SGB V ist die im Allgemeininteresse stehende Sicherstellung einer funktionierenden vertragsärztlichen Versorgung und nicht der individuelle Schutz der Gesundheit und körperlichen Unversehrtheit.[380] Andernfalls hätte der Arzt die rechtliche Pflicht sich jederzeit leistungsfähig und leistungsbereit zu halten, was im Hinblick auf die begrenzte körperliche Leistungsfähigkeit tatsächlich unmöglich wäre.[381]

1.3.5 Einwilligung und Aufklärung

Nach ständiger Rechtsprechung setzt die Wirksamkeit der Einwilligung in eine Heilbehandlung die ärztliche Aufklärung des Einwilligungsberechtigten voraus, die die Notwendigkeit, Art und Tragweite des Eingriffs umfasst.[382] Nach übereinstimmender zivil- und strafgerichtlicher Rechtsprechung des *BGH* kann nur das aus der Menschenwürde und dem allgemeinen Persönlichkeitsrecht abgeleitete Selbstbestimmungsrecht des Patienten sowie seine körperliche Unversehrtheit gewahrt werden.[383] Folgerichtig decken sich die Anforderungen an Inhalt und Umfang der Aufklärung in der zivil- und strafgerichtlichen Praxis.[384]

Kann die Einwilligung nicht oder nicht rechtzeitig erlangt werden (beispielsweise in Fällen der Bewusstlosigkeit oder fehlenden Einwilligungsfähigkeit), kommt die mutmaßliche Einwilligung als Rechtfertigung in Betracht.[386] In diesen Fällen ist der mutmaßliche Wille des Patienten aus den persönlichen Umständen des Betroffenen, seinen individuellen Interessen, Wünschen, Bedürfnissen und

---

380 Kern, in: Laufs/Kern, Handbuch des Arztrechts, 4. Aufl., § 40, Rn. 7; Tag, Der Körperverletzungstatbestand, S. 410.

381 Vgl. Tag, Der Körperverletzungstatbestand, S. 410.

382 BGHSt 11, 111; 16, 309; 35, 246; BGH, NStZ 1996, 34; 2011, 343.

383 BGH NStZ 1996, 34; 2011, 343; BGHZ 29, 46; 106, 391.

384 So hatte im Hinblick auf die Grundsätze der Aufklärung bereits BGHSt 11, 111 auf die Rechtsprechung des VI. Zivilsenats des BGH, NJW 1956, 1106 verwiesen.

385 Hinsichtlich des Inhalts und Umfangs der Aufklärung wird daher auf die Ausführungen zu den zivilrechtlichen Grundlagen verwiesen.

386 BGHSt 35, 246, 249; 45, 219; BGHZ 29, 176, 185; Joecks, in: MüKo-StGB, 3. Aufl., § 223, Rn. 109.

Wertvorstellungen, zu ermitteln.[387] Ohne eigenständige Bedeutung sind objektive Kriterien, insbesondere die Beurteilung der Maßnahme als „gemeinhin vernünftig und normal sowie den Interessen eines verständigen Patienten üblicherweise entsprechend".[388] Sie dienen lediglich der Ermittlung des individuellen hypothetischen Willens des Patienten. Liegen keine Anhaltspunkte dafür vor, dass sich der Patient anders entschieden hätte, kann mit der Rechtsprechung davon ausgegangen werden, dass sein hypothetischer Wille mit dem übereinstimmt, was gemeinhin als normal und vernünftig angesehen wird.[389]

Ist der mutmaßliche Wille in Not- und Eilfällen nicht bestimmbar, können die Notstandsregeln nach § 34 StGB Geltung erlangen.[390]

1.3.6 Sonderfall der hypothetischen Einwilligung im Arztstrafrecht

Das zunächst in der zivilrechtlichen Judikatur entwickelte Rechtsinstitut der hypothetischen Einwilligung, welches den Einwand des Behandelnden betrifft, der Patient hätte bei ordnungsgemäßer Aufklärung eingewilligt,[391] findet auch in der arztstrafrechtlichen Rechtsprechung Anwendung.[392] Die hypothetische Einwilligung ist in der zivilrechtlichen Rechtsprechung vom Bemühen um eine verfahrensrechtlich faire Umsetzung der Einwendung gekennzeichnet, wodurch sich ein abgestuftes System der Darlegungs- und Beweislast entwickelt hat.[393]

---

387 Joecks, in: MüKo-StGB, 3. Aufl., § 223, Rn. 109; Knauer/Brose, in: Spickhoff, Medizinrecht, 2. Aufl. 2014, § 223, Rn. 11.

388 BGHSt 45, 219, 221.

389 BGHSt 35, 246, 249; 45, 219; 221; Knauer/Brose, in: Spickhoff, Medizinrecht, 2. Aufl. 2014, § 223, Rn. 11.

390 Fischer, StGB, § 223, Rn. 28; Sternberg-Lieben, in: Schönke/Schröder, § 223 StGB, Rn. 42a; a. A. Knauer/Brose in Spickhoff, Medizinrecht, 2. Aufl. 2014, § 223, Rn. 12 wonach der rechtfertigende Notstand durch die Einwilligung und mutmaßliche Einwilligung verdrängt werde, wenn nur Rechtsgüter und Interessen desselben Patienten im Raum stehen und es daher an einer Konfliktlage fehle.

391 Joecks, in: MüKo-StGB, 3. Aufl. 2017, § 223, Rn. 112; Wiesner, Die hypothetische Einwilligung im Medizinstrafrecht, S. 25.

392 BGH, NStZ 1996, 34; NStZ-RR 2004, 16; NStZ 2004, 442; NStZ-RR 2007, 340; NStZ 2008, 150; a. A. AG Moers, medstra 2016, 123; vgl. Joecks in: MüKo-StGB, 3. Aufl. 2017, § 223, Rn. 112 f m. w. N.; Ausführliche Darstellung der strafgerichtlichen Rechtsprechungsentwicklung: Hengstenberg, Die hypothetische Einwilligung im Strafrecht, S. 75 ff.

393 Siehe oben hypothetische Einwilligung unter 1.2.4.1; vgl. auch Wiesner, Die hypothetische Einwilligung im Medizinstrafrecht, S. 51.

Dieses System lässt sich auf das Strafrecht aus verfahrensrechtlichen Gründen, die im Kern verfassungsrechtlicher Art sind,[394] offenkundig nicht übertragen. Nach der Rechtsprechung ist vielmehr dem Behandelnden nachzuweisen, dass bei ordnungsgemäßer Aufklärung die Einwilligung unterblieben wäre. Verbleiben Zweifel ist nach dem Grundsatz „in dubio pro reo" davon auszugehen, dass die Einwilligung auch bei ordnungsgemäßer Aufklärung erteilt worden wäre.[395] Damit muss die hypothetische Einwilligung bei der strafverfahrensrechtlichen Aufklärung anders als im Zivilverfahren bereits von Amts wegen Berücksichtigung finden.

In der Literatur ist die Übertragung des Rechtsinstituts auf das Strafrecht nicht unumstritten.[396] Streitig bei der Anwendung im Medizinstrafrecht ist insbesondere die Verortung der hypothetischen Einwilligung.[397] Zum Teil wird sie als Frage der objektiven Zurechnung[398] auf der Tatbestandsebene eingeordnet.[399] Ein anderer Teil des Schrifttums verortet die hypothetische Einwilligung mit unterschiedlichen Ansätzen auf der Rechtfertigungsebene.[400]

In dieser Frage zeigt sich das Dilemma der Körperverletzungsdoktrin in Zusammenhang mit dem dreigliedrigen Deliktsaufbau. Dogmatisch ist die hypothetische Einwilligung danach mit der Frage der rechtlichen Behandlung

394 Siehe oben unter 1.3.3.

395 BGH, NStZ 1996, 34, 35; NStZ-RR 2004, 16, 17.

396 Zustimmend: Kuhlen, in: FS Roxin, 2001, S. 331, 337 ff; ders. JR 2004, 227 ff; Frisch, Gegenwartsfragen des Medizinstrafrecht, 2006, S. 33, 49 f; Geppert, JK 12/2004, § 223/3; ders., JK 4/2008, § 223/4; Mitsch, JZ 2005, 279 f; Rönnau, JZ 2004, 801, 803 f.; Ulsenheimer, Arztstrafrecht in der Praxis, § 1, Rn. 132a.; ablehnend: Otto, Jura 2004, 679, 683; Otto/Albrecht, Jura 2010, 264, 269 f.; Puppe, GA 2003, 764, 769 f.; Sowada, NStZ 2012, 1, 10; Sternberg-Lieben, StV 2008, 190, 191 ff.; Swoboda, ZIS 2013, 18, 21 ff.

397 Ausführliche Darstellung bei Hengstenberg, Die hypothetische Einwilligung, S. 159 ff.

398 Kuhlen, in: FS Roxin, 2001, S. 331, 337 ff; ders. JR 2004, 227 ff; Frisch, Gegenwartsfragen des Medizinstrafrecht, 2006, S. 33, 49 f; Geppert, JK 12/2004, § 223/3; ders., JK 4/2008, § 223/4; Rönnau, JZ 2004, 799, 803 f.; Ulsenheimer, Arztstrafrecht in der Praxis, § 1, Rn. 132a.

399 Hengstenberg, Die hypothetische Einwilligung im Strafrecht, S. 397, die den Anwendungsbereich auf fahrlässige Aufklärungsmängel beschränkt; Roxin, Strafrecht AT I, § 13, Rn. 120 sieht die Frage ausschließlich auf der Tatbestandsebene als Problem der objektiven Zurechnung berührt, weil er dogmatisch die Einwilligung in die Heilbehandlung als tatbestandsausschließendes Einverständnis behandelt.

400 Kuhlen, in: FS Roxin, 2001, S. 331, 337 ff; ders. JR 2004, 227 ff; Mitsch, JZ 2005, 279; Rönnau, JZ 2004, 801; mit im Einzelnen divergierenden Lösungen über eine Übertragung der Zurechnungslehre auf die Rechtfertigungsebene.

rechtmäßigen Alternativverhaltens in Gestalt einer hypothetischen ordnungsgemäßen Einwilligungsaufklärung auf der Rechtfertigungsebene verknüpft[401] (Sprich: Hätte der Behandelnde ordnungsgemäß - also hinreichend und fehlerfrei - aufgeklärt....). Auf der Tatbestandsebene führte eine solche Konstellation freilich zum Tatbestandsausschluss mangels objektiver Zurechenbarkeit. Wobei die Problematik nicht um die Frage der ordnungsgemäßen Einwilligungsaufklärung verkürzt werden darf. Denn auf eine solche (hypothetische) Aufklärung müsste immer noch die Patienteneinwilligung in die Heilbehandlung folgen. (Und weiter: ...und hätte der Patient daraufhin seine Einwilligung erteilt, wäre der (lege-artis durchgeführte) medizinische Eingriff gerechtfertigt.) Das rechtmäßige Alternativverhalten in Gestalt der ordnungsgemäßen Einwilligungsaufklärung ist demnach also auch mit der Frage des hypothetischen Kausalverlaufs in Gestalt der hypothetischen Patienteneinwilligung verbunden. Es geht also um eine doppelte Hypothese, wobei die Feststellung der hypothetischen Patienteneinwilligung objektiven Maßstäben nicht zugänglich ist und auch im Übrigen mit tatsächlichen Schwierigkeiten bei der Sachaufklärung behaftet ist. Denn es kommt zum einen auf den Patienten an, nicht auf den objektiven Dritten bzw. auf die Frage, was in dieser Situation nach objektiven Maßstäben „vernünftig" gewesen wäre. Zum anderen ist die ex-ante-Sicht des Patienten entscheidend.[402] Es ist anzunehmen, dass diese mit der ex-post Sicht der Patienten nach Eintritt eines schädigenden Ereignisses vielfach divergieren wird, weil die Interessenlage des Patienten nicht nur in einem Zivilverfahren, in dem er Schadensersatz begehrt, sondern auch in einem gegen den Behandelnden geführten Strafverfahren, anders gelagert ist, als vor der Behandlungsmaßnahme, die Gegenstand des entsprechenden Verfahrens ist.[403] Daher sind die Äußerungen des Patienten zur hypothetischen Einwilligung bei dessen Befragung im Strafverfahren einer kritischen Würdigung zu unterziehen, die erkennen lassen muss, „dass die Entscheidung des Patient[en] zum damaligen Zeitpunkt aus [seiner] Sicht [...] eine nachvollziehbare und mögliche Schlussfolgerung ist."[404] Trotz dogmatischer Unzulänglichkeiten und Beweisschwierigkeiten in der Praxis, die die Gefahren der Rechtsgutseinschränkung der Patienten[405] auf der einen Seite und der fälschlichen Verurteilung der Behandelnden auf der anderen Seite mit sich bringen, ist

401 Vgl. Kuhlen, in: FS Roxin, 2001, S. 331, 337.
402 Vgl. BGH, NStZ-RR 2004, 16, 17.
403 Vgl. Sowada, NStZ 2012, 1, 6.
404 BGH, NStZ-RR 2004, 16, 17.
405 Fischer, StGB, § 223, Rn. 34.

eine Übertragung des Rechtsinstituts auf das Medizinstrafrecht erforderlich, um eine Verwerfung zwischen zivilrechtlichen und strafrechtlichen Deliktsbewertungen zu vermeiden. Die in der Literatur andauernde Diskussion und vielfach grundsätzliche Kritik an der Übernahme der hypothetischen Einwilligung in das Strafrecht zeigen jedoch, dass eine gesetzgeberische Lösung nicht nur wünschenswert, sondern angezeigt ist.[406]

1.3.7 Strafrechtliche Folgen fehlerhafter oder unterlassener Aufklärung

Der Behandelnde macht sich, wenn diesem ein Behandlungsfehler unterläuft, der zu einem Gesundheitsschaden des Patienten führt, wegen (fahrlässiger) Körperverletzung strafbar. Jedoch kann er sich auch wegen der Begehung eines Körperverletzungsdelikts strafbar machen, wenn ihn Versäumnisse bei der Aufklärung und Information des Patienten treffen.

1.3.7.1 Selbstbestimmungsaufklärung

In Folge der in der Rechtsprechung vertretenen Körperverletzungsdoktrin kann sich der Behandelnde gar wegen vorsätzlicher Körperverletzung strafbar machen, soweit es an einer ordnungsgemäßen Aufklärung für eine wirksame Einwilligung fehlt und andere Rechtfertigungsgründe nicht eingreifen.

Jedoch kommt ein Erlaubnistatbestandsirrtum dann in Frage, wenn der Behandelnde den spezifischen Eingriff im Interesse des Patienten für medizinisch geboten hält und dabei irrig annimmt, der Patient hätte nach vollumfänglichem Aufklärungsgespräch seine Zustimmung gegeben.[407] Denn dann irrt der Behandelnde über das Vorliegen von tatsächlichen Voraussetzungen des Rechtfertigungsgrunds der Einwilligung. Selbiges kann gelten, wenn der Behandelnde die tatsächlichen Voraussetzungen der mutmaßlichen Einwilligung, beispielsweise im Rahmen der Operationserweiterung, irrig annimmt.[408] Ein solcher Erlaubnistatbestandsirrtum schließt nach ständiger Rechtsprechung in Analogie zu § 16 StGB vorsätzliches Handeln aus.[409] Beruhte die irrige Annahme allerdings

406 Vgl. Böcker, JZ 2005, 925, 931; Duttge, in: FS Schroeder, 2006, S. 179, 195; Gropp, in: FS Schroeder,
2006, S. 197, 207.

407 Vgl. BGHSt 45, 219, 224 f.

408 So für den Fall der Operationserweiterung: BGHSt 45, 219, 224 ff.

409 BGHSt 11, 111, 114; 35, 246, 250; BGH, JZ 1964, 231

auf einem fahrlässigen Verhalten des Behandelnden, weil er beipielsweise bereits vor Beginn der Operation vorhersehen musste, dass der später vorgenommene weitergehende Eingriff erforderlich werde und der Patient bei entsprechender Aufklärung diesem Eingriff nicht zustimmen würde, kommt eine Strafbarkeit wegen fahrlässiger Körperverletzung in Betracht.[410]

Dagegen liegt ein Verbotsirrtum nach § 17 StGB vor, wenn der Behandelnde das fehlende Einverständnis des Patienten erkennt oder doch zumindest für möglich hält (dolus eventualis), einen körperlichen Eingriff aber gleichwohl für rechtlich zulässig erachtet, weil ihm dieser aus medizinischer Sicht sinnvoll und geboten erscheint. In diesem Fall missachtet er das Selbstbestimmungsrecht des Patienten.[411] Der Behandelnde irrt damit über die Grenzen eines Rechtfertigungsgrunds. Ein solcher Irrtum lässt den Vorsatz unberührt. War dieser Irrtum für den Arzt vermeidbar – was der Regelfall sein dürfte –, so kann diesem lediglich strafmildernde Wirkung zukommen.[412]

1.3.7.2 Therapeutische Aufklärung

Führt die unterlassene oder fehlerhafte therapeutische Beratung bzw. Information dazu, dass der Patient einen Gesundheitsschaden erleidet – unabhängig davon ob physischer oder psychischer Art – dürfte regelmäßig zumindest der Tatbestand der fahrlässigen Körperverletzung erfüllt sein.[413] Zu denken ist beispielsweise an Fälle, in denen ein Patient ein verordnetes Arznei- oder Hilfsmittel auf Grund fehlerhafter Hinweise durch den Behandelnden falsch anwendet[414] oder dem Patienten die Richtigstellung einer infausten Prognose verheimlicht wird und der Patient über Jahre mit einer sich auf seine Psyche pathologisch auswirkenden Todesangst leben muss.[415]

---

410 Sommer/Tsambikakis, in MAH-Medizinrecht, 2. Aufl. 2013, § 3, Rn. 57; vgl. auch BGHSt 11, 111, 115.

411 BGHSt 11, 111 114.

412 BGHSt 45, 219, 225.

413 Knauer/Brose in: Spickhoff, Medizinrecht, 2. Aufl. 2014, § 223 StGB, Rn. 27; Sternberg-Lieben, in: Schönke/Schröder, § 223, Rn. 35 mit einer Vielzahl von Beispielsfällen.

414 Fälle falscher Arzneimittelanwendung auf Grund fehlerhafter oder unterlassener Hinweise werden regelmäßig mit der Konstruktion der sog. nebentäterschaftlichen Begehungsweise verbunden sein, weil neben dem verordnenden Arzt auch der das Arzneimittel abgebende Apotheker seinen rechtlichen Hinweispflichten nicht fehlerfrei nachgekommen sein muss.

415 Im letztgenannten Fall wird freilich sogar von (bedingtem) Vorsatz für eine Körperverletzung auszugehen sein.

Auch fahrlässige Tötung ist in Fällen denkbar, in denen der Patient wegen Mängeln bei der therapeutischen Aufklärung zu Tode kommt.[416] Etwa wenn eine indizierte Maßnahme aus Angst vor einem Eingriff abgelehnt wird, die hypothetisch das Leben des Patienten retten konnte, weil der Patient nicht im (ausreichenden Maße) auf die Gefahren, die das Unterlassen der Behandlung mit sich bringt, hingewiesen wurde.

1.4 Außerzivil- und -strafrechtliche Folgen fehlerhafter ärztlicher Behandlung

Behandlungsfehler können, neben den dargestellten haftungs- und strafrechtlichen Folgen, auch berufsrechtliche Sanktionen sowie – im Anstellungsverhältnis – arbeitsrechtliche Folgen für den Arzt nach sich ziehen. Ferner kommen für Behandelnde mit vertragsärztlicher Zulassung vertragsarztrechtliche Disziplinarverfahren durch die zuständige Kassenärztliche Vereinigung und für beamtete Ärzte beamtenrechtliche Disziplinarverfahren durch ihre Dienstherren in Frage.

1.4.1 Berufsrechtliche Folgen

Ärztliche Behandlungsfehler können berufsrechtliche Verfahren der zuständigen Landesärztekammern nach sich ziehen. Die berufsgerichtlichen Verfahren müssen von den verwaltungsrechtlichen Verfahren zum Widerruf und Ruhen der Approbation unterschieden werden, die grundsätzlich ebenfalls aus Anlass ärztlichen Fehlverhaltens in Betracht kommen. Diese Unterscheidung ist zunächst Ausfluss der Verteilung der Bund-/Länderkompetenzen. Gemäß Art. 74 Absatz 1 Nr. 19 2. Alt. GG steht dem Bund eine konkurrierende Gesetzgebungskompetenz zur Regelung der Zulassung zu ärztlichen und anderen Heilberufen zu. Diese verfassungsrechtliche Kompetenzregelung, mit der der Verfassungsgesetzgeber ein bundeseinheitliches Berufsbild ermöglichen wollte, ist Grundlage für die Bundesärzteordnung und entsprechende heilberufliche Regelwerke. Die Approbation (früher: Bestallung), stellt die staatliche Erlaubnis zur Ausübung eines akademischen Heilberufes der Ärzte, Zahnärzte, Apotheker und Tierärzte dar.[417] Die Formulierung "Zulassung" im Sinne von Art. 74 Abs. 1 Nr. 19 2. Alt. GG betrifft neben Vorschriften zur Erteilung auch Regelungen zur Rücknahme und Widerruf der Zulassung einschließlich sonstiger Vorschriften mit Bezug auf die

416 Knauer/Brose, in: Spickhoff, Medizinrecht, 2. Aufl. 2014, § 222 StGB, Rn. 32.
417 Laufs, in: Laufs/Kern, Handbuch des Arztrechts, 4. Aufl., § 8, Rn. 1.

Befugnis zur Ausübung des jeweiligen Berufs. Das reine Berufsausübungsrecht (Weiterbildung, sog. Standesrecht, Studienordnung) fällt nach Art. 70 Abs. 1 GG in die Zuständigkeit der Länder und ist dem Bund damit entzogen.[418]

Dieser verfassungsrechtlichen Kompetenzverteilung folgend haben die Länder berufsrechtliche Verfahren in sog. Heilberufe- und Kammergesetzen geregelt, die uneinheitlich ausgestaltet sind,[419] sich im Wesentlichen aber an der Strafprozessordnung und dem Disziplinarrecht der Beamten orientieren.[420]

Die Einleitung des berufsgerichtlichen Verfahrens erfolgt in der Regel durch Antrag der für den Berufsträger zuständigen Heilberufekammer.[421] Die Heilberufe- und Kammergesetze der Länder enthalten teilweise Regelungen, wonach ein laufendes Strafverfahren oder die Erhebung der Anklage wegen desselben Sachverhalts der Einleitung des berufsgerichtlichen Verfahrens entgegenstehen kann und zudem ein laufendes Verfahren ausgesetzt werden muss, wenn ein Strafverfahren eingeleitet oder eine Anklage erhoben wird.[422] Dem Verfahren vor den Berufsgerichten vorgeschaltet ist in der Regel ein Untersuchungs- bzw. Ermittlungsverfahren durch einen sog. Untersuchungsführer oder Kammeranwalt.[423]

Über die Einleitung des berufsgerichtlichen Verfahrens beschließen die Berufsgerichte. Diese berufsrechtlichen Spruchinstanzen ahnden als Gerichte für besondere Sachgebiete Verstöße von nichtbeamteten Angehörigen[424] der Heilberufe, also der Ärzte, Zahnärzte und Apotheker, gegen ihre Berufspflichten. Rechtsgrundlage hierfür bilden die Kammer- oder Heilberufsgesetze der Länder, die auch im Hinblick auf die Bildung und Besetzung der berufsgerichtlichen Spruchkörper nicht einheitlich ausgestaltet sind. Die Berufsgerichte sind überwiegend der Verwaltungsgerichtsbarkeit, in Bayern und Sachsen der

---

418 BVerfGE 33, 125; Spickhoff, Mediznrecht, 3. Aufl. 2018, MBO-Ä, Vorb., Rn. 2.

419 Lippert, in: Ratzel/Lippert, MBO-Ä, 6. Aufl. 2015, § 2, Rn. 34.

420 Laufs, in: Laufs/Kern, Handbuch des Arztrechts, 4. Aufl., § 14, Rn. 16; Bracher, in: MAH-Strafverteidigung, 2. Aufl. 2014, § 33, Rn. 53.

421 Laufs, in: Laufs/Kern, Handbuch des Arztrechts, 4. Aufl., § 14, Rn. 17.

422 Bracher, in: MAH-Strafverteidigung, 2. Aufl., § 33, Rn. 53; beispielhaft: § 74 Abs. 1 HeilBerG Brb; Art. 86 Abs. 1 HKaG Bay.

423 Leitner, in: MAH-Strafverteidigung, 2. Aufl., § 54, Rn. 78; beispielhaft: § 26 KAG Bln; § 72 ff. HeilBerG Brb.

424 Beamtete Heilberufler unterliegen, anders als ihre niedergelassenen oder angestellten Kollegen, nicht den berufsgerichtlichen Verfahren bei den Kammern, sondern dem Disziplinarrecht ihres jeweiligen Dienstherren, Lippert, in: Ratzel/Lippert, MBO-Ä, 6. Aufl. 2015, § 2, Rn. 35; vgl. auch § 4 Abs. 1 Nr. 2 KAG Bln; § 58 Abs. 2 HeilBerG Brb.

ordentlichen Gerichtsbarkeit und in Schleswig-Holstein der Dienststrafkammer für Beamte angegliedert. In Baden-Württemberg, Niedersachsen und dem Saarland bestehen die Spruchinstanzen als selbstständige Gerichte bei den Heilberufekammern.[425] Den Mitgliedern der Berufsgerichte kommt vollständige sachliche und persönliche Unabhängigkeit zu. Zur Sicherstellung ihrer verfassungsrechtlichen Legitimation als Teil der staatlichen Gerichte für besondere Sachgebiete i. S. d. Art. 101 Abs. 2 GG unterliegt deren Benennung allerdings auch dort, wo die Berufsgerichte als selbstständige Institutionen bestehen, dem staatlichen Einfluss.[426]

Gegenstand der berufsgerichtlichen Verfahren ist die schuldhafte Verletzung der Berufspflichten der Kammermitglieder.[427] Diese Berufspflichten ergeben sich unmittelbar aus den Heilberufs- und Kammergesetzen der Länder sowie aus den Berufsordnungen der Heilberufskammern, die diese auf Grundlage der Heilberufs- und Kammergesetze erlassen können.[428] Zum Kern der Berufspflichten gehört die gewissenhafte Ausübung des Heilberufs.[429] Nicht notwendigerweise muss die Berufspflichtverletzung gleichzeitig einen Straftatbestand erfüllen.[430] Umgekehrt ist es allerdings vielfach so, dass ein Arzt, der sich bei seiner Berufstätigkeit strafbar macht, zugleich seine Berufspflichten verletzt.[431]

Die Berufsgerichte können auf Grundlage der jeweiligen Heilberufe- und Kammergesetze als Sanktion berufsrechtlicher Pflichtverstöße Verwarnungen, Verweise, Geldbußen sowie die Entziehung des aktiven und passiven Wahlrechts zu den Gremien der jeweiligen Kammer auf bestimmte Dauer verhängen. In einigen Bundesländern ist auch der Ausspruch der Berufsunwürdigkeit vorgesehen.[432] Wegen des verfassungsrechtlichen Grundsatzes des Gesetzesvorbehalts gilt ein numerus clausus der Sanktionen.[433] Daher können nur solche Maßnahmen verhängt werden, die der jeweilige gesetzliche Katalog ausdrücklich

---

425 Laufs, in: Laufs/Kern, Handbuch des Arztrechts, 4. Aufl., § 14, Rn. 15.

426 Vgl. BVerfGE 18, 241, 253.

427 Beispielhaft: § 16 Abs. 1 KAG Bln; § 58 Abs. 1 HeilBerG Brb; Art. 66 Abs. 1 HKaG Bay.

428 Beispielhaft: § 4a KAG Bln; §§ 30 – 33 HeilBergG Brb.

429 Beispielhaft: § 4a Abs. 1 Nr. 1 KAG Bln, § 30 Abs. 1 HeilBerG Brb; Art. 17 HKaG Bay explizit für Ärzte, über Verweisungen in Art. 46 Abs. 1, 51 Abs. 1, Art. 59 Abs. 1, 65 HKaG Bay für andere verkammerte Heilberufe.

430 Ulsenheimer, in: Arztstrafrecht in der Praxis, Rn. 1377.

431 Lipp, in: Laufs/Katzenmeier/Lipp, Arztrecht, 7. Aufl., Kap. II, Rn. 35.

432 Lippert, in: Ratzel/Lippert, MBO-Ä, 6. Aufl. 2015, § 2, Rn. 34.

433 BVerwGE 72, 265; VGH Mannheim, NJW 2001, 1810.

vorsieht.[434] Soweit der jeweilige Landesgesetzgeber den Ausspruch der Berufsunwürdigkeit vorgesehen hat, liegt die Sanktion allein in der Feststellung, an die die zuständige Approbationsbehörde jedoch nicht gebunden ist.[435] Die Befugnis der Berufsgerichte kann das Verbot der ärztlichen Tätigkeit oder der Entziehung der Approbation nicht umfassen, denn dem Landesgesetzgeber ist hierfür kein gesetzlicher Spielraum verblieben, nachdem der Bundesgesetzgeber von seiner Zuständigkeit durch Erlass der Bundesärzteordnung Gebrauch gemacht hat, die das Verfahren zur Entziehung der Approbation insoweit abschließend regelt.[436] Die sog. Rüge, die vom Vorstand der Heilberufskammer ausgesprochen werden kann, gilt dagegen nicht als berufsgerichtliche Maßnahme, sondern als Verwaltungsakt.[437]

Das verfassungsrechtliche in Art. 103 Abs. 3 GG geregelte Verbot der Doppelbestrafung (ne bis in idem) steht einer berufsgerichtlichen Sanktion nach einer strafrechtlichen Verurteilung wegen derselben Handlung des Arztes nicht entgegen. Bereits aus dem Wortlaut des Art. 103 Abs. 3 GG mit der Wendung „auf Grund der allgemeinen Strafgesetze" ergibt sich, dass nicht alle Arten sanktionierender Rechtsfolgen einbezogen sind.[438] Die berufsgerichtliche Sanktion kann grundsätzlich neben der strafrechtlichen Verurteilung stehen, weil sie keinen bestrafenden, sondern disziplinarischen Charakter hat.[439] Gleichwohl ist wegen des verfassungsrechtlichen Grundsatzes der Verhältnismäßigkeit einzelfallbezogen zu prüfen, ob nach strafrechtlicher Verurteilung die Notwendigkeit einer spezifischen disziplinarischen Maßnahme in Form einer berufsgerichtlichen Sanktion besteht.[440] Dies soll dann der Fall sein, wenn nach der strafrechtlichen Verurteilung ein sog. „berufsrechtlicher Überhang" erkennbar ist.[441] Ein solcher Überhang ist dann gegeben, wenn das dem Arzt zur Last gelegte Verhalten den Kern seiner berufsrechtlichen Pflichten berührt und durch die strafrechtliche

---

434 Lippert, in: Ratzel/Lippert, MBO-Ä, 6. Aufl. 2015, § 2, Rn. 34.

435 Lipp, in: Laufs/Katzenmeier/Lipp, Arztrecht, 7. Aufl., Kap. II, Rn. 34.

436 Lipp, in: Laufs/Katzenmeier/Lipp, Arztrecht, 7. Aufl., Kap. II, Rn. 34.

437 Leitner, in: MAH-Strafverteidigung, 2. Aufl. 2014, § 54, Rn. 79.

438 BVerfGE 27, 180, 183.

439 Lipp, in: Laufs/Katzenmeier/Lipp, Arztrecht, 7. Aufl., Kap. II, Rn. 35; Vgl. auch: BVerfGE 21, 378, 391; BVerfGE 27, 180, 183 f.

440 BVerfGE 27, 180, 183 f.; Lipp, in: Laufs/Katzenmeier/Lipp, Arztrecht, 7. Aufl., Kap. II, Rn. 35.

441 Laufs, in: Laufs/Kern, Handbuch des Arztrechts, 4. Aufl., §14, Rn. 25; Lippert, in: Ratzel/Lippert, MBO-Ä, 6. Aufl. 2015, vor §§ 1 ff., Rn. 9.

Ahndung die berufsrechtlichen Belange nicht hinreichend gewahrt werden.[442] Es kommt daher maßgeblich darauf an, ob im Rahmen der strafgerichtlichen Verurteilung der Sachverhalt unter berufsrechtlichen Gesichtspunkten erschöpfend gewürdigt, alle bedeutsamen Aspekte bereits geprüft und damit die maßgeblichen berufsrechtlichen Erwägungen im Kern vorweggenommen worden sind.[443]

Auch kann trotz eines Freispruchs im Strafverfahren eine berufsrechtliche Ahndung erfolgen, wenn dieselben Tatsachen, die Gegenstand des Strafverfahrens waren, ein Berufsvergehen enthalten, ohne den Tatbestand einer Strafvorschrift zu erfüllen.[444]

Berufsgerichtliche Verfahren können sich grundsätzlich aus Anlass jeden Behandlungsfehlers ergeben.[445] Eine Erheblichkeitsschwelle bzw. Bagatellgrenze für Berufspflichtverletzungen sieht das ärztliche Berufsrecht nicht vor. Dementsprechend kann auch der erstmalige, einfach fahrlässige Behandlungsfehler eine berufsrechtliche Sanktionierung wegen der Verletzung der Berufspflicht zur gewissenhaften Berufsausübung nach sich ziehen. Das durch die Heilberufe- und Kammergesetze vorgegebene Gebot der gewissenhaften Berufsausübung verpflichtet den Arzt zu einer im Hinblick auf die betroffenen Rechtsgüter seiner Patienten besonders sorgfältigen Vorgehensweise.[446] Zur gewissenhaften Berufsausübung gehört, dass der Arzt die allgemein anerkannten Regeln der ärztlichen Wissenschaft beachtet und keinen Behandlungsfehler begeht.[447] Gleichwohl wird im Einzelfall zu prüfen sein, ob ein berufsgerichtliches Verfahren und eine hierauf fußende berufsrechtliche Sanktion vor dem Hintergrund der Frage eines berufsrechtlichen Überhangs neben einer strafrechtlichen Verurteilung wegen fahrlässiger Körperverletzung aus Anlass eines erstmaligen Behandlungsfehlers dem Grundsatz der Verhältnismäßigkeit Stand hält. Dies gilt auch für die in

---

442 Laufs, in: Laufs/Kern, Handbuch des Arztrechts, 4. Aufl., §14, Rn. 25; Lippert, in: Ratzel/Lippert, MBO-Ä, 6. Aufl. 2015, vor §§ 1 ff., Rn. 9.

443 BVerwGE 15, 282, 287.

444 Laufs, in: Laufs/Kern, Handbuch des Arztrechts, 4. Aufl., § 14, Rn. 25; z. T. ausdrücklich gesetzlich geregelt, beispielsweise nach § 56 Abs. 3 HBKG BW; Art. 86 Abs. 2 HKaG Bay; § 74 HeilBerG Brb.

445 a. A. Schumacher, Nemo tenetur, S. 183; Berufsgericht für Heilberufe Berlin, Urt. v. 25.06.2014 – 90 K 2.12 T, VG Münster, Beschl. v. 27.04.2011 – 14 K 791/10.T, wonach ein berufsgerichtliches Verfahren lediglich bei groben Behandlungsfehlern in Betracht kommt.

446 Scholz, in: Spickhoff, Medizinrecht, 3. Aufl. 2018, MBO-Ä, § 2, Rn. 7.

447 VG Münster, Beschl. v. 27.04.2011 – 14 K 791/10.T.

einigen Heilberufe- und Kammergesetzen der Länder bei leichteren Verstößen gesetzlich vorgesehene Rüge, die in das Ermessen des Vorstands der jeweiligen Heilberufskammer gestellt ist. Unzulässig wäre es jedoch, die Frage des ob eines berufsrechtlichen Verfahrens und dessen Rechtsfolge auf die Tatbestandsmäßigkeit der Berufspflichtverletzung zu verlagern. Das gilt insbesondere deshalb, weil es für die Verletzung der Berufspflicht zur gewissenhaften Berufsausübung weder darauf ankommt, ob dieselbe ärztliche Handlung bereits außerhalb des berufsrechtlichen Disziplinarregimes geahndet wurde noch ob der Patient überhaupt einen nachweisbaren Gesundheitsschaden durch das ärztliche Fehlverhalten erlitten hat. Beides kann freilich neben der Frage, ob eine berufsrechtliche Sanktion überhaupt geboten ist, für das Maß der Sanktion entscheidend sein.

1.4.2 Widerruf der Approbation

Zu den gravierendsten Rechtsfolgen ärztlichen Fehlverhaltens gehört der Widerruf der Approbation. Der Approbationsentzug durch Widerruf droht allerdings nur in schwerwiegenden Fällen.

Die rechtmäßig erteilte Approbation wird durch den Widerruf mit Wirkung für die Zukunft entzogen, wenn Gründe eingetreten sind, die der Fortdauer der Approbation entgegenstehen.[448]

Für den Widerruf der Approbation gelten strenge Maßstäbe, denn dieser stellt einen schwerwiegenden, regelmäßig existenziellen Grundrechtseingriff – vor allem in die Berufsfreiheit – der betroffenen Person dar. Daher ist der Entzug der Approbation für die Approbationsbehörde „ultima ratio", bei der insbesondere der Grundsatz der Verhältnismäßigkeit zu beachten ist. Der Widerruf muss das mildeste geeignete Mittel sein, um Gefahren von Einzelnen oder von der Allgemeinheit abzuwenden.[449]

Rechtsgrundlage für den Widerruf der ärztlichen Approbation ist § 5 Abs. 2 BÄO. Die Vorschrift unterscheidet zwischen Gründen, bei deren Vorliegen die Approbation entzogen werden muss (§ 5 Absatz 2 Satz 1 BÄO) und solchen, bei denen der zuständigen Behörde ein Ermessen eingeräumt ist (§ 5 Absatz 2 Satz 2 BÄO). Die Behörde kann die Approbation danach widerrufen, wenn der Arzt „in gesundheitlicher Hinsicht zur Ausübung des ärztlichen Berufs ungeeignet" geworden ist. Zwingend zu widerrufen ist die Approbationserteilung dagegen, wenn der Arzt sich nach Erteilung der Approbation eines

448 Laufs, in: Laufs/Kern, Handbuch des Arztrechts, 4. Aufl., § 8, Rn. 28.
449 Laufs, in: Laufs/Kern, Handbuch des Arztrechts, 4. Aufl., § 8, Rn. 28.

Verhaltens schuldig gemacht hat, aus dem sich seine Unwürdigkeit oder Unzuverlässigkeit ergibt. Bei den Tatbestandsmerkmalen der Unwürdigkeit und der Unzuverlässigkeit handelt es sich jeweils um eigenständige unbestimmte Rechtsbegriffe, die durch die Rechtsprechung eine hinreichende Konkretisierung erfahren haben.[450] Für den Entzug der Approbation ist das Vorliegen nur eines dieser Merkmale ausreichend.[451]

Unwürdig zur Ausübung des ärztlichen Berufs ist derjenige, der aufgrund seines Verhaltens nicht mehr das Ansehen und Vertrauen besitzt, das für die Ausübung des ärztlichen Berufs unabdingbar ist.[452] Die Feststellung verlangt ein schwerwiegendes Fehlverhalten des Arztes, das bei Gesamtwürdigung aller Umstände seine weitere Berufsausübung zum maßgeblichen Zeitpunkt untragbar erscheinen lässt.[453] Als unwürdig für den Beruf des Arztes erweist sich insbesondere, wer die Würde oder seelische und körperliche Integrität von Menschen missachtet, denn ein Arzt soll Leiden lindern, nicht auslösen.[454] In der Rechtspraxis konkretisieren insbesondere Straftaten den unbestimmten Rechtsbegriff der Unwürdigkeit, wobei unter anderem die Art der Straftat, das Ausmaß der Schuld und der Zusammenhang mit der beruflichen Tätigkeit des Arztes als Umstände in der Gesamtbetrachtung zu würdigen sind.[455] Vor allem Verbrechenstatbestände[456] aber auch eine große Zahl strafrechtlicher Vergehen[457] rechtfertigen den Entzug der Approbation. Regelmäßig wird ein unwürdiges Verhalten in der Begehung vorsätzlicher Körperverletzungs- oder Tötungsdelikte im Rahmen einer ärztlichen Behandlung anzunehmen sein, denn ärztliches Ethos verlangt Heilung und Linderung, nicht Verletzung und Tötung.[458]

---

450 So tragen die Fachgerichte der Bedeutung und Tragweite des Art. 12 Abs. 1 GG hinreichend Rechnung, wenn sie bei der Auslegung des Begriffs der Unwürdigkeit maßgeblich auf das Schutzgut der Volksgesundheit abstellen, in dessen Interesse Patienten nicht durch Misstrauen davon abgehalten werden dürfen, ärztliche Hilfe in Anspruch zu nehmen, BVerfG, Beschl. v. 08.09.2017 – 1 BvR 1657/17.

451 Kotz/Oğlakcıoğlu, in: MüKo-StGB, 3. Aufl. 2017, Bd. 6, Rn. 1260.

452 BVerwG, Beschl. v. 14.04.1998 – 3 B 95/97; Beschl. v. 28.01.2003 – 3 B 149/02; Schelling, in: Spickhoff, Medizinrecht, 3. Aufl. 2018, § 5 BÄO, Rn. 18.

453 BVerwG, NJW 1999, 3425, 2426.

454 Schelling, in: Spickhoff, Medizinrecht, 3. Aufl. 2018, § 5 BÄO, Rn. 20.

455 Schelling, in: Spickhoff, Medizinrecht, 3. Aufl. 2018, § 5 BÄO, Rn. 21; VGH München, Urt. v. 28.03.2007 – 21 B 04.3153.

456 Schelling, in: Spickhoff, Medizinrecht, 3. Aufl. 2018, § 5 BÄO, Rn. 21; VGH München, Beschl. v. 23.03.2011 – 21 ZB 11.45.

457 VGH Baden-Württemberg, NJW 1995, 804.

458 Braun/Gründel, MedR 2001, 396, 398 f.

Vereinzelte Behandlungsfehler, die auf einfacher Fahrlässigkeit beruhen, können die Annahme der Unwürdigkeit des Arztes schlechterdings nicht begründen, denn das Vertrauen der Bevölkerung reicht nicht soweit, dass eine Fehlerfreiheit ärztlichen Handelns insgesamt erwartet wird.[459]

Unzuverlässigkeit liegt dann vor, wenn ein Arzt aufgrund seines bisherigen Verhaltens nicht mehr Gewähr dafür bietet, dass er in Zukunft seinen ärztlichen Beruf ordnungsgemäß ausüben wird. Es kommt daher auf Tatsachen an, die die Annahme rechtfertigen, dass der Arzt künftig seine berufsspezifischen Pflichten nicht beachten wird.[460] Anders als bei der Feststellung der Unwürdigkeit handelt es sich also um eine Prognoseentscheidung für die Zukunft.[461] Bei dieser Beurteilung stellt die Rechtsprechung auf den Abschluss des Verwaltungsverfahrens, also den Zeitpunkt des Erlasses des Widerspruchsbescheides, ab.[462] Mit Blick auf die begangenen Verstöße müssen für die Zukunft jedoch gleiche oder andere, aber dabei ähnlich schwerwiegende Verletzungen ärztlicher Berufspflichten ernsthaft zu besorgen sein.[463] Die Rechtsprechung bejaht Unzuverlässigkeit insbesondere bei wiederholten Vergehen oder einem Verhalten, das auf erhebliche Charakterschwächen schließen lässt.[464] Eine Fahrlässigkeitsstraftat erlaubt im Hinblick auf die einschneidenden Folgen eines Approbationswiderrufes für den Betroffenen nur ganz ausnahmsweise den Rückschluss auf dessen Unzuverlässigkeit, nämlich wenn die Straftat „von gravierendem kriminellen Gewicht" ist.[465]

1.4.3 Ruhen der Approbation

Auch kann das Ruhen der Approbation bei ärztlichem Fehlverhalten nach § 6 BÄO angeordnet werden. Die Anordnung dient dazu, in unklaren oder eiligen Fällen die Berufsausübung des Arztes zum vorläufigen Schutz der Patienten für bestimmte oder unbestimmte Zeit zu untersagen.[466] Sie liegt im pflichtgemäßen

---

459 Schelling, in: Spickhoff, Medizinrecht, 3. Aufl. 2018, § 5 BÄO, Rn. 26; VG Leipzig, MedR 2000, 336, 339.

460 BVerwG, NJW 1998, 2756; BVerwG, MedR 1997, 170.

461 Schelling, in: Spickhoff, Medizinrecht, 3. Aufl. 2018, § 5 BÄO, Rn. 35.

462 BVerwG, NJW 1999, 3425.

463 BVerwG, NJW 2003, 913.

464 BVerwG, NJW 1998, 2756; VGH Mannheim, NJW 1987, 1502; VGH Kassel, NJW 1986, 2390.

465 Schelling, in: Spickhoff, Medizinrecht, 3. Aufl. 2018, § 5 BÄO, Rn. 38; VG Leipzig, MedR 2000, 336, 338.

466 Laufs, in: Laufs/Kern, Handbuch des Arztrechts, 4. Aufl., § 8, Rn. 31.

Ermessen der Behörde[467] und kann ergehen, wenn gegen den Arzt wegen einer Straftat mit Berufsbezug ein Verfahren eingeleitet ist (§ 6 Abs. 1 Nr. 1 BÄO), wenn er wegen nachträglich eingetretener Umstände in gesundheitlicher Hinsicht zur Ausübung des ärztlichen Berufs ungeeignet ist (§ 6 Abs. 1 Nr. 2 BÄO) oder Zweifel an seiner Berufsfähigkeit bestehen und er sich weigert, eine amts- oder fachärztliche Untersuchung durchführen zu lassen (§ 6 Abs. 1 Nr. 3 BÄO), sich ergibt, dass der Arzt nicht über die Kenntnisse der deutschen Sprache verfügt, die für die Ausübung der Berufstätigkeit in Deutschland erforderlich sind (§ 6 Abs. 1 Nr. 4 BÄO) oder sich ergibt, dass er nicht ausreichend gegen sich ergebende berufliche Haftungsgefahren versichert ist (§ 6 Abs. 1 Nr. 5 BÄO). Die Ruhensanordnung lässt im Gegensatz zum Widerruf der Approbation den ärztlichen Status unberührt. Der Betroffene bleibt damit auch während des Ruhens seiner Approbation Arzt und Mitglied einer Ärztekammer.[468] Wie auch der Widerruf der Approbation stellt die Anordnung des Ruhens der Approbation als faktisches Berufsverbot einen Eingriff in die verfassungsrechtlich geschützte Berufsfreiheit des Arztes dar, welcher nach der Rechtsprechung des *BVerfG* nur unter strengen Voraussetzungen zum Schutze wichtiger Gemeinschaftsgüter und unter strikter Beachtung des Grundsatzes der Verhältnismäßigkeit statthaft ist.[469]

Die Entziehung der Approbation durch Widerruf oder die Anordnung des Ruhens der Approbation neben einer strafgerichtlichen Verurteilung verstoßen nicht gegen den aus Art. 103 Abs. 3 GG abgeleiteten Grundsatz des Verbotes der Doppelbestrafung. Art. 103 Abs. 3 GG verbietet lediglich die wiederholte Bestrafung „auf Grund allgemeiner Strafgesetze".[470] Diese verwaltungsrechtlichen Maßnahmen sind auf die Abwehr von Gefahren gerichtet und bezwecken den Schutz wichtiger Gemeinschaftsgüter, regelmäßig in solchen Fällen der Volksgesundheit. Die sanktionierende Wirkung für den Betroffenen, die vom Verbot der beruflichen Betätigung als Arzt ausgeht, stellt demgegenüber – anders als berufs- oder ordnungsrechtliche Maßnahmen mit disziplinarischem Charakter – lediglich einen nicht intendierten begleitenden Umstand dar.[471] Dies soll

467 Schelling, in: Spickhoff, Medizinrecht, 3. Aufl. 2018, § 6 BÄO, Rn. 3.

468 Schelling, in: Spickhoff, Medizinrecht, 3. Aufl. 2018, § 6 BÄO, Rn. 2.

469 BVerfG Beschl. v. 29.12.2004 – 1 BvR 2820/14, 1 BvR 2851/04; BVerfG, NJW 2003, 3618 zur Apothekerapprobation; BVerfGE 44, 105, 177 f. zum vorläufigen Berufsverbot bei Rechtsanwälten.

470 BVerfGE 27, 180, 184 f.

471 Vgl. Schelling, in: Spickhoff, Medizinrecht, 3. Aufl. 2018, BÄO, § 5, Rn. 49; 52; Kinzig, in: Schönke/Schröder, § 70, Rn. 4.

auch im Verhältnis zur Verhängung eines strafgerichtlichen Berufsverbotes nach § 70 Abs. 1 Satz 2 StGB gelten. Denn strafrechtliches Berufsverbot und Approbationswiderruf unterscheiden sich im Regelungsgehalt und Normzweck:[472] Das Berufsverbot nach § 70 StGB ist eine tatbezogene Maßregel der Besserung und Sicherung zur Verhinderung einer Wiederholung der abgeurteilten Tat. Die Entziehung der Approbation wegen Unzuverlässigkeit und/oder Unwürdigkeit sind dagegen personenbezogene, auf die Einhaltung der beruflichen Pflichten und die Wahrung des Ansehens des Berufsstandes schlechthin zielende Maßnahmen.[473] Anderes soll gelten, wenn das Strafurteil unter Betrachtung aller Gesichtspunkte, die auch für die standesrechtliche Ahndung in Betracht zu ziehen sind, insbes. auch den Aspekt der „Unwürdigkeit", bereits voll umfassend geprüft und berufsrechtliche Erwägungen im Kern vorweggenommen hat. Denn der Betroffene müsse darauf vertrauen dürfen, dass damit dem Interesse der Öffentlichkeit in vollem Umfange Genüge getan worden ist.[474] Nur das Bestehen eines berufsrechtlichen Überhangs rechtfertigte eine zusätzliche Verwaltungsmaßnahme. Die Behörde hat in jedem Einzelfall zu prüfen, ob nach einer strafgerichtlichen Verurteilung ein solcher spezieller Überhang besteht, der eine zusätzliche Maßnahme gebietet, wie die Rücknahme oder den Widerruf der Approbation.[475] Diese maßgeblich auf einen Vertrauensschutz des Betroffenen abstellende Ansicht überzeugt selbst dann nicht, wenn die Verhängung eines Berufsverbotes nach § 70 StGB zugleich (auch) eine Maßnahme zur Gefahrenabwehr darstellte. Vielmehr ist es eigenständige Aufgabe der Approbationsbehörde einzelfallbezogen unter Wahrung des Verhältnismäßigkeitsgrundsatzes zu prüfen, ob Allgemeinwohlbelange, wie der Gesundheitsschutz der Bevölkerung und das Vertrauen in die Integrität des ärztlichen Berufes die Entziehung der Approbation wegen der Unwürdigkeit bzw. Unzuverlässigkeit des Arztes erforderlich machen und der Approbationswiderruf unter Abwägung der öffentlichen Belange und des Interesses des Betroffenen angemessen ist. Andernfalls erzeuge die strafgerichtliche Verurteilung eine weder verfassungsrechtlich noch einfachgesetzlich vorgesehene Bindungswirkung hinsichtlich außerstrafrechtlicher Gefahrenabwehrentscheidungen.

---

472 Schelling, in Spickhoff, Medizinrecht, 3. Aufl. 2018, BÄO, § 5, Rn. 53.

473 OVG Münster, NJW 2004, 2024, 2025; J. Eichelberger, in: Spickhoff, Medizinrecht, 3. Aufl. 2018, PsychThG.

474 BVerwGE 15, 282; Laufs, in: Laufs/Kern, Handbuch des Arztrechts, 4. Aufl., § 8, Rn. 38; Schelling, in: Spickhoff, Medizinrecht, 3. Aufl. 2018; BÄO, § 5, Rn. 54.

475 Laufs, in: Laufs/Kern, Handbuch des Arztrechts, 4. Aufl., § 8, Rn. 38.

1.4.4 Vertragsarztrechtliche Folgen

1.4.4.1 Vertragsärztliches Disziplinarverfahren

Bei Ärzten mit vertragsärztlicher Zulassung (Kassenzulassung) kommt nach ärztlichem Fehlverhalten, das spezifisch vertragsärztliche Pflichten betrifft, ein vertragsarztrechtliches Disziplinarverfahren durch die jeweilige Kassenärztliche Vereinigung in Betracht, deren Mitglied der Vertragsarzt ist.[476]

Die Kassenärztlichen Vereinigungen haben nach § 75 Abs. 2 S. 2 SGB V eine Überwachungsfunktion im Hinblick auf die Erfüllung der den Vertragsärzten obliegenden Pflichten. § 81 Abs. 5 S. 1 SGB V regelt dazu, dass die Satzungen der Kassenärztlichen Vereinigungen die Voraussetzungen und das Verfahren zur Verhängung von Maßnahmen gegen Mitglieder bestimmen müssen, die ihre vertragsärztlichen Pflichten nicht oder nicht ordnungsgemäß erfüllen. § 81 Abs. 5 S. 2 SGB V legt den Umfang dieser Befugnisse fest. Disziplinarmaßnahmen in diesem Sinne sind nach der Aufzählung des § 81 Abs. 5 S. 2 und 3 SGB V je nach der Schwere der Verfehlung Verwarnung, Verweis, Geldbuße bis 50.000 € oder die Anordnung des Ruhens der Zulassung oder der vertragsärztlichen Beteiligung bis zu zwei Jahren.[477]

Voraussetzung für ein Disziplinarverfahren ist die schuldhafte – also fahrlässige oder vorsätzliche – Verletzung vertragsärztlicher Pflichten.[478] Ein Vertragsarzt unterliegt Pflichten unterschiedlichster Art, die sich aus dem Gesetz (beispielsweise die Pflicht zur Hilfeleistung; § 323c StGB und unterlassene Hilfeleistung trotz Garantenstellung), den jeweiligen Berufsordnungen (Pflicht zu kollegialem Verhalten, Unterlassen von Werbung), aus Richtlinien, Verträgen und schließlich aus den spezifischen Bestimmungen des Vertragsarztrechts (beispielsweise §§ 12, 85 SGB V) ergeben.[479] Die Verletzung einer vertragsärztlichen Pflicht steht nur dann in Frage, wenn das Verhalten die vertragsärztliche Tätigkeit des Arztes betroffen hat. Im Fall eines Fehlverhaltens außerhalb des vertragsärztlichen Tuns kann eine Disziplinarmaßnahme nicht verhängt werden. Gleichwohl kann dann aber ein Verfahren zur Entziehung der Kassenzulassung wegen Ungeeignetheit in Betracht kommen.[480] Auch ein ärztlicher

---

476 Laufs, in: Laufs/Kern, Handbuch des Arztrechts, 4. Aufl., § 14, Rn. 28.

477 Vgl. BSG, NZS 2003, 613, 615.

478 Nebendahl, in: Spickhoff, Medizinrecht, 3. Aufl. 2018, § 81 SGB V, Rn. 19.

479 Schroeder-Printzen, in: Schnapp/Wigge, § 17, Rn. 9; Steinhilper, in: Disziplinarrecht für Ärzte und Zahnärzte, 2. Aufl. 2013, Rn. 847.

480 Clemens, in: Quaas/Zuck/Clemens, Medizinrecht, 4. Aufl. 2018, § 24, Rn. 11.

Behandlungsfehler kann eine vertragsärztliche Pflichtverletzung darstellen.[481] Zunächst kommt dies nach der Rechtsprechung des *BSG* in Betracht, wenn der Behandlungsfehler eine Strafbarkeit oder einen berufsrechtlichen Verstoß begründet, denn zu den vertragsärztlichen Pflichten gehört, dass es der Vertragsarzt in Ausübung seiner vertragsärztlichen Tätigkeit unterlässt, Gesetzesverstöße zu begehen, unabhängig davon, ob es sich um strafrechtliche oder berufsrechtliche Vorschriften handelt.[482] Daneben stellt die fehlerhafte Behandlungsleistung des Vertragsarztes für sich genommen auch eine vertragsärztliche Pflichtverletzung dar. Denn der zwischen der Kassenärztlichen Bundesvereinigung und dem GKV-Spitzenverband (Spitzenverband Bund der Krankenkassen) auf Grundlage des § 82 Abs. 1 SGB V geschlossene BMV-Ä regelt in § 16 S. 1, dass jeder Vertragsarzt die vertragsärztlichen Leistungen nach den Regeln der ärztlichen Kunst und unter Berücksichtigung des allgemein anerkannten Standes der medizinischen Erkenntnisse zu erbringen hat.[483]

Für die Einleitung eines Disziplinarverfahrens gilt weder ein unbeschränktes Opportunitätsprinzip noch ein strenges Legalitätsprinzip. Aus § 75 Abs. 2 S. 2 SGB V folgt jedoch, dass eine disziplinarische Maßnahme nur bei bestehender „Notwendigkeit“ ihrer Ahndung gerechtfertigt ist. Ob damit den Kassenärztlichen Vereinigungen ein weiter Beurteilungsspielraum hinsichtlich der Entscheidung zur Einleitung eines Disziplinarverfahrens durch Antrag eingeräumt ist, ist jedoch umstritten.[484] Auch die disziplinarischen Maßnahmen des Vertragsarztrechtes können wegen ihres unterschiedlichen Zwecks neben der strafrechtlichen Verfolgung und Verurteilung erfolgen.[485] Die vertragsärztlichen Maßnahmen haben präventiven Charakter. Sie dienen dazu den Vertragsarzt zur ordnungsgemäßen Erfüllung seiner vertragsärztlichen Pflichten zu veranlassen.[486]

481 Clemens, in: Quaas/Zuck/Clemens, Medizinrecht, 4. Aufl. 2018, § 24, Rn. 24; Hesral, in: Disziplinarrecht für Ärzte und Zahnärzte, 2. Aufl. 2013, Rn. 216.

482 BSG, Beschl. v. 25.09.1997 – 6 BKa 54/96; ablehnend: Schroeder-Printzen, in: Schnapp/Wigge, § 17, Rn. 10.

483 Vgl. Hesral, in: Disziplinarrecht für Ärzte und Zahnärzte, 2. Aufl. 2013, Rn. 75.

484 Nebendahl, in: Spickhoff, Medizinrecht, 3. Aufl. 2018, § 81 SGB V, Rn. 19; Clemens, in: Quaas/Zuck/Clemens, Medizinrecht, 4. Aufl. 2018, § 24, Rn. 8.

485 BVerfGE 21, 391, 400 f.; 27, 180, 184 f.; Ziermann, in: Sodan, Handbuch des Krankenversicherungsrechts, § 20, Rn. 53.

486 Clemens, in: Quaas/Zuck/Clemens, Medizinrecht, 4. Aufl. 2018, § 24, Rn. 10; Nebendahl, in: Spickhoff, Medizinrecht, 3. Aufl. 2018, § 81 SGB V, Rn. 17 m. w. N.

Für die Sperrwirkung eines strafgerichtlichen Freispruchs und das Maßnahmeverbot nach strafgerichtlicher Verurteilung gelten dieselben Erwägungen wie beim berufsrechtlichen Disziplinarverfahren.[487] Disziplinarrechtliche Maßnahmen der Kassenärztlichen Vereinigungen sollen neben einer strafrechtlichen Verurteilung oder berufsrechtlichen Ahndung nur dort erforderlich sein, wo ein disziplinarischer Ahndungsüberhang gegeben ist. Ein solcher soll wegen des einzel- und generalpräventiven Charakters des vertragsärztlichen Disziplinarrechts auch dann fehlen, wenn die Gefahr effektiv und restlos durch andere mildere Maßnahmen abgewendet werden kann.[488]

1.4.4.2 Entziehung der Vertragsarztzulassung

Darüber hinaus kommt die Möglichkeit der Entziehung der Zulassung in Betracht. Der Entzug der Zulassung muss nach § 95 Abs. 6 Satz 1 SGB V – neben Fällen, in denen (nachträglich) die Voraussetzungen für die Erteilung der Zulassung entfallen[489] oder wenn ein bereits zugelassener Vertragsarzt seine vertragsärztliche Tätigkeit trotz der ihm gegenüber festgesetzten Aufnahmefrist nicht aufnimmt oder seine vertragsärztliche Tätigkeit einstellt – angeordnet werden, wenn der Arzt seine vertragsärztlichen Pflichten gröblich verletzt.

Nach der ständigen Rechtsprechung ist eine Pflichtverletzung gröblich, wenn sie so schwer wiegt, dass ihretwegen die Entziehung zur Sicherung der vertragsärztlichen Versorgung notwendig ist.[490] Dies ist der Fall, wenn ein Verstoß gegen das Vertragsarztrecht von einer Art und Schwere vorliegt, dass das Vertrauensverhältnis zwischen dem Arzt, der Kassenärztlichen Vereinigung und den Krankenkassen tiefgreifend und nachhaltig gestört ist, sodass eine weitere Zusammenarbeit nicht mehr zugemutet werden kann.[491]

Auch länger zurückliegende Pflichtverletzungen können eine Zulassungsentziehung begründen, denn sie unterliegen keiner „Verjährungsfrist".[492] Auch auf

---

487 Bracher, in: MAH-Strafverteidigung, 2. Aufl. 2014, § 33, Rn. 54.

488 Hesral, in: Disziplinarrecht für Ärzte und Zahnärzte, 2. Aufl. 2013, Rn. 81.

489 Ein Zulassungsentzug ist also auch dann geboten, wenn eine uneingeschränkte Approbation nicht mehr vorliegt. Denn diese ist Voraussetzung für die Zulassung zur Teilnahme an der vertragsärztlichen Versorgung. Ihr Wegfall rechtfertigt damit umgekehrt auch die Entziehung der Zulassung; vgl. BSG, GesR 2011, 682.

490 BSG Urt. v. 20.10.2004 – B 6 KA 67/03 R; BSG Urt. v. 17.06.2009 - B 6 KA 16/08 R; BSGE 112, 90.

491 BVerfGE 69, 233; BSGE 34, 252; 112, 90.

492 BSGE 112, 90; BSG, Urt. v. 19.7.2006 – B 6 KA 1/06 R; Beschl. v. 2.4.2014 – B 6 KA 58/13 B.

die Frage eines Verschuldens kommt es nicht an, denn – anders als bei vertragsärztlichen Disziplinarmaßnahmen[493] – handelt es sich nicht um eine Strafmaßnahme oder ähnliche Sanktion, sondern die Zulassungsentziehung dient dazu, die Funktionsfähigkeit der vertragsärztlichen Versorgung zu erhalten.[494]

Die Zulassungsentziehung darf, weil sie einen Eingriff in das Grundrecht der Berufsfreiheit aus Art. 12 Abs. 1 GG darstellt, nur ausgesprochen werden, wenn sie unter Berücksichtigung des Verhältnismäßigkeitsgrundsatzes das einzige Mittel zur Sicherung und zum Schutz der vertragsärztlichen Versorgung darstellt, mithin mildere Mittel nicht zur Verfügung stehen.[495] Als mildere Mittel kommen im Fall der Verletzung vertragsärztlicher Pflichten auch vertragsarztrechtliche Disziplinarmaßnahmen auf Grundlage der Satzungen der Kassenärztlichen Vereinigungen in Betracht.[496]

1.4.5 Arbeitsrechtliche Folgen

Für Ärzte können sich aus der fehlerhaften Behandlung von Patienten auch arbeitsrechtliche Folgen ergeben. Dies betrifft zuvorderst die im Krankenhaus als Arbeitnehmer tätigen Ärzte. Zwar können Ärzte unter bestimmten Voraussetzungen auch als Beamte oder freiberuflich im Krankenhaus tätig sein, die ganz überwiegende Mehrheit der im Krankenhaus beschäftigten Ärzte ist allerdings auf der Grundlage eines Arbeitsverhältnisses als Arbeitnehmer des jeweiligen Krankenhausträgers beschäftigt. Als solcher sind sie nach Maßgabe des abgeschlossenen Anstellungsvertrages und eventuell eingreifender tarifrechtlicher Regelungen verpflichtet, ihrem jeweiligen Arbeitgeber, dem Krankenhausträger, die von einem Arzt im Krankenhaus geschuldete Dienstleistung pflichtgemäß zu erbringen.[497] Auch leitende Krankenhausärzte (Chefärzte) werden typischerweise im Rahmen eines Arbeitsverhältnisses tätig, auch wenn sie sowohl nach der hierarchischen Leitungsstruktur im Krankenhaus als auch im Hinblick auf die Freiheit des ärztlichen Berufs bei dessen Ausübung keinen Weisungen des Krankenhausträgers unterworfen sind. Selbst die Einräumung eines Liquidationsrechtes gegenüber privatversicherten Patienten und Selbstzahlern steht der

493 Dazu sogleich.

494 BSGE 34, 252; 60, 76; BSG, Beschl. v. 5.11.2003 – B 6 KA 60/03 B.

495 BVerfGE 69, 233; BSG, NJW 1995, 1636.

496 Gerlach, in: Krauskopf, Soziale Krankenversicherung, Pflegeversicherung, SGB V, § 95, Rn. 142.

497 Nebendahl, in: Münchener Handbuch zum Arbeitsrecht, Bd. 2, § 170, Rn. 15.

Annahme eines solchen Arbeitsverhältnisses zwischen Chefarzt und Krankenhausträger nicht entgegen.[498]

Die im Krankenhaus im Anstellungsverhältnis beschäftigten Ärzte haben – wie andere Arbeitnehmer – im vertraglich geschuldeten Umfang ihre Arbeitspflicht ordnungsgemäß zu erfüllen. Ihre Arbeitspflicht leitet sich dabei aus dem Versorgungsauftrag des Krankenhauses bzw. der Klinik oder Abteilung ab, in der sie tätig sind. Schwerpunkt und gleichsam arbeitsvertragliche Hauptpflicht ist daher die medizinische Versorgung der im Krankenhaus behandelten Patienten. Der Arzt hat dabei den für die Behandlung maßgeblichen Facharztstandard zu beachten. Der Facharztstandard beinhaltet nicht nur die Pflicht, bei eigenen Behandlungsmaßnahmen den zum Zeitpunkt der Behandlung bestehenden, allgemein anerkannten fachlichen Standard entsprechend § 630a Abs. 2 BGB einzuhalten. Er muss auch dafür sorgen, dass die Organisation im Krankenhaus insgesamt dem maßgeblichen Standard entspricht und auf standardunterschreitende Mängel im Rahmen der Patientenbehandlung hinweisen. Das betrifft beispielsweise erkennbare Mängel bei der Organisation des Bereitschaftsdienstes oder der Rufbereitschaft sowie beim Einsatz medizinischer Geräte oder Instrumente.[499]

Aber auch angestellte Ärzte in der Praxis eines niedergelassenen Arztes, einer ärztlichen Berufsausübungsgemeinschaft oder eines Medizinischen Versorgungszentrums (MVZ) können von arbeitsrechtlichen Folgen betroffen sein. Bildete die Anstellung im ambulanten Bereich früher eine Ausnahme, ist heute eine ständige Zunahme von Anstellungsverhältnissen feststellbar.[500] Die Aufgaben der angestellten Ärzte im ambulanten Bereich unterscheiden sich dabei nur unwesentlich von den im Krankenhaus Tätigen. Im Rahmen seines Anstellungsverhältnisses ist der angestellte Arzt verpflichtet, die Patienten der Praxis oder sonstigen ambulanten Einrichtung entsprechend dem zwischen dem Einrichtungsträger und dem Patienten geschlossenen Behandlungsvertrag nach dem jeweiligen Facharztstandard zu behandeln. Hierzu gehört die Pflicht zur ordnungsgemäßen Untersuchung und Anamneseerhebung, die Pflicht zur Diagnosestellung, zur, die eigentliche Behandlung darstellenden, therapeutischen Betreuung sowie den damit im Zusammenhang stehenden Pflichten der ordnungsgemäßen Dokumentation des ärztlichen Behandlungsgeschehens sowie der ordnungsgemäßen Selbstbestimmungsaufklärung.[501]

---

498 Nebendahl, in: Münchener Handbuch zum Arbeitsrecht, Bd. 2, § 170, Rn. 15.
499 Nebendahl, in: Münchener Handbuch zum Arbeitsrecht, Bd. 2, § 170, Rn. 66.
500 Nebendahl, in: Münchener Handbuch zum Arbeitsrecht, Bd. 2, § 171, Rn. 1.
501 Nebendahl, in: Münchener Handbuch zum Arbeitsrecht, Bd. 2, § 171, Rn. 21.

Als einschneidende arbeitsrechtliche Folgen kommen Kündigung des Arbeitsvertrages sowie die sog. Arbeitnehmerhaftung in Betracht.

1.4.5.1 Kündigung

Zu unterscheiden ist zunächst zwischen der ordentlichen Kündigung und der fristlosen Kündigung aus wichtigem Grund (außerordentlichen Kündigung) nach § 626 Abs. 1 BGB. In Abhängigkeit der Zahl der Beschäftigten können für die ordentliche Kündigung die Vorschriften des Kündigungsschutzgesetzes gelten (§ 23 KSchG). Jedenfalls für Krankenhausbetriebe wird dies wegen ihrer Größe regelmäßig der Fall sein.[502] Danach müssen Kündigungen von Arbeitsverhältnissen, die länger als sechs Monate bestanden haben, zu ihrer Wirksamkeit sozial gerechtfertigt sein (§ 1 Abs. 1 KSchG). Das Kündigungsschutzgesetz unterscheidet insoweit zwischen personen-, verhaltens- und betriebsbedingter Kündigung. Soweit es um den Vorwurf eines Behandlungsfehlers geht, kommen nur die personen- oder verhaltensbedingte Kündigung in Betracht. Zur sozialen Rechtfertigung muss die Kündigung dementsprechend nach § 1 Abs. 2 S. 1 KSchG durch Gründe, die in der Person oder im Verhalten des Arbeitnehmers liegen, bedingt sein. Dabei ist das sog. ultima-ratio-Prinzip, welches das gesamte Kündigungsrecht durchzieht, zu beachten. Danach kommt die Beendigungskündigung als äußerstes Mittel nur dann in Betracht, wenn sie zur Beseitigung der betrieblichen Beeinträchtigung geeignet und erforderlich ist sowie im Verhältnis zum verfolgten Zweck angemessen erscheint.[503] So kommt regelmäßig als milderes Mittel gegenüber einer Kündigung die Abmahnung und eine Weiterbeschäftigung auf einem anderen Arbeitsplatz, ggf. zu geänderten Arbeitsbedingungen, in Betracht.[504] Darüber hinaus ist das Kündigungsschutzrecht durch das sog. Prognoseprinzip geprägt. Die Kündigungsgründe sind wegen ihrer zukunftsbezogenen Natur deshalb auf das zukunftsbezogene Moment der Weiterbeschäftigung hin zu interpretieren. Wobei sich bezogen auf jeden Kündigungsgrund die Prognosefrage anders stellt.[505] Im Übrigen ist das Kündigungsrecht von einer sehr differenzierten Einzeljudikatur geprägt.[506]

---

502 Ricken, in: Huster/Kaltenborn, Krankenhausrecht, 2. Aufl., § 13, Rn. 75.

503 Oetker, in: Erfurter Kommentar, § 1 KSchG, Rn. 74 f.; Vossen, in: Ascheid/Preis/Schmidt, Kündigungsrecht, 5. Aufl. 2017, § 1 KSchG, Rn. 65 f.; st. Rspr. seit BAGE 1, 117.

504 Oetker, in: Erfurter Kommentar, § 1 KSchG, Rn. 77; Vossen, in: Ascheid/Preis/Schmidt, Kündigungsrecht, § 1 KSchG, Rn. 66; BAG, NJW 2011, 251; BAGE 112, 361.

505 Vossen, in: Ascheid/Preis/Schmidt, Kündigungsrecht, § 1 KSchG, Rn. 73.

506 Ricken, in: Huster/Kaltenborn, Krankenhausrecht, 2. Aufl., § 13, Rn. 76.

Die gegenüber der ordentlichen Kündigung gravierendere fristlose Kündigung setzt voraus, dass Tatsachen vorliegen, aufgrund derer dem Kündigenden unter Berücksichtigung aller Umstände des Einzelfalls und unter Abwägung der Interessen beider Vertragsteile die Fortsetzung des Arbeitsverhältnisses bis zum Ablauf der Kündigungsfrist oder bis zur vereinbarten Beendigung nicht zugemutet werden kann.[507] Eine solche Kündigung kann nach § 626 Abs. 2 BGB allerdings nur innerhalb von zwei Wochen erfolgen. Die Frist beginnt mit dem Zeitpunkt, in dem der Kündigungsberechtigte von den für die Kündigung maßgebenden Tatsachen Kenntnis erlangt. Für den Ausspruch einer fristlosen Kündigung bedarf es erheblicher Gründe, etwa schwerwiegende Verstöße gegen die arbeitsvertraglichen Verhaltenspflichten. Im Hinblick auf die dem Behandelnden anvertraute Gesundheit von Patienten stellt sich jede Fehlleistung bei der ärztlichen Tätigkeit als ein gravierender Vorgang dar.[508] Dies können auch fahrlässige Fehlleistungen sein.[509] Gleichwohl gelten auch hier die Grundsätze des Kündigungsschutzrechtes unter Beachtung des Ultima-ratio-Prinzips. Selbst im Zusammenhang mit strafbaren Handlungen des Arbeitnehmers kennt das Gesetz keine absoluten Kündigungsgründe.[510] Erforderlich ist daher eine Interessenabwägung unter Berücksichtigung der Umstände des Einzelfalls.[511] Nach ständiger Rechtsprechung des Bundesarbeitsgerichts[512] ist bei der Interessenabwägung das Gewicht und die Auswirkung einer Vertragspflichtverletzung im Hinblick auf einen möglichen Vertrauensverlust ebenso zu berücksichtigen, wie der Grad des Verschuldens des Arbeitnehmers, eine mögliche Wiederholungsgefahr und insbesondere die Dauer des Arbeitsverhältnisses und dessen störungsfreier Verlauf. Nur wenn dem Arbeitgeber sämtliche milderen Reaktionsmöglichkeiten unzumutbar sind, kann eine außerordentliche Kündigung

---

507 BAG, Urt. v. 10.06.2010 – 2 AZR 541/09, juris Rn. 16; Ricken, in: Huster/Kaltenborn, Krankenhausrecht, 2. Aufl., § 13, Rn. 77.

508 BAG, Urt. v. 31.01.1985 – 2 AZR 284/83, juris Rn. 19; LAG Düsseldorf, Urt. 04.11.2005 – 9 Sa 993/05, juris Rn. 38.

509 BAG, Urt. v. 31.01.1985 – 2 AZR 284/83, juris Rn. 14; LAG Düsseldorf, Urt. 04.11.2005 – 9 Sa 993/05; Ricken, in: Huster/Kaltenborn, Krankenhausrecht, 2. Aufl., § 13, Rn. 77; a. A. LAG Düsseldorf, Urt. v. 17.03.1998 – 16 Sa 632/96, juris Rn. 37, wonach wegen des besonderen Ausnahmecharakters der fristlosen Kündigung ein grober Behandlungsfehler zu ihrer Rechtfertigung vorliegen müsse.

510 BAG, Urt. v. 10.06.2010 – 2 AZR 541/09, juris (Ls.).

511 Ricken, in: Huster/Kaltenborn, Krankenhausrecht, 2. Aufl., § 13, Rn. 77.

512 BAG, Urt. v. 28.01.2010 – 2 AZR 1008/08, juris Rn. 26; BAG, Urt. v. 10.11.2005 – 2 AZR 623/04, juris Rn. 38.

in Betracht kommen. Eine Abmahnung stellt sich als alternatives Gestaltungsmittel dar, wenn sie geeignet ist, den mit der außerordentlichen Kündigung verfolgten Zweck, nämlich die Vermeidung des Risikos künftiger Störungen, zu erreichen.[513] Insbesondere dann, wenn die Vertragspflichtverletzung auf steuerbarem Verhalten des Arbeitnehmers liegt, ist grundsätzlich davon auszugehen, dass ein zukünftiges Verhalten schon durch die Androhung von Folgen für den Bestand des Arbeitsverhältnisses positiv beeinflusst werden kann.[514]

Im Hinblick auf die bei der einzelfallbezogenen Interessenabwägung zu berücksichtigende voraussichtliche Dauer des ordentlichen Arbeitsverhältnisses kann sich ein Ausschluss der ordentlichen Kündigung und die gegebenenfalls daraus resultierende langfristige Vertragsdauer auch zu Lasten des Arbeitnehmers auswirken, wobei insbesondere der Sinn und Zweck des Ausschlusses der ordentlichen Kündigung sowie die Art des Kündigungsgrundes zu berücksichtigen sind.[515]

Aber auch das Ansehen und Vertrauen der Öffentlichkeit in die Arbeit eines Krankenhauses, einer Praxis oder anderen medizinischen Einrichtung ist in die Interessenabwägung im Rahmen einer außerordentlichen Kündigung einzubeziehen. Nach der Rechtsprechung des *BAG* kann eine drohende tiefgreifende Schädigung des Ansehens eines Krankenhauses durch eine nachhaltige Beeinträchtigung des Vertrauens der Öffentlichkeit in die Arbeit des Krankenhauses infolge bekannt gewordener schwerwiegender und die Arbeitsweise eines Chefarztes betreffender Anschuldigungen die Fortsetzung des Arbeitsverhältnisses mit diesem Chefarzt unzumutbar machen, wenn sich diese Gefahren für die Funktionsfähigkeit des Krankenhauses nicht auf andere zumutbare, den Chefarzt weniger beeinträchtigende Weise abwenden lassen.[516]

1.4.5.2 Arbeitnehmerhaftung

Dass die ärztliche Tätigkeit im Krankenhaus, aber auch im ambulanten Bereich, mit nicht unerheblichen Haftungsrisiken belastet sein kann, liegt auf der Hand. Oft wird von den Beschäftigten – selbst in Extremsituationen – schnelles, aber überlegtes Handeln verlangt. Die Möglichkeit, dass dabei auch Fehler auftreten, ist kaum zu bestreiten. Der angestellte Arzt haftet, weil er nicht Vertragspartner

513 BAG, Urt. v. 10.06.2010 – 2 AZR 541/09, juris Rn. 35.

514 BAG, Urt. v. 10.06.2010 – 2 AZR 541/09, juris Rn. 36.

515 BAG, Urt. v. 28.08.1987 – 7 AZR 68/86, juris Rn. 21; BAG, Urt. v. 14.11.1984 – 7 AZR 474/83.

516 BAG, Urt. v. 28.08.1987 – 7 AZR 68/86.

des Patienten ist, gegenüber diesem nicht für Behandlungsfehler auf Grundlage des vertraglichen Schadensersatzanspruches aus § 280 Abs. 1 BGB, wohl aber aufgrund deliktischer Haftung. Weil der Arbeitnehmer aufgrund des bestehenden Arbeitsvertrages nicht in der Lage ist, sich bestimmten Tätigkeiten zu verweigern, haben sich schon sehr früh Haftungsmilderungsregeln im Arbeitsverhältnis durchgesetzt.[517] So steht dem angestellten Arzt nach den Regeln über die Schadenshaftung im Arbeitsverhältnis für Schadensersatzansprüche des Patienten im Innenverhältnis ein Freistellungsanspruch gegen seinen Arbeitgeber zu, wenn Arbeitgeber und Arbeitnehmer im Außenverhältnis als Gesamtschuldner haften.[518] Der Umfang des Freistellungsanspruches bemisst sich dabei nach der Höhe, nach der bei unmittelbarer Schädigung des Arbeitgebers durch den Arbeitnehmer der Schadensersatzanspruch herabgesetzt wäre.[519]

Selbstverständlich kann aber auch der Arbeitnehmer – also der angestellte Arzt – seinem Arbeitgeber haften. Die Grundsätze des sog. innerbetrieblichen Schadensausgleichs sind jedoch auch bei der Haftung des Arbeitnehmers gegenüber dem Arbeitgeber zu beachten. Nach den vom Großen Senat des *BAG* entwickelten Grundsätzen[520] hat ein Arbeitnehmer bei betrieblich veranlassten Tätigkeiten vorsätzlich verursachte Schäden in vollem Umfange zu tragen, bei leichtester Fahrlässigkeit haftet er dagegen nicht. Bei „normaler" Fahrlässigkeit ist der Schaden in aller Regel zwischen Arbeitnehmer und Arbeitgeber zu verteilen, bei grober Fahrlässigkeit hat der Arbeitnehmer in aller Regel den gesamten Schaden zu tragen.[521] Der Umfang der Beteiligung des Arbeitnehmers an den Schadensfolgen ist durch eine Abwägung der Gesamtumstände zu bestimmen. Hierbei sind nach der Rechtsprechung des *BAG* insbesondere Schadensanlass, Schadensfolgen, Billigkeits- und Zumutbarkeitsgesichtspunkte zu berücksichtigen. Darüber hinaus kann eine möglicherweise vorliegende Gefahrgeneigtheit der Arbeit ebenso berücksichtigungsfähig sein, wie die Schadenshöhe, ein vom Arbeitgeber einkalkuliertes Risiko, eine Risikodeckung durch eine Versicherung, die Stellung des Arbeitnehmers im Betrieb und die Höhe der Vergütung,

517 Ricken, in: Huster/Kaltenborn, Krankenhausrecht, 2. Aufl., § 13, Rn. 64.

518 Link, in: Schaub, Arbeitsrechts-Handbuch, § 59, Rn. 49; Nebendahl, in: Münchener Handbuch zum Arbeitsrecht, Bd. 2, § 171, Rn. 22.

519 Link, in: Schaub, Arbeitsrechts-Handbuch, § 59, Rn. 49; Ricken, in: Huster/Kaltenborn, Krankenhausrecht, 2. Aufl., § 13, Rn. 67.

520 BAGE 78, 56.

521 Aber auch bei grober und gröbster Fahrlässigkeit ist eine Haftungsbeschränkung nach der Rechtsprechung, BAGE 63, 127; BAG, NJW 1998, 966, 2011, 1096, nicht von vornherein ausgeschlossen.

die möglicherweise eine Risikoprämie enthalten kann. Auch die persönlichen Verhältnisse des Arbeitnehmers und die Umstände des Arbeitsverhältnisses, wie die Dauer der Betriebszugehörigkeit, das Lebensalter, die Familienverhältnisse und sein bisheriges Verhalten können zu berücksichtigen sein.[522] Die Gefahrengeneigtheit der Arbeit findet – nachdem sie vom Großen Senat des *BAG* bei der Frage des „ob" der Arbeitnehmerhaftung als Voraussetzung aufgegeben wurde[523] – weiterhin eine Berücksichtigung für den Umfang der Haftung des Arbeitnehmers bei zumindest normaler bzw. einfacher Fahrlässigkeit. Die Frage der Gefahrengeneigtheit einer Arbeit richtete sich nach damaliger Rechtsprechung des *BAG* nach den Umständen des Einzelfalls.[524] Zu Recht wurde vertreten, dass nicht jede Tätigkeit eines angestellten Arztes als gefahrengeneigt anzusehen ist.[525] Eine Gefahrengeneigtheit der konkreten Tätigkeit kann nach den Umständen des Einzelfalles beispielsweise anzunehmen sein, wenn der Arzt schwierige Eingriffe vornehmen oder unter Zeitdruck oder unklarem Krankheitsbild Diagnosen erstellen oder Behandlungsanweisungen erstellen muss.[526] Dagegen stellen die Kontrolle von Eintragungen auf Krankheitsblättern, das Entwerfen von Mitteilungen oder die Erteilung von Prozessinformationen keine gefahrgeneigte Tätigkeit dar.[527] Diese Auffassung, wann eine gefahrgeneigte Tätigkeit vorliegen kann, dürfte – auch wenn diese Frage heute von geringerer Relevanz ist – weiterhin Bestand haben. Eine darüberhinausgehende summenmäßige Haftungsbegrenzung wird vom *BAG* in ständiger Rechtsprechung abgelehnt und im Wesentlichen damit begründet, die Entscheidung über eine solche starre Haftungshöchstgrenze müsse dem Gesetzgeber vorbehalten bleiben.[528]

Zwar ist der angestellte Arzt also gegenüber selbstständig tätigen Ärzten durch den innerbetrieblichen Schadensausgleich aus guten Gründen haftungsrechtlich privilegiert. Handelt er allerdings vorsätzlich oder grob fahrlässig, besteht das Risiko, dass ihn sein Arbeitgeber im Innenverhältnis für Schäden vollumfänglich in Haftung nimmt, für die der Arbeitgeber gegenüber Patienten im Außenverhältnis aufgrund seiner Inanspruchnahme aus dem Behandlungsvertrag einstehen muss. Dabei ist allerdings auch zu berücksichtigen, dass die Begehung

---

522 BAG, NJW 2011, 1096, 1097; NJOZ 2013, 709, 710.

523 BAGE 78, 56.

524 BAGE 7, 118.

525 BAG, NJW 1969, 2229 = BAGE 22, 63; Narr, Ärztliches Berufsrecht, Rn. 902; Rieger, Lexikon des Arztrechts, Rn. 778.

526 BAG, NJW 1969, 2299, 2300.

527 NJW 1969, 2299, 2300.

528 BAGE 63, 127; BAG, NZA 1998, 140, 141; 2011, 345, 348; NJOZ 2013, 709, 711.

eines groben Behandlungsfehlers nicht mit grober Fahrlässigkeit gleichgesetzt werden kann. Die Beurteilung des groben Behandlungsfehlers im Sinne der zivilrechtlichen Arzthaftung verlangt einen objektiven Maßstab,[529] während es bei der groben Fahrlässigkeit im Rahmen der betrieblich veranlassten Tätigkeit nicht allein darauf ankommt, dass der Arbeitnehmer nach den Gesamtumständen die im Verkehr erforderliche Sorgfalt in ungewöhnlich hohem Maße verletzt und unbeachtet gelassen hat, was jedem in dem gegebenen Fall hätte einleuchten müssen, sondern auch auf subjektive Umstände.[530] Daher kommt es also nicht nur darauf an, was von einem den durchschnittlichen Anforderungen entsprechenden Angehörigen des jeweiligen Verkehrskreises in der jeweiligen Situation erwartet werden konnte, wozu auch gehört, ob die Gefahr erkennbar und der Erfolg vorhersehbar und vermeidbar war. Abzustellen ist zudem darauf, ob der Schädigende nach seinen individuellen Fähigkeiten die objektiv gebotene Sorgfalt erkennen und erbringen konnte.[531] So hat das *BAG* beispielsweise die Annahme grober Fahrlässigkeit in Fällen abgelehnt, in denen Assistenzärzte sich den fachlichen Weisungen eines ihnen vorgesetzten, höher qualifizierten und wesentlich erfahreneren Oberarztes nicht widersetzt haben, auch wenn dessen Weisungen grob falsch waren und aus deren Befolgung eine ganz erhebliche Gefahr für das Patientenwohl erwuchs.[532]

529 Siehe oben „grober Behandlungsfehler".

530 BAGE 90, 148; BAG, NZA 2006, 1428, 1430; Ricken, in: Huster/Kaltenborn, Krankenhausrecht, 2. Aufl., § 13, Rn. 65.

531 BAG, NZA 2006, 1428, 1430.

532 BAG, NZA 2006, 1428, 1430.

Kapitel 2 Das Patientenrechtegesetz

Das vorliegende Kapitel soll zunächst einen Überblick über die Entstehungshistorie, gesetzgeberischen Erwägungen und den Inhalt des am 26. Februar 2013 in Kraft getretenen „Gesetz zur Verbesserung der Rechte von Patientinnen und Patienten“ oder kurz sog. Patientenrechtegesetz vom 20. Februar 2013[533] vermitteln und die in der Arbeit untersuchte Informationspflicht des § 630c Abs. 2 Satz 2 BGB sowie das Verwertungsverbot in § 630c Abs. 2 Satz 3 BGB, die mit dem Gesetz ins BGB aufgenommen wurden, einer Einordnung in den gesetzlichen Gesamtkontext zugänglich machen.

2.1 Entstehungsgeschichte/Gesetzeshistorie

Mit dem Inkrafttreten des Gesetzes zur Verbesserung der Rechte von Patientinnen und Patienten[534] (kurz: Patientenrechtegesetz) fand eine jahrzehntelange teils intensive Diskussion um die Kodifikation der Rechte von Patienten ihr (vorläufiges) Ende.[535]

Bereits beim 44. Deutschen Juristentag (DJT) im Jahr 1962 hatten sich die Teilnehmer intensiv mit dem Thema des Arztrechtes auseinandergesetzt.[536] Einige Jahre später - 1978 - wurde beim 52. DJT die Frage diskutiert, ob im Interesse der Patienten und Ärzte die Einführung ergänzender Reglungen für das ärztliche Vertrags-, Berufs- und Haftungsrecht zu empfehlen sei; was jedoch keine Mehrheit fand.[537]

Im Jahr 1981 unterbreiteten im Rahmen der Überarbeitung des Schuldrechts *Erwin Deutsch* und *Michael Geiger* in einem Gutachten für das Bundesministerium der Justiz den Vorschlag zur Kodifikation des Arzt-Patienten-Verhältnisses im BGB.[538] Dieser Vorstoß wurde allerdings nicht weiterverfolgt.[539]

---

533 Gesetz zur Verbesserung der Rechte von Patientinnen und Patienten, BGBl. (2013) I S. 277.

534 BGBl. I 2013, S. 277 ff.

535 Thole, MedR 2013, 145 ff.

536 Spickhoff, ZRP 2012, 65; ders., VersR 2013, 267.

537 Katzenmeier, NJW 2013, 817; Thole, MedR 2013, 145.

538 Deutsch/Geiger, in: Gutachten und Vorschläge zur Überarbeitung des Schuldrechts, S. 1049 - 1113.

539 Spickhoff, ZRP 2012, 65; ders. VersR 2013, 267.

Im Jahr 1999 wurden die wichtigsten Rechte in dem Papier „Patientenrecht in Deutschland heute“ durch den Beschluss der 72. Gesundheitsministerkonferenz zusammengefasst und der Fachöffentlichkeit vorgestellt. Er fand jedoch bei den betroffenen Kreisen - den Patienten und Ärzten - keine Aufmerksamkeit.[540] Daraufhin sprach der „Sachverständigenrat für die Konzertierte Aktion im Gesundheitswesen“ – der Vorläufer des heutigen Sachverständigenrat zur Begutachtung der Entwicklung im Gesundheitswesen nach § 142 SGB V – in seinem Jahresgutachten 2000/2001 die Empfehlung aus, „[u]m die derzeitig komplexe rechtliche Situation für die Patienten in einfacher Weise identifizierbar zu machen, […] die bislang in unterschiedlichen Gesetzestexten verstreuten Patientenrechte in einem Patientenrechte-Gesetz zusammenzufassen.“[541] Obgleich die Diskussion über eine Kodifizierung der Patientenrechte im Gang war, wurde diese jedoch im Rahmen der Schuldrechtsmodernisierung im Jahr 2002 nicht aufgegriffen.[542] Mit der Herausgabe der Broschüre „Patientenrechte in Deutschland – Ein Leitfaden für Patienten und Ärzte“ durch das Bundesministerium für Gesundheit (BMG) und das Bundesministerium für Justiz (BMJ) im Jahr 2003 wurde bewusst eine Entscheidung gegen eine Kodifikation verdeutlicht.[543]

In der 16. Legislaturperiode des Deutschen Bundestages (Oktober 2005 bis Oktober 2009) hatte sich eine Arbeitsgruppe der SPD-Bundestagsfraktion mit der Erarbeitung von Eckpunkten für ein Patientenrechtegesetz befasst,[544] wodurch das Thema allmählich weiter in den parlamentarischen Fokus rückte.

In der nachfolgenden 17. Legislaturperiode griffen die beiden Regierungsfraktionen von CDU/CSU und FDP diese Initiative wieder auf. Bereits bei den Koalitionsverhandlungen im Oktober 2009 hatten sich CDU, CSU und FDP geeinigt, die Rechte von Patientinnen und Patienten in einem eigenen Gesetz zu regeln.[545] Einem gemeinsam vom BMG und BMJ am 16. Januar 2012 präsentierten Referentenentwurf folgte am 23. Mai 2012 der Beschluss des Bundeskabinetts zum Regierungsentwurf eines „Gesetzes zur Verbesserung der Rechte von Patientinnen und Patienten“, der gegenüber dem Referentenentwurf

---

540 Thole, MedR 2013, 145 ff.

541 Sachverständigenrat für die Konzertierte Aktion im Gesundheitswesen, Gutachten 2000/2001, Bedarfsgerechtigkeit und Wirtschaftlichkeit, S. 336 ff; Thole, MedR 2013, 145.

542 Spickhoff, ZRP 2012, 65; ders., VersR 2013, 267.

543 Katzenmeier, NJW 2013, 817.

544 BT-Drs. 17/907, S. 3.

545 Wachstum. Bildung. Zusammenhalt., Koalitionsvertrag von CDU, CSU und FDP vom 26. Oktober 2009, S. 90; vgl. auch Spickhoff, ZRP 2012, 65; ders. VersR 2013, 267.

geringfügige Änderungen enthielt.[546] Nach Stellungnahme des Bundesrates am 6. Juli 2012[547] wurde am 28. September 2012 das parlamentarische Verfahren im Bundestag mit der ersten Beratung im Plenum des Deutschen Bundestages eingeleitet und dem Ausschuss für Gesundheit des Deutschen Bundestages als federführendem Ausschuss der Regierungsentwurf[548] zur weiteren Beratung überwiesen.[549] Dieser hatte bereits am 26. September 2012 eine öffentliche Anhörung von Sachverständigen vorbehaltlich der Überweisung durch das Plenum beschlossen, welche am 22. Oktober 2012 gemeinsam mit dem Rechtsausschuss des Deutschen Bundestages stattfand. In der Sitzung des Ausschusses für Gesundheit am 28. November 2012 erfolgte die Beschlussempfehlung zum Gesetzentwurf mit weiteren während der Ausschussberatungen eingebrachten und beschlossenen Änderungen,[550] von denen insgesamt zehn die §§ 630a bis h BGB und hiervon zwei den § 630c Abs. 2 BGB betrafen.[551] Mit diesen letzten

546 Katzenmeier, NJW 2013, 817; Wagner, VersR 2012, 789.

547 BR-PlPr 899, S. 347A - 347B; BR-Drs. 312/1/12.

548 Regierungsentwurf, BT-Drs. 17/10488.

549 BT-PlPr 17/196, S. 23653B - 23672C.

550 Beschlussempfehlung, BT-Drs. 17/11710.

551 In § 630c Abs. 2 Satz 2 BGB wurde das Wort „darüber“ durch die Wörter „über diese“ ersetzt. Diese Formulierung soll nach der Gesetzesbegründung klarstellend verdeutlichen, dass Behandelnde lediglich über die erkennbaren Umstände zu informieren haben, die auf einen Behandlungsfehler hindeuten. Über diese fachliche Einschätzung hinaus sollen Behandelnde nicht verpflichtet werden, auch eine juristische Wertung vorzunehmen, Beschlussempfehlung, BT-Drs. 17/11710, S. 28.

552 § 630c Abs. 2 Satz 3 BGB wurde gegenüber dem Regierungsentwurf wie folgt neu gefasst: „Ist dem Behandelnden oder einem seiner in § 52 Absatz 1 der Strafprozessordnung bezeichneten Angehörigen ein Behandlungsfehler unterlaufen, darf die Information nach Satz 2 zu Beweiszwecken in einem gegen den Behandelnden oder gegen seinen Angehörigen geführten Straf- oder Bußgeldverfahren nur mit Zustimmung des Behandelnden verwendet werden.“ Diese Änderung bezweckt den Anwendungsbereich des Absatzes 2 Satz 3 auch auf Informationen über solche Behandlungsfehler zu erstrecken, die einem Angehörigen im Sinne des § 52 der Strafprozessordnung des nach Satz 2 Informationspflichtigen unterlaufen sind. Der Grundsatz des fairen Verfahrens erfordert nach der Gesetzesbegründung auch einen angemessenen Schutz des Angehörigenverhältnisses. Daher soll die Information nach Satz 3 auch in einem gegen einen Angehörigen des Informationspflichtigen durchgeführten Straf- oder Bußgeldverfahren geschützt [werden] und von der Zustimmung des nach Satz 2 Informationspflichtigen abhängen. Die Änderung geht auf eine Forderung des Bundesrates in seiner Stellungnahme gemäß Artikel 76 Absatz 2 GG zurück; Beschlussempfehlung, BT-Drs. 17/11710, S. 28.

Änderungen[553] nahm der Bundestag nach zweiter und dritter Beratung mit den Stimmen der beiden Koalitionsfraktionen CDU/CSU und FDP, bei Enthaltung der Fraktion von Bündnis90/DIE GRÜNEN und gegen die Stimmen der Fraktionen SPD und DIE LINKE den Gesetzesentwurf in der Fassung der Beschlussempfehlung des Ausschuss für Gesundheit am 29. November 2012 an.[554] Am 1. Februar 2013 passierte der Gesetzesentwurf auch den Bundesrat.[555] Nach seiner Ausfertigung und Verkündung am 25. Februar 2013 trat das Gesetz zur Verbesserung der Rechte von Patientinnen und Patienten vom 20. Februar 2013[556] am 26. Februar 2013 in Kraft.

2.2 Überblick zur gesamten Regelungsmaterie des Patientenrechtegesetzes

Beim Gesetz zur Verbesserung der Rechte von Patientinnen und Patienten (Patientenrechtegesetz) handelt es sich um ein Änderungsgesetz in Form eines sog. Artikelgesetzes.[557]

Artikel 1 des Gesetzes umfasst Änderungen des Bürgerlichen Gesetzbuches zur Kodifizierung des Behandlungs- und Arzthaftungsrechts.[558] Dazu wurden in das BGB ein neuer Unterabschnitt mit dem Titel „Behandlungsvertrag" und in § 630a mit dem Behandlungsvertrag als Unterfall des Dienstvertrags ein neuer Vertragstyp ins BGB eingeführt.[559] § 630b BGB stellt einen klarstellenden Verweis auf das allgemeine Dienstvertragsrecht dar, welches danach vorbehaltlich speziellerer Regelungen in den §§ 630a bis h BGB Anwendung findet.[560] Darüber hinaus enthalten die mit Artikel 1 des Gesetzes eingefügten §§ 630a bis h BGB[561] neben Vorschriften zu Mitwirkungs- und Informationspflichten (§ 630c BGB), zur Einwilligung (§ 630d BGB), zu Aufklärungspflichten (§ 630e BGB) sowie Dokumentationspflichten (§ 630f BGB) und dem

553 Insgesamt wurden 19 Änderungen des ursprünglichen (Regierungs-)Entwurfs vorgenommen; vgl. Thole, MedR 2013, 145.

554 Thole, MedR 2013, 145.

555 BR-PlPr 906, S. 30A - 31B.

556 BGBl. I 2013 Nr. 9, v. 25.02.2013, S. 277 – 282.

557 Spickhoff, ZRP 2012, 65, 66; Wagner, VersR 2012, 789.

558 BGBl. I 2013, S. 277 – 279; Regierungsentwurf, BT-Drs. 17/10488, S. 10; Beschlussempfehlung, BT-Drs. 17/11710, S. 7.

559 Regierungsentwurf, BT-Drs. 17/10488, S. 9, 17.

560 Regierungsentwurf, BT-Drs. 17/10488, S. 20.

561 BGBl. I 2013, S. 277 – 279.

Einsichtsrecht in Patientenunterlagen (§ 630g BGB), die Grundzüge der durch die Rechtsprechung entwickelten Beweisregeln (§ 630h BGB).[562]

Artikel 2 enthält verschiedentliche Änderungen des Fünften Buches des Sozialgesetzbuches (SGB V).[563] Wesentlich sind dabei Regelungen zur Beschleunigung von Leistungsbewilligungsverfahren der Krankenkassen, Widerrufsrechte der Versicherten zu speziellen ambulanten Versorgungsformen, die Verpflichtung der Kranken- und Pflegekassen ihre Versicherten bei der Durchsetzung von Schadensersatzansprüchen wegen Behandlungsfehlern zu unterstützen sowie auch Reglungen zur Schaffung einrichtungsinterner und einrichtungsübergreifender Risikomanagement- und Fehlermeldesysteme.[564] Im Hinblick auf diese Meldesysteme wurde im parlamentarischen Beratungsverfahren zusätzlich ein beschränktes Verwendungsverbot für Daten und Meldungen zu Gunsten der Meldenden aufgenommen.[565] Darüber hinaus sind Regelungen zur Erweiterung der Patientenbeteiligung unter anderem im Rahmen der Bedarfsplanung, in Zulassungs- und Berufungsausschüssen sowie der Richtliniensetzung bei der Hilfsmittelversorgung und den Krankentransportleistungen und eine Verpflichtung des Patientenbeauftragten der Bundesregierung, die Bevölkerung in geeigneter Form über ihre Rechte als Patientinnen und Patienten zu informieren, enthalten.[566]

Artikel 3 enthält Änderungen der Patientenbeteiligungsverordnung, die lediglich redaktioneller Art ist und einer Neufassung des § 91 SGB V zum 1. Juli 2008 Rechnung trägt.[567]

Artikel 4 des Gesetzes enthält Änderungen des Krankenhausfinanzierungsgesetzes, die die Vereinbarung von Vergütungszuschlägen für die Beteiligung an einrichtungsübergreifenden Fehlermeldesystemen betreffen.[568]

Bei den im parlamentarischen Beratungsverfahren nachträglich eingefügten Artikeln 4a und 4b handelt es sich um Folgeänderungen der Zulassungsverordnung für Vertragsärzte und der Zulassungsverordnung für Vertragszahnärzte auf Grund von Änderungen des SGB V durch Artikel 2 des Gesetzes und im Übrigen um rechtstechnische und redaktionelle Änderungen.[569]

---

562 Regierungsentwurf, BT-Drs. 17/10488, S. 10 f.

563 BGBl. I 2013, S. 279 - 281; Beschlussempfehlung, BT-Drs. 17/11710, S. 11 f.

564 Beschlussempfehlung, BT-Drs. 17/11710, S. 18 f.

565 Beschlussempfehlung, BT-Drs. 17/11710, S. 13, 30.

566 Beschlussempfehlung, BT-Drs. 17/11710, S. 19.

567 BGBl. I 2013, S. 281; Regierungsentwurf, BT-Drs. 17/10488, S. 35.

568 BGBl. I 2013, S. 281; Regierungsentwurf, BT-Drs. 17/10488, S. 35.

569 BGBl. I 2013, S. 281 f.; Beschlussempfehlung, BT-Drs. 17/11710, S. 32.

Auch Artikel 4c des Gesetzes wurde erst im parlamentarischen Beratungsverfahren eingefügt und betrifft eine Änderung der Bundesärzteordnung, durch die das Ruhen der Approbation in Fällen nicht bestehender oder nicht ausreichender Haftpflichtversicherung angeordnet werden kann.[570]

Artikel 5 regelt das Inkrafttreten des Gesetzes am Tag nach seiner Verkündung im Bundesgesetzblatt.[572]

2.3 Beweggründe des Gesetzgebers und Gesetzeszweck

Die Rechtsbeziehung zwischen Arzt und Patienten wird von mehreren Rechtsbereichen erfasst und ist in Deutschland durch eine Vielzahl von Vorschriften in verschiedenen Gesetzen geregelt.[573] Vor Inkrafttreten des Patientenrechtegesetzes wurde das Arzthaftungsrecht über viele Jahrzehnte zum ganz überwiegenden Teil[574] durch Richterrecht geprägt - Wesentliches stand nicht im Gesetz.[575] Den im Gesundheitssystem Beteiligten erschwerte dies nach Auffassung des Gesetzgebers die Möglichkeit von ihren Rechten und Pflichten Kenntnis nehmen zu können.[576] Ob das Arzthaftungsrecht dagegen auch für „juristische Experten" eine „nicht mehr zu überblickende" Rechtsmaterie bedeutete,[577] die Strukturierung und Klarstellung notwendig mache,[578] darf – auch im Vergleich zu den umfangreichen Regelungen des Krankenversicherungsrechts im SGB V und insbesondere des Vertragsarztrechtes – mit Recht bezweifelt werden.[579] Einen

570 BGBl. I 2013, S. 282; Beschlussempfehlung, BT-Drs. 17/11710, S. 32 f.

571 Die Art 2 bis 4c des Patientenrechtegesetzes sind für die vorliegende Arbeit ohne tiefergehende Bedeutung, weswegen auf eine weitergehende Erörterung im Folgenden verzichtet wurde.

572 BGBl. I 2013, S. 282.

573 Regierungsentwurf, BT-Drs. 17/10488, S. 1; umfassende Ausführungen zu den Rechtsquellen bei: Laufs, in: Laufs/Kern, Handbuch des Arztrechts, 4. Aufl., § 5, Rn. 2.

574 Thole, MedR 2013, 145; Braun/Marstedt, Patientenrechte im deutschen Gesundheitssystem, in: Gesundheitsmonitor 2010, S. 331 geben eine Quote von 80 bis 90 Prozent an.

575 Regierungsentwurf, BT-Drs. 17/10488, S. 1.

576 Regierungsentwurf, BT-Drs. 17/10488, S. 1, 9; Beschlussfassung, BT-Drs. 17/11710, S. 2.

577 Braun/Marstedt, Patientenrechte im deutschen Gesundheitssystem, in: Gesundheitsmonitor 2010, 329, 331; Thole, MedR 2013, 145, 149; Reuter/Hahn, VuR 2012, 247, 258.

578 Thole, MedR 2013, 145, 149.

579 Thurn, MedR 2013, 154 ff.

Handlungsbedarf sah aber auch der Patientenbeauftragte der Bundesregierung *Wolfgang Zöller*, der einen Vertrauensverlust der Patienten in das als ungerecht empfundene Gesundheitssystem konstatierte, das er gleichzeitig als eines der besten der Welt bezeichnete.[580]

Mit dem Patientenrechtegesetz wurden vom Gesetzgeber die Schaffung von Rechtsklarheit und Rechtssicherheit, die Verbesserung der Fehlervermeidungskultur, die Erweiterung der Verfahrensrechte und die Stärkung der Rechte gegenüber den Leistungserbringern bezweckt.[581] Die Komplexität der Medizin und die Vielfalt von Behandlungsmöglichkeiten verlangten nach gesetzgeberischer Sicht Regelungen, die Patientinnen und Patienten auf der einen und Behandelnde auf der anderen Seite auf „Augenhöhe" bringen.[583] Die Kodifizierung des Behandlungs- und Arzthaftungsrechtes durch das Patientenrechtegesetz leistet nach Auffassung des Gesetzgebers „einen wesentlichen Beitrag zu mehr Transparenz und Rechtssicherheit, so dass das Recht für die Patientinnen und Patienten klarer und übersichtlicher wird."[584] Der Gesetzgeber zielt dabei darauf ab, dass die „Patientinnen und Patienten [...] ihre wichtigsten Rechte möglichst selbst im Gesetz nachlesen können [sollen]."[585] Zudem sollen mittels der Kodifizierung „Unklarheiten beseitigt werden, die sich aus der bisherigen Rechtsprechung ergeben haben."[586] Gleichwohl soll aber der Rechtsprechung „weiterhin genügend Spielraum" verbleiben, „um im Einzelfall zu ausgewogenen sach- und interessensgerechten Entscheidungen zu kommen."[587]

Zugleich ist – worauf in der Gesetzesbegründung ausdrücklich hingewiesen wird -weitergehenden rechtspolitischen Forderungen in dem Gesetzgebungsverfahren und mit dem Patientenrechtegesetz eine Absage erteilt worden; expressis verbis der Einführung der Proportionalhaftung sowie von Entschädigungsfonds

---

580 Zöller, MedR 2011, 229.

581 Regierungsentwurf, BT-Drs. 17/10488, S. 1, 9; vgl. Thole/Schanz, RDG 2013, 64; Thole, MedR 2013, 145; Zöller, MedR 2011, 229 f.

582 In der Gesetzesbegründung der Beschlussfassung (BT-Drs. 17/11710) wird auf die Gesetzesbegründung des Regierungsentwurfs (BT-Drs. 17/10488) verwiesen, soweit der Ausschuss für Gesundheit die unveränderte Annahme des Gesetzesentwurfes empfohlen hat; BT-Drs. 17/11710, S. 28. Daher wird im Folgenden auch insoweit die Gesetzesbegründung des Regierungsentwurfes zu Grunde gelegt.

583 Regierungsentwurf, BT-Drs. 17/10488, S. 9.

584 Regierungsentwurf, BT-Drs. 17/10488, S. 9.

585 Regierungsentwurf, BT-Drs. 17/10488, S. 9.

586 Regierungsentwurf, BT-Drs. 17/10488, S. 9.

587 Regierungsentwurf, BT-Drs. 17/10488, S. 9.

und weiteren Beweiserleichterungen insbesondere der Beweislastumkehr auch bei lediglich einfachen Behandlungsfehlern.[588]

2.4 Überblick zu den Änderungen des BGB durch das Patientenrechtegesetz

Den größten Anteil des Patientenrechtegsetzes nehmen die Änderungen des Bürgerlichen Gesetzbuches durch Artikel 1 des Gesetzes ein. Wobei die Änderungen die Einfügung eines vollumfänglich neuen, mit dem Titel „Behandlungsvertrag" überschriebenen, Unterabschnitts des BGB betreffen, der die §§ 630a bis h beinhaltet.[589] Darüberhinaus gehende Änderungen des Bürgerlichen Rechts enthält das Patientenrechtegesetz nicht, wenn davon abgesehen wird, dass durch die Einfügung der Überschrift „Dienstvertrag" einerseits und der Überschrift „Behandlungsvertrag" andererseits im achten Titel des achten Abschnitts des zweiten Buches des BGB eine Zweiteilung in das allgemeine Dienstvertragsrecht und den Behandlungsvertrag als speziellen Dienstvertragstypus vorgenommen wird.[590]

Die Einfügung des Unterabschnitts umfasst die Kodifizierung des Behandlungsvertrages als neuen Vertragstyp im BGB, der eine spezielle Form des Dienstvertrages darstellt. Nach dem Willen des Gesetzgebers sollen diese neuen vertraglichen Regelungen nur für solche Verträge gelten, die eine medizinische Behandlung zum Gegenstand haben.[591] Diese Ergänzung des besonderen Schuldrechts in Gestalt der neuen Regelung des Behandlungsvertrages lässt im Übrigen auch – nach ausdrücklichem Willen des Gesetzgebers – das Verhältnis zum Deliktsrecht unberührt. Damit besteht weiterhin eine Idealkonkurrenz zwischen der vertraglichen und deliktischen Haftung.[592]

In § 630a Abs. 1 BGB werden die den Behandlungsvertrag charaktersierenden Hauptleistungspflichten der Vertragsparteien festgeschrieben. Gegenstand des Vertrages sind die (medizinischen) Behandlungen, die grundsätzlich in diesem Sinne als Heilbehandlungen zu verstehen sind und „neben der Diagnose die Therapie und damit sämtliche Maßnahmen und Eingriffe am Körper eines Menschen, um Krankheiten, Leiden, Körperschäden, körperliche

588 Regierungsentwurf, BT-Drs. 17/10488, S. 9.
589 Regierungsentwurf, BT-Drs. 17/10488, S. 5 – 6.
590 Regierungsentwurf, BT-Drs. 17/10488, S. 17.
591 Regierungsentwurf, BT-Drs. 17/10488, S. 17.
592 Regierungsentwurf, BT-Drs. 17/10488, S. 17.

Beschwerden oder seelische Störungen nicht krankhafter Natur zu verhüten, zu erkennen, zu heilen oder zu lindern", umfasst.[593] Jedoch kommen als Behandlung auch kosmetische Maßnahmen, beispielsweise bei Schönheitsoperationen in Betracht.[594] Parteien des Behandlungsvertrages sind nach der Legaldefinition in § 630a Abs. 1 BGB einerseits der Behandelnde, als „derjenige, welcher die medizinische Behandlung eines Patienten zusagt" und andererseits der Patient, als „der andere Teil". Den Behandelnden i. S. d. § 630a Abs. 1 BGB trifft dabei die Hauptpflicht, die versprochene Behandlung zu leisten. Dabei bestimmt die Regelung in Absatz 1 jedoch nicht, wer die Behandlung in Person durchführt. Der die Behandlung Zusagende und der die Behandlung tatsächlich Durchführende können, müssen demnach aber nicht identisch sein. Dies wird in der Gesetzesbegründung ausdrücklich klargestellt.[595] Folglich kann es sich bei dem Behandelnden i. S. d. § 630a BGB auch um eine juristische Person handeln, beispielsweise den Träger eines Medizinischen Versorgungszentrums (MVZ) oder eines Krankenhauses. Demgegenüber kommt als Patient, dem die medizinische Behandlung zugesagt wird, ausschließlich eine natürliche Person in Betracht.[596] § 630a Abs. 1 BGB bestimmt, dass der Patient als anderer Teil zur Gewährung der vereinbarten Vergütung verpflichtet ist, wenn nicht ein Dritter zur Zahlung verpflichtet ist. Eine Vergütungspflicht des gesetzlich versicherten Patienten besteht grundsätzlich nicht, weil an dieser Stelle das Privatrecht durch das Recht der gesetzlichen Krankenversicherung überlagert wird.[597] Die in Absatz 1 bezeichneten Hauptleistungspflichten stehen in solch einer Konstellation freilich nicht im Synallagma.[598]

Ergänzend zu den Regelungen des allgemeinen Schuldrechts wird in § 630a Absatz 2 BGB festgelegt, dass die Behandlung grundsätzlich nach den zum Zeitpunkt der Behandlung bestehenden, allgemein anerkannten fachlichen Standards durchzuführen ist. Entscheidend ist dabei, zu welchen Behandlungsgruppen der Behandelnde einzuordnen ist. So gelten für Ärzte die allgemein

593 Regierungsentwurf, BT-Drs. 17/10488, S. 17.
594 Regierungsentwurf, BT-Drs. 17/10488, S. 17.
595 Regierungsentwurf, BT-Drs. 17/10488, S. 18.
596 Regierungsentwurf, BT-Drs. 17/10488, S. 17.
597 Dies kann anders sein, wenn der gesetzlich Versicherte die Leistungen eines Behandelnden in Anspruch nimmt, der kein Vertragsarzt (früher: Kassenarzt) ist, oder es um Leistungen geht, die weder vom Regelleistungs- noch Satzungsleistungskatalog der gesetzlichen Krankenkasse umfasst sind (beispielsweise sog. individuelle Gesundheitsleistungen – IgeL), bei der der Patient versichert ist.
598 Regierungsentwurf, BT-Drs. 17/10488, S. 19.

anerkannten Standards der Medizin, die sich aus dem Stand der naturwissenschaftlichen Erkenntnisse und ärztlichen Erfahrung zur Erreichung des Behandlungsziels ergeben. Der ärztliche Behandelnde schuldet jedoch den zum Zeitpunkt der Behandlung geltenden Facharztstandard, soweit sich in dem jeweiligen Fachgebiet ein solcher herausgebildet hat. Demgegenüber kommt es auf die individuellen Kenntnisse und Fähigkeiten des Behandelnden nicht an.[599] Die Vertragsparteien sind jedoch ausdrücklich frei, hiervon Abweichendes zu vereinbaren.

§ 630b BGB enthält einen Verweis auf das allgemeine Dienstvertragsrecht. Diese gesetzliche Verweisung soll klarstellen, dass es sich beim Behandlungsvertrag um einen speziellen Dienstvertrag handelt und daher, soweit keine spezielleren Regelungen vorhanden sind, die Regeln des Dienstvertrages mit Ausnahme der Vorschriften zum Arbeitsrecht Anwendung finden.[600]

§ 630c Abs. 1 BGB statuiert, dass die allgemeine Obliegenheit des Patienten und des Behandelnden im Rahmen des Behandlungsvertrages zusammenzuwirken, um so eine optimale Behandlung zu erzielen. Die Regelung dient nach dem Gesetzgeber inbesondere das zwischen dem Behandelnden und Patienten bestehende Vertrauensverhältnis zu begründen und fortzuentwickeln und dem insgesamt im Patientenrechtegesetz liegenden Partnerschaftsgedanken Geltung zu verschaffen. Mit der gesetzlichen Regelung rekurriert der Gesetzgeber zugleich auf die allgemein anerkannte Obliegenheit des Patienten, für die Behandlung bedeutsame Umstände zeitnah offenzulegen und dem Behandelnden auf diese Weise ein Bild von seiner Person und seiner körperlichen Verfassung zu ermöglichen. Ein Verstoß hiergegen kann im Schadensfall zu Lasten des Patienten als Mitverschulden i. S. d. § 254 BGB zugerechnet werden.[601]

In § 630c Abs. 2 Satz 1 BGB wird eine therapeutische Informationspflicht des Behandelnden geregelt, die inhaltlich vollumfänglich an die von der Rechtsprechung entwickelten Grundsätze zur therapeutischen Aufklärung und Sicherungsaufklärung anknüpft und die sich nicht nur begrifflich, sondern auch von ihrem Sinn und Zweck von der in § 630e BGB geregelten Selbstbestimmungsaufklärung unterscheidet.[602]

---

599 Regierungsentwurf, BT-Drs. 17/10488, S. 19.

600 Regierungsentwurf, BT-Drs. 17/10488, S. 20 f.

601 Regierungsentwurf, BT-Drs. 17/10488, S. 21.

602 Regierungsentwurf, BT-Drs. 17/10488, S. 21; zur therapeutischen Informationspflicht siehe oben unter 1.2.4.2.

Mit § 630c Abs. 2 Satz 2 BGB wurde eine Informationspflicht des Behandelnden hinsichtlich eigener oder fremder Behandlungsfehler aufgenommen,[603] die Anlass und Kern der vorliegenden Arbeit ist. Mit dieser Regelung wollte der Gesetzgeber an eine „im Wesentlichen bisher geltende Rechtsprechung" anknüpfen, die Ausdruck der Abwägung zwischen dem Interesse des Behandelnden am Schutz seiner Person und dem Interesse des Patienten am Schutz seiner Gesundheit sei.[604] Nach der Gesetzesbegründung regelt der erste Fall des Satzes 2 die Pflicht des Behandelnden, dem Patienten auf dessen ausdrückliche Nachfrage nach etwaigen Behandlungsfehlern wahrheitsgemäß zu antworten, wenn er Umstände erkennt, die die Annahme eines Behandlungsfehlers begründen, auch wenn er dabei Gefahr läuft nicht nur einen Behandlungsfehler eines Dritten, sondern auch eigene Fehler offenbaren zu müssen.[605] Eine Pflicht zur Abklärung möglicher, für den Behandelnden nicht erkennbarer Behandlungsfehler, soll jedoch nicht bestehen.[606] Im zweiten Fall des § 630c Abs. 2 Satz 2 wird der Behandelnde zu dieser Information auch ohne Nachfrage verpflichtet, wenn dies zur Abwendung von gesundheitlichen Gefahren für den Patienten erforderlich ist, weil ihn die Pflicht zur gesundheitlichen Sorge des Patienten trifft.[607] Dagegen sei der Behandelnde in der Regel nicht verpflichtet, den Patienten unaufgefordert über einen Behandlungsfehler zu unterrichten, soweit keine gesundheitlichen Gefahren bestehen, denn er habe keine umfassende Fürsorgepflicht.[608] Die im parlamentarischen Verfahren in den Satz 2 eingefügte Formulierung „über diese" soll dabei klarstellen, dass Behandelnde „lediglich über die erkennbaren Umstände zu informieren haben, die auf einen Behandlungsfehler hindeuten".[609] Mit § 630c Abs. 2 Satz 3 BGB wurde zudem ein Beweisverbot aufgenommen. Danach darf die Information des Satz 2 zu Beweiszwecken nur mit Zustimmung des Behandelnden in einem gegen ihn oder nahen Angehörigen gerichteten Straf- oder Bußgeldverfahren verwendet werden, wenn der

603 Regierungsentwurf, BT-Drs. 17/10488, S. 21.

604 Regierungsentwurf, BT-Drs. 17/10488, S. 21.

605 Regierungsentwurf, BT-Drs. 17/10488, S. 21; gegenüber dem Wortlaut des gemeinsamen *Referentenwurfs von BMJ und BMG vom 16. Januar 2012* haben sich an dieser Stelle Änderungen ergeben. Der Referentenentwurf sah noch vor, dass der Behandelnde den Patienten auf Nachfrage „über erkennbare Behandlungsfehler" zu informieren habe; vgl. *Referentenentwurf*, S. 5.

606 Regierungsentwurf, BT-Drs. 17/10488, S. 21.

607 Regierungsentwurf, BT-Drs. 17/10488, S. 21.

608 Regierungsentwurf, BT-Drs. 17/10488, S. 21.

609 Beschlussempfehlung, BT-Drs. 17/11710, S. 28.

Behandlungsfehler dem Behandelnden oder einem nahen Angehörigen unterlaufen ist. Dem Behandelnden sollen aus der Offenbarung eigener Fehler keine unmittelbaren Nachteile in einem Straf- oder Ordnungswidrigkeitenverfahren entstehen. Der Gesetzgeber sieht mit der Einführung dieses Verwendungsverbots die Grundsätze der Selbstbelastungsfreiheit (nemo-tenetur-Grundsatz) gewährleistet.[610] Der Grundsatz des fairen Verfahrens erfordere es im Übrigen, den Anwendungsbereich des Satzes 3 auch auf Behandlungsfehler zu erstrecken, die einem Angehörigen des nach Satz 2 zur Information Verpflichteten unterlaufen sind.[611]

§ 630c Abs. 3 BGB regelt die in der Rechtsprechung bereits vor dem Patientenrechtegesetz anerkannte (beschränkte) wirtschaftliche Aufklärungspflicht[612] im Zusammenhang mit finanziellen Folgen einer Behandlung, für die der Gesetzgeber zusätzlich das Textformerfordernis (§ 126b BGB) festschreibt.

§ 630c Abs. 4 BGB regelt die Ausnahme von den Informationspflichten des § 630c BGB, wobei der Gesetzgeber hauptsächlich eine Relevanz für die Informationspflichten nach Absatz 2 sieht.[613] Sie können zum einen aufgrund besonderer Umstände entbehrlich sein, insbesondere wenn die Behandlung unaufschiebbar ist. Die Informationspflichten entfallen aber auch dann, wenn der Patient ausdrücklich auf diese verzichtet hat. In der Gesetzesbegründung wird jedoch betont, dass an einen solchen Verzicht strenge Anforderungen zu stellen sind. Demnach müsse der Patient den Verzicht „deutlich, klar und unmissverständlich geäußert und die Erforderlichkeit der Behandlung sowie deren Chancen und Risiken zutreffend erkannt haben."[614]

§ 630d Abs. 1 Satz 1 BGB statuiert die vertragliche Pflicht des Behandelnden zur Einholung einer Einwilligung des Patienten vor Durchführung einer medizinischen Maßnahme.[615] Sie knüpft dogmatisch an das Einwilligungserfordernis zur Wahrung des Selbstbestimmungsrechtes des Patienten an und bildet nach dem Gesetzgeber dabei die zivilrechtliche Konkretisierung des verfassungsrechtlich garantierten Rechts auf freie Persönlichkeitsentfaltung und Achtung der persönlichen Würde des Patienten.[616] Damit wird auch im Rahmen

610 Regierungsentwurf, BT-Drs. 17/10488, S. 22.

611 Beschlussempfehlung, BT-Drs. 17/11710, S. 28.

612 Zur wirtschaftlichen Aufklärungspflicht siehe oben unter 1.2.4.3.

613 Regierungsentwurf, BT-Drs. 17/10488, S. 23.

614 Regierungsentwurf, BT-Drs. 17/10488, S. 22 f.

615 Zur Einwilligung siehe oben unter 1.3.5 sowie zur Selbstbestimmungsaufklärung oben unter 1.2.4.1.

616 Regierungsentwurf, BT-Drs. 17/10488, S. 23.

des Behandlungsvertrages abgesichert, dass der Patient nicht zum Objekt der Behandlung herabgesetzt wird, sondern als eigenverantwortliches Subjekt über die Durchführung einer Behandlung entscheiden kann.[617] Im Übrigen regelt der Absatz 1 den Fall des einwilligungsunfähigen Patienten, wobei in der Gesetzesbegründung zutreffend auf die natürliche Willens- und Einsichtsfähigkeit abgestellt wird.[618] Darüber hinaus wird in § 630d Abs. 1 Satz 4 BGB die Ausnahme von der Pflicht zur Einholung einer Einwilligung bei nicht aufschiebbaren Maßnahmen geregelt, für die eine Einwilligung nicht rechtzeitig eingeholt werden kann. In solchen Fällen darf die medizinische Maßnahme durchgeführt werden, wenn sie dem mutmaßlichen Willen des Patienten entspricht. Auch hier knüpft die Gesetzesbegründung an die ständige Rechtsprechung an.[619] Maßgeblich für die Feststellung des mutmaßlichen Willens sind danach primär die persönlichen Umstände des Betroffenen, dessen individuelle Interessen, Wünsche, Bedürfnisse und Wertvorstellungen. Die Gesetzesbegründung macht zudem deutlich, dass „objektive Kriterien, wie sich ein verständiger durchschnittlicher Patient üblicherweise entscheiden würde," in den Hintergrund treten. Gleichwohl verweist der Gesetzgeber in der Begründung darauf, dass solche Kriterien „für die Ermittlung des individuellen hypothetischen Willens des Patienten herangezogen werden" können.[620]

§ 630d Abs. 2 BGB stellt gesetzlich klar, dass die Wirksamkeit der Einwilligung eine nach Maßgabe von § 630e Abs. 1 bis 4 BGB ordnungsgemäße Aufklärung des Patienten oder, im Fall der Einwilligungsunfähigkeit des Patienten, des Einwilligungsberechtigten voraussetzt. Ist diese Voraussetzung nicht erfüllt, wird dadurch nicht nur das Selbstbestimmungsrecht des Patienten verletzt, sondern der Behandelnde verletzt auch seine vertraglichen Pflichten im Sinne des § 280 Abs. 1 BGB.[621] § 630d Abs. 3 BGB regelt, dass die Einwilligung zur Wahrung des Selbstbestimmungsrechts jederzeit formlos und ohne Angabe von Gründen widerruflich ist.

Mit § 630e BGB wird die durch die Rechtsprechung gezeichnete Selbstbestimmungsaufklärung als gesetzliche Aufklärungspflicht festgeschrieben. Absatz 1 regelt dabei die inhaltlichen Anforderungen an diese Aufklärungpflicht in den Konturen der ständigen Rechtsprechung,[622] Absatz 2 Satz 1 die formellen

617 Regierungsentwurf, BT-Drs. 17/10488, S. 23.
618 Regierungsentwurf, BT-Drs. 17/10488, S. 23.
619 Regierungsentwurf, BT-Drs. 17/10488, S. 24.
620 Regierungsentwurf, BT-Drs. 17/10488, S. 24.
621 Regierungsentwurf, BT-Drs. 17/10488, S. 24.
622 Zur Selbstbestimmungsaufklärung siehe oben unter 1.2.4.1.

Anforderungen. So muss die Aufklärung grundsätzlich mündlich (Nr.1), rechtzeitig (Nr. 2) und für den Patienten verständlich (Nr. 3) erfolgen. Ferner wird in Satz 1 Nr. 1statuiert, dass zur Sicherstellung einer umfassenden Aufklärung diese entweder von demjenigen vorzunehmen ist, der die Behandlungsmaßnahme durchführt oder von jemandem, der über die erforderliche Ausbildung verfügt und somit die theoretische Befähigung zur Durchführung der vorgesehenen Maßnahme erworben hat. Auf den Umfang der praktischen Fähigkeiten zur Durchführung der Behandlung kommt es nach der Gesetzesbegründung nicht an.[623] Durch die Regelung wird klargestellt, dass die Person, die die Behandlung durchführt, und der Aufklärende nicht identisch sein müssen.[625] Absatz 2 Satz 2 legt fest, dass dem Patienten Abschriften von Unterlagen, die er im Zusammenhang mit der Aufklärung und Einwilligung unterzeichnet hat, auszuhändigen sind. § 630e Abs. 3 BGB stellt klar, dass die Aufklärungspflicht ausnahmsweise aufgrund besonderer Umstände entbehrlich ist. Das soll insbesondere dann der Fall sein, wenn es um eine unaufschiebbare Maßnahme geht – wobei dann schon keine Einwilligung erforderlich ist – oder der Patient ausdrücklich auf die Aufklärung verzichtet hat. In der Gesetzesbegründung wird betont, dass für einen solchen Verzicht die dargestellten strengen Maßstäbe des § 630c Abs. 4 gelten.[626] Absatz 4 regelt die Aufklärungspflicht im Fall der Einwilligungsunfähigkeit des Patienten und stellt dabei als Adressaten für die Aufklärung auf den Einwilligungsberechtigten ab. Der im parlamentarischen Verfahren eingefügte § 630e Absatz 5 legt fest, dass im Regelfall auch Einwilligungsunfähige über wesentliche Umstände der vorgesehenen Maßnahme in Kenntnis gesetzt werden sollen, um solche Personen stärker in das Behandlungsgeschehen einzubeziehen. Die Vorschrift soll der Rechtsprechung des *BVerfG*s Rechnung tragen, wonach auch ein Einwilligungsunfähiger über das Ob und Wie einer Behandlung nicht im Unklaren gelassen werden darf. Sie hat jedoch weder Einfluss auf die bestehende Pflicht zur Aufklärung des Einwilligungsberechtigten gemäß

---

623 Beschlussempfehlung, BT-Drs. 17/11710, S. 28.

624 Im Regierungsentwurf war in § 630e Abs. 2 Satz 1 Nr. 1 statt dem Wort „Ausbildung" noch das Wort „Befähigung" enthalten. Die im parlamentarischen Verfahren geänderte Regelung entspräche nach der Gesetzesbegründung in BT-Drs. 17/11710, S. 28 „den Anforderungen aus der bisherigen Praxis und [trage] insbesondere den Bedürfnissen des Krankenhausaltages Rechnung, um eine gute medizinische Aufklärung und Behandlung von Patientinnen und Patienten mit dem vorhandenen ärztlichen Personal zu gewährleisten."

625 Regierungsentwurf, BT-Drs. 17/10488, S. 25.

626 Regierungsentwurf, BT-Drs. 17/10488, S. 25.

§ 630d Abs. 4 BGB im Fall der Einwilligungsunfähigkeit des Patienten noch auf die Wirksamkeit der Einwilligung.[627]

Mit § 630f BGB wird die Dokumentationspflicht des Behandelnden in Papierform oder elektronisch im Hinblick auf das Behandlungsgeschehen gesetzlich festgeschrieben. Auch diese Regelung knüpft an die bis zum Patientenrechtegesetz ergangene Rechtsprechung zur Behandlungsdokumentation an und soll in erster Linie einer sachgerechten therapeutischen Behandlung und Weiterbehandlung dienen.[628] Ferner soll die Dokumentation der Behandlung die Wahrung der Persönlichkeitsrechte des Patienten gewährleisten, denn medizinische Behandlungen finden in Bereichen statt, die sich dem Verständnis des Patienten als medizinischem Laien entziehen oder gar seiner tatsächlichen Wahrnehmung, insbesondere bei operativen Eingriffen unter Narkose, entzogen sind. Darüber hinaus zielt die Dokumentationspflicht auf die faktische Beweissicherung im Hinblick auf etwaige spätere Behandlungsfehler ab.[629] Während § 630f Absatz 1 BGB die Verpflichtung des Behandelnden zur Führung einer Patientenakte regelt sowie zur Gewährleistung der Revisionssicherheit Änderungen und Berichtigungen kenntlich zu machen vorschreibt, bestimmt § 630f Absatz 2 BGB, dass sämtliche aus fachlicher Sicht für die derzeitige und künftige Behandlung wesentliche Maßnahmen und deren Ergebnisse aufzuzeichnen sind. Die Regelung benennt insoweit nicht abschließend die Anamnese, Diagnosen, Untersuchungen, Untersuchungsergebnisse, Befunde, Therapien und ihre Wirkungen, Eingriffe und ihre Wirkungen, Einwilligungen sowie die Aufklärung.[630] Absatz 3 verpflichtet den Behandelnden die Patientenakte mindestens 10 Jahre nach Abschluss der Behandlung aufzubewahren.

§ 630g BGB regelt das Recht des Patienten zur Einsicht in die ihn betreffende Patientenakte im Sinne des § 630f BGB. Das Einsichtsrecht knüpft hierbei an die Rechtsprechung des *BVerfGs*[631] an und trägt dem verfassungsrechtlich garantierten informationellen Selbstbestimmungsrecht des Patienten Rechnung.[632] Dem Einsichtsrecht nach § 630g Abs. 1 BGB können jedoch erhebliche therapeutische Gründe oder erhebliche Rechte, insbesondere deren Persönlichkeitsrechte, entgegenstehen. Wobei diese Ausschlussgründe nach dem Gesetzgeber eng gefasst

627 Beschlussempfehlung, BT-Drs. 17/11710, S. 29.
628 Regierungsentwurf, BT-Drs. 17/10488, S. 25.
629 Regierungsentwurf, BT-Drs. 17/10488, S. 26.
630 Regierungsentwurf, BT-Drs. 17/10488, S. 26.
631 BVerfG, NJW 2006, 1116.
632 Regierungsentwurf, BT-Drs. 17/10488, S. 26.

sind und eine Ablehnung der Einsichtnahme einer Begründung bedarf, um eine solche nachvollziehbar zu machen.[633] Der Patient hat zudem das Recht, gegen Kostenerstattung Abschriften der Patientenakte zu verlangen. § 630g Abs. 2 BGB stellt klar, dass dies auch für elektronische Dokumentationen gilt.[634] Absatz 3 regelt, dass das Einsichtsrecht nach dem Tod des Patienten zur Wahrnehmung vermögensrechtlicher Interessen auch dessen Erben zusteht. Gleiches gilt für Angehörige des Patienten, soweit diese immaterielle Interessen geltend machen. Das Einsichtsrecht der Erben und Angehörigen findet jedoch seine Grenzen, wo der ausdrückliche oder mutmaßliche Wille des Patienten einer Einsichtnahme entgegensteht. Mit dieser Beschränkung soll der verfassungsrechtlich garantierte Schutz des Patienten in Bezug auf die in der Patientenakte enthaltenen Informationen gewährleistet sein.[635]

Mit § 630h BGB wird die, von den allgemeinen zivilprozessualen Grundsätzen abweichende Beweislast mit Blick auf die vertragsrechtliche Haftung aus Behandlungs- und Aufklärungsfehlern geregelt, für die § 280 Absatz 1 BGB die zentrale Haftungsnorm bildet. § 630h knüpft dabei ebenfalls an die bis zum Inkrafttreten des Patientenrechtegesetzes ergangene Rechtsprechung an und sucht die von der Rechtsprechung entwickelten Grundsätze zu den Beweiserleichterungen aus dem Arzthaftungsrecht[636] systematisch zusammenzufassen und auf sämtliche medizinische Behandlungverträge zu erstrecken.[637] Die deliktischen Haftungsregelungen der §§ 823 ff. BGB bleiben nach dem Willen des Gesetzgebers von dieser Vorschrift jedoch unberührt.[638]

2.5 Zwischenfazit

Mit dem Patientenrechtegesetz hat der Gesetzgeber das vertragliche Heilbehandlungsrecht in den §§ 630a bis h BGB kodifiziert. Der Anwendungsbereich der Regelungen erstreckt sich auf das vertragliche Verhältnis zwischen Behandelndem und Patienten. Das Deliktsrecht bleibt nach dem Willen des Gesetzgebers von den Änderungen unberührt und hat weiterhin eine eigenständige Bedeutung.

Nach der Legaldefinition des § 630a Abs. 1 BGB ist „Behandelnder" der, der den Behandlungsvertrag schließt und die Behandlung zusagt. Hierbei muss es sich nicht

633 Beschlussempfehlung, BT-Drs. 17/11710, S. 29.
634 Beschlussempfehlung, BT-Drs. 17/11710, S. 29.
635 Regierungsentwurf, BT-Drs. 17/10488, S. 27.
636 Siehe Fallgruppen für Beweiserleichterungen oben unter 1.2.5.
637 Regierungsentwurf, BT-Drs. 17/10488, S. 27.
638 Regierungsentwurf, BT-Drs. 17/10488, S. 27.

um eine natürliche Person handeln. In Frage kommt beispielsweise daher eine juristische Person als Träger eines MVZ in der ambulanten Versorgung oder der Träger eines Krankenhauses in der stationären Versorgung. Insoweit muss eine Deckungsgleichheit zwischen dem Behandelnden i. S. d. § 630a BGB und dem „tatsächlichen Behandelnden" nicht bestehen. Im stationären Sektor dürfte das sogar der Regelfall sein, weil dort Behandlungsverträge zum ganz überwiegenden Teil mit dem Krankenhausträger abgeschlossen werden. Die Legaldefinition des § 630a Abs. 1 BGB definiert den anderen Teil, dem die Behandlung vom Behandelnden zugesagt wird, als den Patienten. Gleichzeitig wird dieser verpflichtet, die vereinbarte Vergütung zu gewähren, wenn nicht ein Dritter zur Zahlung verpflichtet ist. Hieraus kann jedoch nicht abgeleitet werden, dass, wenn es um die medizinische Behandlung von Kindern oder anderen nicht geschäftsfähigen Menschen geht, diese zu Vertragsparteien des Behandlungsvertrages werden. Vielmehr sind hier weiterhin die Grundsätze des Vertrages zugunsten Dritter anzuwenden.[639] Im Übrigen muss von einem weiten Begriffsverständnis des Gesetzgebers ausgegangen werden.[640]

Die in §§ 630a ff BGB kodifizierten Aufklärungs-, Informationspflichten und Dokumentationspflichten treffen den Behandelnden im Sinne des § 630a Abs. 1 BGB, nicht den tatsächlichen Behandelnden. Dieser kann gegebenenfalls als Erfüllungsgehilfe des Behandelnden i. S. d. § 630a BGB anzusehen sein. Auch die nunmehr in § 630e BGB gesetzlich kodifizierte Selbstbestimmungs- bzw. Einwilligungsaufklärung muss nicht zwingend von demjenigen durchgeführt werden, der die Behandlung selbst vornimmt. Das wird gerade im stationären Sektor bei einer Krankenhausbehandlung regelmäßig nicht der tatsächliche Behandelnde sein, der eine Behandlung, insbesondere einen operativen Eingriff, vornimmt. Dies hat der Gesetzgeber im parlamentarischen Verfahren klargestellt, um damit den praktischen Behandlungserfordernissen zu entsprechen.

Der Gesetzgeber vertritt die Auffassung, die durch das Patientenrechtegesetz im BGB kodifizierten Regelungen bildeten die von der Rechtsprechung entwickelten Grundsätze zum Heilbehandlungsrecht ab oder knüpften im Wesentlichen an bisher geltende Rechtsprechung zum Arzthaftungsrecht an. Gerade in Bezug auf die hier gegenständliche fehlerbezogene Informationspflicht wird diese gesetzgeberische Sicht zu prüfen sein.

639 BGHZ 163, 42.

640 Vgl. Hegerfeld, Ärztliche Aufklärungs- und Informationspflichten, S. 87 ff.

Kapitel 3 Fehleroffenbarung vor Inkrafttreten des Patientenrechtegesetzes

Ausweislich der Gesetzesbegründung des Patientenrechtegesetzes ging der Gesetzgeber davon aus, auch mit der Einführung der Informationspflicht des 630c Abs. 2 Satz 2 BGB hinsichtlich eigener und fremder Behandlungsfehler an die „im Wesentlichen […] bislang schon geltende Rechtsprechung" anzuknüpfen.[641] Die Gesetzesmaterialen enthalten allerdings keinen Verweis auf die hierfür maßgeblichen obergerichtlichen oder gar höchstrichterlichen Entscheidungen.

3.1 Rechtsprechung zur Informationspflicht über eigene und fremde Behandlungsfehler

Bereits das *Reichsgericht* hatte eine Verpflichtung für Rechtsanwälte ausgesprochen, ihre Mandanten auf eigenes rechtsanwaltliches Fehlverhalten und daraus resultierende Regressansprüche hinzuweisen.[642] Diese primär auf verjährungsrechtliche Gründe gestützte Rechtsprechung zur sog. Sekundärhaftung wurde später vom *BGH* bestätigt[643] und darüber hinaus auch auf Steuerberater[644] und sogar Architekten[645] übertragen. Diese in der Literatur auf deutliche Kritik gestoßene Rechtspflicht[646] ist seit der Anpassung der kurzen berufsrechtlichen Sonderverjährungsregeln (§§ 51 a WPO, 68 StBG, 51 b BRAO, 45 b PatO a. F.) an das allgemeine – reformierte – Verjährungsrecht (§§ 194 ff. BGB) entfallen.[647]

Trotz der sozialen und berufsrechtlichen Vergleichbarkeit war eine Fehleraufklärungspflicht von Ärzten bezogen auf die eigene Behandlungstätigkeit nie Gegenstand einer höchstrichterlichen Entscheidung.[648] Der *BGH* hat im

641 Regierungsentwurf, BT-Drs. 17/10488, S. 21.

642 RGZ 158, 130, 134.

643 BGH, NJW 1992, 836, 837; 1994, 1472; 1994, 2822.

644 BGHZ 83, 17, 22; 96, 290, 298.

645 BGHZ 71, 144, 148f.; 92, 251, 258f.

646 Vgl. Prütting, in: FS Laufs, S. 1009, 1015.

647 Brüggemeier, Haftungsrecht, S. 482; Prütting, in: FS Laufs, S. 1009, 1014, 1016; BGH, Beschl. v. 17.07.2008 – IX ZR 174/05.

648 Vgl.Terbille/Schmitz-Herscheidt, NJW 2000, 1749, 1750; Wagner, in: MüKo-BGB, 7. Aufl. 2016, § 630c, Rn. 27.

Gegenteil entschieden, ein Arzt, der bis dahin in einem besonderen Vertrauensverhältnis zu dem Patienten gestanden hat, „handelt nicht treuwidrig, wenn er, ohne die Tatsachen zu verschweigen oder zu verdrehen, ein schuldhaftes Fehlverhalten leugnet.“[649]

Unter Berufung auf diese Rechtsprechung hat das *OLG Hamm* entschieden, dass hinsichtlich der Belehrungspflicht Ärzte mit Rechtsanwälten nicht gleichgestellt werden können. Eine Hinweispflicht entfiele jedenfalls dann, wenn kein nachfolgender Kontakt mehr mit dem Patienten besteht.[650]

Das *OLG Koblenz* hat entschieden, dass neben der Dokumentationspflicht keine allgemeine umfassende Auskunftspflicht des Arztes besteht, die den Haftungsgrund klären und Ersatzansprüche gegen den Arzt vorbereiten soll.[651] Dieser Auffassung hat sich auch das *OLG München* angeschlossen und betont, der Patient sei durch die Verpflichtung des Arztes zur Dokumentation der Behandlung und durch sein Recht, in die Behandlungsunterlagen Einsicht zu nehmen, hinreichend geschützt.[652]

In Bezug auf fremdes ärztliches Fehlverhalten hat der *BGH* entschieden, dass der weiterbehandelnde Arzt „erkannte oder ihm ohne weiteres erkennbare gewichtige Bedenken gegen Diagnose und Therapie anderer Ärzte mit seinem Patienten zu erörtern“ habe.[653] In dem dieser Entscheidung zu Grunde liegenden Fall ging es um die Frage des Umfangs der eigenen Verantwortung eines Hausarztes nach Rückkehr seiner Patientin aus dem Krankenhaus, die dort für den Hausarzt erkennbar fehlerhaft beraten wurde.[654] Der *BGH* führt dazu aus, der Hausarzt dürfte sich im Allgemeinen zwar darauf verlassen, dass die Klinikärzte seinen Patienten richtig behandelt und beraten haben. Er wird meist auf deren bessere Sachkunde und größere Erfahrung vertrauen dürfen. Soweit der Hausarzt allerdings ohne weitere Untersuchungen aufgrund der bei ihm vorauszusetzenden Kenntnisse und Erfahrungen erkennt oder erkennen muss, dass ernste Zweifel an der Richtigkeit der Krankenhausbehandlung und der dort seinen Patienten gegebenen ärztlichen Ratschläge bestehen, dürfe „er im Rahmen seiner eigenen ärztlichen Sorgfaltspflichten dem Patienten gegenüber offenbare Versehen oder ins Auge springende Unrichtigkeiten nicht unterdrücken.“[655]

---

649 BGH, NJW 1984, 661, 662; OLG Hamm, NJW 1985, 685.
650 OLG Hamm, NJW 1985, 685.
651 OLG Koblenz, MedR 2004, 388, 389.
652 OLG München, Beschl. v. 10.06.2010 – 1 U 2376/10 = BeckRS 2010, 19359.
653 BGH, NJW 1989, 1536.
654 BGH, NJW 1989, 1536, 1538.
655 BGH, NJW 1989, 1536, 1538.

Dasselbe gilt nach den weiteren Ausführungen des *BGH*, „wenn der Hausarzt nach den bei ihm vorauszusetzenden Erkenntnissen und Erfahrungen jedenfalls gewichtige Zweifel und Bedenken hat, ob die Behandlung im Krankenhaus richtig war. Auch sie hat er, gegebenenfalls nach Rücksprache mit den Kollegen im Krankenhaus, mit seinem Patienten zu erörtern." Denn „kein Arzt, der es besser weiß, [dürfe] sehenden Auges eine Gefährdung seines Patienten hinnehmen, wenn ein anderer Arzt seiner Ansicht nach etwas falsch gemacht hat oder er jedenfalls den dringenden Verdacht haben muß [sic], es könne ein Fehler vorgekommen sein. Das gebietet[e] der Schutz des dem Arzt anvertrauten Patienten."[656]

3.2 Zwischenfazit

Eine höchstrichterliche Rechtsprechung, die einen Arzt zur Fehleraufklärung im Sinne einer spontanen, ungefragten Offenbarung eigener ärztlicher Fehler verpflichtet sieht, war bis zum Inkrafttreten des Patientenrechtegesetzes nicht vorhanden. Insgesamt beschränkt die Rechtsprechung die ärztliche Informationspflicht auf eine bewertungsfreie Information über das Behandlungsgeschehen, die Fehler- und Schuldeingeständnisse nicht umfasst.[657] Mit Blick hierauf wird die Zurverfügungstellung der geführten Patientendokumentation in der obergerichtlichen Rechtsprechung als ausreichend angesehen.

In Bezug auf fremde ärztliche Fehler kann aus der höchstrichterlichen Rechtsprechung entnommen werden, dass ein weiterbehandelnder Arzt von ihm erkannte oder ohne weiteres erkennbare Fehler aus Gründen des Patientenschutzes nicht unterdrücken und damit „sehenden Auges eine Gefährdung seines Patienten hinnehmen"[658] darf, sondern mit dem Patienten Bedenken gegen Diagnose und Therapie anderer Ärzte gegebenfalls nach vorheriger Rücksprache mit den Vorbehandelnden zu erörtern habe, um eine eigene Haftung zu vermeiden. Ob hiermit die fachliche Würdigung der Behandlungs- oder Beratungstätigkeit des bzw. der Vorbehandelnden verbunden ist, geht aus der Rechtsprechung jedoch nicht hervor.

Die Anknüpfungspunkte in der Rechtsprechung für den Gesetzgeber des Patientenrechtegesetzes in Bezug auf die Informationspflicht zu Behandlungsfehlern, insbesondere zu eigenen Fehlern des Verpflichteten, sind mithin gering.

---

656 BGH, NJW 1989, 1536, 1638.
657 Vgl. Schwarz, JR 2008, 89.
658 BGH, NJW 1989, 1536, 1538.

Daher ist ein Blick auf das Schrifttum geboten, ob dort stärkere Anknüpfungspunkte für eine Fehleroffenbarungspflicht gegeben sind.

3.3 Streitstand im Schrifttum zur Informationspflicht über eigene oder fremde Behandlungsfehler

Es mag bezweifelt werden können, ob eine Fehleroffenbarungspflicht gegenüber Patienten der richtige Ansatz zur Steigerung von Qualitätstransparenz unter niedergelassenen Ärzten ist.[659] Die rechtliche Frage, ob und in welchem Umfang eine Informationspflicht im Hinblick auf eigene oder fremde Behandlungsfehler besteht, galt jedoch im Schrifttum bis zum Inkrafttreten des Patientenrechtegesetzes insgesamt als umstritten.[660] In der rechtswissenschaftlichen Diskussion wurde und wird dabei zunächst zwischen der Pflicht zur Offenbarung eigener Fehler und der Pflicht zur Offenbarung fremder Fehler unterschieden. Dies ist schon deshalb geboten, weil die Interessenlagen des Behandelnden und das daraus resultierende Spannungsverhältnis im Fall der Offenbarung eigener Behandlungsfehler gegenüber dem Fall der Offenbarung fremder Fehler regelmäßig wesentlich ausgeprägter ist. Das Spannungsverhältnis im ersten Fall wird maßgeblich bestimmt von dem auf Seite des Patienten bestehenden körperlichen Integritäts- und Gesundheitsinteresse sowie – unter haftungsrechtlichen Gesichtspunkten – zumeist von einem Vermögensinteresse und auf Seiten des Behandelnden, neben einem wirtschaftlichen sowie ideellen Reputationsinteresse, von einem haftungsrechtlichen Vermögensinteresse und der Selbstbegünstigung im Hinblick auf strafrechtliche Folgen behandlungsfehlerhaften Geschehens. Demgegenüber besteht auf Seiten des Behandelnden, wenn es (nur) um die Information über fremde Behandlungsfehler geht, grundsätzlich lediglich ein kollektives Reputationsinteresse.[661] Im Übrigen differenziert das Schrifttum im Hinblick auf die grundsätzliche Frage des Bestehens einer Fehleroffenbarungspflicht, ob es um eine unaufgeforderte, spontane Pflicht zur

659 Brüggemeier, Haftungsrecht, S. 482.

660 Katzenmeier, in: Laufs/Katzenmeier/Lipp, 7. Aufl., Kap. V, Rn. 18.; Schelling/Warntjen, MedR 2013, 506; Prütting, in: FS Laufs, S. 1009, 1014.

661 Abweichend davon können weitere Interessenlagen auf Seiten des Behandelnden bestehen, wenn es um die Offenbarung von Fehlern geht, die ein mit diesem im Haftungsverband stehender oder ein naher Angehöriger des Behandelnden begangen hat.

Fehleroffenbarung im Sinne einer Fehleraufklärungspflicht oder eine Fehleroffenbarungspflicht auf Nachfrage seitens des Patienten geht.[662]

3.4 Pflicht zur unaufgeforderten Offenbarung eigener Fehler - Fehleraufklärungspflicht

Die Frage, ob und inwieweit der Arzt verpflichtet sein kann, den Patienten unaufgefordert (spontan) über eigene Behandlungsfehler aufzuklären, war vor Inkrafttreten des Patientenrechtegesetzes mangels einer ausdrücklichen gesetzlichen Regelung im Schrifttum höchst umstritten.[663] Als Hauptargument gegen eine solche Pflicht wurde angeführt, der Arzt könne nicht verpflichtet werden, sich selbst zu belasten, da der medizinische Behandlungsfehler nicht nur eine Vertragsverletzung und eine unerlaubte Handlung darstelle, sondern auch eine zumindest fahrlässige Körperverletzung sei und sich der Behandelnde mit einer Offenbarung selbst der Gefahr der Strafverfolgung aussetze. Im Rahmen des im Schrifttum geführten Streits zum Bestehen einer Fehleraufklärungspflicht wurde mangels ausdrücklicher gesetzlicher Regelung insbesondere diskutiert, woraus sich eine solche Informationspflicht überhaupt ableiten lässt.

3.4.1 Ableitung aus der Selbstbestimmungsaufklärung

So wurde im Schrifttum teilweise die Ableitung einer solchen ärztlichen Fehleroffenbarungspflicht aus der ärztlichen Pflicht zur Selbstbestimmungs- bzw. Einwilligungsaufklärung des Patienten diskutiert.

3.4.1.1 Kleuser

Für reparable Schäden ging *Kleuser* von einer von der Selbstbestimmungs- bzw. Einwilligungsaufklärung umfassten Fehleroffenbarungspflicht des Arztes aus.[664] Der Patient sei unter dem Blickwinkel der Restitutionen über Behandlungsfehler zu informieren, soweit der für den Fehler verantwortliche Arzt selbst einen

662 Schelling/Warntjen, MedR 2012, 506, 510; Terbille/Schmitz-Herscheidt, NJW 2000, 1749, 1752.

663 Bejahend u.a. Gubernatis, JZ 1982, 363; Francke/Hart, Ärztliche Verantwortung und Patienteninformation, 1987, S. 56 ff.; Kleuser, Die Fehleroffenbarungspflicht des Arztes, S. 83 ff.; Ablehnend u. a. Schlund, in: Laufs/Uhlenbruck, Handbuch des Arztrechts, 4. Aufl., § 21, Rn. 9; Deutsch/Spickhoff, Medizinrecht, 6. Aufl., Rn. 207; Taupitz, NJW 1992, 713, 715 ff. jew. M. w. Nachw.

664 Kleuser, Fehleroffenbarungspflicht, S. 136, 207.

einwilligungsbedürftigen Folgeeingriff vornehmen will.[665] Ein vorausgegangener Behandlungsfehler stellt nach Ansicht *Kleusers* eine aufklärungsbedürftige Risikoerhöhung „für jedwede dem Fehler zeitlich nachfolgende Behandlung" dar. Die Aufklärung intendiere dabei dem Patienten die Entscheidungsmöglichkeit „zugunsten der (zumindest subjektiv) risikoärmeren Behandlung bei einem anderen Arzt" zu sichern.[666] *Kleuser* zieht Parallelen zur Aufklärungspflicht über die Minderqualifikation des Behandelnden und über die medizinisch-technischen Behandlungsalternativen, bei dem ein Ausklammern der Information über die Qualifikation nur zulässig sei, wenn der Patient durch eine wirksame Behandlungsfehlerhaftung geschützt wird.[667] Der Patient werde auf Grund fehlender Kenntnis vom Behandlungsfehler über die Behandlungsfehlerhaftung aber gerade nicht geschützt, weil eine Geltendmachung des Anspruchs von der Kenntnis der Sachlage abhänge.[668] Dadurch laufe die präventive Wirkung des Haftungsrechts leer.[669] Ungeachtet der Frage, ob die Behandlung durch den Arzt, welchem ein Behandlungsfehler unterlaufen ist, objektiv eine Erhöhung des Risikos für den Patienten trägt, sei „das subjektive Moment der Risikoeinschätzung durch den Patienten" zu berücksichtigen.[670] Denn die Entscheidung des Patienten über den Behandlungsfortgang sei vom subjektiv geprägten Vertrauensverhältnis zwischen Arzt und Patient abhängig.[671] Die Fehleroffenbarung beschränke sich nicht nur auf Eingriffe, die zur Nachbehandlung des aus der Fehlleistung entstandenen Schadens dienen, sondern auch auf sämtliche dem

665 Kleuser, Fehleroffenbarungspflicht, S. 207.

666 Kleuser, Fehleroffenbarungspflicht, S. 135 f.; 207 f.

667 Der *BGH* verneint eine Pflicht des Arztes, den Patienten über seine konkrete Qualifikation bzw. Qualifikationsdefizite aufzuklären (Anfängeroperation), denn der Patient sei durch die Anforderungen an den Mindeststandard ärztlicher Behandlung in der Regel hinreichend geschützt (BGHZ 88, 248, 252). Nach dem *BGH* sind auch bei bestehenden Qualitätsunterschieden, Institutionen, die nicht mit den neusten Methoden bzw. Apparaten arbeiten, nicht verpflichtet den Patienten über diese im Rahmen der medizinischen Aufklärung zu informieren (BGHZ 102, 17 ff.; BGH NJW 1988, 2302 f). Der BGH geht stillschweigend von einer präventiven Wirkung des Haftungsrechts aus (vgl. Kleuser, S. 135). Das abweichende Votum der Richter Hirsch, Niebler und Steinberger in BVerfG, NJW 1979, 1925, 1930 ff. hatte die Frage des Erfahrungsstandes des Operateurs bei schwerwiegenden Eingriffen als aufklärungsbedürftigen Umstand ausdrücklich offen gelassen.

668 Kleuser, Fehleroffenbarungspflicht, S. 207.

669 Kleuser, Fehleroffenbarungspflicht, S. 136.

670 Kleuser, Fehleroffenbarungspflicht, S. 138.

671 Kleuser, Fehleroffenbarungspflicht, S. 138 f, 140.

Behandlungsfehler nachfolgende Eingriffe des entsprechenden Behandlers.[672] Das Selbstbestimmungsrecht des Patienten und „als dessen Ausfluss die Aufklärungspflicht über den Behandlungsfehler" dürfen nach *Kleuser* nicht derart eingeschränkt werden, dass nur Eingriffe zur Behandlung der Folgeschäden aus dem Behandlungsfehler erfasst werden.[673] Der Fehler stelle die ärztliche Qualifikation des Handelnden in Zweifel; der Patient müsse unter Verweis auf den „Risikoerhöhungsgedanken" nach dem Behandlungsfehler die Entscheidung treffen können, ob die Vertrauensbasis für jedwede zukünftige Behandlung mit dem betroffenen Arzt noch gegeben ist.[674]

Eine Offenbarungspflicht sieht *Kleuser* zudem durch schadensersatzrechtliche Aspekte der Restitution unterstützt.[675] Zum einen sei der Patient nicht verpflichtet, die Korrekturbehandlung gerade von dem Arzt vornehmen zu lassen, der für den durch den Behandlungsfehler entstandenen Schaden verantwortlich ist[676] und zum anderen habe der geschädigte Patient grundsätzlich die Wahl zwischen Restitution und Kompensation.[677] Diese Wahlrechte setzten allerdings gerade tatsächliche Kenntnis der Umstände voraus. Daher sei die Fehleroffenbarung zum Schutz dieser Wahlrechte zwingend.[678]

3.4.1.2 Taupitz

Auch *Taupitz* sprach sich für eine Pflicht zur Fehleroffenbarung in Fällen aus, in denen auf Grund des ärztlichen Fehlers eine einwilligungsbedürftige Folgebehandlung erforderlich wird. Er weist auf den Grundsatz der „restitutio ad intergrum", wonach der Schädiger zur Wiederherstellung des ursprünglichen Zustandes verpflichtet ist.[679] Demgegenüber scheide eine aus der Selbstbestimmungsaufklärung abgeleitete Fehleroffenbarungsverpflichtung dann aus, wenn der Behandlungsfehler keine weitere Behandlung des Patienten erforderlich mache. Dies treffe für Fälle zu, in denen entweder kein bleibender Schaden entstanden oder der entstandene Schaden irreparabel ist.[680]

---

672 Kleuser, Fehleroffenbarungspflicht, S. 208.
673 Kleuser, Fehleroffenbarungspflicht, S. 145.
674 Kleuser, Fehleroffenbarungspflicht, S. 145.
675 Kleuser, Fehleroffenbarungspflicht, S. 142.
676 Zur Frage bei Körperschäden: Uhlenbruck, FS Weißauer, S. 150, 157.
677 Kleuser, Fehleroffenbarungspflicht, S. 143.
678 Kleuser, Fehleroffenbarungspflicht, S. 144.
679 Taupitz, NJW 1992, 713,718.
680 Taupitz, NJW 1992, 713, 717.

Jedoch nimmt *Taupitz* eine Pflicht zum spontanen Offenbaren von Fehlern nur in Fällen besonders schwerer Verfehlungen an. Nur dann bestehe seitens des Patienten bei der gebotenen Abwägung der gegenläufigen Interessen (Informationsinteresse des Patienten und Schutz vor Selbstbezichtigung des Arztes) ein höherrangiges Informationsinteresse.[681] „Leichte" oder „normale" Fehler gehörten zu den typischen Risiken eines jeden Geschäfts und zwar umso mehr, je gefahrengeneigter dieses sei.[682] Die Grenze sei bei grob fahrlässigem Verhalten, also einem Fehler, der schlechterdings nicht passieren dürfe, zu ziehen.[683] Dabei zieht *Taupitz* eine Analogie zur von der Rechtsprechung entwickelten Beweislastumkehr bei grobem Behandlungsfehler sowie zum Kündigungsrecht bei Dauerschuldverhältnissen bei Vorliegen eines „wichtigen Grundes".[684]

3.4.1.3 Gubernatis

Auch *Gubernatis* hält eine Belehrungspflicht für erforderlich, wenn auf Grund des ärztlichen Fehlers eine weitere Gesundheitsgefährdung des Patienten zu befürchten ist und dadurch eine weitere Behandlung erforderlich wird. Diese Pflicht leite sich aus der dann notwendigen ärztlichen Aufklärungspflicht ab.[685]

3.4.1.4 Rieger

Auch nach *Rieger* besteht unter engen Voraussetzungen eine Pflicht zur Fehleroffenbarung, die sich aus der Selbstbestimmungsaufklärung des Patienten ableite. Unter Berücksichtigung des Selbstbelastungsprinzips und der Gefahr der strafrechtlichen Verfolgung fehlerhafter ärztlicher Behandlung sei eine Fehleroffenbarungspflicht jedoch nur dann anzunehmen, wenn dem Patienten schwere Gefahren für Gesundheit und Leben drohen, die nur durch einen weiteren Eingriff abzuwenden sind.[686] Der Patient sei in diesem Fall im Rahmen der zur Erteilung einer wirksamen Einwilligung notwendigen Aufklärung über die Fehlbehandlung zu informieren. Drohen dem Patienten keine weiteren Gefahren, überwiege nach gebotener Abwägung regelmäßig das Interesse des Arztes

681 Taupitz, NJW 1992, 713, 718.
682 Taupitz, NJW 1992, 713, 718.
683 Taupitz, NJW 1992, 713, 718.
684 Taupitz, NJW 1992, 713, 718.
685 Gubernatis, JZ 1982, 363, 364.
686 Rieger, DMW 1986, 234, 235.

an Straffreiheit gegenüber den finanziellen und strafprozessualen Interessen des Patienten.[687]

3.4.1.5 *Laufs*

Laufs lehnt eine generelle Pflicht zur Fehleroffenbarung ab.[688] Nur ausnahmsweise sei der Patient auf Grund einer erforderlich werdenden Nachbehandlung wegen eines Fehlers im Rahmen der Selbstbestimmungsaufklärung über den Fehler zu informieren.[689] Ob damit das Eingeständnis eigenen Fehlverhaltens verbunden ist, bleibt insoweit unklar.[690]

3.4.1.6 *Solbach*

Solbach bejaht eine Pflicht zur Offenbarung von Behandlungsfehlern im Rahmen der Diagnose- und Verlaufsaufklärung, soweit diese zur Erlangung einer wirksamen Einwilligung in eine fehlerbedingte Weiterbehandlung des Patienten erforderlich ist.[691]

3.4.1.7 *Glatz*

Eine ärztliche Pflicht zur Offenbarung eigener Behandlungsfehler besteht aus Sicht von *Glatz* nur dann, wenn dies zur Gewährleistung des Erreichens des (weiteren) Behandlungszwecks erforderlich ist. Dies sei dann der Fall, wenn es sich um einen groben Sorgfaltsverstoß handelt, der zu einer erheblichen Gesundheitsgefährdung geführt hat und die nachfolgende Gegenbehandlung durch den schädigenden Arzt selbst durchgeführt werden soll.[692] Denn ausschließlich in diesem Fall trete ein wesentlicher Informationsbedarf auf Seiten des Patienten hinzu, dem der Arzt im Wege der (vertraglichen) Pflicht zur Selbstbestimmungsaufklärung nachzukommen habe.[693] Eine wertende Belehrung sei nur dort erforderlich, wo die Vertrauensbeziehung zwischen Arzt und Patient wegen

---

687 Rieger, DMW 1986, 234, 235.

688 Laufs, Arztrecht, 5. Aufl., Rn. 231, 480; ders., in: Laufs/Uhlenbruck, Handbuch des Arztrechts, 3. Aufl., § 65, Rn. 15.

689 Laufs, Arztrecht, 5. Aufl., Rn. 231; ders., in: Laufs/Uhlenbruck, Handbuch des Arztrechts, 3. Aufl., § 65, Rn. 15.

690 Vgl. Kleuser, Fehleroffenbarungspflicht, S. 23.

691 Solbach, JA 1986, 419, 420 f.

692 Glatz, Der Arzt zwischen Aufklärung und Beratung, S. 373.

693 Glatz, Der Arzt zwischen Aufklärung und Beratung, S. 371.

des großen Ausmaßes des Sorgfaltsverstoßes derart erschüttert ist, dass auch der verständige Patient, der die Möglichkeit eines ärztlichen Fehlers berücksichtigt, nicht mehr bereit ist, die sich aus dem Fehler ergebenen Folgen als schicksalhaft hinzunehmen.[694]

3.4.1.8 Terbille/Schmitz-Herscheidt

Terbille und *Schmitz-Herscheidt* lehnen eine Fehleroffenbarungsverpflichtung im Rahmen der Selbstbestimmungsaufklärung ab. Der behandelnde Arzt müsse einen Behandlungsfehler, der für einen Folgeeingriff ursächlich ist, als solchen gegenüber dem Patienten nicht benennen.[695] Die fachliche Vertrauenswürdigkeit und Qualifikation sei keine Information, die zur Wirksamkeit der Einwilligung erforderlich ist. Auch spräche ein behandlungsfehlerhaftes Geschehen nicht generell für eine mangelnde fachliche Qualifikation des Arztes. Zudem sei der Patient bei mangelnder fachlicher Qualifikation des Arztes ausreichend über die Konstruktion des Übernahmeverschuldens geschützt, welche selbst einen Behandlungsfehler darstellt.[696]

3.4.2 Ableitung aus der Pflicht zur therapeutischen Aufklärung

Neben der Frage, ob sich eine Fehleraufklärungspflicht aus der Selbstbestimmungsaufklärung ableiten lässt, wurde auch darüber diskutiert, ob eine Ableitung aus der sog. therapeutischen Aufklärung rechtlich tragfähig ist.

3.4.2.1 Kleuser

Kleuser lehnt eine Ableitung einer Fehleroffenbarungspflicht aus der Pflicht zur therapeutischen Aufklärung ab.[697] Unter Berücksichtigung des Schutzzwecks der therapeutischen Aufklärung sei eine Belehrung des Patienten über in der Vergangenheit liegendes ärztliches Fehlverhalten nicht einschlägig.[698] Die therapeutische Aufklärung bezwecke die Information des Patienten über das von ihm erwartete therapiegerechte Verhalten für eine zukünftige Behandlung zur Vermeidung von Gefahren oder Fehlbehandlungen. Sie hat damit einen zukünftigen, prognostischen Charakter. Geschehen, welches zur Diagnosestellung

---

694 Glatz, Der Arzt zwischen Aufklärung und Beratung, S. 372.
695 Terbille/Schmitz-Herscheidt; NJW 2000, 1749, 1753.
696 Terbille/Schmitz-Herscheidt; NJW 2000, 1749, 1753.
697 Kleuser, Fehleroffenbarungspflicht, S. 122 f.
698 Kleuser, Fehleroffenbarungspflicht, S. 122.

geführt hat, sei für diese auf die Zukunft gerichtete Information ohne Bedeutung.[699] Daran ändere auch nichts, dass der Patient beispielsweise in Fällen, in denen es um zurückgelassene Fremdkörper oder eine falsch angelegte Operationsnaht geht, im Rahmen der therapeutischen Aufklärung hierüber und über sein weiteres Verhalten dazu zu informieren sei. Denn es handelt sich dabei lediglich um den aktuellen Befund und die zukünftig daraus resultierenden Konsequenzen für das Verhalten des Patienten. Dies stelle keine Fehleroffenbarung dar, obschon der Patient aus der Information Schlüsse auf eine Fehlbehandlung ziehen könnte. Der Arzt soll in diesem Rahmen nicht gezwungen sein zu diesem Befund führendes Verhalten zu offenbaren. Allenfalls könne daher von einer indirekten Fehleroffenbarung gesprochen werden.[700]

3.4.2.2 Terbille/Schmitz-Herscheidt

Auch *Terbille* und *Schmitz-Herscheidt* vertreten die Auffassung, dass sich eine Fehleroffenbarungspflicht aus der Pflicht zur therapeutischen Aufklärung nicht ableiten lässt.[701] Der Arzt schulde im Rahmen der therapeutischen Aufklärung lediglich die wahrheitsgemäße Tatsacheninformation über den Zustand des Patienten und die weitere sachgerechte Behandlung. Zwar muss der Arzt auf die Notwendigkeit einer Nachbehandlung hinweisen, wenn diese infolge eines Behandlungsfehlers erforderlich wird, jedoch sei davon der Hinweis nicht erfasst, dass diese bei fehlerfreiem Verhalten des Arztes vermeidbar gewesen wäre.[702] Denn die Ursache des Zustandes des Patienten sei gerade im Hinblick auf die erforderliche Information hinsichtlich der zukünftigen Behandlung des Patienten unerheblich. Bezogen auf die therapeutische Aufklärung, die auf die weitere Behandlung gerichtet ist, sei es ohne jede Bedeutung ob der Krankheitszustand schicksalhaft eingetreten oder vom Arzt zu verhindern gewesen sei.[703]

3.4.2.3 Schelling/Warntje

Schelling und *Warntje* vertreten die Auffassung, dass sich aus der Pflicht zur therapeutischen Aufklärung bzw. Sicherungsaufklärung unter Berücksichtigung ihres Sinn und Zwecks keine Verpflichtung zur Offenlegung eines vorangegangenen

699 Kleuser, Fehleroffenbarungspflicht, S. 121 f.
700 Kleuser, Fehleroffenbarungspflicht, S. 122 f.
701 Terbille/Schmitz-Herscheidt, NJW 2000, 1749, 1753.
702 Terbille/Schmitz-Herscheidt, NJW 2000, 1749, 1753.
703 Terbille/Schmitz-Herscheidt, NJW 2000, 1749, 1753.

Behandlungsfehlers oder zum Hinweis gegenüber dem Patienten darauf, dass der bestehende Zustand durch sorgfaltsgerechtes Verhalten vermeidbar gewesen wäre, ergibt.[704] Misslingt eine Behandlung, sei der Patient im Rahmen der therapeutischen Aufklärung bzw. Sicherungsaufklärung zur Sicherung des Heilerfolgs und therapiegerechten Verhaltens hierüber zu informieren, um ihn weiterer fachgerechter Behandlung zuzuführen. Dies beinhalte die Hinweispflicht auf die Notwendigkeit und die Art und Weise einer Weiterbehandlung.[705] Der Schutzzweck der therapeutischen Aufklärung/Sicherungsaufklärung sei, Schaden vom Patienten abzuwenden; nicht entscheidend sei dabei die Einordung als schicksal- oder behandlungsfehlerhaft. Nicht jeder Zwischenfall sei auf einen ärztlichen Fehler zurückzuführen. Zudem weisen *Schelling* und *Warntje* darauf hin, dass selbst bei vermeintlich eindeutigen Sachverhalten oft schwer zu beurteilen ist, ob ein Behandlungsfehler vorliegt.[706]

3.4.2.4 Taupitz

Auch *Taupitz* lehnt eine Offenbarungspflicht über ärztliche Fehler im Rahmen der therapeutischen Aufklärung bzw. „therapeutischen Beratung“[707] ab.[708]

Die therapeutische Aufklärung richte ihren Blick vom „Jetzt-Zustand“ in die Zukunft, um auf das medizinisch Notwendige vorzubereiten oder zu unterstützen und den Patienten vor einer vermeidbaren Schädigung zu bewahren. Der Blick in die Vergangenheit interessiere nur insoweit, als er für die weitere Behandlung oder das weitere Verhalten des Patienten, beispielsweise das Einhalten einer Diät, medizinisch notwendig ist.[709]

Für die therapeutische Aufklärung über die weitere Behandlung und die Richtigstellung einer falschen Diagnose sei eine Information über die Bewertung der Behandlung als „fehlerhaft“ und gar als „verschuldet“ grundsätzlich nicht erforderlich.[710] Die Bewertung der Behandlung als pflichtwidrig oder gar schuldhaft pflichtwidrig, sei von der therapeutischen Aufklärung nicht umfasst und falle in den Risikobereich des Patienten, denn diese Bewertung habe für die an medizinischen Gesichtspunkten auszurichtende therapeutische Aufklärung keine

704 Schelling/Warntjen, MedR 2012, 506, 507 f.
705 Schelling/Warntjen, MedR 2012, 506, 507 f.
706 Schelling/Warntjen, MedR 2012, 506, 508.
707 Taupitz, Offenbarungspflicht, S. 57.
708 Taupitz, Offenbarungspflicht, S. 58.
709 Taupitz, Offenbarungspflicht, S. 58.
710 Taupitz, Offenbarungspflicht, S. 59.

Bedeutung.[711] Der Arzt müsse den Patienten zur Erfüllung der therapeutischen Aufklärungspflicht nur darüber informieren, welche nachteiligen Gesundheitsfolgen ein bestehender Zustand in unbehandelter Form mit sich bringen kann und ob der jetzige Zustand „reparabel" bzw. aus medizinischer Sicht sinnvollerweise zu verändern ist, unabhängig davon, ob dieser auf einem Fehlverhalten des Arztes oder einem schicksalhaften Ereignis beruht. Denn der Verstoß gegen eine Sollensnorm, im Sinne einer Disparität zwischen Sein und Sollen, ist regelmäßig für die weitere Behandlung ohne Belang.[712] Der Arzt hat über die Diagnose und Therapie so aufzuklären, wie er es tun müsste, wenn der Patient im gegenwärtigen Zustand erstmals zu einem Arzt käme und darf nicht aus Furcht vor Schadensersatzansprüchen die Richtigstellung einer fehlerhaften Diagnose unterlassen oder verzögern.[713] Dies gelte auch in Fällen, in denen die Feststellung des Arztes oder die Eröffnung der Diagnose den wertenden Schluss auch aus Laiensicht auf ein Fehlverhalten des Arztes oder eines Vorbehandelnden nahelegen oder geradezu herausfordern, wie beispielsweise bei abgebrochenem und im Körper des Patienten verbliebenem Operationsbesteck.[714] Eine solche Befundung gehöre immer dann zum Umfang der therapeutischen Aufklärung, wenn sich der Zustand des Patienten aus medizinischer Sicht als behandlungsbedürftig erweist.[715]

Die in der Literatur einschränkende Auffassung[716], wonach bei vorausgegangenem Fehler nur über zu erwartende schwere Gesundheitsschädigungen zu informieren sei, lasse sich nicht mit dem sonst selbstverständlichen Umfang der therapeutischen Aufklärung vereinbaren und dem nemo-tenetur-Grundsatz rechtfertigen.[717]

3.4.3 Ableitung aus der Diagnoseaufklärung

Nach *Kleuser* lässt sich eine Fehleroffenbarungspflicht ebenfalls nicht aus der Pflicht zur Diagnoseaufklärung ableiten.[718] Zum einen umfasse der Schutzzweck

711 Taupitz, Offenbarungspflicht, S. 60.
712 Taupitz, Offenbarungspflicht, S. 58.
713 Taupitz, Offenbarungspflicht, S. 58 f. auch mit Verweis auf: OLG Karlsruhe, VersR 1988, 1134, 1135.
714 Taupitz, Offenbarungspflicht, S. 59 f.
715 Taupitz, Offenbarungspflicht, S. 60.
716 Rieger, DMW 1986, 234, 235; Rieger, Lexikon des Arztrechts, Rn. 220; Uhlenbruck, in: FS Weißauer, S. 150, 161.
717 Taupitz, Offenbarungspflicht, S. 59.
718 Kleuser, Fehleroffenbarungspflicht, S. 124.

der Diagnoseaufklärung nicht die Bewertung eines in der Vergangenheit liegenden Verhaltens, sondern lediglich die Mitteilung des Befundes.[719] Zum anderen handelte es sich lediglich um eine „herkömmliche vertragliche Nebenpflicht“, deren Sanktionierung im Falle einer Pflichtverletzung den Regeln des Behandlungsfehlers folgt, weswegen im Konfliktfall der Patient die volle Beweislast trage.[720] *Kleuser* misst auf Grund der damit verbundenen Beweisprobleme einer Lösung der Fehleroffenbarung über die Diagnoseaufklärung eine geringe praktische Bedeutung bei.[721]

3.4.4 Ableitung aus einer Vermögensbetreuungspflicht/ wirtschaftlichen Aufklärungspflicht

Ferner ist in der Literatur diskutiert worden, ob sich eine Fehleraufklärungspflicht aus einer Vermögensbetreuungspflicht des Arztes ableiten lässt bzw. von einer wirtschaftlichen Aufklärungspflicht des Arztes umfasst sei.

3.4.4.1 Terbille/Schmitz-Herscheidt

Terbille und *Schmitz-Herscheidt* leiten die Pflicht zum spontanen Offenbaren von Behandlungsfehlern aus der „in engen Grenzen bestehenden“ wirtschaftlichen Aufklärungspflicht des Arztes ab.[722] Der Arzt sei verpflichtet, den Patienten auf einen Behandlungsfehler hinzuweisen, wenn er weiß oder offensichtlich ist, dass wegen des Behandlungsfehlers ein Folgeeingriff erforderlich ist, der für den Patienten mit einem finanziellen Aufwand verbunden sein wird.[723] Der Arzt müsse nach der Rechtsprechung den Patienten auf die fehlende Erstattungsfähigkeit von Behandlungskosten nur hinweisen, wenn ihm diese ohne Nachforschungen bekannt ist oder bekannt sein muss. Hieraus ergäbe sich zwar keine generelle Vermögensbetreuungspflicht des Arztes, jedoch eine Pflicht den Patienten vor vermeidbaren Vermögensnachteilen zu schützen, deren Eintritt der Arzt als sicher erkennt oder zumindest ohne Nachforschungen erkennen muss.[724] Dies könne zwar nicht bei Privatpatienten, jedoch bei gesetzlich krankenversicherten

719 Kleuser, Fehleroffenbarungspflicht, S. 124.
720 Kleuser, Fehleroffenbarungspflicht, S. 124.
721 Kleuser, Fehleroffenbarungspflicht, S.124.
722 Terbille/Schmitz-Herscheidt, NJW 2000, 1749, 1754; Terbille, in: MAH-Medizinrecht, 1. Aufl., § 1, Rn. 667.
723 Terbille, in: MAH- Medizinrecht, 1. Aufl., § 1, Rn. 667.
724 Terbille/Schmitz-Herscheidt, NJW 2000, 1749, 1754.

Patienten jedenfalls hinsichtlich der Kosten für die Zuzahlung für medikamentöse Folgebehandlungen angenommen werden.[725]

3.4.4.2 *Glatz*

Glatz hingegen lehnt die Ableitung einer Fehleroffenbarungspflicht unter dem Gesichtspunkt einer Vermögensbetreuungspflicht bzw. einer wirtschaftlichen Aufklärungspflicht des Arztes ab.[726] Die Förderung der vermögensrechtlichen Position der Patienten sei anders als beim Rechtsanwalt nicht in den Vertragszweck des Arztvertrages einbezogen.[727] Es bestehe keine Pflicht zur Belehrung über die eigene Haftung, denn den Arzt treffe keine Vermögensbetreuungspflicht. Insoweit habe der Arzt lediglich eine Hinweispflicht auf das durch den Behandlungsfehler bestehende Gesundheitsrisiko für den Patienten, jedoch nicht für den Behandlungsfehler als Ursache.[728]

3.4.4.3 *Kleuser*

Auch nach *Kleuser* lässt sich eine spontane Fehleroffenbarungspflicht mit Blick auf deren Schutzzweck nicht aus der (beschränkten) wirtschaftlichen Aufklärungspflicht des Arztes herleiten.[729] Die wirtschaftliche Aufklärung diene als nebenvertragliche Schutzpflicht dem Schutz des Patienten vor unvorhersehbarer finanzieller Belastung. Sie kann daher nicht mit der Einwilligungsaufklärung gleichgesetzt werden. Es werde mit Recht darauf hingewiesen, dass der Arzt medizinischer und nicht wirtschaftlicher Fachmann sei. Vertiefte Kenntnisse der versicherungsvertraglichen Vertragsverhältnisse und deren Auswirkungen auf die medizinische Behandlung können von ihm „nur sehr eingeschränkt" verlangt werden. Die wirtschaftliche Aufklärung habe zudem einen prognostischen, in die Zukunft gerichteten, Charakter, dem die für die Fehleroffenbarungspflicht erforderliche „retrospektive Sicht" fehle.[730]

---

725 Terbille/Schmitz-Herscheidt, NJW 2000, 1749, 1754 f.
726 Glatz, Der Arzt zwischen Aufklärung und Beratung, S. 373.
727 Glatz, Der Arzt zwischen Aufklärung und Beratung, S. 371.
728 Glatz, Der Arzt zwischen Aufklärung und Beratung, S. 373.
729 Kleuser, Fehleroffenbarungspflicht, S. 128.
730 Kleuser, Fehleroffenbarungspflicht, S. 128.

3.4.4.4 *Taupitz*

Auch nach *Taupitz* lässt sich eine Pflicht zur Fehleroffenbarung nicht aus einer Vermögensbetreuungspflicht bzw. einer wirtschaftlichen Aufklärungspflicht des Arztes ableiten. Nach *Taupitz* trifft den Arzt allenfalls eine sehr begrenzte Vermögensbetreuungspflicht, die sich nur auf die Entscheidung des Patienten für oder gegen eine in Aussicht genommene Behandlung richtet.[731] Die Beratung erfasse als vorgelagerte Informationserteilung nicht die aus einer (früheren) schuldhaften Behandlung resultierenden Ausgleichsansprüche.[732] Soweit die Weiterbehandlung von einer Krankenversicherung getragen wird, drohen dem Patienten durch seine in Unkenntnis von der Fehlbehandlung erteilte Zustimmung zur Weiterbehandlung keine finanziellen Nachteile. Eine „vermögensbezogene" Beratungspflicht gegenüber Privatpatienten reiche als untergeordnete Nebenpflicht zur Begründung einer „Pflicht zur ungefragten Belehrung über die aus der Mangelhaftigkeit erst resultierenden Ersatzansprüche" nicht aus.[733] Weder entfällt noch mindert die Mangelhaftigkeit der ärztlichen Leistung automatisch den Entgeltanspruch des Arztes noch kann die Zahlung im Weg der Einrede nach § 320 BGB durch den Dienstberechtigten verweigert werden. Vielmehr kann der Entgeltanspruch erst durch Aufrechnung mit einem Schadensersatzanspruch zum Erlöschen gebracht werden.[734]

3.4.4.5 *Solbach*

Auch *Solbach* lehnt eine Ausdehnung der wirtschaftlichen Aufklärungspflicht auf eventuelle Schadenersatzansprüche ab.[735]

3.4.5 Ableitung aus § 666 BGB direkt bzw. analog

Im Schrifttum ist im Übrigen vertreten worden, dass sich eine ärztliche Fehleraufklärungspflicht gesetzlich aus § 666 BGB in unmittelbarer oder zumindest analoger Anwendung ableiten ließe.

---

731 Taupitz, Offenbarungspflicht, S. 69.
732 Taupitz, Offenbarungspflicht, S. 69.
733 Taupitz, Offenbarungspflicht, S. 69 f.
734 Taupitz, Offenbarungspflicht, S. 69.
735 Solbach, JA 1986, 419, 421.

3.4.5.1 Kleuser

So befürwortet *Kleuser* die Ableitung einer Fehleroffenbarungspflicht aus einer entsprechenden Anwendung des § 666 1. Alt. BGB.[736] Es läge mit Blick auf den Geschäftsbesorgungsvertrag beim Arztvertrag als Dienstvertrag, der ebenfalls eine selbstständige, entgeltliche Tätigkeit in fremdem Rechtskreis beinhalte, eine vergleichbare Interessenlage vor.[737] Der Dienstberechtigte sei zwingend auf die Fehleroffenbarung des Dienstverpflichteten zur Prüfung und Durchsetzung vermögensrechtlicher Ansprüche und zur Frage, ob das Vertragsverhältnis fortgesetzt werden soll, angewiesen.[738] Die benötigten Informationen könne allein der Arzt liefern, denn dieser beherrsche faktisch die gesamte Beweissphäre und verfüge somit allein über sämtliche die Behandlung betreffende Fakten.[739] Seine Expertenstellung mache dem Dienstberechtigten eine Kontrolle ärztlicher Tätigkeit in eigener Person unmöglich.[740] Obschon kein unmittelbarer Vermögensbezug der ärztlichen Tätigkeit gegeben ist, müsse eine Informationspflicht erst recht vorliegen, weil es um den „Umgang mit den höchst sensiblen Rechtsgütern Leben und Gesundheit" geht.[741] Denn es liege eine besondere Schutzbedürftigkeit auf Grund der bestehenden Informationsasymmetrie zwischen Arzt und Patienten vor, die den in Behandlung befindlichen Patienten vom Arzt im Vergleich zum Verhältnis Rechtsanwalt – Mandant in wesentlich stärkerem Maße abhängig mache. Ferner überbrücke auch das enge Treueverhältnis die fehlende unmittelbare Vermögensbezogenheit des Arztvertrages.[742] § 666 Alt. 1 BGB liefere daher in analoger Anwendung eine hinreichend bestimmte gesetzliche Grundlage für eine Pflicht zur unaufgeforderten Fehleroffenbarung.[743]

3.4.5.2 Taupitz

Nach *Taupitz* umfasst das Tatbestandsmerkmal „erforderliche Nachrichten" i. S. d. § 666 BGB eine weitreichende Pflicht des Beauftragten zur unaufgeforderten Benachrichtigung des Auftraggebers, welche alle die Rechtsstellung des

736 Kleuser, Fehleroffenbarungspflicht, S. 118, 206.
737 Kleuser, Fehleroffenbarungspflicht, S. 106 f., 206.
738 Kleuser, Fehleroffenbarungspflicht, S. 106 f., 206.
739 Kleuser, Fehleroffenbarungspflicht, S. 107.
740 Kleuser, Fehleroffenbarungspflicht, S. 107 f.
741 Kleuser, Fehleroffenbarungspflicht, S. 114 f., 206 f.
742 Kleuser, Fehleroffenbarungspflicht, S. 115.
743 Kleuser, Fehleroffenbarungspflicht, S. 118.

Auftraggebers betreffenden Fakten erfassen soll.[744] Im Hinblick auf die weite Auslegung des Tatbestandsmerkmals sei der Anwendungsbereich des § 666 BGB außerhalb des Auftragsrechts einzuschränken.[745] Eine dem Rechtsgedanken des § 666 BGB entlehnte Offenbarungspflicht sei daher nur dann anzunehmen, wenn es um eine Tätigkeit in fremdem Rechtskreis geht, die von einer engen Vertrauensbeziehung geprägt ist.[746] Ferner müsse dem Vertragspartner die Kontrolle der in Frage stehenden Fakten unmöglich sein und die Offenlegung der Erfüllung einer vermögensbezogenen vertraglichen Hauptleistungspflicht dienen.[747] *Taupitz* weist darauf hin, dass nach herrschender Meinung dem Arztvertrag weder ein Auftrag i. S. d. §§ 662 ff BGB noch eine Geschäftsbesorgung nach § 675 BGB zu Grunde liegt und dem folgend eine unmittelbare Anwendung des § 666 BGB verschlossen wäre.[748] Diesen Streit offen lassend, weist er weiter darauf hin, dass eine entsprechende Anwendung des § 666 BGB nach den Grundsätzen von Treu und Glauben (§ 242 BGB) in Frage kommen könnte.[749] Diese scheitere trotz Vorliegen der Tatbestandsmerkmale „Tätigkeit in fremdem Rechtskreis“, „enge Vertrauensbeziehung“ und der „Unmöglichkeit qualifizierter Kontrolle“ der ärztlichen Tätigkeit durch den Patienten wegen der vorhandenen Informationsasymmetrie (Expertenstellung des Arztes und Laienstellung des Patienten)[750] in Ermangelung einer vermögensbezogenen vertraglichen Hauptpflicht des Arztes.[751]

3.4.6 Ableitung aus Behandlungsvertrag und allgemeiner Treuepflicht

In der Lehre wurde ferner diskutiert, ob sich eine Fehleraufklärungspflicht unmittelbar aus dem Behandlungsvertrag oder einer hierauf bezogenen allgemeinen Treuepflicht ergibt.

---

744 Taupitz, Offenbarungspflicht, S. 40.
745 Taupitz, Offenbarungspflicht, S. 81.
746 Taupitz, Offenbarungspflicht, S. 81.
747 Taupitz, Offenbarungspflicht, S. 46 f.
748 Taupitz, Offenbarungspflicht, S. 56.
749 Taupitz, Offenbarungspflicht, S. 56.
750 Taupitz, Offenbarungspflicht, S. 81 f.
751 Taupitz, Offenbarungspflicht, S. 67.

3.4.6.1 Uhlenbruck

So vertritt *Uhlenbruck* die Auffassung, dass sich eine Pflicht zum Offenbaren eigener Fehler aus dem Behandlungsvertrag selbst ergibt.[752] Er stellt hierbei insbesondere auf das Vertrauensverhältnis und den Grundsatz „primum nihil nocere" ab, der eine allgemeine Rechtspflicht des Arztes und zugleich eine vertragliche Nebenpflicht aus dem Behandlungsvertrag nach § 242 BGB darstelle.[753] Voraussetzung sei, dass es sich um eine einwilligungsbedürftige Nachbehandlung wegen des Behandlungsfehlers handelt und der Behandlungsfehler zu einer „nicht unwesentlichen gesundheitlichen Beeinträchtigung des Patienten" geführt hat.[754]

Zudem habe der Arzt die Pflicht, den Patienten über die fehlerhafte Behandlung aufzuklären, wenn er – trotz schuldhafter Fehlbehandlung – ein Honorar abrechnet und ihn über einen etwaigen Schadensersatzanspruch, mit dem der Patient die Aufrechnung erklären bzw. das gezahlte Honorar zurückfordern könne, zu informieren. Liegt ein ärztliches Verschulden nicht vor oder ist dies zweifelhaft, soll dies aber nicht gelten, denn eine Verpflichtung zum Schadenersatz besteht nur in Fällen eines schuldhaften Behandlungsfehlers.[755]

3.4.6.2 Francke/Hart

Francke und *Hart* sprechen sich für eine Verpflichtung des Arztes zum spontanen Offenbaren eigener Behandlungsfehler aus, die sich als (nach-)vertragliche Neben- oder Schutzpflicht unter Anwendung der ergänzenden Vertragsauslegung (§ 157 BGB) und dem Grundsatz von Treu und Glauben (§ 242 BGB) aus dem Behandlungsvertrag ableite.[756] Diese „ärztliche Belehrungspflicht" begründe sich aus der herausgehobenen Sozial- und Individualpflichtigkeit des Arztes wegen dessen Einwirkung auf die höchstpersönlichen Rechtsgüter des Patienten, Leben und Gesundheit.[757]

Nach Ansicht von *Francke* und *Hart* besteht eine uneingeschränkte Belehrungspflicht, wenn durch den Behandlungsfehler ein Gesundheitsschaden oder eine Gesundheitsgefährdung eingetreten ist, die eine weitere Behandlung

---

752 Uhlenbruck, in: FS Weißauer, S. 150, 157.
753 Uhlenbruck, in: FS Weißauer, S. 150, 152, 157.
754 Uhlenbruck, in: FS Weißauer, S. 150, 153.
755 Uhlenbruck, in: FS Weißauer, S. 150, 153.
756 Francke/Hart, Ärztliche Verantwortung und Patienteninformation, S. 61.
757 Francke/Hart, Ärztliche Verantwortung und Patienteninformation, S. 60 f.

erfordert.[758] Bereits der begründete Verdacht eines Behandlungsfehlers sei für die Pflicht zur Offenlegung ausreichend. Ein solcher begründeter Verdacht liege vor, wenn eine auf das tatsächliche Geschehen und die einschlägige medizinische Fachliteratur ernstzunehmende Vermutung der Begehung eines Behandlungsfehlers besteht.[759] *Francke* und *Hart* verknüpfen die Offenbarungspflicht mit dem Selbstbestimmungsrecht des Patienten und damit mit dem Komplex der Einwilligungs- bzw. Selbstbestimmungsaufklärung. Angesichts eines begründeten Verdachts eines Behandlungsfehlers müsse dem Patienten durch die Offenlegung die Möglichkeit zum Arztwechsel gegeben werden.[760] Analog zur Rechtsprechung des *BGH* zur anwaltlichen Offenbarungspflicht sei das Arzt-Patienten-Verhältnis von den gleichen Grundsätzen geprägt. Jedoch sei das Vertrauensverhältnis zwischen Arzt und Patient wegen der betroffenen Rechtsgüter Leben und Gesundheit noch ausgeprägter.[761] Im Hinblick auf das einer Offenbarung entgegenstehende Selbstbegünstigungsprinzip verweisen *Francke* und *Hart* darauf, dass auch das finanzielle Interesse des Patienten bezogen auf die Geltendmachung von Schadensersatzansprüchen wegen eines Behandlungsfehlers nicht grundsätzlich geringer zu bewerten sei als das Interesse des Arztes, sich nicht der Gefahr strafrechtlicher Verfolgung aussetzen zu müssen. Ihrer Ansicht nach sei es „das Berufsrisiko des Arztes, den (fachärztlichen) Standard der Behandlung und den Standard der Aufklärung zu verfehlen und für fehlerhaftes Handeln einstehen zu müssen". Dem Patienten dürfe dieses Berufsrisiko des Arztes nicht auferlegt werden.[762] Daher sei eine Fehleroffenbarungspflicht auch grundsätzlich erforderlich. Eine Ausnahme hiervon solle nur dann gelten, wenn der Patient mit einem anderen Arzt einen Beratungsvertrag geschlossen hat, welcher die Untersuchung eines eventuellen Behandlungsfehlers des Vorbehandelnden zum Gegenstand hat.[763]

3.4.6.3 Terbille/Schmitz-Herscheidt

Terbille und *Schmitz-Herscheidt* vertreten die Auffassung, dass der Arzt – unter entsprechender Anwendung der Überlegungen, mit denen der *BGH* eine Pflicht von Rechtsanwälten, Steuerberatern und Architekten zum Hinweis auf eigenes

---

758 Francke/Hart, Ärztliche Verantwortung und Patienteninformation, S. 61.
759 Francke/Hart, Ärztliche Verantwortung und Patienteninformation, S. 62.
760 Francke/Hart, Ärztliche Verantwortung und Patienteninformation, S. 63.
761 Francke/Hart, Ärztliche Verantwortung und Patienteninformation, S. 64 f.
762 Francke/Hart, Ärztliche Verantwortung und Patienteninformation, S. 72 f.
763 Francke/Hart, Ärztliche Verantwortung und Patienteninformation, S. 75.

Fehlverhalten begründet – auf Grund der allgemeinen, aus Treu und Glauben gem. § 242 BGB herzuleitenden Leistungstreuepflicht verpflichtet ist, den Patienten ungefragt über eigene Behandlungsfehler zu informieren. Denn im Regelfall sei bei gebotener Interessenabwägung das Informationsinteresse auf Seiten des Patienten höher zu bewerten als das Geheimhaltungsinteresse des Arztes.[764] Die vorzunehmende Interessenabwägung sei dabei maßgeblich durch das dem Arzt vom Patienten entgegengebrachte Vertrauen beeinflusst. Das Geheimhaltungsinteresse des Arztes habe gegenüber dem Informationsinteresse des Arztes desto eher zurückzutreten, je höher dieses Vertrauen zu bewerten ist.[765] Ärzte nehmen dabei im Vergleich zu Architekten eine mindestens ebenso hohe Vertrauensstellung ein. Zudem sei zu berücksichtigen, dass der Arzt auf Grund seiner medizinischen Kenntnisse regelmäßig weitaus besser als der Patient feststellen könne, ob eine Behandlung fehlgeschlagen und ein eigener Fehler hierfür ursächlich ist.[766]

3.4.6.4 Gubernatis

Gubernatis sieht dagegen keine Pflicht zur Fehleroffenbarung des Arztes aus dem Behandlungsvertrag. Dieser Verpflichtung stehe das Selbstbegünstigungsprinzip entgegen. Das Selbstbegünstigungsprinzip müsse nur dort zurücktreten, wo eine weitere Gesundheitsbeeinträchtigung des Patienten zu besorgen ist, die durch Offenbarung vermieden werden kann.[767]

3.4.6.5 Prütting

Auch *Prütting* tritt der Ableitung einer Fehleroffenbarung als Selbstbelastungspflicht aus dem Behandlungsvertrag entgegen. Jede Vertragspflicht und auch jede Nebenpflicht bedürfe einer rechtlichen Absicherung und Begründung, die sich entweder aus den vertraglich verankerten Parteiwillen oder im Rahmen normativer Pflichten (durch Gesetz oder Richterrecht) feststellen lasse.[768] Eine ergänzende Vertragsauslegung, die eine solche Selbstbelastungspflicht stütze, scheitere mangels hypothetischem Parteiwillen in Richtung einer Fehleroffenbarung.[769]

---

764 Terbille/Schmitz-Herscheidt, NJW 2000, 1749, 1755.

765 Terbille/Schmitz-Herscheidt, NJW 2000, 1749, 1755.

766 Terbille/Schmitz-Herscheidt, NJW 2000, 1749, 1756.

767 Gubernatis, JZ 1982, 363 f.

768 Prütting, in: FS Laufs, S. 1009, 1014, 1021.

769 Prütting, in: FS Laufs, S. 1009, 1014, 1022.

Diese finde auch keine Verankerung im Rahmen einer anerkannten sonstigen Nebenpflicht des § 242 BGB. Es sei anerkannt, dass es auch für Offenbarungspflichten Grenzen im Rahmen des eigenen Persönlichkeitsrechts, des eigenen Rechts auf Geheimhaltung sowie des Grundgedankens der Interessenwahrung gibt. Dementsprechend fehle eine allgemeine Verkehrsauffassung, die von einer solchen Fehleroffenbarungspflicht ausgeht. Die früher geführte Diskussion hinsichtlich des Ablaufs von Verjährungsfristen war nicht auf die Schaffung vertraglicher Nebenpflichten durch Konkretisierung einer Generalklausel gerichtet, sondern die Gesetzkorrektur der kurzen Verjährungsfristen des §§ 51b BRAO, 68 StBerG.[770] Im Hinblick darauf, sei es schon immer fragwürdig gewesen, eine Fehleroffenbarungspflicht für Ärzte deshalb zu behaupten, weil es eine vergleichbare Rechtsprechung für Rechtsanwälte, Steuerberater und Architekten gegeben hat.[771] Jedenfalls sei es eindeutig, dass eine solche parallele Wertung seit dem 15.12.2004 wegen der grundlegenden Veränderung des Verjährungsrechts entfallen ist[772], was der Gesetzgeber als Erwartung selbst geäußert habe.[773]

3.4.6.6 Zwischenfazit

Die hier erfolgte Darstellung der Literaturmeinungen zeigt, dass im Schrifttum weder Einigkeit besteht, ob eine Aufklärungspflicht über ärztliche Fehler besteht, noch woraus sich mangels gesetzlicher Regelungen bis zum Inkrafttreten des Patientenrechtegesetzes eine solche Pflicht ableiten lässt. Bezogen hierauf stellt sich die Frage, welchen Inhalt und Umfang eine solche Aufklärungspflicht über den unstreitigen Inhalt insbesondere der Selbstbestimmungsaufklärung sowie der therapeutischen Aufklärung hinaus haben soll.

3.4.7 Inhalt und Umfang der Fehleroffenbarungspflicht im Schrifttum

Im Schrifttum ist eine Kontur des Umfangs der Offenbarungspflicht trotz Verwendung des Begriffs der Fehleroffenbarung vielfach nicht erkennbar. *Taupitz* kritisiert dabei zu Recht, dass die Vertreter, die eine Rechtspflicht des Arztes zur unaufgeforderten Fehleroffenbarung bejahen, oft nicht deutlich machten, mit welchem Ziel und welchem Inhalt der Arzt zu informieren habe.[774]

---

770 Prütting, in: FS Laufs, S. 1009, 1014, 1022.
771 Prütting, in: FS Laufs, S. 1009, 1014, 1022.
772 Prütting, in: FS Laufs, S. 1009, 1014, 1022.
773 Prütting, in: FS Laufs, S. 1009, 1014, 1021 mit Verweis auf BT-Drs. 15/3653, S. 14.
774 Taupitz, NJW 1992, 713, 714 f.

Im Hinblick auf den Informationsgehalt muss zunächst eine Unterscheidung zwischen mehreren möglichen Informationsebenen zu einem ärztlichen Fehlverhalten vorgenommen werden.[775]

Die erste Ebene bildet die Information über den aktuell bestehenden gesundheitlichen Zustand des Patienten. Dieser gegenwartsbezogenen Tatsacheninformation kann sich eine medizinisch ausgerichtete Prognose und Beratung anschließen, deren Inhalt auf die mögliche zukünftige Entwicklung des Zustandes und deren Beeinflussbarkeit durch Handlungen auf Seiten des Behandelnden oder des Patienten ausgerichtet ist.[776]

Die zweite Ebene umfasst die vergangenheitsbezogene Tatsacheninformation über den tatsächlichen Ablauf der Behandlung des Patienten.

Die dritte Ebene bildet die medizinische Bewertung bzw. fachliche Würdigung des tatsächlichen Behandlungsgeschehens unter dem Aspekt, ob dieses dem jeweils zu Grunde liegenden medizinischen Standard entsprochen hat. Auf dieser Ebene der fachspezifischen Vergangenheitsbewertung nimmt der Behandelnde die Stellung eines medizinischen Sachverständigen gegen sich selbst ein, wenn es darum geht die eigene Behandlungstätigkeit fachlich zu würdigen.

Dem schließt sich eine vierte Ebene an, die die Information zur juristischen Bewertung der Behandlungsfehlerhaftigkeit und des Verschuldens umfasst. Auf dieser Ebene ist der Behandelnde quasi Richter in eigener Sache.

Ferner kann eine weitere – fünfte – Ebene die Information über die Haftung des Behandelnden und ggf. weiterer Dritte, den möglichen Haftungsumfang sowie die Möglichkeiten der Durchsetzung der Ansprüche des Patienten beinhalten. Insoweit wäre der Behandelnde Rechtsberater des Patienten.

Nicht nur soweit im Schrifttum eine Pflicht zur spontanen Fehleroffenbarung bzw. einer Fehleraufklärungspflicht angenommen wird, gilt es als unumstritten, dass der Arzt dem Patienten die objektiven Tatsachen über den Behandlungsverlauf und den aktuellen Zustand zu offenbaren sowie (auf sein Verlangen) Einsicht in die Patientenunterlagen zu gewähren hat.[777] Wobei die Information des Patienten mit Blick auf seinen Gesundheitszustand bereits von der Pflicht zur therapeutischen Aufklärung bzw. Sicherungsaufklärung erfasst wird. Die Pflicht zur Gewährung von Einsicht in die Patientenunterlagen auf Verlangen

775 Dann, MedR 2007, 638, 639; Taupitz, NJW 1992, 713, 714 f.

776 Taupitz, NJW 1992, 713, 715.

777 Schelling/Warntjen, MedR 2012, 506, 510; Terbille/Schmitz-Herscheidt, NJW 2000, 1749, 1752; BGH NJW 1983, 328.

des Patienten ist unterdessen – unabhängig der Fehleroffenbarungsfrage – ständige Rechtsprechung des *BGH.*

Strittig ist allerdings die Frage, ob der Arzt im Rahmen der Fehleroffenbarungspflicht auch die medizinische Bewertung bzw. fachliche Würdigung des Behandlungsgeschehens schuldet, insbesondere dann, wenn es um die Bewertung der eigenen Behandlungstätigkeit geht. Im Übrigen besteht Uneinigkeit in der Frage, ob der Arzt darüber hinaus zur Äußerung – im Kern – juristischer Vergangenheitsbewertungen und rechtlicher Hinweise hinsichtlich der eigenen Haftung verpflichtet ist.

3.4.7.1 Kleuser

Der Umfang der Fehleroffenbarungspflicht erfasst nach *Kleuser* sämtliche im Zusammenhang mit dem Behandlungszwischenfall stehende Tatsachen, nicht aber eine Offenbarung des Verschuldens.[778] Es handele sich dabei „einerseits um die Ausfüllung des Tatbestandsmerkmals der ‚erforderlichen Nachrichten' des § 666 BGB wie auch um den Inhalt der im Rahmen der Eingriffsaufklärung notwendig zu vermittelnden Informationen".[779] Der Patient müsse seitens des Arztes über „die Abweichung der Behandlung vom medizinisch zu fordernden Standard" informiert werden.[780] Es werde das Eingeständnis des Arztes eingefordert, den Patienten nicht „lege artis" behandelt zu haben und gegenüber dem Patienten alle Tatsachen zu offenbaren, die mit einer Behandlungsfehlleistung in Zusammenhang stehen.[781] Der Patient müsse mit diesen Informationen in die Lage versetzt werden, eigenverantwortlich zu entscheiden, ob er die Behandlung beim gleichen Arzt fortsetzen lassen möchte oder gegebenenfalls beabsichtigt, Schadensersatzansprüche geltend zu machen.[782]

Es könne vom Arzt jedoch kein „Eingeständnis schuldhaften Verhaltens" gefordert werden.[783] Dies ergibt sich nach *Kleuser* unter Verweis auf *Hanau*[784] schon daraus, dass der Arzt als juristischer Laie nicht in der Lage ist, eine spezifisch juristische Wertung des Geschehens vorzunehmen.[785] Der Arzt solle nicht

778 Kleuser, Fehleroffenbarungspflicht, S. 208.
779 Kleuser, Fehleroffenbarungspflicht, S. 146.
780 Kleuser, Fehleroffenbarungspflicht, S. 146.
781 Kleuser, Fehleroffenbarungspflicht, S. 147.
782 Kleuser, Fehleroffenbarungspflicht, S. 147.
783 Kleuser, Fehleroffenbarungspflicht, S. 147, 208.
784 Hanau, in: FS Baumgärtel, S. 121, 133.
785 Kleuser, Fehleroffenbarungspflicht, S. 81, 147.

in die Rolle des Rechtsberaters des Patienten gegen sich selbst gedrängt werden. Die Pflichtenstellung des Arztes sei auf die konkrete Information über den medizinisch relevanten Geschehensablauf zu beschränken.[786] Denn er sei nur in der Lage, ein Abweichen des medizinischen Ist- vom Soll-Standard zu erkennen, könne aber keine juristische Wertung in Bezug auf das Vorliegen einer schuldhaften oder nicht schuldhaften Pflichtverletzung vornehmen.[787]

3.4.7.2 Taupitz

Taupitz vertritt die Auffassung, vom Arzt könne, wenn man ihm die Pflicht zur Offenbarung des eigenen Fehlverhaltens und nicht auch die Pflicht zur Information über einen Regressanspruch als Rechts- oder Vermögensberatung auferlegt, allenfalls eine Information über die Verletzung medizinischer Pflichten- oder Sorgfaltskategorien verlangt werden, wenn durch diese Verletzung gleichzeitig auch eine Rechtspflicht verletzt wurde.[788] Dabei unterscheidet *Taupitz* hinsichtlich der ärztlichen Bewertung der Fehlerhaftigkeit des Behandlungsgeschehens nicht zwischen medizinischer und juristischer Bewertungsebene. Eine Fehleraufklärung wende ihren Blick spezifisch wertend zurück auf in der Vergangenheit abgeschlossene oder zumindest begonnene Vorgänge. Denn das Verdikt des Fehlverhaltens, also der objektiven Pflichtwidrigkeit, enthält eine Wertung zwischen einem Sein und einem Sollen; ein Vergleich zwischen einem real eingetretenen Ereignis und dem von der Rechtsordnung oder einer anderen Ordnung (beispielsweise Ethik oder Regeln der medizinischen Kunst) als gesollt statuiertem Zustand. Von einem Fehlverhalten kann nach *Taupitz* überhaupt nur bei einer wertend ermittelten Disparität von Sein und Sollen gesprochen werden.[789]

Taupitz unterscheidet dann allerdings zwischen einer „Verschuldensaufklärung", als (erweiterte) Information über das Verschulden als zentrale Grundlage für das persönliche Verantworten müssen und einer „Haftungsaufklärung" als spezifisch juristische Wertung über das (aktuelle) Bestehen eines Schadensersatzanspruchs und weiterer rechtlicher Fragen (beispielsweise zur Verjährung).[790] *Taupitz* weist darauf hin, dass eine Haftungsaufklärung vom Arzt nicht verlangt werden könne, weil dieser keine Rechtsberatung schulde.[791]

786 Kleuser, Fehleroffenbarungspflicht, S. 81, 147.
787 Kleuser, Fehleroffenbarungspflicht, S. 81.
788 Taupitz, Offenbarungspflicht, S. 48.
789 Taupitz, NJW 1992, 713, 715; ders., Offenbarungspflicht, S. 47.
790 Taupitz, NJW 1992, 713, 715.
791 Taupitz, NJW 1992, 713, 715.

3.4.7.3 Schwarz

Nach *Schwarz* erfasst die Information zur Offenbarung von Behandlungsfehlern weder aus Gründen des Gesundheitsschutzes noch aus dem Selbstbestimmungsrecht des Patienten eine Vergangenheitsbewertung.[792] Eine Bewertung über die Einhaltung des ärztlichen Standards oder eine Aussage, ob den Arzt gar ein Verschuldensvorwurf trifft, sei im Rahmen des Gesundheitsschutzes, dem ohnehin oft durch einen ärztlichen Hinweis auf eine notwendige Weiter- oder Gegenbehandlung entsprochen werden könne, nicht erforderlich.[793]

Auch erfordere die Wahrung des Selbstbestimmungsrechts des Patienten keine Bewertung der vergangenen Behandlung ohne Nachfrage des Patienten. Die Information über einen unterlaufenen Behandlungsfehler sei nur bedeutend für die Entscheidung des Patienten, wenn sich dieser spezifisch risikoerhöhend auf die Weiterbehandlung auswirkt. Objektiv sei dies nicht der Fall, weil es keine Erfahrungssätze gäbe wonach ein Behandlungsfehler einen weiteren nach sich zöge. Weder folge einem Behandlungsfehler, der einen reparablen Gesundheitsschaden verursacht, bei der Nachbehandlung zwingend ein weiterer, noch unterliefe einem Arzt, der einen irreparablen Gesundheitsschaden herbeigeführt hat, notwendigerweise im Rahmen der Weiterbehandlung ein weiterer Fehler. Es spräche im Gegenteil sogar viel dafür, dass ein Behandler, der seinen Fehler erkennt, bei der Weiterbehandlung besonders vorsichtig vorgeht.[794] Zwar könne aus der Perspektive des Patienten subjektiv eine Risikoerhöhung vorliegen. Insoweit bestehe die Möglichkeit einer Diskrepanz zwischen subjektiver Erheblichkeit und objektiver Unerheblichkeit der Information über den Behandlungsfehler. Entscheidend sei, ob auch die Information über ausschließlich subjektiv bedeutsame Faktoren in den Verantwortungsbereich des Arztes fallen kann, ungeachtet ob es diesem in der Regel leichter fallen dürfte seinen Behandlungsfehler festzustellen als dem Patienten. Ausschlaggebend müsse sein, dass es dem Patienten unbenommen bleibt, den Arzt bei entsprechenden Zweifeln nach der Pflichtgemäßheit der vorgenommenen Behandlung zu fragen, worauf dieser wahrheitsgemäß zu antworten habe. Der Arzt trage die Verantwortung für die Information über den Behandlungsfehler demnach nur, wenn der Patient die Bedeutsamkeit dieses Umstands für seine Entscheidung konkret zum Ausdruck bringt.[795]

---

792 Schwarz, JR 2008, 89, 92.
793 Schwarz, JR 2008, 89, 91.
794 Schwarz, JR 2008, 89, 92.
795 Schwarz, JR 2008, 89, 92.

3.4.7.4 Eigene Stellungnahme

Es kann nicht in Zweifel gezogen werden, dass gerade ärztliche Behandler als medizinisch Sachkundige, die regelmäßig in formeller und materieller Sicht die für die zurückliegende Behandlung des Patienten spezifische Fachkunde besitzen und diese durch das Führen eines Facharzttitels ausweisen können werden, besser in der Lage sind, das vergangene Behandlungsgeschehen aus medizinischer Sicht zu bewerten als die von ihnen behandelten Patienten. Hieraus ergibt sich lediglich die Eignung des Behandlers, eine medizinische Bewertung bzw. fachliche Würdigung vornehmen zu können. Eine rechtliche Verpflichtung dazu lässt sich daraus jedoch nicht ableiten.

Die Frage, ob eine ärztliche Aufklärungspflicht im Sinne einer spontanen ungefragten Informationspflicht eine medizinische Bewertung des vergangenen Behandlungsgeschehens umfasst, ist maßgeblich unter Berücksichtigung der Rechtspositionen zu beurteilen, die durch die Informationen gewährleistet werden sollen. Ein Informationsgehalt, der die fachliche Würdigung der Behandlungstätigkeit enthält, muss zum Schutz der Rechtsposition erforderlich und in Abwägung mit widerstreitenden Rechtspositionen und Interessen angemessen und zumutbar sein.

Mit Blick auf komplexe Behandlungsabläufe dürfte dem Arzt eine spontane Aussage, die sich auf eine medizinische Bewertung der vergangenen Behandlung erstreckt, tatsächlich unmöglich damit rechtlich auch nicht zumutbar sein. Denn es wäre geradezu weltfremd anzunehmen, dass der Behandler, abgesehen von einfachsten Behandlungsverläufen und ganz schwerwiegendem und offenkundigem Fehlverhalten, welches einem Fachkundigen schlechterdings nicht unterlaufen dürfte, zu einer spontanen medizinischen Bewertung des Behandlungsgeschehens tatsächlich in der Lage ist, ohne den medizinischen Sachverhalt möglichst erschöpfend ermittelt zu haben. Aus dem originären Behandlungsverhältnis dürfte sich dabei kaum die rechtlich zumutbare Verpflichtung des Behandelnden ableiten, wenn prima facie aus seiner Sicht Anhaltspunkte für einen Behandlungsfehler bestehen, wonach er unter Beiziehung der Patientenunterlagen sowie gegebenenfalls Fachliteratur eine medizinische Bewertung erbringen muss, die er dem Patienten sogleich mitzuteilen hat, wie dies im Rahmen zivilrechtlicher Schadensersatzprozesse von gerichtlich bestellten Sachverständigen oder seitens einer Prozesspartei beauftragten medizinischen Gutachtern erwartet werden kann.

Im Hinblick auf den Gesundheitsschutz und die Gewährleistung des Selbstbestimmungsrechtes ist *Schwarz* zunächst zuzustimmen, dass eine medizinische Bewertung durch den Arzt nicht erforderlich ist.

Bei irreversiblen Gesundheitsschäden scheidet eine medizinische Vergangenheitsbewertung von vornherein aus, weil eine solche Information bereits aus tatsächlichen Gründen nicht geeignet ist, um eine Restitution und damit den Schutz der Gesundheit des Patienten zu bewirken. Dies gilt auch für die Gewährleistung des Selbstbestimmungsrechts des Patienten, denn in diesen Fällen ist auch eine einwilligungsbedürftige Weiter- bzw. Gegenbehandlung nicht gegeben, die die Frage nach objektiven oder subjektiven aufklärungsbedürftigen Momenten der Risikoerhöhung bei Behandlung durch den vorher behandlungsfehlerhaft agierenden Arzt aufwirft. Selbiges gilt, wenn ein Gesundheitsschaden des Patienten trotz fehlerhafter Behandlung überhaupt nicht eingetreten ist.

Aber auch bei reversiblen Gesundheitsschäden fehlt es an der Notwendigkeit zum Schutz der Gesundheit oder des Selbstbestimmungsrechtes des Patienten eine medizinische Bewertung des vergangenen Behandlungsgeschehens seitens des behandelnden Arztes vorzunehmen und diese gegenüber dem Patienten zu offenbaren. Erforderlich im Hinblick auf die Gesundheit des Patienten und Aufgabe des Arztes ist es, dass dieser es nach Möglichkeit unternimmt, die Gesundheit des Patienten wiederherzustellen, was auch die gesundheitlichen Folgen der Behandlung erfasst. Dazu ist es vollkommen ausreichend, wenn der Arzt die Folgen eines behandlungsfehlerhaften Tuns selbst beseitigt, was regelmäßig wegen des Einwilligungserfordernisses nur dann in Frage kommen dürfte, wenn der Eingriff noch andauert, oder er den Patienten im Rahmen seiner therapeutischen Aufklärungspflicht wahrheitsgemäß über seinen gegenwärtigen Zustand informiert und ihn darauf hinweist, dass eine weitere Behandlung geboten ist. Es ist hierfür völlig ohne Belang, ob bei der zurückliegenden Behandlung aus medizinischer Sicht der fachspezifische Sorgfaltsmaßstab eingehalten worden ist oder nicht.

Aber auch wenn eine Weiter- oder Gegenbehandlung erforderlich ist, weist *Schwarz* zutreffend darauf hin, dass eine spontane – ungefragte – medizinische Bewertung der zurückliegenden Behandlung im Rahmen der notwendigen Selbstbestimmungsaufklärung zur Wahrung des Selbstbestimmungsrechts des Patienten nicht erforderlich ist. Bei der Selbstbestimmung- bzw. Einwilligungsaufklärung hat der Arzt den Patienten über die Chancen sowie typischen Risiken der bevorstehenden Behandlung zu informieren, um es dem Patienten zu ermöglichen, selbst darüber zu entscheiden, ob dieser den geplanten, medizinischen Eingriff an sich vornehmen lassen will.[796] Es kommt dabei auf die Risiken an, die aus objektivierter Sicht des sorgfaltsgemäß agierenden Facharztes der

796 BGH, VersR 1962, 155, 156; NJW 1985, 2193.

Behandlung anhaften. Denn die Aufklärung dient dazu, die zwischen Patienten und Arzt vorhandene Informationsasymmetrie in der Frage des „ob“ der Behandlung zu beseitigen.[797] Es geht also um einen punktuellen Transfer von Wissen von Seiten des Professionellen (Arzt) in Richtung des Laien (Patienten). Erst dies ermöglicht dem Patienten überhaupt die Ausübung seines Selbstbestimmungsrechts[798] mit dem Wissen um solche Risiken, die auch bei ordnungsgemäßer Durchführung der Behandlung auftreten und nicht ausgeschlossen werden können.[799] So hat der Arzt den Patienten nicht darüber aufzuklären, dass diesem Behandlungsfehler unterlaufen können, die unter Anwendung der gebotenen Sorgfalt vermeidbar sind und die zu einem Gesundheitsschaden führen können.[800] Der Inhalt der Aufklärung umfasst dabei nicht nur das allgemeine Behandlungsrisiko, sondern besondere Risiken des Einzelfalls, die in der Person des Patienten oder anderen abweichenden Faktoren liegen können.[801] Ob und in welchem Umfang neben den der Behandlung unmittelbar anhaftenden Risiken auch über die fachliche Qualifikation und den persönlichen Erfahrungs- und Kenntnisstand des Arztes aufgeklärt werden muss, ist in Rechtsprechung und Literatur umstritten.[802] Der *BGH* hat in diesem Zusammenhang eine Aufklärungspflicht hinsichtlich der Qualifikation des Behandelnden bei der sog. Anfängeroperation (Eingriff durch einen Assistenzarzt auch ohne Überwachung des Facharztes) abgelehnt. Der Patient sei durch die Haftung für Übernahmeverschulden bzw. Organisationsverschulden hinlänglich geschützt. Zudem gilt nach der Rechtsprechung des *BGH* für solche Fälle eine Beweiserleichterung in Form der Beweislastumkehr.[803] Diese Auffassung wird zu Recht von großen Teilen des Schrifttums gestützt.[804] Die Gegenansicht, wonach regelmäßig über die Qualifikation und Erfahrung des Behandelnden aufgeklärt werden muss,[805] ist aus Patientensicht zunächst verständlich und in Anbetracht der erhöhten Risiken, die mit einer Behandlung durch einen unerfahrenen Arzt verbunden sein

797 Vgl. Wagner, in: MüKo-BGB, 7. Aufl., § 630c BGB, Rn. 1.

798 Brüggemeier, Haftungsrecht, S. 495; Geiß/Greiner, Arzthaftpflichtrecht, S. 166, Rn. 5; Schelling, Ärztliche Aufklärung, S. 27.

799 Brüggemeier, Haftungsrecht, S. 495.

800 BGH, NJW 1995, 2193.

801 Deutsch, NJW 1982, 2585, 2587.

802 Umfassende Darstellung bei Schelling, Ärztliche Aufklärung, 103 ff.

803 BGH, NJW 1984, 655; 1988, 2298; 1992, 1560; 1993, 2989.

804 Greiner, in: Spickhoff, Medizinrecht, 2. Aufl. 2014, § 839, Rn. 239;

805 Giesen, Arzthaftungsrecht, Rn. 91; Hart, MedR 1999, 47, 48 f.; Mertens, in MüKo-BGB, 3. Aufl., § 823, Rn. 429.

können, schlüssig. Dagegen spricht allerdings, dass ohnehin nur in die nach dem gebotenen Facharztstandard durchgeführte Behandlung wirksam eingewilligt werden kann.[806] Eine Aufklärung des Patienten über die Behandlung durch einen Berufsanfänger ohne oder mit geringer Erfahrung ist daher für die Frage der Einwilligung ohne Belang.[807] Im Übrigen trägt die Forderung nach einer Aufklärung über Qualifikation und Erfahrung des Behandelnden die Gefahr, die Grenzen zwischen Behandlungsfehler und Aufklärungspflichtverletzung zu verwischen.[808] Durch die Behandlungs- und Organisationsfehlerhaftung soll gerade der Realisierung vermeidbarer Risiken begegnet werden. Dagegen erfassen Aufklärungspflichtverletzungen unvermeidbare Risiken.[809] Die Behandlung durch einen nicht hinreichend qualifizierten Behandelnden gehört, wie die Nutzung nicht (mehr) dem medizinischen Standard entsprechender Apparate,[810] zu den voll beherrschbaren – mithin vermeidbaren – Risiken.[811] Eine Aufklärungspflicht, die sich auch auf vermeidbare Risiken erstreckte, würde diese Grenze aufheben. Eine Notwendigkeit, von dieser dogmatischen Aufteilung abzuweichen, besteht nicht. Dem Haftungsregime für Behandlungs- und Organisationsfehler kommt nicht nur eine repressive Aufgabe zu. Die Sanktionsmechanismen für Behandlungs- und Organisationsfehler haben darüber hinaus auch präventive Wirkung[812], die die Behandlungsseite zum sorgfältigen und gewissenhaften Arbeiten und der Vermeidung von Behandlungsfehlern anhalten.[813] Zwar ist der angedrohte wirtschaftliche Effekt durch den grundsätzlich bestehenden ärztlichen Versicherungsschutz gering, weil sich dieser regelmäßig auf eine gegebenenfalls mit dem Versicherungsgeber vereinbarte Selbstbeteiligung sowie auf einen Erhöhungsbetrag der individuellen Versicherungsprämie bezieht. Jedoch stehen im Hinblick auf die gerichtliche Feststellung von Behandlungsfehlern flankierend straf- wie berufsrechtliche Folgen sowie ein nicht zu unterschätzender Verlust der beruflichen Reputation im Raum.[814] Übertragen auf die

---

806 Deutsch/Spickhoff, Medizinrecht, 7. Aufl., Rn. 418; Wagner, in: MüKo-BGB. 7. Aufl., § 630d, Rn. 11.

807 Schelling, Ärztliche Aufklärung, S. 114 f.

808 vgl. Schelling, Ärztliche Aufklärung, S. 58, 117 f.

809 Ehlers, Aufklärung vor medizinischen Eingriffen, S. 72; Hart, MedR 1999, 47, 48; ders., Jura 2000, 64, 66; Schelling, Ärztliche Aufklärung, S. 17, 31.

810 BGH, NJW 1978, 584, 585.

811 Schelling, Ärztliche Aufklärung, S. 124; BGH, NJW 1984, 655, 657.

812 Deutsch, JZ 1971, 244, 246.

813 Schelling, Ärztliche Aufklärung, S. 116.

814 Schelling, Ärztliche Aufklärung, S. 116.

hier vorliegende Frage, ob der Behandler über einen eigenen zuvor begangenen Behandlungsfehler aufzuklären hat, kann nichts anderes gelten.

Ungeachtet dessen muss der Auffassung, die eine spontane medizinische Bewertung und die Offenlegung der Abweichung vom medizinischen Standard im Hinblick auf das konkrete in der Vergangenheit liegende Behandlungsgeschehen durch den Behandelnden im Rahmen der Selbstbestimmungsaufklärung fordert, entgegengehalten werden, dass solcher Offenbarung von Tatsachen und Tatsachenbewertungen der objektive Risikobezug fehlt. Unabhängig davon, ob auch vermeidbare Risiken durch die ärztliche Aufklärungspflicht erfasst sein sollen, fehlt es regelmäßig an einem objektiven Risiko, über welches zu informieren, Sinn und Zweck der Selbstbestimmungsaufklärung ist. Denn es gibt keinen objektiven, durch Empirie belegten Erfahrungssatz, wonach ein ärztlicher Fehler einen weiteren ärztlichen Fehler nach sich zieht.[815] Ein ärztlicher Fehler lässt keinen generellen Rückschluss auf die fachliche Qualifikation oder Vertrauenswürdigkeit des Arztes zu.[816] Darüber hinaus sagt ein Fehler bei Durchführung eines vorherigen Eingriffs nichts über die Befähigung zur Durchführung eines andersartigen Folgeeingriffs, bei dem der Arzt zudem in einer völlig anderen körperlichen und geistigen Verfassung sein kann.[817] Auch spricht Vieles dafür, dass der Arzt, der einen Fehler erkennt, bei der Weiterbehandlung besonders vorsichtig vorgeht.[818]

Soweit Teile des Schrifttums zur Begründung der Fehleroffenbarung auf eine subjektive Erhöhung des Behandlungsrisikos aus Sicht des Patienten durch eine fehlerhafte Vorbehandlung abstellen, zielt dies über den Gehalt des Selbstbestimmungsrechtes zur Wahrung der körperlichen Integrität des Patienten hinaus. Ungeachtet der Tatsache, dass ein dem Arzt unbekannter, höchst patientenindividueller Maßstab hinsichtlich des Inhalts der Selbstbestimmungsaufklärung zu einer erheblichen Rechtsunsicherheit mit Blick auf die Wirksamkeit der Einwilligung des Patienten führte, fehlt es bei einer nur gefühlten (subjektiven) Risikoerhöhung auf Seiten des Patienten an einem unmittelbaren Bezug zu dessen körperlicher Integrität. Die Disposition des Patienten gründet in diesem Fall nicht auf mit der Behandlung verbundenen Chancen und Risiken, die originären Inhalt der Selbstbestimmungsaufklärung bilden, sondern allein auf das Vertrauensverhältnis zwischen Arzt und Patienten. Es geht dabei schlechterdings um

815 Schwarz, JR 2008, 89, 92.
816 Terbille/Schmitz-Herscheidt, NJW 2000, 1749, 1753.
817 Dann, MedR 2007, 638, 641.
818 Schwarz, JR 2008, 89, 92.

die Frage, ob der Patient nach einem unerwünschten Behandlungsverlauf oder ärztlichem Fehler dem Arzt (noch) vertraut. Der Bestand des von in höchstem Maße subjektiven Faktoren abhängigen Vertrauensverhältnisses zwischen Arzt und Patienten kann über den Umweg der Selbstbestimmungsaufklärung jedoch nicht allein im Verantwortungsbereich des Behandelnden liegen. Es handelt sich um Selbstbestimmungsfürsorge und nicht mehr Selbstbestimmungsfreiheit, wenn die Selbstverantwortung des Patienten zu Lasten des Arztes dadurch eingeschränkt würde, dass von diesem verlangt wird, ungefragt medizinische Bewertungen über seine eigene ärztliche Tätigkeit in Bezug auf die vorgelagerte Behandlung vorzunehmen und gegenüber dem Patienten zu offenbaren.[819] Dabei ist es dem Patienten unbenommen, solche und andere für ihn bedeutsame (subjektive) Faktoren durch Nachfrage beim Behandelnden zum Gegenstand seiner Entscheidung für die weitere Behandlung zu machen. Soweit der Behandelnde hierauf antwortet, muss diese Antwort freilich wahrheitsgemäß sein.[820] Hiervon losgelöst ist allerdings die im Folgenden zu erörternde rechtliche Frage zu betrachten, ob der Behandelnde hierauf antworten muss oder die Beantwortung verweigern darf.

3.5 Pflicht zur Fehleroffenbarung auf Nachfrage des Patienten

Im Schrifttum[821] wird ganz überwiegend die Auffassung vertreten, dass der Arzt auf konkrete Frage des Patienten über den Ablauf einer Behandlung verpflichtet ist, wahrheitsgemäß zu antworten. Diese Pflicht lasse sich aus dem Auskunftsanspruch aus Treu und Glauben ableiten.[822] Eine solche Auskunftspflicht aus Treu und Glauben ist nach ständiger Rechtsprechung des *BGH*[823] grundsätzlich dann anzunehmen, wenn zwischen den Parteien eine besondere rechtliche Beziehung besteht und sich hieraus ergibt, dass der Auskunftssuchende (ohne Verschulden) über das Bestehen oder den Umfang seines Rechts im Ungewissen ist, während der andere Teil unschwer in der Lage ist, Auskunft zu erteilen. Diese

---

819 Vgl. Schwarz, JR 2008, 89, 92.

820 Vgl. Schwarz, JR 2008, 89, 92.

821 Martis/Winkhart, Arzthaftungsrecht, 3. Aufl., S. 154, Schelling/Warntje; MedR 2012, 506, 510; Terbille/Schmitz-Herscheidt, NJW 2000, 1749, 1752; Uhlenbruck/Schlund, in: Laufs/Uhlenbruck, Handbuch des Arztrechts, 3. Aufl., § 22, Rn. 10; Uhlenbruck, in: FS Weißauer, S. 150, 158.

822 Terbille/Schmitz-Herscheidt, NJW 2000, 1749, 1752 f.

823 BGHZ 10, 385, 387; 95, 285, 287 f; 126, 109, 113; 148, 26, 30;152, 307, 316.

Voraussetzungen seien im Verhältnis zwischen Arzt und Patienten, jedenfalls was medizinische Sachverhalte anbelangt, „unproblematisch" erfüllt.[824]

3.5.1 Umfang der Offenbarungspflicht auf Nachfrage

Im Schrifttum ist unstrittig, dass der Arzt dem Patienten über das Fehlerereignis in dem Sinne zu berichten hat, dass diesem die objektiven Tatsachen über den Behandlungsverlauf und seinen aktuellen Gesundheitszustand offenbart sowie (auf sein Verlangen) Einsicht in die Krankenakten gewährt wird.[825] Umstritten ist hingegen, ob zudem in diesem Zusammenhang Informationen geschuldet sind, die die fachliche Würdigung bzw. medizinische Bewertung des Behandlungsverlaufs beinhalten und gegebenfalls vom Behandelnden das Eingeständnis eigenen Verschuldens zu verlangen ist.

3.5.1.1 Terbille/Schmitz-Herscheidt

Terbille und *Schmitz-Herscheidt* vertreten die Auffassung, der Arzt schulde im Rahmen seiner Offenbarungspflicht auch die Bewertung des Behandlungsgeschehens. Denn der Patient könne als medizinischer Laie typischerweise nicht ermitteln, ob der ihm mitgeteilte Behandlungsverlauf fehlerfrei oder fehlerhaft abgelaufen ist.[826]

3.5.1.2 Uhlenbruck

Zwar besteht nach Ansicht *Uhlenbrucks* bei ausdrücklicher Nachfrage des Patienten die Aufklärungs- und Informationspflicht sowohl als allgemeine Rechtspflicht eines Schädigers als auch als Nebenpflicht aus dem ärztlichen Behandlungsvertrag. Ein Eingeständnis eigenen Verschuldens sei von Seiten des Arztes jedoch nicht zu verlangen.[827]

3.5.1.3 Dann

Nach *Dann* ist der Arzt grundsätzlich verpflichtet, Sachverhaltsangaben zu machen, die eine Prüfung nahelegen, ob der ursprüngliche von ihm intendierte

---

824 Schelling/Warntje, MedR 2012, 505, 510; vgl. Terbille/Schmitz-Herscheidt, NJW 2000, 1749, 1752 f.

825 Schelling/Warntje, MedR 2012, 506, 510; Terbille/Schmitz-Herscheidt, NJW 2000, 1749, 1752; BGH NJW 1983, 328.

826 Terbille/Schmitz-Herscheidt, NJW 2000, 1749, 1752 f.

827 Ohne weitere Begründung: Uhlenbruck, in: FS Weißauer, S. 150, 158.

Eingriffserfolg verfehlt worden ist. Es sei dem Arzt zuzumuten, sich durch Aufklärung über die Tatsachenebene einer Komplikation in die Gefahr der Strafverfolgung zu begeben.[828] Diesem stehe die Selbstbelastungsfreiheit nicht entgegen, denn es handele sich um eine freiwillig übernommene und keine zwangsweise auferlegte Offenbarungspflicht. Denn das Informieren des Patienten über den „Jetzt-Zustand" sei Inhalt des Behandlungsvertrages und damit Ausfluss privatautonomer Entscheidungen und nicht zwangsbasiert.[829] Nichts Anderes gelte für den Hinweis auf eine Komplikation, unter der eine ungünstige Beeinflussung eines Eingriffs durch einen unvorhergesehenen Umstand zu verstehen sein soll. Demgegenüber sei dem Arzt das Einräumen eines Behandlungsfehlers nicht zumutbar, da er Gefahr läuft, strafprozessuale Ermittlungen zur Feststellung von Kausalität und Verschulden auf sich zu ziehen.[830] Eine solche Verpflichtung sei auch nicht erforderlich, um überragend wichtige Patienteninteressen durchzusetzen. Denn die juristische und medizinische Bewertung von Behandlungsfaktoren kann ein Patient in die Hände externer Fachleute legen. Der Patient sei auf weitere Mithilfe des vorbehandelnden Arztes nicht angewiesen, der – sei es mündlich oder durch Vorlage angefertigter Dokumentation – eine allerdings wertungsfreie Information zu Behandlungsverlauf und Behandlungsergebnis abzugeben hat.[831]

3.5.1.4 Schelling/Warntjen

Schelling und *Warntjen* vertreten die Auffassung, die allgemeine Treuepflicht im Arzt-Patient-Verhältnis begründe lediglich einen Anspruch des Patienten darauf, dass der Arzt ihm auf eine konkrete Frage hin alle zur Verfolgung eines Schadensersatzanspruches notwendigen Tatsachen mitteilt. Eine Verpflichtung zur Würdigung des Behandlungsverlaufs sei damit nicht verbunden. Der Auskunftsanspruch aus Treu und Glauben ziele nur auf die Offenbarung von Tatsachen ab, nicht jedoch auf eine rechtliche Wertung. Daran ändere auch eine bestehende besondere Vertrauensbeziehung und der aus medizinischer Sicht bestehende Wissensvorsprung des Arztes nichts.[832] *Schelling* und *Warntjen* betonen mit Verweis auf die Rechtsprechung[833], der Arzt handle „sogar dann nicht

828 Dann, MedR 2007, 638, 641.
829 Dann, MedR 2007, 638, 640.
830 Dann, MedR 2007, 638, 640.
831 Dann, MedR 2007, 638, 640.
832 Schelling/Warntjen, MedR 2012, 506, 510.
833 BGH NJW 1984, 661 662; OLG Hamm, NJW 1985, 685.

treuwidrig, wenn er, ohne die Tatsachen zu verschweigen oder zu verdrehen, ein schuldhaftes Fehlverhalten wider besseres Wissen abstreitet."[834]

3.5.1.5 Eigene Stellungnahme

Bei der Offenbarungspflicht des Behandelnden auf Nachfrage des Patienten handelt es sich richtigerweise um eine Auskunftspflicht, die sich aus der auf den Behandlungsvertrag gerichteten Nebenpflicht aus Treu und Glauben (§ 242 BGB) ergeben kann. Allerdings ist eine solche Auskunftspflicht aus dem Treueverhältnis zwischen dem Patienten und dem Behandelnden nicht voraussetzungslos und allumfassend. Die Auskunftspflicht nach § 242 BGB liegt im Allgemeinen bei Schuldverhältnissen – wie also auch dem Behandlungsvertrag – immer dann vor, „wenn die zwischen den Parteien bestehende Rechtsbeziehung es mit sich bringt, dass der Berechtigte in entschuldbarer Weise über das Bestehen oder den Umfang eines Rechts im Ungewissen ist und der Verpflichtete die zur Beseitigung der Ungewissheit erforderliche Auskunft unschwer geben kann."[835]

Regelmäßig ist der Patient als medizinischer Laie gegenüber dem Behandelnden als medizinischem Professionellen hinsichtlich der Informationen bezüglich der Bewertung seines medizinischen Zustandes und des Verlaufs seiner Behandlung in entschuldbarer Weise im Ungewissen. Aus diesem Grund besteht Einigkeit, dass der Auskunftsanspruch die Einsicht in die Krankenunterlagen erfasst, die über Diagnose, Art und Verlauf der Behandlung und etwaige Komplikationen Auskunft geben.[836]

Jedoch wird dieser billigkeitsrechtlich begründete Auskunftsanspruch durch die Interessen des Verpflichteten im Rahmen der gebotenen Abwägung insoweit begrenzt, als dass der Auskunftsschuldner die erforderliche Information ohne Schwierigkeiten geben können und diese Auskunftserteilung für ihn auch im Übrigen zumutbar sein muss.[837]

---

834 Schelling/Warntjen, MedR 2012, 506, 510.

835 Grüneberg, in: Palandt, BGB, 79. Aufl., § 260, Rn. 4; RGZ 108, 1, 7; BGHZ 10, 385, 387; BGH, NJW 1995, 387; 2007, 1806.

836 Grüneberg, in: Palandt, BGB, 79. Aufl., § 260, Rn. 10; Die Auskunft über Diagnose, Behandlungsart sowie Krankheitsverlauf und weitere Prognose ergeben sich dagegen selbst aus den dem Arzt obliegenden Behandlungspflichten und stellt keinen Anwendungsfall der auf Treu und Glauben gestützten Auskunftspflicht dar, so auch Krüger, in: MüKo-BGB, 5. Aufl. 2007, § 260, Rn. 23.

837 Laumen, in: Handbuch der Beweislast, Kap. 15, Rn. 13 f.

Zunächst ist entscheidend, ob dem Verpflichteten der mit der Auskunftserteilung verbundene Aufwand zugemutet werden kann,[838] denn dieser darf nicht unbillig belastet werden.[839] Der Auskunftsschuldner muss daher unschwer in der Lage sein, die Information zu erteilen.[840] Dies ist mit Blick auf die medizinische Bewertung des vergangenen Behandlungsgeschehen dann der Fall, wenn der Behandelnde nicht nur tatsächliche Anhaltspunkte dafür hat, dass das Behandlungsgeschehen unterhalb des gebotenen medizinischen Standards geblieben ist, sondern sich die Behandlung für ihn als offenkundig medizinisch fehlerhaft darstellt. Denn nur dann ist der Arzt in der Lage ohne Beiziehung und Sichtung der Behandlungsunterlagen des Patienten und ohne Überprüfung aktueller Fachliteratur, die den medizinischen Standard zum Zeitpunkt der Behandlung annährend beschreiben kann, eine sachverständige medizinische Bewertung abzugeben, die dem Sorgfaltsmaßstab einer Begutachtung entspricht und auf die der Patient auch vertrauen können darf. Dabei ist zu berücksichtigen, dass der Arzt für die Erteilung einer unrichtigen Information haften würde[841] und sich gegebenenfalls der Gefahr der Strafverfolgung aussetzen könnte.[842] Es wäre geradezu weltfremd anzunehmen, dass der Behandler, abgesehen von einfachsten Behandlungsverläufen und ganz schwerwiegendem und offenkundigem Fehlverhalten, welches einem Fachkundigen schlechterdings nicht unterlaufen dürfte, zu einer spontanen medizinischen Bewertung des Behandlungsgeschehens tatsächlich in der Lage ist, ohne den medizinischen Sachverhalt möglichst erschöpfend ermittelt zu haben.

Ungeachtet dessen ist es dem Behandelnden nicht zumutbar, gegenüber dem Patienten die eigene Behandlungsleistung als fehlerhaft eingestehen zu müssen

838 BGHZ 81, 25; BGH NJW 2000, 3777.

839 BGH, NJW 2007, 1806, 1807, Laumen, in: Handbuch der Beweislast, 3. Aufl., Kap. 15, Rn. 13 m. w. N.

840 BGHZ 126, 109.

841 Der Arzt haftete gemäß § 280 Abs. 1 i. V. m. § 241 BGB bei schuldhafter Abgabe einer falschen Beurteilung für die dadurch in dem Vertrauen auf die Richtigkeit veranlassten Rechtsverfolgungskosten des Patienten (Rechtsanwalt-, Gutachter- und Gerichtskosten).

842 Gibt der Arzt die Beurteilung ab, es handle sich um eine medizinisch fehlerfreie Behandlung und stellt sich diese Beurteilung später als unrichtig heraus, dürfte objektiv zumindest der zur Einleitung eines Ermittlungsverfahrens wegen Betruges erforderliche Anfangsverdacht vorliegen. Für eine Verurteilung wäre freilich maßgeblich, ob die unrichtige Beurteilung nur fahrlässig oder wirklich vorsätzlich und in Bereicherungsabsicht erfolgt ist.

und sich so der Gefahr der Strafverfolgung auszusetzen. Der Berechtigte hat nur dann einen Anspruch auf Erteilung der von ihm begehrten Information, wenn bei der gebotenen Abwägung zwischen den Interessen des Berechtigten und Verpflichteten, das Interesse des Berechtigten auf Erteilung der Information durch den Verpflichteten überwiegt.[843] Andernfalls muss der Verpflichtete die Information verweigern dürfen.

Die Erteilung der Information über die medizinische Bewertung des Behandlungsverlaufs, also die Frage, ob die Behandlung medizinisch fehlerfrei oder fehlerhaft war, wird ausschließlich vom Vermögensinteresse des Patienten erfasst. Denn dieses Informationsbegehren zielt auf die Prüfung der Haftung des Behandelnden wegen eines Behandlungsfehlers ab, bei der es zuvorderst auf tatsächliche Bewertung der Behandlung ankommt. Der Schadenersatzanspruch für einen schuldhaften Behandlungsfehler, durch den ein Gesundheitsschaden des Patienten entstanden ist, kann zwar auch (teilweise) auf die Wiederherstellung der Gesundheit durch Gegenbehandlung gerichtet sein (Restitutio). Die Stimmen im Schrifttum, die deswegen neben dem Vermögensinteresse auch ein Gesundheitsinteresse des Patienten statuieren, übersehen jedoch, dass die Wiederherstellung der Gesundheit ohnehin – unabhängig von der Frage, ob der Gesundheitsschaden des Patienten durch ein dem Behandelnden vorwerfbares Ereignis verursacht oder schicksalhaft ist – zu den Aufgaben des Arztes gehört und seine (weitere) Behandlung entsprechend der ärztlichen Sorgfalt hierauf abzielen muss.[844] Der Patient selbst ist wiederum frei, diese Gegenbehandlung von diesem Arzt oder einem anderen durchführen zu lassen. Von dem Gesundheitsinteresse des Patienten ist in diesem Zusammenhang daher auch die Information über seinen Gesundheitszustand, über die Art und den Verlauf seiner Behandlung sowie etwaige Komplikationen im Sinne eines unerwünschten Verlaufs und das Einsichtsrecht in die Krankenunterlagen erfasst, die Information, wie die Behandlung medizinisch zu bewerten ist, allerdings nicht.

Gegen dieses Vermögensinteresse des Patienten besteht auf Seiten des Behandelnden das Interesse sich nicht durch Selbstbezichtigung der Gefahr der Strafverfolgung aussetzen zu müssen. Darüber hinaus ist auf Seiten des Arztes das Interesse vorhanden, das berufliche Ansehen und die berufliche Stellung nicht zu gefährden. Diese Interessenlage kann dem allgemeinen Persönlichkeitsrecht des Behandelnden zugeordnet werden. Daneben besteht aber auch auf Seiten des Arztes ein Vermögensinteresse. Dieses umfasst nicht allein die aus einer

843 Vgl. Prütting, FS Laufs, S. 1009, 1014, 1022.
844 Vgl. Uhlenbruck, FS Weißauer, S. 150 ff.

haftungsrechtlichen Kompensation herrührende Vermögensgefährdung bzw. Vermögensminderung, sondern auch die Vermögensgefährdung, welche mit straf- und berufsrechtlichen Verfahren gegen den Behandelnden verbunden sein kann. Unmittelbar handelt es sich dabei um Geldstrafen und berufsrechtliche Bußgelder, Verfahrenskosten und Verteidigungsaufwände. Mittelbar geht es um die Gefährdung von Gewinnaussichten, die mit der Abwertung der beruflichen Stellung und beruflichen Reputation einhergehen können.

Vor diesem Hintergrund besteht kein überwiegendes Interesse auf Patientenseite, welches unter der gebotenen Abwägung einen Auskunftsanspruch gegen den Behandelnden zur Frage der Fehlerhaftigkeit der Behandlung begründen kann. Bereits die Auskunft über die Bewertung der Behandlung vom Behandelnden selbst ist zur Wahrung der Vermögensinteressen des Patienten nicht erforderlich. Denn der Patient ist auf die Erteilung dieser Information durch den Behandelnden nicht angewiesen.[845] Vielmehr kann sich der Patient in der Frage der medizinische Bewertung des Behandlungsgeschehens eines medizinischen Sachverständigen bedienen,[846] der auf Grundlage der dem Patienten zu erteilenden Informationen über seinen Gesundheitszustand, die Art und den Verlauf der Behandlung sowie durch Einsicht in die Patientenunterlagen eine Begutachtung der Behandlung vornehmen kann[847] und sich so die für ihn erforderliche Information selbst beschaffen.

Das Vermögensinteresse des Patienten im Hinblick auf ein behandlungsfehlerhaftes Schadensereignis wird durch die Pflicht zur Dokumentation, deren Inhalt und Umfang sowie durch Beweiserleichterungen bis hin zur Beweislastumkehr hinreichend geschützt.[848] Darüber hinausgehend kann der Arzt nicht gehalten sein, Auskünfte, die eine Tatsachenbewertung beinhalten, zu erteilen, die allein dazu dienen sollen, Haftungsfragen zu prüfen und den Arzthaftungsprozess eines möglichen Geschädigten vorzubereiten.[849] Dabei geht es nicht darum, dem Patienten das berufliche Risiko des Arztes aufzuerlegen. Ein allgemeiner Grundsatz zur Fehleroffenbarung ist dem deutschen Recht unbekannt.[850]

845 Vgl. Dann, MedR 2007, 638, 640.

846 Vgl. Dann, MedR 2007, 638, 640.

847 Zur Begutachtung kann der Patient einen medizinischen Sachverständigen beauftragen, der ebenfalls der Schweigepflicht unterliegt. Im Übrigen kann der Patient unentgeltlich medizinische Sachverständigengutachten von den Schlichtungsstellen der Ärztekammern oder – sofern der Patient gesetzlich versichert ist – vom Medizinischen Dienst der Krankenkassen (MDK) erhalten.

848 Vgl. OLG Koblenz, MedR 2004, 388, 390.

849 Vgl. OLG Koblenz, MedR 2004, 388, 390.

850 Spickhoff, in: Spickhoff, Medizinrecht, 2. Aufl., § 630c BGB, Rn. 15.

Auch die allgemeine Verkehrsauffassung erwartet eine solche Offenbarung nicht.[851] Vielmehr ist es grundsätzlich Sache und damit Risiko des Anspruchstellers, einen Haftungsgrund darzulegen und zu beweisen.[852] Ein so weitgehender Auskunftsanspruch – wie eine generelle Pflicht zur Fehleroffenbarung – würde das gesetzliche System der Beweisverteilung vollumfänglich aushöhlen und dazu führen, dass eine Partei verpflichtet wäre, ohne jede Rücksicht auf eigene Interessen die Sache der anderen Partei zu betreiben. Eine unbillige Belastung des Patienten als Anspruchsteller und die Gefahr der Vereitelung seiner Rechte liegen nicht vor. Den groben Unzulänglichkeiten,[853] die mit der Beweisverteilung für den Patienten verbunden sein können, hat die Rechtsprechung auch hinsichtlich der Beweisführung für die Pflichtwidrigkeit ärztlichen Handelns Rechnung getragen. So ist nach ständiger Rechtsprechung im Arzthaftungsprozess die Substantiierungslast des Patienten hinsichtlich der Behandlungsfehlerhaftigkeit vermindert.[854] Ausreichend ist danach ein Vortrag seitens des Patienten, der ein fehlerhaftes Verhalten des Arztes auf Grund der Folgeerscheinungen lediglich vermuten lässt.[855] Ist der Beweis der objektiven Pflichtwidrigkeit geführt, ergibt sich wegen des im Arzthaftungsrecht geltenden objektiven Fahrlässigkeitsbegriffs daraus ohne weiteres auch das Verschulden des Behandelnden, dessen Sache es dann ist, Tatsachen vorzutragen und zu beweisen, aus denen geschlossen werden muss, dass dieser ausnahmsweise die Pflichtverletzung subjektiv nicht zu vertreten hat.[856] Darüber hinaus ist hinsichtlich Beweisführung für die objektive Pflichtwidrigkeit dann eine Beweislastumkehr zu Gunsten des Patienten von der Rechtsprechung anerkannt, wenn der Gesundheitsschaden aus dem Herrschafts- und Organisationsbereich der Behandlungsseite herrührt (sog. vollbeherrschbare Risiken).[857]

Die Gefahr einer Vereitelung der Haftungsansprüche ist auch mit Blick auf eine drohende Verjährung nicht erkennbar. Für die Verjährung der

851 Prütting, FS Laufs, 1009, 1014, 1022 f.

852 Vgl. Prütting, in: Handbuch der Beweislast, 3. Aufl., Kap. 25, Rn. 24 f.; Katzenmeier, Arzthaftung, S. 420 m. w. N.

853 Prütting, in: Handbuch der Beweislast, 3. Aufl., Kap. 25, Rn. 25.

854 Martis/Winkert, Arzthaftungsrecht, Rn. S 600 ff.

855 BGHZ 159, 245, 253; BGH, GesR 2014, 658, 659; OLG Brandenburg, NJW 2001, 1608 f.; OLG Düsseldorf, VersR 2005, 1737, 1738; OLG Naumburg, MedR 2014,174, 175.

856 Prütting, in: Handbuch der Beweislast, 3. Aufl., Kap. 25, Rn. 26 m. w. N.

857 BGHZ 89, 263, 269; BGHZ 171, 358, 360 ff; BGH VersR 2007, 1416 f.; vgl. Prütting, in: Handbuch der Beweislast, 3. Aufl., Kap. 25, Rn. 27 m. w. N.; siehe oben unter 1.2.5.8.

Schadensersatzansprüche des Patienten wegen Behandlungsfehlern gilt gemäß § 195 BGB die Regelverjährungsfrist von drei Jahren, für deren Beginn § 199 BGB maßgeblich ist.[859] Die Verjährungsfrist beginnt jedoch nicht zu laufen, bevor nicht der Patient als medizinischer Laie Kenntnis von Tatsachen erlangt oder grob fahrlässig nicht erlangt hat, aus denen sich ergibt, dass der Arzt vom üblichen ärztlichen Vorgehen abgewichen ist oder es versäumt hat, Maßnahmen zu treffen, die dem ärztlichen Standard zufolge zur Vermeidung oder Beherrschung von Komplikationen erforderlich gewesen wären.[860] Weder reicht eine dem Patienten mitgeteilte ärztliche Vermutung für eine möglicherweise falsche Behandlung[861] noch der ärztliche Hinweis auf nur mögliche Schadensursachen für das erforderliche subjektive Moment.[862] Abgesehen von auch für den Laien offenkundigen Behandlungsfehlern, wie beispielsweise dem Zurücklassen von Operationsinstrumenten im Körper oder dem Verwechseln von Körperteilen, wird der Patient regelmäßig Kenntnis über einen Behandlungsfehler nur dann erlangen können, wenn ein medizinisches Gutachten, das den Grundsätzen der fachgleichen Begutachtung entspricht, einen Behandlungsfehler feststellt.[863] Liegt eine solche fachkundige Feststellung nicht vor, basiert jede Anspruchsverfolgung auf reiner Mutmaßung.[864]

Der ärztlichen Tätigkeit mangelt es zudem an einem unmittelbaren Bezug zum Vermögen des Patienten. Denn weder ist die Vermögensbetreuung oder Vermögensberatung eine Hauptpflicht des Arztvertrages noch kommt dem Schutz der Vermögensinteressen des Patienten als Nebenpflicht ein hinreichender Umfang zu.[865] Die eingeschränkte wirtschaftliche Aufklärungspflicht, die den Arzt bei Erbringung privatärztlicher bzw. von der gesetzlichen Krankenversicherung nicht erstattungsfähigen Leistungen dazu verpflichtet, den Patienten

858 Zu weiteren Beweiserleichterungen siehe oben unter 1.2.5.

859 § 852 Abs. 1 BGB a. F. regelt dies vor der Schuldrechtsreform inhaltsgleich für deliktische Ansprüche.

860 BGH, NJW 2014, 993.

861 LG Aurich, VersR 1983, 46; Grothe, in: MüKo-BGB, 8. Aufl., § 199, Rn. 32.

862 BGH, NJW 1994, 932, 934.

863 Ziegler/Oynar, NJW 2017, 2438, 2442; OLG Hamm, Urt. v. 6.6.2014 – 26 U 14/13.

864 a. A. BGH, NJW 2001, 885 und OLG Saarbrücken, NJW-RR 2014, 1305 wonach bereits das Aufsuchen eines Rechtsanwalts auf Grund von Zweifeln an der Ordnungsmäßigkeit einer ärztlichen Behandlung und ein daraus resultierendes anwaltliches Anspruchsschreiben für den Verjährungsbeginn ausreichend sein sollen.

865 Vgl. Kleuser, Fehleroffenbarungspflicht, S. 128; Taupitz, Offenbarungspflicht, S. 69 f.; Prütting, in: FS Laufs, S. 1009, 1022 f.

auf die entstehenden vom Patienten selbst zu tragenden Behandlungskosten hinzuweisen, weist darüber hinaus nur einen präventiven Zweck auf, der darin besteht, den Patienten vor unvorhersehbarer finanzieller Belastung zu bewahren. Es fehlt mithin ein Vermögensbezug für Ersatzansprüche begründende Schadensereignisse durch fehlerhafte ärztliche Behandlung.

Vor diesem Hintergrund besteht unter Abwägung der gegenläufigen Interessen kein Raum für die Anerkennung einer Auskunftspflicht zur Offenbarung medizinischer Bewertungen bzw. der fachlichen Würdigung des zurückliegenden Behandlungsgeschehens durch den behandelnden Arzt. Daher muss der Behandelnde auch berechtigt sein, den Patienten unter Gewährung von Einsicht in die Patientenunterlagen auf einen Sachverständigen oder anderen Arzt zu verweisen.[866]

3.6 Pflicht zur Offenbarung fremder Fehler

Über den im Schrifttum weitgehend unstrittigen Inhalt der Selbstbestimmungsaufklärung sowie Sicherungsaufklärung bzw. therapeutischen Aufklärung hinaus, ist nicht nur die fehlerbezogene Informationspflicht hinsichtlich eigener Fehler umstritten, sondern ob und unter welchen Umständen eine Informationspflicht über fremde Fehler, beispielsweise eines vorbehandelnden Arztes, besteht.

3.6.1 Glatz

Glatz vertritt die Auffassung, den Arzt treffe keine unmittelbare Pflicht zur Offenbarung von Behandlungsfehlern fremder Ärzte. Ein entsprechender Hinweis könne sich lediglich mittelbar aus der Pflicht zur Aufklärung über behandlungsinterne Faktoren ergeben.[867] Der Arzt müsse demnach den Patienten bereits auf Grund der allgemeinen Grundsätze über seinen körperlichen Zustand und bestehende Gesundheitsrisiken informieren. Hat der Vorbehandelnde eine unrichtige Diagnose gestellt, müsse er diese korrigieren, um nicht selbst einen Behandlungsfehler zu begehen, unabhängig davon ob damit bereits für den Laien ein Fehlverhalten des Vorbehandelnden offensichtlich wird.[868]

Das individualisierte Vertrauen in den nunmehr behandelnden Arzt könne nicht dadurch erschüttert werden, dass zuvor ein anderer Behandelnder bei

866 Vgl. BGH, NJW 2000, 3777 (Auskunftsanspruch gegen Insolvenzverwalter).
867 Glatz, Der Arzt zwischen Aufklärung und Beratung, S. 375.
868 Glatz, Der Arzt zwischen Aufklärung und Beratung, S. 375.

dem Patienten einen Behandlungsfehler verschuldet hat. Weswegen die Frage des Vertrauens in den Behandelnden hinsichtlich der fehlerbedingten Gegenbehandlung durch einen anderen Arzt für die Selbstbestimmungsaufklärung keine Rolle spiele. Das Interesse des Patienten an einer Information über das Vorliegen eines Behandlungsfehlers eines anderen Arztes sei daher allein darauf gerichtet, die Geltendmachung von Schadensersatzansprüchen gegen den Schädiger zu ermöglichen.[869] Eine generelle Vermögensbetreuung des Arztes wird aber weder vom Zweck des Arztvertrages noch seiner Funktion als solcher erfasst. Eine Vermögensbeeinträchtigung für die etwas Anderes gelten könne, geht vom nunmehr Behandelnden jedoch nicht aus. Denn die Beeinträchtigung ist durch den Behandlungsfehler eingetreten und wird nicht erst durch dessen Verschweigen herbeigeführt. Aus diesem Grund könne eine Pflicht des Arztes zum Hinweis auf fremde Behandlungsfehler nicht anerkannt werden.[870]

3.6.2 *Rieger*

Nach *Rieger* besteht eine Pflicht des behandelnden Arztes zur Aufklärung des Patienten über eine Fehlleistung eines anderen Arztes, wenn zur Abwendung weiterer Schäden ein ärztlicher Eingriff erforderlich ist, der ohne die Information des nachbehandelnden Arztes unterbliebe.[871] Die auf Grund der ärztlichen Berufsordnung bestehende allgemeine Berufspflicht des Arztes, die Gesundheit des Patienten zu schützen und wiederherzustellen, sei gleichzeitig eine Nebenpflicht aus dem mit dem Patienten geschlossenen Arztvertrag, die die Unterrichtung des Patienten über das schadenstiftende Ereignis zwingend gebietet.[872] Es müsse sich jedoch um einen zweifelsfrei erkennbaren Behandlungsfehler mit eindeutigen Folgen handeln. Eine bloße Vermutung einer Fehlbehandlung könne diese Informationspflicht nicht begründen. Eine Pflicht zur Offenbarung scheide im Übrigen dort aus, wo die zur Abwendung der Schadensfolgen gebotene Behandlung ohnedies stattfindet. Denn in einem solchen Fall könne die Unterrichtung des Patienten nur dazu dienen, dem Patienten zur Durchsetzung von Schadenersatzansprüchen gegen den erstbehandelnden Arzt zu verhelfen. Eine so weitgehende wirtschaftliche Beratungspflicht des Arztes sei jedoch abzulehnen.[873]

869 Glatz, Der Arzt zwischen Aufklärung und Beratung, S. 374.
870 Glatz, Der Arzt zwischen Aufklärung und Beratung, S. 374 f.
871 Rieger, DMW 111 (1986), 234.
872 Rieger, DMW 111 (1986), 234.
873 Rieger, DMW 111 (1986), 234.

3.6.3 *Kern/Laufs*

Auch *Kern* und *Laufs* vertreten die Auffassung, dass eine Pflicht zur Offenbarung von Behandlungsfehlern eines anderen Arztes nur dann besteht, wenn das gesundheitliche Wohl des Patienten eine solche Mitteilung erfordert.[874] Dieses sei dann der Fall, wenn den Patienten nur der Aufschluss über den Fehler dazu bewegen kann, in einen neuerlichen Eingriff zu dessen Behebung einzuwilligen.[875]

3.6.4 *Schreiber*

Nach Ansicht *Schreiber*s besteht nur unter sehr engen Voraussetzungen eine vertragliche Pflicht zur Offenbarung fremder Fehler. Eine derartige Informationspflicht sei nur in Fällen anzunehmen, wo es sich um ein „ganz schwerwiegendes, die Eignung des entsprechenden Arztes in Frage stellendes Fehlverhalten" handelt oder wenn aus therapeutischen Gesichtspunkten die Kenntnis von der Fehlbehandlung für das künftige Verhalten des Patienten von Bedeutung ist.[876]

3.6.5 Eigene Stellungnahme

Soweit für den behandelnden Arzt dem Grunde nach eine Pflicht zur Offenbarung eigenen Fehlerverhaltens angenommen wird, muss dieses ebenfalls für den Behandelnden gelten, wenn lediglich die Offenbarung fremden ärztlichen Fehlverhaltens in Rede steht. Denn das Behandlungsverhältnis und die Interessenlage auf Seiten des Patienten sind in beiden Konstellationen deckungsgleich. Es kommt hinzu, dass auf Behandlungsseite eine Änderung der Interessenlage insoweit eintritt, als es im Regelfall[877] nicht um die Selbstbelastungsfreiheit und das individuelle Reputationsinteresse des Behandelnden geht, sondern allenfalls kollektive Reputationsinteressen – das Ansehen der Ärzteschaft im Allgemeinen – betroffen sind.

874 Kern/Laufs, Die ärztliche Aufklärungspflicht, S. 191.

875 Kern/Laufs, Die ärztliche Aufklärungspflicht, S. 191.

876 Schreiber, in: Troschke/Schmidt, S. 188.

877 Denkbar sind jedoch auch Konstellationen, in denen es um die Offenbarung von Fehlverhalten eines nahen Angehörigen oder eines Kollegen geht, mit dem der Behandelnde in einem Krankenhaus, einer Gemeinschaftspraxis oder sonstigen Einrichtung zusammen ärztlich tätig ist.

3.6.6 Umfang der Pflicht zur Offenbarung fremder Fehler

Auch im Hinblick auf die Offenbarung fremder Fehler ist eine Kontur des Umfangs der Offenbarungspflicht im Schrifttum und in der Rechtsprechung kaum erkennbar. Unstrittig ist, dass der Behandelnde den Patienten über seinen Gesundheitszustand sowie die Notwendigkeit und die Art und Weise künftiger ärztlicher Behandlungen zu informieren hat. Dies erfasst wegen des überwiegenden Gesundheitsinteresses und Selbstbestimmungsrechts des Patienten beispielsweise auch die Informationen über bei einer Operation durch einen Vorbehandelnden im Körper des Patienten zurückgelassenes Operationswerkzeug, auch wenn aus solcher Information bereits aus Laiensicht zumindest Anhaltspunkte ärztlichen Fehlverhaltens evident werden.[878]

Ob die Pflicht zur Offenbarung fremder Fehler darüber hinaus in jedem Fall die Offenlegung der medizinischen Bewertung des vergangenen Behandlungsgeschehens als fehlerhaft und die Frage des Verschuldens erfasst, ist umstritten und soll an dieser Stelle untersucht werden.

Eine spontane Offenbarungsverpflichtung der medizinischen Bewertung vergangenen Behandlungsgeschehens kann auch mit Blick auf lediglich fremdes ärztliches Fehlverhalten nicht angenommen werden. Denn die medizinische Bewertung der Vorbehandlung, also die Frage, ob die Behandlung medizinisch fehlerhaft oder fehlerfrei war, ist für die weitere Behandlung des Patienten durch einen anderen Arzt ohne Bedeutung. Das Gesundheitsinteresse des Patienten sowie dessen Selbstbestimmungsrecht werden hierdurch nicht tangiert.[879]

Jedoch auf ausdrückliche Nachfrage des Patienten ist eine Pflicht zur Offenbarung der medizinischen Bewertung im Grundsatz dann anzunehmen, wenn es um eine für den Behandelnden offenkundig medizinisch fehlerhafte Vorbehandlung durch einen anderen Arzt geht. Dies ergibt sich aus dem Treuverhältnis zwischen Arzt und Patienten, das den Arzt verpflichtet, auf Nachfrage wahrheitsgemäß die ihm bekannten Tatsachen zu offenbaren.

Demgegenüber scheitert im Rahmen eines originären Behandlungsverhältnisses eine Offenbarungspflicht aus Gründen der Zumutbarkeit, soweit dem Behandelnden damit eine Recherche und gutachterliche Bewertung der

878 Hierbei handelt es sich jedoch um Informationen, die nach ganz herrschender und hier vertretener Auffassung situationsabhängig bereits Bestandteil der Selbstbestimmungsaufklärung oder der Sicherungs- und therapeutischen Aufklärung sind; vgl. Taupitz, NJW 1992, 713, 715; Gutmann, in: FS Bergmann, S. 59, 63; Schelling/Warntjen, MedR 2012, 506, 508.

879 Vgl. oben 3.4.7.4.

Vorbehandlung auferlegt werden soll. Denn der Arzt darf mit diesem seiner Hauptleistungspflicht aus dem Behandlungsvertrag fremdem Arbeitsaufwand nicht unbillig belastet werden.[880] Die ärztliche Hauptleistungspflicht im Behandlungsvertrag erstreckt sich auf die weitere Behandlung des Patienten und ist damit auf die Zukunft ausgerichtet. Die medizinische Bewertung der Vorbehandlung ist dagegen nur dann eine Hauptleistung, wenn der Patient den Arzt zu einer solchen retrospektiven Bewertung beauftragt. In diesem Fall steht neben dem eigentlichen Behandlungsvertrag ein Werkvertrag, der die medizinische Begutachtung des vergangenen Behandlungsgeschehens zum Gegenstand hat. Der Arzt ist frei, einen solchen Begutachtungsauftrag anzunehmen. Ein Kontrahierungszwang besteht jedoch nicht, weswegen der Behandelnde den Patienten auf einen anderen Arzt bzw. medizinischen Sachverständigen zur Erstellung eines entsprechenden Behandlungsgutachtens verweisen kann.

Über eine Verschuldensfrage kann vom Behandelnden keine Auskunft verlangt werden, denn es handelt sich um eine rechtliche Bewertung, die von der ärztlichen Tätigkeit nicht umfasst ist.

Fraglich ist, ob der Behandelnde gegenüber dem Patienten eine Auskunft verweigern darf, wenn es um die Vorbehandlung durch einen nahen Angehörigen oder Kollegen geht, mit dem er gemeinschaftlich in einem Krankenhaus, einer Gemeinschaftspraxis oder sonstigen Einrichtung ärztlich tätig ist.

Auf Seiten der Behandelnden kann im Hinblick auf nahe Angehörige, die an der Vorbehandlung des Patienten beteiligt waren, das Interesse bestehen, diese durch eine Auskunft nicht zu belasten und der Gefahr der Strafverfolgung auszusetzen oder ihnen in sonstiger Weise zu schaden. Die Behandelnden können in Bezug auf ihre Angehörigen der Zwangslage ausgesetzt sein, diese durch ihre Aussagen zu belasten oder die Unwahrheit sagen zu müssen. Für das Zeugnisverweigerungsrecht nach § 52 StPO wird insoweit vertreten, dass niemand gezwungen sein soll, aktiv zur Überführung eines Angehörigen beizutragen, weil der Zwang zur Belastung von Angehörigen mit dem Persönlichkeitsrecht des Zeugen ebenso unvereinbar wäre wie ein gegen den Zeugen geübter Zwang zur Selbstbelastung.[881] Aus verfassungsrechtlicher Sicht ist das Zeugnisverweigerungsrecht des § 52 StPO Ausdruck des allgemeinen Persönlichkeitsrechts des Zeugen gem. Art. 2 Abs. 1 GG.[882] Dieses umfasst nicht nur die Freiheit, ein Zeugnis in Bezug auf einen nahen, im Strafverfahren beschuldigten Angehörigen

880 Vgl. oben 3.5.1.5.

881 BVerfG, NStZ-RR 2004, 18, 19; Rogall, in: SK-StPO, Vor § 48, Rn. 148.

882 BVerfG, NStZ-RR 2004, 18, 19; Ignor/Bertheau, in: LR-StPO, 27. Aufl., § 52 StPO, Rn. 1.

verweigern zu können, sondern auch die Option, bereits getätigte Aussagen gem. § 252 StPO dem Strafverfahren wieder zu entziehen. Es soll den Zeugen die mit einer Aussage verbundene innere Belastung und Konfliktsituation ersparen.[883] Dies gilt auch außerhalb des Strafverfahrens für andere prozessuale Zeugnisverweigerungsrechte wie § 383 ZPO.[884] Hinzukommt, dass mit dem prozessualen Zeugnisverweigerungsrecht nach Auffassung des *BGH* und weiter Teile im Schrifttum darüber hinaus der Familienfrieden, „die schonende Rücksicht auf die Familienbande" geschützt werden soll.[885] Damit dürfte neben dem allgemeinen Persönlichkeitsrecht der verfassungsrechtliche Schutz von Ehe und Familie nach Art. 6 Abs. 1 GG erfasst sein. Das Zeugnisverweigerungsrecht Angehöriger nach § 52 StPO lässt das öffentliche Interesse an möglichst unbehinderter Strafverfolgung – ungeachtet des Vorwurfs – hinter das persönliche Interesse des Zeugen zurücktreten, nicht gegen einen Angehörigen aussagen zu müssen.[886] Aber auch außerhalb prozessualer Konstellationen umfasst das allgemeine Persönlichkeitsrecht den Schutz des Behandelnden mit Blick auf den Konflikt zwischen Wahrheitspflicht und Belastung des Angehörigen auf der einen Seite und familiärem Näheverhältnis und dessen Belastung auf der anderen Seite. Das Interesse des Patienten an einer medizinischen Bewertung der Vorbehandlung durch den Behandelnden muss hinter das vom allgemeinen Persönlichkeitsrecht geschützte Interesse des Arztes zurücktreten, wenn das Persönlichkeitsrecht des Arztes auch im Vorfeld prozessualer Situationen ausreichenden Schutz vor der inneren Belastung des Arztes und dieser, damit einhergehenden Zwangslage gewähren soll. Dabei ist insbesondere zu berücksichtigen, dass der Patient die Information über die medizinische Bewertung nicht nur allein von diesem einen Behandelnden erlangen kann. Vielmehr stehen dem Patienten andere Erkenntnisquellen zur Frage der Bewertung der Vorbehandlung zur Verfügung. Mithin muss der Behandelnde die Auskunftserteilung zur medizinischen Bewertung gegenüber dem Patienten verweigern dürfen, wenn es um die Vorbehandlung geht, bei der ein Angehöriger des Behandelnden beteiligt war.

---

883 Ignor/Bertheau, in: LR-StPO, 27. Aufl., § 52 StPO, Rn. 1.

884 Damrau, in: MüKO-ZPO, 5. Aufl., § 383, Rn. 1.

885 BGHSt 11 216; 38 99; Damrau, in: MüKO-ZPO, § 383, Rn. 1; Ignor/Bertheau, in: LR-StPO, 27. Aufl., § 52 StPO, Rn. 1. m. w. N.

886 BGHSt - GS - 12, 235, 239.

3.7 Fehleroffenbarungspflicht aus strafrechtlicher Sicht

Neben der Frage, ob eine Verpflichtung zur Offenbarung von Fehlern aus dem bürgerlichen Recht abgeleitet werden kann, wurde vereinzelt diskutiert, ob und unter welchen Umständen sich eine Fehleroffenbarungspflicht aus strafrechtlichen Gesichtspunkten für den Arzt ergeben kann. Ansatzpunkt hierbei ist die Frage, ob das Nichtoffenbaren eigener oder fremder Fehler zu einer Strafbarkeit des Behandelnden führen kann.

3.7.1 Körperverletzung durch Unterlassen?

Mit Blick auf die Körperverletzungstatbestände wirkt es zunächst überraschend, dass das bloße Vorenthalten oder Nichtoffenbaren von Informationen im Zusammenhang mit einer Gesundheitsbeschädigung oder körperlichen Misshandlung im Sinne der §§ 223, 229 StGB stehen können soll. Tatsächlich sind vor allem im Bereich der ärztlichen Tätigkeit eine Vielzahl von Fallkonstellationen möglich, die eine Strafbarkeit wegen Körperverletzung durch das bloße Nichtinformieren des Patienten begründen können. So ist der Tatbestand der Körperverletzung erfüllt, wenn der Arzt es unterlässt, seinen Patienten über eine gebotene Weiterbehandlung zu informieren, und hierdurch eine Verschlechterung des Gesundheitszustandes des Patienten eintritt. Der Tatbestand der Körperverletzung kann auch dann erfüllt sein, wenn der Arzt die Richtigstellung einer falschen Diagnose gegenüber dem Patienten unterlässt und dieser nicht nur über Jahre im Ungewissen bleibt, sondern hieraus auch psychische Schäden davonträgt.[887] Anknüpfungspunkt für die Körperverletzungstatbestände (§§ 223, 229 StGB) und wesentliche objektive Tatbestandsvoraussetzung ist die Garantenstellung des Arztes, die sich aus dem tatsächlichen Behandlungsverhältnis ergibt. Denn der Arzt ist wegen seiner beruflichen Aufgabenstellung im Rahmen eines stehenden Behandlungsverhältnisses sog. Beschützergarant des Patienten in Bezug auf dessen Gesundheit.

Es stellt sich die Frage, ob sich ein Arzt auch dann wegen Körperverletzung durch Unterlassen strafbar macht, wenn er einen eigenen Behandlungsfehler gegenüber dem Patienten nicht offenbart.

In diesem Zusammenhang vertritt *Dann* die Auffassung, es bestehe eine strafrechtlich bewehrte Auskunftspflicht aus vertraglich übernommener Fürsorgepflicht und – je nach Lage des Falles – kraft Ingerenz, wenn Zusatzbehandlungen erforderlich sind, um Gesundheitsgefahren abzuwehren.[888] Nach einer

887 Vgl. OLG Karlsruhe, VersR 1988, 1134.

888 Dann, MedR 2007, 638, 641.

komplikationsbehafteten Behandlung verdichte sich die ärztliche Pflicht zur Abwehr von Gesundheitsschäden zu einer Aufklärungspflicht, deren Gegenstand in erster Linie die Notwendigkeit sowie Risiken einer Folgebehandlung sind. Der Arzt könne den Erfolg einer drohenden Körperverletzung nicht einfach durch Vornahme eines weiteren Eingriffs abwenden, denn ohne wirksame Einwilligung mache er sich strafbar. Dagegen müsse der Arzt nicht darüber aufklären, dass ihm ein Fehler unterlaufen sein könnte, sondern nur, dass durch Eintritt einer Komplikation eine Folgebehandlung notwendig ist.[889] Denn das Wissen um die Klassifikation als Behandlungsfehler sei nicht notwendig, um den Patienten vor Gesundheitsgefahren zu schützen. Schließlich erwarte auch kein Patient Aufklärung darüber, wie oft seinem Operateur in der Vergangenheit Behandlungsfehler unterlaufen sind.[890]

Im Ergebnis, dass das Nichtoffenbaren eines Behandlungsfehlers im Sinne des Nichtoffenbarens der medizinischen Bewertung des vergangenen Behandlungsgeschehens eine Strafbarkeit wegen Körperverletzung nicht begründet, ist *Dann* zuzustimmen. Die Verpflichtung zur Aufklärung des Patienten in Bezug auf die Einwilligung zur Durchführung einer wegen eines Behandlungsfehlers erforderlichen Gegenbehandlung bzw. Weiterbehandlung gründet allerdings nicht unmittelbar auf die Garantenstellung des Arztes aus dem Behandlungsverhältnis oder aus Ingerenz. Denn die Einwilligungs- bzw. Selbstbestimmungsaufklärung des Patienten ist jedenfalls der Körperverletzungsdogmatik folgend Voraussetzung der einen ärztlichen Eingriff rechtfertigenden Einwilligung und daher unabhängig vom Anlass der medizinisch indizierten Behandlungsmaßnahme. Denn ein Eingriff bleibt nach der Körperverletzungsdogmatik grundsätzlich rechtswidrig, wenn es an einer wirksamen Einwilligung deswegen fehlt, weil dem Patienten vor dem Eingriff keine ausreichende Aufklärung zuteilwurde.[891] Tatbestandsmäßiges Handeln i. S. d. §§ 223, 229 StGB ist die Behandlungsmaßnahme bzw. der Eingriff; nicht die Einwilligungsaufklärung. Sie unterscheidet sich damit von der therapeutischen Aufklärung und Information des Patienten zur Sicherung des Behandlungsverlaufs, die die Gesundheit des Patienten unmittelbar schützen soll und deren Unterlassen selbst tatbestandsmäßig sein kann. Gegenstand der Einwilligungsaufklärung sind Art und Weise sowie Notwendigkeit des Eingriffs und die mit diesem Eingriff verbundenen – einzelfallbezogen zu konkretisierenden – Risiken nach Maßgabe der objektiven medizinischen Erfahrungen.[892]

889 Dann, MedR 2007, 638, 641.
890 Dann, MedR 2007, 638, 641.
891 Fischer, StGB, § 223, Rn. 25 m. w. N.
892 Fischer, StGB, § 223, Rn. 25.

Dann ist jedoch insoweit zuzustimmen, dass der notwendige Inhalt der Aufklärung nicht die medizinische Bewertung der Vorbehandlung als fehlerhaft oder fehlerfrei umfasst. Zwar soll es die Einwilligungsaufklärung dem Patienten ermöglichen, sein Selbstbestimmungsrecht umfassend und in Kenntnis möglicher Risiken auszuüben.[893] Geschützte Rechtsgüter der Körperverletzungstatbestände der §§ 223, 229 StGB sind jedoch nicht das Selbstbestimmungsrecht des Patienten als Ausprägung seines Persönlichkeitsrechts, sondern die körperliche Unversehrtheit und Gesundheit.[894] Zum notwendigen Inhalt der Aufklärung gehören daher objektiv risikoerhöhende, aus Sicht des sorgfältig Behandelnden unvermeidbare Faktoren; also solche, die eine unvermeidbare Gefahr für die körperliche Unversehrtheit und Gesundheit des Patienten begründen können. Zum einen hat die Fehlerhaftigkeit der Vorbehandlung – wie die Frage, ob dem Arzt in der Vergangenheit bei anderen Patienten Behandlungsfehler unterlaufen sind – im Hinblick auf die Durchführung eines notwendigen Folgeeingriffs grundsätzlich keinen objektiven Risikobezug, denn ein Behandlungsfehler bei einem Eingriff begründet gerade keine Wiederholungsgefahr zu einem Behandlungsfehler bei Durchführung eines Folgeeingriffs. Zum anderen ist die Gefahr eines Behandlungsfehlers selbst kein aufklärungsbedürftiger unvermeidbarer Faktor, weil der Eintritt eines medizinischen Fehlers durch die Einhaltung der erforderlichen Sorgfalt des Arztes vermeidbar ist.[895]

Demnach kann das Nichtoffenbaren eigener oder fremder ärztlicher Fehler im Rahmen der Aufklärung nicht zu einer Strafbarkeit wegen Körperverletzung nach § 223 oder § 229 StGB führen.

3.7.2 Strafvereitelung durch Unterlassen?

Es stellt sich die Frage, ob der Arzt, der einen Behandlungsfehler eines anderen Arztes nicht offenbart, sich wegen Strafvereitelung durch Unterlassen nach §§ 258 Abs. 1, 13 StGB strafbar machen könnte.

893 Fischer, StGB, § 223, Rn. 25 m. w. N.

894 Fischer, StGB, § 223, Rn. 2.

895 Schelling, Ärztliche Aufklärung, S. 32; siehe auch OLG Düsseldorf, VersR 1988, 968, 970; OLG München, VersR 1997, 1281; siehe oben unter 1.2.4.1.

896 Ergibt sich aus der Zahl der Behandlungsfehler des Arztes und der Art dieser Fehler dessen Ungeeignetheit zur weiteren ärztlichen Tätigkeit, dürfte demgegenüber höchst

So hatte *Brüggemeier* vertreten, der Arzt sei verpflichtet den Behandlungsfehler eines anderen Arztes gegenüber dem Patienten offenzulegen, sonst mache sich dieser wegen Strafvereitelung nach § 258 Abs. 1 StGB strafbar.[897]

Glatz hat diese Auffassung als abwegig zurückgewiesen. Zwar liege im Verschweigen eines fremden Fehlverhaltens ein Unterlassen eines „möglicherweise (zivilrechtlich) erforderlichen Hinweises". Es fehle allerdings eine hierauf bezogene Garantenstellung i. S. d. § 13 StGB. Der Arzt sei nicht Garant für den Nichteintritt des Erfolges des § 258 Abs. 1 StGB, der als Rechtsgut die staatliche Rechtspflege schütze. Der Arzt habe eine besondere Nähebeziehung hinsichtlich der durch einen vorhergehenden Behandlungsfehler beeinträchtigten Rechtsgüter der Gesundheit und der körperlichen Integrität seines Patienten. Eine solche Garanteneigenschaft könne jedoch nicht darauf gestützt werden, dass die fragliche Person rechtlich für den Schutz des durch den Vortäter verletzten Rechtsguts verantwortlich ist.[898]

Glatz Auffassung verdient Zustimmung. Zwar liegt eine Garantenstellung des Arztes in einem Behandlungsverhältnis vor, die sich auf die Rechtsgüter des Patienten beziehen. Jedoch fehlt es an einem Bezug zu dem vom Straftatbestand des § 258 StGB geschützten Rechtsgut der „staatlichen Rechtspflege in ihrer Aufgabe, den Täter einer rechtswidrigen Tat zu bestrafen oder einer Maßnahme zu unterwerfen."[899] Daher kann Täter einer Strafvereitelung durch Unterlassen nur sein, wer von Rechts wegen dazu berufen ist, an der Strafverfolgung mitzuwirken, also dafür zu sorgen oder beizutragen, dass Straftäter ihrer Bestrafung oder sonstigen strafrechtlichen Maßnahmen zugeführt werden.[900] Der Behandelnde ist mithin kein Garant i. S. d. § 13 StGB für die Abwendung des Erfolgseintritts des § 258 StGB, weswegen – unabhängig einer zivilrechtlichen Fehleroffenbarungspflicht im Verhältnis zwischen Arzt und Patienten im Rahmen des Behandlungsverhältnisses – eine Strafbarkeit des behandelnden Arztes wegen Strafvereitelung durch Unterlassen durch das Nichtoffenbaren fremder ärztlicher Fehler nicht in Betracht kommt.

---

zweifelhaft sein, ob eine hierüber erteilte Aufklärung des Patienten und dessen Einwilligung die ärztliche Behandlung rechtfertigen kann.

897 Brüggemeier, Deliktsrecht, S. 405.

898 Glatz, Der Arzt zwischen Aufklärung und Beratung, S. 374, Fn. 405.

899 Fischer, StGB, vor § 257, Rn. 2; vgl. BGHSt 30, 78; 43, 84; 45, 101.

900 Fischer, StGB, § 258, Rn. 11 m. w. N.

3.7.3 Strafbarkeit wegen Betruges?

Weiterhin ist zu fragen, ob ein Behandelnder, der einen eigenen, für ihn erkennbaren Behandlungsfehler nicht offenbart, sich wegen Betruges strafbar macht und sich daraus im Umkehrschluss eine Pflicht zur Offenbarung eigener Fehler ergibt.

Dazu müsste zunächst im Nichtoffenbaren eines Behandlungsfehlers eine Täuschung über Tatsachen liegen.

Als Tatsachen werden gegenwärtige oder vergangene Verhältnisse, Zustände oder Geschehnisse begriffen, die prinzipiell dem Beweis zugänglich sein können.[901] Den Gegensatz zu Tatsachenbehauptungen bilden bloße Annahmen, Schlussfolgerungen, Vermutungen, Urteile oder Meinungsäußerungen, bei denen durch die Mitteilung von subjektiven persönlichen Wertungen Tatsachen zu Normen in Beziehung gesetzt werden.[902] Jedoch sind die Grenzen zwischen Werturteilen und Tatsachen fließend. Für deren Differenzierung ist weniger die Form der Äußerung oder ihre sinnliche Wahrnehmbarkeit entscheidend, sondern vielmehr, ob sich aus dem Erklärungswert der Äußerung ein objektivierbarer Tatsachenkern ergibt, über dessen Vorhandensein oder Fehlen beim Getäuschten unrichtige Vorstellungen erweckt werden sollen.[903] So werden auch bestimmte Urteile, sofern sie zu einem konkreten Ereignis in Beziehung stehen, im Rechtsverkehr als Tatsachen behandelt, weil sie als solche auch dem Nichtjuristen geläufig sind (z.B. Kauf, Darlehen, Miete). Erklärungen über Qualität oder Wert einer Sache können bloße Urteile, aber auch Tatsachenbehauptungen sein, wenn damit zugleich gewisse Eigenschaften des Gegenstandes gekennzeichnet werden.[904] Bloße Rechtsausführungen sind keine Tatsachenerklärungen, wenn sie allein die Rechtslage beurteilen. Anders ist es, wenn zugleich über anspruchsbegründende Tatsachen getäuscht wird.[905]

---

901 Tiedemann, in: LK-StGB, 12. Aufl., § 263, Rn. 10; Fischer, StGB, § 263, Rn. 6; Perron, in: Schönke/Schröder, § 263, Rn. 8.

902 Perron, in: Schönke/Schröder, § 263, Rn. 9.

903 BGHSt 48, 331, 344; Fischer, StGB, § 263, Rn.9; Perron, in: Schönke/Schröder, § 263, Rn. 9; Tiedemann, in: LK-StGB, 12. Aufl., § 263, Rn. 14.

904 Fischer, StGB, § 263, Rn. 10; Perron, in: Schönke/Schröder, § 263, Rn. 9; Tiedemann, in: LK-StGB, 12. Aufl., § 263, Rn. 15.

905 BGH, NZG 2013, 436, 437 f.; OLG Oldenburg, ZInsO 2016, 1659; OLG Frankfurt, NJW 1996, 2172; Fischer, StGB, § 263, Rn. 11; Tiedemann, in: LK-StGB, 12. Aufl., § 263, Rn. 18.

Der Terminus des Behandlungsfehlers bezeichnet im umfassenden Sinne das nach dem medizinischen Stand unsachgemäße Verhalten des Behandelnden, welches sowohl in einem Tun oder Unterlassen liegen kann. Er geht über die Bereiche der Anamnese, Diagnose, Prophylaxe, Therapie und Nachsorge hinaus und erfasst auch das Behandlungsumfeld.[906] Die Frage des Vorliegens eines Behandlungsfehlers beantwortet sich danach, „ob der Arzt unter Einsatz der von ihm zu fordernden medizinischen Kenntnisse und Erfahrungen im konkreten Fall vertretbare Entscheidungen über die diagnostischen sowie therapeutischen Maßnahmen getroffen und diese Maßnahmen sorgfältig durchgeführt hat."[907] Die Frage nach dem pflichtgemäßen ärztlichen Verhalten in der konkreten Behandlungssituation ist dabei eine normative Wertung, die dem Gericht vorbehalten ist.[908] Jedoch ist die Klärung dieser Rechtsfrage inhaltlich durch den medizinischen Standard, also die Erkenntnisse der medizinischen Wissenschaft und Praxis beherrscht und auf die Zuhilfenahme medizinischen Sachverstands angewiesen, weswegen die gerichtliche Praxis kaum ohne Anhörung medizinischer Sachverständiger und die Einholung fachspezifischer Gutachten auskommt.[909] Die Erklärung über das Vorliegen bzw. Nichtvorliegen eines Behandlungsfehlers ist daher nicht als bloße Rechtsausführung oder Werturteil anzusehen, denn sie enthält einen beweisbaren Tatsachenkern, der darin besteht, dass die in der Vergangenheit liegende Behandlung insgesamt dem medizinischen Stand entsprechend verlaufen und frei von fachlicher Beanstandung ist. Sie gelten damit als Tatsachenerklärungen.[910]

Weiterhin müsste das Nichtoffenbaren bzw. Verschweigen eines Behandlungsfehlers eine Täuschung darstellen. Täuschung ist ein zur Irreführung oder zur Aufrechterhaltung eines Irrtums bestimmtes und damit der Einwirkung auf die Vorstellung eines anderen dienendes Gesamtverhalten.[911] In Rechtsprechung und Literatur ist allgemein anerkannt, dass außer der ausdrücklichen Begehung,

906 Katzenmeier, in: Laufs/Katzenmeier/Lipp, Arztrecht, 7. Aufl., Kap. X, Rn. 4; umfassend zum Begriff des Behandlungsfehlers siehe oben Kapitel 1.

907 BGH, NJW 1987, 2291, 2292; Katzenmeier, in: Laufs/Katzenmeier/Lipp, Arztrecht, 7. Aufl., Kap. X, Rn. 4.

908 Brüggemeier, Haftungsrecht, S. 472.

909 Brüggemeier, Haftungsrecht, S. 472.

910 Der medizinische Stand selbst ist nicht feststehend, sondern dynamisch. Schwierigkeiten, die sich aus dieser Dynamik im Hinblick auf die Objektivität und damit Beweisbarkeit im Einzelfall ergeben können, sind auf der subjektiven Tatbestandsebene bei der Frage des Vorsatzes zu klären.

911 BGHSt 41, 1, 3; Fischer, StGB, § 263, Rn. 14; Lackner/Kühl, § 263, Rn. 6.

namentlich durch bewusst unwahre Behauptungen, die Täuschung auch konkludent erfolgen kann. Eine solche konkludente Täuschung liegt vor, wenn der Täter die Unwahrheit durch sein nach der Verkehrsanschauung schlüssiges Gesamtverhalten zum Ausdruck bringt.[912] In aller Regel muss der Inhalt konkludenter Kommunikation deshalb auch unter Bezugnahme auf die Verkehrsanschauung und den rechtlichen Rahmen durch Auslegung bestimmt werden, von denen ersichtlich die Erwartungen der Kommunikationspartner geprägt sind.[913] Bei der Ermittlung des Erklärungswertes eines konkreten Verhaltens sind daher sowohl faktische als auch normative Gesichtspunkte zu berücksichtigen.[914] Entscheidende Kriterien für die Auslegung eines rechtsgeschäftlich bedeutsamen Verhaltens sind dabei neben der konkreten Situation der jeweilige Geschäftstyp und die dabei typische Pflichten- und Risikoverteilung zwischen den Partnern.[915] Das bloße Nichterklären überlegenen Wissens kann also nicht ohne weiteres als eine konkludente Erklärung angesehen werden, ein solches Wissen nicht zu haben.[916]

Aus dem Schweigen des Arztes über Behandlungsfehler lässt sich eine konkludente Erklärung, wonach das zurückliegende Behandlungsgeschehen aus Sicht des Behandelnden frei von einer medizinischen Beanstandung ist, nicht entnehmen. Nach der Verkehrsanschauung kann ein Offenbaren ärztlicher Fehler ebenso wenig erwartet werden, wie die Fehlerfreiheit ärztlicher Maßnahmen an sich. Zum Pflichtenkreis des Behandelnden gehört die sorgfaltsgemäße Behandlung zur Wiederherstellung bzw. dem Erhalt der Gesundheit des Patienten und hierauf bezogene Informationen, nicht jedoch die medizinische Begutachtung des Behandlungsverlaufs auf medizinische Fehler, unabhängig davon, wer Verursacher dieser Fehler ist. Zwar hat der Patient nur das Risiko des schicksalhaft unerwünschten Behandlungsverlaufs zu tragen, weil der Behandelnde für die gesundheitlichen Folgen sorgfaltswidrigen Verhaltens haftungsrechtlich einzustehen hat. Daraus ergibt sich jedoch nicht, dass das Arzt-Patienten-Verhältnis

---

912 BGHSt 41, 1, 3; 51, 165, 169; Fischer, StGB, § 263, Rn. 21; Lackner/Kühl, § 263, Rn. 7; einschränkend Tiedemann, in: LK-StGB, 12. Aufl., § 263, Rn. 22 f., der unter Verweis des Wesens des Betruges als Kommunikationsdelikt ein Erklärungsverhalten des Täters voraussetzt.

913 BGHSt 51, 165, 169; Fischer, StGB, § 263, Rn. 21; Tiedemann, in: LK-StGB, 12. Aufl., § 263, Rn. 28, 30.

914 BGHSt 51, 165, 169; Hefendehl, in: MüKo-StGB, 3. Aufl., § 263, Rn. 107.

915 BGHSt 51, 165, 169; Hefendehl, in: MüKo-StGB, 3. Aufl., § 263, Rn. 110; Tiedemann, in: LK-StGB, 11. Aufl., § 263, Rn. 30.

916 Fischer, StGB, § 263, Rn. 38a; vgl. auch BGHSt 16, 220.

von der Erwartung geprägt ist, der Behandelnde würde dem Patienten Sorgfaltsverstöße offenbaren. Damit unterscheidet sich das Behandlungsverhältnis nicht von anderen Verhältnissen dienstvertraglicher Art. Das schließt auch solche Dienstverhältnisse (höherer Art) ein, die anders als das Behandlungsverhältnis zwischen Arzt und Patienten einen unmittelbaren Bezug zum Vermögen des Dienstberechtigten haben, wie beispielsweise Wirtschaftsprüfung sowie Steuer- und Rechtsberatung. Eine konkludente Täuschung durch das bloße Verschweigen von Behandlungsfehlern kommt daher nicht in Betracht.

Zu untersuchen ist, ob ein Verschweigen von Behandlungsfehlern eine Täuschung durch Unterlassen darstellt.

Ein Informationsvorsprung allein macht die Nichtaufklärung aber noch nicht zu einer Täuschung.[917] Die Verwirklichung des Betrugstatbestandes durch Unterlassen setzt nach Rechtsprechung und ganz herrschender Auffassung im Schrifttum gemäß § 13 StGB wie bei sämtlichen anderen unechten Unterlassungsdelikten voraus, dass der Täter rechtlich für den Nichteintritt des tatbestandlichen Erfolges einzustehen hat und das Unterlassen der Verwirklichung des gesetzlichen Tatbestandes durch ein Tun entspricht. Denn zur Begründung der Strafbarkeit aus einem unechten Unterlassungsdelikt muss ein besonderer Rechtsgrund nachgewiesen werden, wenn sich jemand ausnahmsweise dafür verantworten muss, dass er es unterlassen hat, zum Schutz fremder Rechtsgüter aktiv tätig zu werden. Die Gleichstellung des Unterlassens mit dem Tun erfordert daher eine Garantenstellung des Täters zur Abwendung des tatbestandlichen Erfolges. Alle Erfolgsabwendungspflichten gründen auf dem Gedanken, dass eine bestimmte Person in besonderer Weise zum Schutz des gefährdeten Rechtsguts aufgerufen ist und dass sich alle übrigen Beteiligten auf das helfende Eingreifen dieser Person verlassen und verlassen dürfen.[918]

Demnach wird für die Betrugsstrafbarkeit durch Unterlassen eine Garantenpflicht zur Tatsachenaufklärung vorausgesetzt, deren Unterlassen der Verwirklichung des § 263 StGB durch ein Tun entspricht.[919] Diese Garantenpflicht kann sich nach Rechtsprechung und Schrifttum aus Gesetz,[920] freiwilliger Übernahme

917 RGSt 20, 326, 333; 56, 227, 230; BGHSt 39, 392, 398; Mitsch, Strafrecht BT 2, S. 267.

918 BGHSt 39, 392, 398; 59, 318, 323; BGH NJW 2000, 3013, 3014; NStZ 2017, 531, 532; Fischer, StGB, § 263, Rn. 38 f.; Hefendehl, in: MüKo-StGB, 3. Aufl., § 263, Rn. 179; Kindhäuser, in: NK-StGB, § 263, Rn. 144; Lackner/Kühl, § 263, Rn. 6; Perron, in: Schönke/Schröder, § 263, Rn. 18 m. w. N.; Betrug durch Unterlassung generell ablehnend: Kargl, ZStW 119 (2007), 250, 266; Grünwald, in: FS H. Mayer, S. 281, 291.

919 BGHSt 39, 392, 398; BGH NStZ 2017, 531, 532; Fischer, StGB, § 263, Rn. 38; Hefendehl, in: MüKo-StGB, 3. Aufl., § 263, Rn. 180 m. w. N.

920 BGHSt 59, 318.

(Vertrag),[921] Ingerenz[922] und in sehr eng begrenzten Ausnahmefällen auch aus Treu und Glauben[923] ergeben.[924] Entscheidend für die betrugsrelevante Garantenpflicht ist ihre Vermögensrelevanz.[925] Den Täter muss im Rahmen eines spezifischen Verhältnisses zum Verfügenden eine Pflicht treffen, dessen falsche oder fehlende Vorstellungen über vermögensrelevante Tatsachen aufzuklären.[926] Es muss damit ein Bezug zum von § 263 StGB geschützten Rechtsgut bestehen, zu dessen Bewahrung der Täter in besonderer Weise aufgerufen ist.[927]

Zwar trifft den Arzt, der die Behandlung eines Patienten übernommen hat, diesem gegenüber eine Garantenpflicht. Diese hieraus abgeleitete Garantenstellung des Behandelnden gegenüber dem Patienten bezieht sich jedoch ausschließlich auf dessen Körper und Gesundheit. Aufgrund dieser Garantenstellung ist der Arzt dazu verpflichtet, alle gebotenen medizinischen Maßnahmen zur Abwendung drohender Gesundheitsschäden des Patienten zu ergreifen, soweit sie ihm möglich und zumutbar sind.[928] Aus dieser Garantenstellung ergeben sich jedoch keine vermögensrelevanten Informationspflichten gegenüber dem Patienten.

Jedenfalls bis zum Inkrafttreten des Patientenrechtegesetzes war dem Arzt durch Gesetz keine vermögensrelevante Garantenpflicht zur Aufklärung über eine fehlerhafte Behandlung auferlegt;[929] insbesondere scheidet eine solche gesetzliche Pflichtenstellung des Arztes aus § 666 Abs. 1 BGB (analog) aus.[930]

---

921 Nach BGHSt 39, 392, 399; 46, 196 ist eine Granatenpflicht aus Vertrag unproblematisch anzunehmen, wenn eine Aufklärungspflicht konkret vereinbart wurde, ansonsten müsse aber ein durch den Vertrag vermitteltes „besonderes Vertrauensverhältnis" bestehen.

922 BGHSt 62, 62.

923 BGHSt 39, 392, 400; BGH NStZ 2017, 349.

924 Fischer, StGB, § 263, Rn. 39 ff.; Hefendehl, in: MüKo-StGB, § 263, Rn. 180; Lackner/Kühl, § 263; Rn. 14 ff. m. w. N.

925 Hefendehl, in: MüKo-StGB, 3. Aufl., § 263, Rn. 181.

926 BGHSt 39, 392, 398; BGH, NStZ 2017, 531, 532; Fischer, StGB, § 263, Rn. 39; Perron, in: Schönke/Schröder, Rn. 19.

927 Rechtsprechung und g. h. M. im Schrifttum sehen das Vermögen in seiner wirtschaftlichen Gesamtheit als vom Betrugstatbestand geschütztes Rechtsgut, RGSt 74, 168; BGHSt 3, 99; 16, 220, 221; 321, 325; 34, 199, 203; Fischer, StGB, § 263, Rn. 3; Hefendehl, in: MüKo-StGB, 3. Aufl., § 263, Rn. 1; Perron, in: Schönke/Schröder, § 263, Rn. 1/2.

928 Vgl. oben unter 1.3.4.

929 Vgl. oben unter 3.2, 3.4.7.4 und 3.5.1.5.

930 Vgl. oben unter 3.4.7.4; so ausdrücklich Taupitz, Offenbarungspflicht, S. 67.

Soweit im Behandlungsvertrag zwischen Arzt und Patient nicht ausdrücklich eine Aufklärungspflicht über Behandlungsfehler vereinbart wurde, kann aus diesem in dessen Gesamtbetrachtung eine Garantenpflicht zur Aufklärung über ärztliche Fehler nach der hier vertretenen Auffassung auch unter Berücksichtigung des besonderen Vertrauensverhältnisses zwischen Behandelndem und Patient nicht entnommen werden.[931] Hierzu gereicht auch nicht die eingeschränkte wirtschaftliche Aufklärungspflicht des Arztes. Dem Behandlungsvertrag mangelt es schlichtweg an einem hinreichenden Bezug zum Vermögen des Patienten.[932]

Auch aus Treu und Glauben allein kann eine Garantenpflicht zur Aufklärung über Fehler des Behandelnden nicht abgeleitet werden.[933]

Eine solche Garantenstellung kommt zuletzt auch nicht aus Ingerenz in Betracht, die auf medizinisch fehlerhaftes Tun des Arztes bei der Behandlung abhebt. Ein pflichtwidriges Vorverhalten führt nach der Rechtsprechung nur dann zu einer Garantenstellung aus Ingerenz, wenn dadurch die naheliegende Gefahr des Eintritts eines konkreten tatbestandlichen Erfolges verursacht worden ist.[934] Der durch das Vorverhalten herbeigeführte Zustand müsse so beschaffen sein, dass es zum Eintritt des tatbestandsmäßigen Erfolgs kommt oder ein bereits eingetretener Schaden vertieft wird.[935]

Eine auf pflichtwidrigem Vorverhalten beruhende Pflicht zur Aufklärung über vermögensrelevante Umstände ist zwar im Schrifttum durchaus auf Kritik gestoßen,[936] wird aber auch in Teilen der Literatur im Grundsatz anerkannt.[937] Jedoch reiche ein Verweis auf irgendein pflichtwidriges Vorverhalten nicht.[938] Zur Einschränkung wird vertreten, das pflichtbegründende Vorverhalten müsse den Charakter einer objektiven Täuschung in sich tragen und die Aufklärungspflicht gerade dem Vermögensschutz der Opfer dienen.[939] Das pflichtwidrige

---

931 Siehe oben unter 3.4.7.4 sowie unter 3.5.1.5.

932 Siehe oben unter 3.4.7.4; so auch Taupitz, Offenbarungspflicht, S. 67.

933 Siehe oben unter 3.5.1.5.

934 BGH, NStZ 1998, 83, 84; BGHSt 54, 44, 47; 59, 68, 70.

935 BGHSt 36, 255, 258; 59, 68, 70; BGH, NStZ 2017, 531, 534.

936 Lampe, ZStW 72 (1960), 93, 106; Roxin, ZStW 83 (1971), 369, 403; Schünemann, GA 1974, 231 ff.

937 Hefendehl, in: MüKo-StGB, 3. Aufl., § 263, Rn. 184; Kindhäuser, in: NK-StGB, § 263, Rn. 155; Satzger, in: Satzger/Schluckebier/Widmaier, § 263, Rn. 100 m. w. N.

938 Frisch, in: FS Herzberg, 2008, S. 729, 751 f.; Hefendehl, in: MüKo-StGB, 3. Aufl., § 263, Rn. 184.

939 Satzger, in: Satzger/Schluckebier/Widmaier, § 263, Rn. 102 m. w. N.

Vorverhalten müsse also objektiv einen Bezug zum geschützten Rechtsgut aufweisen.[940] Ferner müsse ein gestrecktes oder gesetzliches Schuldverhältnis vorliegen, denn nur dann, wenn die nachträgliche Erkenntnis der Unrichtigkeit einer Erklärung vor dem Zeitpunkt des rechtlichen Endes der Pflicht bzw. des Schadenseintritts möglich ist, komme ein Betrug durch Unterlassen in Betracht.[941]

Im Hinblick auf die Verhinderung einer weitgehenden und konturenlosen „Ingerenzgarantenstellung" sprechen die besseren Gründe für eine rechtsguts- und täuschungshandlungsbezogene Einschränkung der Voraussetzungen einer betrugsrelevanten Garantenpflicht, wie sie in der Strafrechtswissenschaft vertreten wird. Für die vorliegende Frage, ob ein medizinischer Fehler des Behandelnden eine solche Garantenpflicht aus Ingerenz begründet, kommt es jedoch darauf nicht an. Bereits nach der Rechtsprechung begründet nicht jedes pflichtwidrige Vorverhalten eine Garantenstellung aus Ingerenz. Die Ingerenz wird durch den Schutzzweck der die Pflichtwidrigkeit des Vorverhaltens begründenden Norm begrenzt.[942] Daher führt nicht jedes pflichtwidrige und zusätzlich gefahrverursachende Verhalten zu einer Garantenpflicht. Vielmehr ist stets auf die Umstände des Einzelfalls hinsichtlich der Pflichtverletzung sowie des später eintretenden Erfolgs und ihres Verhältnisses zueinander abzustellen. Maßgeblich ist damit auch nach der Rechtsprechung, ob die Pflichtwidrigkeit gerade in einer Verletzung eines solchen Gebots besteht, das dem Schutz des Rechtsguts zu dienen bestimmt ist.[943]

Ist dem Behandelnden durch vorwerfbares Verhalten ein Fehler bei der Behandlung unterlaufen, der zu einem Gesundheitsschaden des Patienten führt, handelt es sich zumindest um eine fahrlässige Körperverletzung nach § 229 StGB. Geschützes Rechtsgut der Körperverletzungsdelikte nach §§ 223 ff StGB ist die körperliche Unversehrtheit und Gesundheit;[944] nicht dagegen das Vermögen. Damit wird derjenige Behandelnde, der gegen diese Straftatbestände verstößt, weil ihm ein Behandlungsfehler unterlaufen ist, gegenüber dem Patienten nicht Garant für den Nichteintritt des Erfolges des § 263 Abs. 1 StGB, der als Rechtsgut das Vermögen schützt.

---

940 G. Dannecker/C. Dannecker, JZ 2010, 981, 985; Hefendehl, in: MüKo-StGB, 3. Aufl., § 263, Rn. 184.

941 Hefendehl, in: MüKo-StGB, 3. Aufl., § 263, Rn. 184.

942 BGH, NZWiSt 2018, 379, 386.

943 BGHSt 37, 106, 115; BGH, NZWiSt 2018, 379, 386.

944 Fischer, StGB, § 223, Rn. 2.

3.8 Zwischenfazit

Das Bestehen einer ärztlichen Pflicht zur Fehleroffenbarung war vor Inkrafttreten des Patientenrechtegesetzes mangels gesetzlicher Regelung im Schrifttum umstritten. Dies gilt insbesondere für eine Verpflichtung zum Offenbaren eigener ärztlicher Fehler sowie deren Umfang.

Nach der hier vertretenen Auffassung bestand bzw. besteht ungeachtet der Änderungen durch das Patientenrechtegesetz eine Pflicht des Behandelnden den Patienten wahrheitsgemäß über seinen Gesundheitszustand, den Verlauf der zurückliegenden Behandlung und etwaige Komplikationen zu informieren. Insoweit kann von einer Pflicht zur Offenbarung von Komplikationen oder eines unerwünschten Verlaufs gesprochen werden. Darüber hinaus ist der Arzt jedoch weder verpflichtet, das zurückliegende Behandlungsgeschehen medizinisch zu bewerten bzw. fachlich zu würdigen, ob dieses medizinisch fehlerhaft oder fehlerfrei verlaufen ist, noch muss diese Bewertung dem Patienten spontan oder auf dessen Nachfrage hin mitgeteilt werden. Im Übrigen muss der Arzt eine Auskunft über eigenes oder fremdes Verschulden nicht erteilen. Vielmehr kann der Behandelnde den Patienten im Hinblick auf die Bewertung des zurückliegenden Behandlungsgeschehens auf einen Sachverständigen verweisen, dem zum Zweck der Bewertung die Behandlungsunterlagen des Patienten zu überlassen sind. Demgegenüber darf der Arzt im Rahmen seiner bestehenden Informationspflicht Tatsachen nicht verschweigen oder verdrehen, auch wenn diese bereits aus Laiensicht auf einen Behandlungsfehler schließen lassen, denn der Behandelnde ist auf Grund des zwischen Arzt und Patienten bestehenden besonderen Vertrauensverhältnisses zur wahrheitsgemäßen Aussage verpflichtet. Dem Arzt steht daher unter keinen Umständen ein „Recht zur Lüge" zu.

Im Rahmen des gewöhnlichen Behandlungsverhältnisses ist der Behandelnde nicht verpflichtet, die Vorbehandlung eines anderen Arztes medizinisch zu bewerten und dem Patienten das Ergebnis dieser Bewertung mitzuteilen, sofern es sich nicht um ganz offenkundige Fehler handelt. Denn eine Begutachtung der zurückliegenden Behandlung ist nicht Gegenstand des gewöhnlichen Behandlungsvertrages. Eine Verpflichtung zur Recherche und Begutachtung des zurückliegenden Behandlungsgeschehens ist dem Arzt wegen des damit verbundenen Arbeitsaufwandes und seiner haftungsrechtlichen Einstandspflicht für eine sorgfältige Gutachtenerteilung nicht zumutbar. Der Arzt ist jedoch frei im Auftrag des Patienten eine Begutachtung des Behandlungsgeschehens vorzunehmen und kann hierfür ein entsprechendes Entgelt verlangen. Demgegenüber ist der Behandelnde verpflichtet, auf Nachfrage des Patienten wahrheitsgemäß für ihn zweifelsfrei erkennbare Behandlungsfehler anderer Behandler zu offenbaren.

Angehörige des Vorbehandelnden können eine solche Auskunft gegenüber dem Patienten verweigern und den Patienten auf einen Sachverständigen bzw. anderen Arzt verweisen.

Auch aus strafrechtlichen Gesichtspunkten ergab sich bis zum Inkrafttreten des Patientenrechtegesetzes keine Verpflichtung über eigene oder fremde Behandlungsfehler zu informieren. Der Arzt, welcher verschweigt, dass ihm ein Behandlungsfehler unterlaufen ist, macht sich insbesondere nicht wegen vorsätzlicher bzw. fahrlässiger Körperverletzung strafbar. Auch führt das Nichtoffenbaren fremder ärztlicher Fehler nicht zu einer Strafbarkeit wegen Strafvereitelung. Eine Strafbarkeit wegen Betruges kommt nicht in Betracht, wenn der Behandelnde einen Behandlungsfehler gegenüber dem Patienten nicht offenlegt, ohne für die weitere Behandlung relevante Tatsachen zu verschweigen oder zu unrichtig darzustellen.

Ob nach dem Inkrafttreten des Patientenrechtegesetzes dem Arzt durch Gesetz keine vermögensrelevante Garantenpflicht zur Aufklärung über eine fehlerhafte Behandlung auferlegt wurde, wird noch im Folgenden zu untersuchen sein.

Kapitel 4 Fehleroffenbarung nach dem Patientenrechtegesetz

4.1 Allgemeines

Durch das Patientenrechtegesetz wurde mit § 630c Abs. 2 Satz 2 BGB eine Informations- bzw. Offenbarungspflicht[945] des Behandelnden hinsichtlich eigener sowie fremder Behandlungsfehler aufgenommen.[946] Der Gesetzgeber ging davon aus, dass mit dieser Regelung an eine „im Wesentlichen bisher geltende Rechtsprechung" angeknüpft würde, die Ausdruck der Abwägung zwischen dem Interesse des Behandelnden am Schutz seiner Person und dem Interesse des Patienten am Schutz seiner Gesundheit ist.[947]

Im Wortlaut des § 630c Abs. 2 Satz 2 BGB[948] heißt es: „Sind für den Behandelnden Umstände erkennbar, die die Annahme eines Behandlungsfehlers begründen, hat er den Patienten über diese auf Nachfrage oder zur Abwendung gesundheitlicher Gefahren zu informieren." Die Vorschrift enthält damit zwei Alternativen, eine Offenbarungspflicht auf Nachfrage (1. Alternative) sowie eine Offenbarungspflicht zur Abwehr gesundheitlicher Gefahren (2. Alternative). Eine Differenzierung zwischen eigenen und fremden Behandlungsfehlern wird dagegen nicht vorgenommen. Flankiert wird diese Informationspflicht von einem Beweisverbot in § 630c Abs. 2 Satz 3 BGB mit folgendem Wortlaut: „Ist dem Behandelnden oder einem seiner in § 52 Absatz 1 der Strafprozessordnung bezeichneten Angehörigen ein Behandlungsfehler unterlaufen, darf die Information nach Satz 2 zu Beweiszwecken in einem gegen den Behandelnden oder gegen seinen Angehörigen geführten Straf- oder Bußgeldverfahren nur mit Zustimmung des Behandelnden verwendet werden."

4.2 Anwendungsbereich

Die Offenbarungspflicht des § 630c Abs. 2 Satz 2 BGB soll in personeller Hinsicht nach dem gesetzgeberischen Willen nicht nur für Ärzte und Zahnärzte

945 Spickhoff, in: Spickhoff, Medizinrecht, 2. Aufl., § 630c BGB, Rn. 15 ff.
946 Regierungsentwurf, BT-Drs. 17/10488, S. 21.
947 Regierungsentwurf, BT-Drs. 17/10488, S. 21.
948 Fassung des Gesetzes zur Verbesserung der Rechte von Patientinnen und Patienten vom 20.02.2013; in Kraft seit dem 26.02.2013.

gelten, sondern für alle anderen Heilberufe, die mit dem Patienten in einem Behandlungsverhältnis stehen, also psychologische Psychotherapeuten, Hebammen, Physiotherapeuten und sonstige Heilpraktiker.[949] Dagegen sollen Apotheker nicht erfasst sein, denn diese erbringen keine medizinische Behandlung i. S. d. § 630a Abs. 1 BGB.[950] Die Informationspflicht gilt unabhängig davon, ob der Patient privat oder gesetzlich krankenversichert ist.[951] Inhaber des Informationsanspruchs ist der Patient selbst.[952]

4.2.1 Adressat der Informationspflicht

Die Informationspflicht betrifft zunächst nach der Gesetzessystematik und dem Wortlaut unmittelbar nur den Behandelnden i. S. d. § 630a Abs. 1 BGB im Rahmen eines bestehenden Behandlungsvertrages. Behandelnder ist nach der Legaldefinition des § 630a Abs. 1 BGB derjenige, welcher die medizinische Behandlung eines Patienten zusagt. Nach der Gesetzessystematik handelt es sich bei der Offenbarungspflicht des § 630c Abs. 2 Satz 2 BGB um eine vertragliche Nebenpflicht.[953] Die §§ 630a bis h BGB sind als Unterabschnitt des Dienstvertrages eingefügt worden. Auch soll § 630b BGB klarstellen, dass es sich beim Behandlungsvertrag um eine spezielle Form des Dienstvertrages handelt.[954] Insoweit sind diese Vorschriften systematisch als Sonderregelungen dem besonderen Schuldrecht zuzuordnen[955] und sollen nach dem gesetzgeberischen Willen das Deliktsrecht unberührt lassen.[956]

Demnach wären alle Behandelnden (Ärzte, Klinikpersonal, usw.), die mit dem Patienten nicht in vertraglichen Beziehungen stehen, auch nicht der entsprechenden Informationspflicht ausgesetzt.[957] Allerdings können solche Personen als Erfüllungsgehilfen des Vertragspartners (Gemeinschaftspraxis, Krankenhausträger, usw.) anzusehen sein.[958]

949 Regierungsentwurf, BT-Drs. 17/10488, S. 18.
950 Regierungsentwurf, BT-Drs. 17/10488, S. 18, vgl. Rehborn, GesR 2013, 257, 258.
951 Regierungsentwurf, BT-Drs. 17/10488, S. 18 f.
952 Spickhoff in: Spickhoff, Medizinrecht, 2. Aufl. § 630c BGB, Rn. 20.
953 Vgl. Hart, MedR 2013, 159, 160; Rützenhoff, Das Patientenrechtegesetz, S. 128.
954 Regierungsentwurf, BT-Drs. 17/10488, S. 19.
955 Vgl. Regierungsentwurf, BT-Drs. 17/10488, S. 18.
956 Regierungsentwurf, BT-Drs. 17/10488, S. 17.
957 So auch: Hegerfeld, Ärztliche Aufklärungs- und Informationspflichten, S. 348.
958 Spickhoff, in: Spickhoff, Medizinrecht, 2. Aufl., § 630c BGB, Rn. 20.

Unklar ist, ob die Informationspflicht aus § 630c Abs. 2 Satz 2 BGB analog auf alle tatsächlichen medizinischen Behandlungsverhältnisse Anwendung finden kann, gleich ob diese auf ein vertragliches oder gesetzliches Schuldverhältnis gründen.[959] Danach wäre nicht nur der angestellte Arzt, der die Behandlung des Patienten tatsächlich vornimmt, obschon lediglich Erfüllungsgehilfe des Behandelnden i. S. d. § 630a Abs. 1 BGB, Verpflichteter, sondern auch der Behandelnde, der außerhalb eines zuvor geschlossenen Behandlungsvertrages im Rahmen einer Geschäftsführung ohne Auftrag tätig wird.[960]

Für eine analoge Anwendung wird in Rechtsprechung und Schrifttum eine vergleichbare Interessenlage des geregelten und zu regelnden Sachverhalts sowie eine planwidrige Regelungslücke vorausgesetzt.[961]

Gegen eine planwidrige Unvollständigkeit spricht, dass der Gesetzgeber deutlich zum Ausdruck gebracht hat, dass „die neuen Regelungen zum Behandlungsvertrag das Verhältnis zum Deliktsrecht unberührt lassen" sollen.[962] Nach dem gesetzgeberischen Willen kommt dem Deliktsrecht weiterhin eine eigenständige Bedeutung zu, „wenn eine vertragliche Haftungsgrundlage fehlt, sei es, dass einer Behandlung kein Behandlungsvertrag zugrunde liegt oder der Geschädigte keine vertraglichen Ansprüche aus dem Behandlungsvertrag gegen denjenigen, der die Behandlung durchgeführt hat, geltend machen kann."[963] Gegen den abschließend behandlungsvertraglichen Charakter der Norm spricht auch nicht, dass der Gesetzgeber offenbar davon ausgegangen ist, mit Einfügung der §§ 630a bis h BGB durch das Patientenrechtegesetz kein neues Recht geschaffen, sondern bestehendes Recht, insbesondere Richterrecht, im Bürgerlichen Gesetzbuch kodifiziert zu haben.[964] Mit § 630c Abs. 2 Satz 2 BGB wurde eine gesetzliche Informationspflicht in Bezug auf eigene und fremde Behandlungsfehler eingefügt, deren Regelungsinhalt bis zum Inkrafttreten des

---

959 Hegerfeld, Ärztliche Aufklärungs- und Informationspflichten, S. 348, lehnt eine anloge Anwendung als unzulässig ab, weil die Einbeziehung Dritter in das Vertragsverhältnis zu deren Lasten dem Gesetzgeber verschlossen sei.

960 Zu denken ist hier insbesondere an die ärztliche Tätigkeit im Rahmen von Notfallbehandlungen.

961 BGHZ 105, 140, 143; 149, 165, 174; 170, 187, Rn. 14 ff.; Beaucamp, AöR 134 (2009), 83, 84 ff.; Bork, Allgemeiner Teil des Bürgerlichen Gesetzbuches, Rn. 144 f.; Puppe, Kleine Schule des juristischen Denkens, S. 115 f.; Schmalz, Methodenlehre für das juristische Studium, Rn. 321 ff.; Schwacke, Juristische Methodik, S. 133 ff.

962 Regierungsentwurf, BT-Drs. 17/10488, S. 17.

963 Regierungsentwurf, BT-Drs. 17/10488, S. 18.

964 Regierungsentwurf, BT-Drs. 17/10488, S. 13.

Patientenrechtegesetzes so nicht Gegenstand ober- oder höchstrichterlicher Entscheidungen war. Auch im Schrifttum galt eine fehlerbezogene Informationspflicht sowie deren Ziel und Umfang, insbesondere im Hinblick auf eigene Fehler, als im höchsten Maße umstritten.[965] Die fehlerbezogene Informationspflicht nach § 630c Abs. 2 Satz 2 BGB stellt daher eine Novation des Heilbehandlungsrechts dar.[966] Die Kodifizierung des Behandlungsvertragsrechts in das BGB stellt gleichwohl eine bewusste gesetzgeberische Konzeption mit dem Willen dar, die Eigenständigkeit außerbehandlungsvertraglicher Regelungen unangetastet zu lassen. Daher liegt eine Planwidrigkeit im Sinne einer gesetzgeberisch unbewussten Unvollständigkeit nicht vor. Eine analoge Anwendung des § 630c Abs. 2 Satz 2 BGB kommt damit nicht in Betracht.

4.2.2 Adressat der Information nach § 630c Abs. 2 Satz 2 BGB

Nicht unerheblich ist darüber hinaus die Frage, wem gegenüber die Information nach § 630c Abs. 2 Satz 2 BGB zu erteilen ist, wenn es um die medizinische Behandlung Minderjähriger (Säuglinge, Kinder, Jugendliche) oder geistesschwacher gegebenfalls unter Betreuung stehender Menschen geht. Denn § 630c Abs. 2 Satz 2 BGB spricht davon, dass der Behandelnde den Patienten zu informieren hat. § 630a Abs. 1 BGB definiert den anderen Teil, demgegenüber durch den (vertraglichen) Behandelnden eine medizinische Behandlung zugesagt wird, als Patienten. Hieraus wird der Schluss gezogen, nur der Vertragspartner des Behandelnden sei Patient im Sinne der §§ 630a ff. BGB.[967] Der Gesetzgeber legt jedoch offenbar selbst – jedenfalls in den §§ 630c ff. BGB – ein über die Legaldefinition des § 630a Abs. 1 BGB hinausgehendes, weites Verständnis des Begriffs „Patient“ zu Grunde,[968] welches zugleich dem allgemeinen Sprachgebrauch entspricht, das den Patienten als den Behandlungsempfänger bzw. den zu Behandelnden einordnet. Andernfalls ist es kaum zu erklären, warum der Gesetzgeber in §§ 630d Abs. 1 Satz 2, 630e Abs. 4 und Abs. 5 Regelungen für einwilligungsunfähige Patienten geschaffen hat.[969] Zwar ist die Geschäftsfähigkeit i.

---

965 Vgl. Katzenmeier, NJW 2013, 817, 819; Spickhoff, in: Spickhoff, Medizinrecht, 2. Aufl., § 630c, Rn. 15 f.; Wagner, in: MüKo-BGB, 7. Aufl., § 630c BGB, Rn. 17; ders., VersR 2012, 789, 794.

966 Gutmann, in: FS Bergmann, S. 59, 60; Rützenhoff, Das Patientenrechtegesetz, S. 127; Wagner, VersR 2012, 789, 794.

967 Mansel, in: Jauernig, BGB, § 630a, Rn. 3.

968 Hegerfeld, Ärztliche Aufklärungs- und Informationspflichten, S. 83 f.; Erb, Die Kodifikation des Behandlungsvertragsrechts, S. 98 f.

969 So auch: Erb, Die Kodifikation des Behandlungsvertragsrechts, S. 98 f.

S. d. § 104 BGB von der Einwilligungsfähigkeit zu unterscheiden.[970] Doch dürfte der, der mangels natürlicher Einsichts- und Urteilsfähigkeit die Tragweite eines Eingriffs in die körperliche Integrität (Begleit- und Folgerisiken wie Vorteile) nicht abschätzen kann und deshalb einwilligungsunfähig ist,[971] auch nicht voll geschäftsfähig sein.

Mit Blick auf Frage des Adressaten der Information nach § 630c BGB sind in Abhängigkeit davon, wer Vertragspartner des Behandelnden ist, grundsätzlich zwei Konstellationen denkbar:

In der ersten Variante sind die zu behandelnden Personen selbst Vertragspartner des Behandlungsvertrages und damit – auch nach einem engen Verständnis des Patientenbegriffs des §§ 630a ff BGB – Patienten. Das ist bei Geschäftsunfähigkeit dann der Fall, wenn im Namen des zu Behandelnden der Behandlungsvertrag mit dem Behandelnden durch einen Vertreter (Eltern, Betreuer) geschlossen wurde.[972] Eltern nehmen in diesen Fällen die elterliche Sorge (§ 1626 BGB) wahr. Für die Stellvertretung des Kindes gilt § 1629 Abs. 1 BGB.[973] In der Regel wird dabei nur ein Elternteil anwesend sein. Bei Gefahr im Verzug – so im Falle eines medizinischen Notfalls – ist nach § 1629 Abs. 1 Satz 4 BGB für den Abschluss des Vertrages auch nur ein Elternteil ausreichend. Darüber hinaus können die Eltern einander ausdrücklich oder konkludent zum Vertragsabschluss ermächtigen.[974] Das anwesende Elternteil handelt dann in Stellvertretung nach § 164 BGB für das jeweils andere, nicht anwesende Elternteil.[975] Bei beschränkter Geschäftsfähigkeit minderjähriger gesetzlich Versicherter wird im Schrifttum – jedenfalls im Fall der sozialversicherungsrechtlichen Handlungsfähigkeit nach § 36 Abs. 1 Satz 1 SGB I ab Vollendung des 15. Lebensjahres – eine Einwilligung der Eltern zum Abschluss eines Behandlungsvertrages als obsolet angesehen, weil wegen des Sachleistungsprinzips weder das Verpflichtungs- noch das Erfüllungsgeschäft mit einem rechtlichen Nachteil verbunden ist.[976] Auch in diesen Fällen können damit die beschränkt geschäftsfähigen Minderjährigen nicht nur zu behandelnde Personen, sondern Vertragspartner des Behandlungsvertrages

---

970 BGHSt 4, 88, 12, 379, 383; BGHZ 29, 33, 36; 105, 45, 47f.; Wagner, in: MüKo-BGB, 8. Aufl., § 630d, Rn. 21 m. w. N.

971 BGHSt 4, 88; 23, 1, 4.

972 Lipp, in: Laufs/Katzenmeier/Lipp, Arztrecht, 7. Aufl., Kap. III, Rn. 15.

973 Lipp, in: Laufs/Katzenmeier/Lipp, Arztrecht, 7. Aufl., Kap. III, Rn. 16.

974 Lipp, in: Laufs/Katzenmeier/Lipp, Arztrecht, 7. Aufl., Kap. III, Rn. 16.

975 Vgl. Erb, Die Kodifikation des Behandlungsvertragsrechts, S. 92.

976 Erb, Die Kodifikation des Behandlungsvertragsrechts, S. 92 f.; Wagner, in: MüKo-BGB, 8. Aufl., § 630a, Rn. 22; a. A. Rützenhoff, Das Patientenrechtegesetz, S. 73 f.

und damit Patienten i. S. d. § 630a Abs. 1 BGB sein. In übrigen Fällen hängt die Wirksamkeit der Willenserklärung und damit die Wirksamkeit des Behandlungsvertrages von der Zustimmung der Eltern als gesetzliche Vertreter ab (§§ 107, 108 BGB).[977] In dieser Konstellation stimmen die zu behandelnde Person und die Person des Patienten i. S. d. § 630a Abs. 1 BGB überein. Adressat der Information aus § 630c Abs. 2 Satz 2 BGB wären damit Säuglinge, Kinder, Jugendliche und – beispielsweise aufgrund von Krankheit – Geistesschwache als Patienten; mithin also nicht nur Geschäftsunfähige oder beschränkt Geschäftsfähige, sondern zugleich Personen, deren Einwilligungsfähigkeit aufgrund mangelnder natürlicher Einsichts- und Urteilsfähigkeit in vielen Fällen nicht vorhanden sein wird. Für die Behandlung einwilligungsunfähiger Patienten hat der Gesetzgeber in § 630d Abs. 1 Satz 2 BGB geregelt, dass die Einwilligung zur Behandlung von einem hierzu Berechtigten einzuholen ist und die Aufklärung gegenüber diesem Berechtigten nach § 630e Abs. 4 BGB erfolgen muss. Eine entsprechende gesetzliche Regelung mit Blick auf die Informationspflichten des § 630c BGB fehlt dagegen. Im Schrifttum wird daher zu Recht unter Verweis auf die augenfällige verleichbare Interessenlage eine analoge Anwendung der §§ 630d Abs. 1 Satz 2, 630e Abs. 4 BGB vertreten, wonach bei Kindern und Betreuten und anderen informationsbefolgungsunfähigen oder informationsaufnahmeunfähigen Personen der entsprechende gesetzliche Vertreter zu informieren ist.[978] Denn ungeachtet des unterschiedlichen Schutzzwecks[979] haben sowohl die Aufklärungspflicht nach § 630e BGB als auch die Informationspflichten nach § 630c BGB den Sinn, der zu informierenden Person Kenntnisse von als wesentlich erachteten Umständen zu verschaffen, um eine eigene Entscheidung hinsichtlich des Umgangs mit diesen Kenntnissen zu ermöglichen.[980] Essentiell ist dabei, dass der Informationsadressat in der Lage ist, die Informationen aufzunehmen und zu verarbeiten.[981] Die für die analoge Anwendung ebenfalls vorauszusetzende Planwidrigkeit im Sinne einer unbewussten Unvollständigkeit dürfte anzunehmen sein. Denn aus den Gesetzesmaterialien kann weder entnommen werden, dass durch den Gesetzgeber bewusst die Entscheidung getroffen wurde,

---

977 Erb, Die Kodifikation des Behandlungsvertragsrechts, S. 93.

978 Hegerfeld, Ärztliche Aufklärungs- und Informationspflichten, S. 362; ders., MedR 2019, 710, 713; Mansel, in: Jauernig, BGB, § 630c, Rn. 3.

979 Zum Schutzzweck der in § 630c Abs. 2 Satz 1 BGB geregelten therapeutischen Information siehe oben unter 1.2.4.2 sowie für die in § 630e BGB geregelte Selbstbestimmungsaufklärung oben unter 1.2.4.1.

980 Hegerfeld, MedR 2019, 710, 711.

981 Vgl. Hegerfeld, MedR 2019, 710, 712.

Informationen auch in Fällen fehlenden Informationsverständnisses lediglich den Patienten ohne Einschaltung ihrer Vertreter zugänglich zu machen, noch, dass sich der Gesetzgeber überhaupt im Rahmen der Informationspflichten des § 630c BGB über die Konstellation informationsbefolgungsunfähiger Patienten Gedanken gemacht hat.[982]

In der zweiten Variante schließen die Eltern oder ein Elternteil in eigenem Namen einen Behandlungsvertrag mit dem Behandelnden, aus dem das Kind nach § 328 BGB berechtigt wird (Vertrag zu Gunsten Dritter). Im Schrifttum wird angenommen, dass es sich hierbei um den Regelfall handelt.[983] In diesen Fällen sind die Eltern oder das Elternteil Vertragspartner und damit jedenfalls Patienten i. S. d. § 630a Abs. 1 BGB.[984] In dieser Konstellation sind in jedem Fall die Eltern als Patienten die Adressaten der als vertraglichen Nebenpflicht geschuldeten Information i. S. d. § 630c Abs. 2 Satz 2 BGB. Es kommt damit – soweit einem engen Begriffsverständnis gefolgt wird – nicht nur zu einem Auseinanderfallen von Patientem i. S. d. Behandlungsvertragsrechts auf der einen Seite und dem zu Behandelnden auf der anderen Seite, sondern auch hier zu einem Auseinanderfallen von vertraglichem Behandlungsverhältnis und Vertrauensbeziehung im originären Behandlungsverhältnis.

4.3 Entstehungsvoraussetzungen der Informationspflicht des § 630c Abs. 2 Satz 2 BGB

4.3.1 Behandlungsfehler

Voraussetzung für die Informationspflicht nach § 630c Abs. 2 Satz 2 BGB ist zunächst, dass Umstände, die die Annahme eines Behandlungsfehlers begründen, vorliegen. Dabei stellt sich die Frage, was vom Begriff des Behandlungsfehlers i. S. d. § 630c Abs. 2 Satz 2 BGB umfasst ist. Die Gesetzesbegründung deutet darauf hin, dass neben Behandlungsfehlern im engeren Sinn auch Organisationsfehler inkludiert sein sollen,[985] denn darin werden diese explizit in den Erläuterungen des § 630a Abs. 2 BGB als „Behandlungsfehler" genannt.[986]

---

982 So auch: Hegerfled, MedR 2019, 710, 711 ff.

983 Erb, Die Kodifikation des Behandlungsvertragsrechts, S. 92; Lipp in: Laufs/Katzenmeier/Lipp, Arztrecht, 7. Aufl., Kap. III., Rn. 15.

984 Lipp, in: Laufs/Katzenmeier/Lipp, Arztrecht, 7. Aufl., Kap. III, Rn. 15.

985 Vgl. Wagner in: MüKo-BGB, 7. Aufl., § 630c BGB, Rn. 37; Spickhoff, in: Spickhoff, Medizinrecht, 2. Aufl., § 630c, Rn. 22; Gutmann, in: FS Bergmann, S. 59, 61.

986 Regierungsentwurf, BT-Drs. 17/10488, S. 20.

Aufklärungsfehler werden dagegen nicht erwähnt, woraus der Schluss gezogen werden könnte, die Offenbarungspflicht beinhalte Aufklärungsfehler nicht.[987]

Eine solch enge, an dem Wortlaut orientierte Auslegung bleibt jedoch nicht ohne innere Widersprüche. Nach weiterhin verbindlicher Dogmatik[988] wird im Arzthaftungsrecht zwischen dem Haftungsgrund des Behandlungsfehlers und des Aufklärungsfehlers differenziert. Der Aufklärungsfehler erfasst die unzureichende Selbstbestimmungs- bzw. Eingriffsaufklärung. Fehler bei der Sicherungs- und therapeutischen Aufklärung[989] werden dagegen auch weiterhin nicht als Aufklärungs- sondern Behandlungsfehler zu behandeln sein. Allerdings bestehen auch inhaltliche Schnittmengen zwischen der Selbstbestimmungs- bzw. Eingriffsaufklärung auf der einen und der therapeutischen Sicherungsaufklärung auf der anderen Seite. Sind im Rahmen der Selbstbestimmungsaufklärung die Dringlichkeit des notwendigen Eingriffs verharmlost oder mögliche Eingriffsrisiken übertrieben dargestellt worden, sodass auf Grund verfehlter Willensbildung der notwendige Eingriff gänzlich unterbleibt oder verspätet erfolgt und ist dadurch ein Gesundheitsschaden entstanden, haftet der Behandelnde wegen eines Behandlungsfehlers.[990] Widersprüchlich ist darüber hinaus auch, dass auf der einen Seite zwar auf einen Fehler bei der Organisation der Aufklärung des Patienten hinzuweisen wäre, allerdings auf der anderen Seite auf einen Fehler hinsichtlich des Aufklärungsinhaltes nicht.[991]

Für eine weite Auslegung des Behandlungsfehlerbegriffs spricht darüber hinaus der Zweck des Gesetzes. Bei der Offenbarungspflicht auf Nachfrage des Patienten nach § 630c Abs. 2. Satz 2 Alternative 1 BGB kann es - anders als in § 630c Abs. 2. Satz 2 Alternative 2 BGB – nicht um den Gesundheitsschutz des Patienten gehen, denn die Abwehr von Gesundheitsgefahren ist gerade keine Voraussetzung für die Informationspflicht nach § 630c Abs. 2. Satz 2 Alternative 1 BGB. Die Gesetzesbegründung stellt auf die besondere Vertrauensstellung des Arztes ab, welche diesen auf Nachfrage des Patienten zu einer wahrheitsgemäßen Antwort verpflichtet.[992] Daraus wird deutlich, dass der Schutz des Arzt-Patienten-Verhältnisses bezweckt wird.[993] Daneben könnte der Zweck der

987 Vgl. Hegerfeld, Ärztliche Aufklärungs- und Informationspflichten, S. 330; Spickhoff, Medizinrecht, 2. Aufl., § 630c, Rn. 22.

988 Wagner, in: MüKo-BGB, 7. Aufl., § 630c BGB, Rn. 37.

989 Entsprechend der Gesetzesbegründung in BT-Drs. 17/10488, S. 21, 31: Therapeutische Information.

990 Vgl. Spickhoff, in: Spickhoff, Medizinrecht, 2. Aufl., § 630c, Rn. 22.

991 Vgl. Spickhoff, in: Spickhoff, Medizinrecht, 2. Aufl., § 630c, Rn. 22.

992 Vgl. Regierungsentwurf, BT-Drs. 17/10488, S. 21.

993 Schelling/Warntjen, MedR 2012, 506, 511; Gutmann, in: FS Bergmann, S. 59, 64.

Offenbarungspflicht darin liegen, die Geltendmachung und Durchsetzung von Schadensersatzansprüchen gegen den Behandelnden zu erleichtern,[994] wofür es jedoch in der Gesetzesbegründung keinen Hinweis gibt. Bereits ausgehend vom Schutz des Vertrauensverhältnisses wäre es schlechterdings nicht nachvollziehbar, dass Behandlungsfehler im engeren Sinn von der Offenbarungspflicht erfasst sein sollen, Fehler bei der Patientenaufklärung jedoch nicht.[995]

Vorzugswürdig ist es daher unter dem Begriff des Behandlungsfehlers i. S. d. § 630c Abs. 2 Satz 2 BGB alle objektiven Verletzungen der fachspezifischen und organisatorischen Pflichten im Zusammenhang mit der medizinischen Behandlung des Patienten zu erfassen.[996]

4.3.2 Erkennbarkeit

Sodann ist die Erkennbarkeit der Umstände, die die Annahme eines Behandlungsfehlers begründen, Entstehungsvoraussetzung der Informationspflicht. Eine Pflicht zur Recherche und Begutachtung des vergangenen Behandlungsgeschehens ist dem Behandelnden nicht auferlegt. Denn eine Verpflichtung zur Abklärung möglicher, für den Behandelnden nicht erkennbarer Behandlungsfehler, besteht nach der Gesetzesbegründung nicht.[997] Mithin ist die Erkennbarkeit des Behandlungsfehlers auf Grundlage der Umstände zu beurteilen, die dem Arzt im Zuge der Behandlung ohne weitere Untersuchung und Beiziehung der Patientenunterlagen bekannt werden bzw. bekannt sein können.[998]

Fraglich ist allerdings, welcher Maßstab an die Erkennbarkeit anzulegen ist. Der Wortlaut („Sind für den Behandelnden […] erkennbar") und die Gesetzesbegründung deuten darauf hin, dass es um eine subjektive Erkennbarkeit geht und daher auf die Sicht des Behandelnden abzustellen ist. Bereits in der Gesetzesbegründung des Referentenentwurfs hieß es, der Patient „sei über sämtliche

994 So: Wagner, in: MüKo-BGB, 7. Aufl., § 630c, Rn. 30, 36, 38; ders, VersR 2012, 789, 795; ablehnend: Schelling/Warntjen, MedR 2012, 506, 511; Gutmann, in: FS Bergmann, S. 59, 64.

995 Vgl. Spickhoff, Medizinrecht, 2. Aufl., § 630c, Rn. 23; a. A. Gutmann, in: FS Bergmann, S. 59, 64.

996 a. A. Wagner, in: MüKo-BGB, 7. Aufl., § 630c, Rn. 38, der sich für eine analoge Anwendung auf Aufklärungsfehler ausspricht; Hegerfeld, Ärztliche Aufklärungs- und Informationspflichten, S. 332, die sich mangels planwidriger Regelungslücke gegen eine analoge Anwendung auf Aufklärungsfehler ausspricht.

997 Regierungsentwurf, BT-Drs. 17/10488, S. 21.

998 Wagner, VersR 2012, 789, 796.

den Behandelnden bekannte bzw. für ihn erkennbare Behandlungsfehler zu informieren."[999] Hierfür spricht auch, dass der Behandelnde denklogisch nur darüber zu informieren im Stande ist, worüber er Kenntnis erlangt haben kann. Im Hinblick darauf konstatieren *Schelling* und *Warntjen*[1000] die Redundanz des Tatbestandsmerkales der Erkennbarkeit. Diese Schlussfolgerung ist jedoch nicht zwingend, wie die Entstehungshistorie der Offenbarungspflicht zeigt. Noch in der Gesetzesfassung des Referentenentwurfes zum § 630c BGB hieß es, der Behandelnde habe den Patienten „über erkennbare Behandlungsfehler zu informieren".[1001] In der Fassung des Regierungsentwurfs verblieb das Tatbestandsmerkmal der Erkennbarkeit; das Tatbestandsmerkmal „Behandlungsfehler" wurde durch „Umständen, die die Annahme eines Behandlungsfehlers begründen" ersetzt.[1002] Gemein ist den Entwurfsfassungen sowie der in Kraft getretenen Fassung das Tatbestandsmerkmal der Erkennbarkeit, welches die vorgenannten Tatbestandsmerkmale näher konkretisiert. Offenbar ging es dem Gesetzgeber gerade darum – wofür auch die Gesetzesbegründungen sowohl im Referenten- als auch im Regierungsentwurf sprechen – hinreichend deutlich zu machen, dass es nicht auf die fachspezifische Sicht eines unbeteiligten Dritten auf das Behandlungsgeschehen ankommt, sondern auf die Sicht des Behandelnden selbst.[1003] Das Weglassen dieses Tatbestandsmerkmales würde demgegenüber dem verfassungsrechtlichen Gebot der Normenklarheit[1004] weit weniger entsprechen.

Dagegen wird im Schrifttum der Fahrlässigkeitsdogmatik folgend ein objektiviert-typisierender Maßstab unter Berücksichtigung subjektiver Sonderkenntnisse vertreten.[1005] Danach löst die Begehung eines objektiv nicht erkennbaren Behandlungsfehlers gleichwohl die Offenbarungspflicht aus, wenn

---

999 Referentenentwurf, S. 26.

1000 Schelling/Warntjen, MedR 2012, 506, 508.

1001 Referentenentwurf, S. 5.

1002 Regierungsentwurf, BT-Drs. 17/10488, S. 5.

1003 a. A. Wagner, VersR 2012, 789, 796, der die Auffassung vertritt, der Referentenentwurf würde auf eine objektive Erkennbarkeit aus Sicht eines verständigen Beobachters abstellen, was insoweit bereits nicht nachvollziehbar ist, als es in der Begründung des Referentenentwurfs, S. 26 heißt, der Patient sei „über sämtliche dem Behandelnden bekannte bzw. für ihn erkennbare Behandlungsfehler zu informieren".

1004 BVerfGE 113, 29, 50; 115, 166, 190; 119, 331, 366; 128, 282, 317; 130, 151, 202 ff.

1005 Hegerfeld, Ärztliche Aufklärungs- und Informationspflichten, S. 337; Spickhoff, in: Spickhoff, Medizinrecht, 2. Aufl., § 630c, Rn. 26; ders., VersR 2013, 267, 273; ders. JZ 2015, 15, 20 f.

der Behandelnde von den Umständen, die den Behandlungsfehler begründen, Kenntnis erlangt. Unter Rückgriff auf die allgemeine Verschuldensdogmatik sei es weitgehend anerkannt, dass auch im Rahmen einer objektiv-typisierenden Fahrlässigkeitsdogmatik ein subjektives Sonderkönnen und erst recht subjektive Sonderkenntnisse demjenigen, der über diese Kenntnisse verfügt, abzuverlangen sind. Das Verschuldensprinzip möchte generell einen Ausgleich zwischen dem Anliegen der Handlungsfreiheit und dem Anliegen der Verantwortung herstellen. Dies geschehe im zivilen Haftungsrecht am besten dadurch, dass nicht ein subjektiv-individueller Sorgfaltsmaßstab, sondern ein verkehrskreistypischer objektivierter Sorgfaltsmaßstab angelegt wird. Im Fall des Vorliegens eines subjektiv-individuellen Sonderwissens, wo der Betroffene der freiheitssichernden Wirkung des objektiv-typisierten Fahrlässigkeitsmaßstabs gar nicht bedarf, müsse ihm dieses Sonderwissen im Interesse des Rechtsgüterschutzes auch abverlangt werden.[1006]

Ein subjektiver und ein verkehrskreisbezogen objektiviert-typisierender Maßstab, der zusätzlich subjektive Sonderkenntnisse berücksichtigt, kommen immer dann zum gleichen Ergebnis, wenn die Umstände, die für die Annahme eines Behandlungsfehlers sprechen, ungeachtet einer objektiven Erkennbarkeit, für den Behandelnden selbst erkennbar sind. Gerade in Fällen, in denen der Behandlungsfehler für einen außenstehenden Dritten nicht erkennbar ist, von dem der behandelnde Arzt aber deshalb Kenntnis hat, weil er ihm selbst unterlaufen ist, wird der Informationsbedarf des Patienten am dringendsten sein. Denn wenn die Aufklärung über den Behandlungsfehler nicht von diesem Arzt erfolgt, verringern sich unter Umständen die Chancen, dass der Patient seinen Schadensersatzanspruch durchsetzen kann.[1007] In der Regel werden dem Arzt, der einen Behandlungsfehler begangen hat, die Umstände, die den Schluss auf eine fehlerhafte Behandlung nahelegen, eher erkennbar sein als Dritten.[1008]

Demgegenüber kommen die verschiedenen Auffassungen zum Maßstab der Erkennbarkeit zu einem unterschiedlichen Ergebnis, wenn die Umstände, die für einen Behandlungsfehler sprechen, zwar objektiv erkennbar sind, gleichwohl aber subjektiv, von dem Behandelnden selbst, nicht erkannt werden. Denn wird auf die subjektive Erkennbarkeit abgestellt, würde – im Unterschied zu einem verkehrskreisbezogenen objektiviert-typisierten Maßstab – die Offenbarungspflicht dann nicht ausgelöst. Es kann sich hierbei nur um Fälle handeln, in denen

1006 Spickhoff, Medizinrecht, 2. Aufl., § 630c, Rn. 26; ders., JZ 2015, 15, 20 f.
1007 Wagner, in MüKo-BGB, 7. Aufl., § 630c, Rn. 40; ders., VersR 2012, 789, 796.
1008 Vgl. Wagner, VersR 2012, 789, 796.

der Behandelnde tatsächlich fachlich hinter dem zurückbleibt, was unter verkehrskreisspezifischer Sicht objektiv von ihm zu erwarten ist. Ist ein subjektiver Maßstab anzulegen, wäre die Erkennbarkeit der Umstände für den Behandelnden, sofern diese in Abrede gestellt wird, eine Beweisfrage, die, weil es sich um innere Tatsachen handelt, mit Schwierigkeiten verbunden ist. Gerade diese mit einem rein subjektiven Maßstab verbundenen Beweisschwierigkeiten sprechen dafür, beim Tatbestandsmerkmal der Erkennbarkeit von einem objektiviert-typisierenden Maßstab unter Berücksichtigung subjektiver Sonderkenntnisse auszugehen.

Darüber hinaus ist für die Informationspflicht nach § 630c Abs. 2 Satz 2 BGB in Alternativität weitere Voraussetzung, dass entweder eine fehlerbezogene Nachfrage vorliegt (Alternative 1 - Nachfragealternative) oder die Information zur Abwendung gesundheitlicher Gefahren erforderlich ist (Alternative 2 - Gesundheitsgefahrenabwendungsalternative).

4.3.3 Nachfrage (Alternative 1)

Für die Entstehung der 1. Alternative der Informationspflicht nach § 630c Abs. 2 Satz 2 BGB wird eine Nachfrage des Patienten vorausgesetzt.[1009] Wobei der Wortlaut des Satz 2 nicht ausdrücklich von einer Nachfrage des Patienten spricht und danach gar die Nachfrage eines Dritten die Informationspflicht auslösen könnte. Der Gesetzgeber selbst geht aber davon aus, dass § 630c Abs. 2 Satz 2 BGB „zunächst den Fall [regelt], dass der Patient den Behandelnden ausdrücklich nach etwaigen Behandlungsfehlern befragt."[1010] „Fragt der Patient nicht ausdrücklich nach einem Behandlungsfehler, so trifft den Behandelnden" nach der Gesetzesbegründung „die Informationspflicht über erkennbare Behandlungsfehler auch dann aus Satz 2, soweit dies zur Abwendung von gesundheitlichen Gefahren für den Patienten erforderlich ist." Zudem wird in der Gesetzesbegründung ausdrücklich betont, dass „[e]ine darüber hinausgehende Informationspflicht [nicht] besteht."[1011] Danach spricht der gesetzgeberische Wille gegen das Auslösen der Informationspflicht auf Nachfrage eines Dritten. Auch der Zweck der Informationpflicht, die auf eine besondere

---

1009 Jaeger, Patientenrechtegesetz, Rn. 105; Wagner, in: MüKo-BGB, 8. Aufl., § 630c, Rn. 44.

1010 Regierungsentwurf, BT-Drs. 17/10488, S. 21.

1011 Regierungsentwurf, BT-Drs. 17/10488, S. 21.

Vertrauensstellung im Arzt-Patient-Verhältnis abstellt,[1012] ist, selbst dann, wenn mit der Informationspflicht auch die Geltendmachung von Schadensersatzansprüchen erleichtert werden sollte,[1013] mit der Nachfrage eines Dritten nicht in Einklang zu bringen. Denn beides wäre dem unmittelbaren Verhältnis zwischen Patient und Arzt zuzurechnen, in dem ein Dritter grundsätzlich keinen Raum findet. Auch gesetzessystematisch spricht nichts dafür, die Informationspflicht des § 630c Abs. 2 Satz 2 BGB gerade als vertragliche Nebenpflicht des Behandlungsvertrages zwischen Patient und Behandelndem an die Nachfrage eines Dritten zu knüpfen.

Gleichwohl ist die Geltendmachung des Informationsanspruchs aus § 630c Abs. 2 Satz 2 BGB ebensowenig wie das Einsichtsrecht in die Patientenunterlagen nach § 630g Abs. 1 BGB ein höchstpersönliches Recht und mithin der Stellvertretung zugänglich.[1014] Ist der Patient also geschäftsunfähig, ist er minderjährig oder steht er unter Betreuung, kann das Informationsrecht durch einen gesetzlichen Vertreter wahrgenommen werden. Die Vertretung des minderjährigen Kindes durch die Eltern richtet sich damit insbesondere nach § 1629 BGB. Für den Betreuer gilt § 1902 BGB, soweit diesem nach § 1896 BGB die Personensorge übertragen ist.[1015] Auch eine gewillkürte Stellvertretung zur Geltendmachung des Informationsrechts des Patienten ist danach zulässig.

Das die Informationspflicht auslösende Tatbestandsmerkmal der Nachfrage ist jedenfalls dann erfüllt, wenn der Patient konkret danach fragt, ob Anhaltspunkte für einen Behandlungsfehler vorliegen.[1016] Darüber hinaus wird in Teilen des Schrifttums vertreten, dass eine konkludente oder allgemein gehaltene Nachfrage, „Alles in Ordnung?", ausreichend sei.[1017] Hierfür spräche die Gefahr, dass die Fallgruppe vor dem Hintergrund des typischen Arzt-Patienten-Verhältnis und der eher psychischen Ausnahmesituation des Patienten sonst zu sehr

---

1012 Schelling/Warntjen, MedR 2012, 506, 511; Gutmann, in: FS Bergmann, S. 59, 64; vgl. Regierungsentwurf, BT-Drs. 17/10488, S. 21.

1013 So: Wagner, in: MüKo-BGB, 7. Aufl., § 630c, Rn. 30, 36, 38; ders, VersR 2012, 789, 795; ablehnend: Schelling/Warntjen, MedR 2012, 506, 511; Gutmann, in: FS Bergmann, S. 59, 64.

1014 So: Wagner, in: MüKo-BGB, 8. Aufl., § 630g, Rn. 10 für das Einsichtsrecht in die Patientenunterlagen.

1015 Vgl. Jürgens, in: Betreuungsrecht, § 1896 BGB, Rn. 24.

1016 Wagner, in: MüKo-BGB, 7. Aufl., § 630c, Rn. 43.

1017 Kett-Straub/Sipos-Lay, MedR 2014, 867, 870; Spickhoff, in: Spickhoff, Medizinrecht, 2. Aufl., § 630c, Rn. 27; ders., VersR 2013, 267, 273; ders., JZ 2015, 15, 22; Walter, Das neue Patientenrechtegesetz, Rn. 120.

verengt werde und damit häufig ins Leere liefe.[1018] Ferner würde das Erfordernis einer „aggressiveren, deutlicheren, ausdrücklichen" Nachfrage das Vertrauensverhältnis endgültig zerstören, was kaum der gesetzgeberischen Intention entsprochen haben könne.[1019]

Der gesetzgeberische Wille spricht allerdings gegen eine solch weite Auslegung des Nachfragebegriffs. Denn nach der Gesetzesbegründung regelt § 630c Abs. 2 Satz 2 Alt. 1 BGB den Fall, dass der Patient den Behandelnden „ausdrücklich" nach etwaigen Behandlungsfehlern befragt.[1020] Eine solche Auslegung kann darüber hinaus dem, der Offenbarungspflicht auf Nachfrage zu Grunde liegenden, Regel-/Ausnahme-Verhältnis nicht entsprechen.[1021] Zuzugeben ist, dass typischerweise zwischen Arzt und Patient eine Informationsasymmetrie besteht. Diese gründet auf dem medizinischen bzw. fachlichen Sonderwissen des Arztes gegenüber dem Patienten, der dieses Wissen regelmäßig nicht besitzt und daher selbst nicht in der Lage sein wird, das Behandlungsgeschehen medizinisch zu bewerten. Der Patient muss daher auf die Kenntnisse und Fähigkeiten des Behandelnden vertrauen. Gleichwohl kann für die Aufrechterhaltung des Vertrauensverhältnisses – so es in einer Lage überhaupt noch Bestand hat, in der sich der Patient veranlasst sieht, den Behandelnden zu eigenen Behandlungsfehlern zu befragen – nicht der Behandelnde allein verantwortlich sein. Ziel des Gesetzgebers war es gerade, einen gesetzlichen Rahmen zu schaffen, der Patienten sowie Behandelnde auf Augenhöhe bringt.[1022] Bestandteil des Behandlungsverhältnisses ist neben der Vertragsautonomie auch die Patientenautonomie. Mit dieser Patientenautonomie ist die Wahrnehmung der eigenen Interessen verbunden, weswegen in deren Rahmen eine konkrete Frage nach etwaigen Komplikationen oder Behandlungsfehlern verlangt werden kann, unabhängig davon, ob es um fremde oder eigene Behandlungstätigkeit des Frageadressaten geht. Das gilt umsomehr, wenn die Nachfrage mit dem Ziel gestellt wird, dem nachfragenden Patienten die Durchsetzung gegebenenfalls bestehender Schadensersatzansprüche wegen eines Behandlungsfehlers zu erleichtern. Die Vorbereitung und Durchsetzung von Schadensersatzansprüchen des Patienten ist nicht Sache des Behandelnden, denn diesen trifft weder

1018 Spickhoff, Medizinrecht, 2. Aufl., § 630c, Rn. 27; ders., VersR 2013, 267, 273; ders., JZ 2015, 15, 22; Walter, Das neue Patientenrechtegesetz, Rn. 120.

1019 Spickhoff, Medizinrecht, 2. Aufl., § 630c, Rn. 27; ders., JZ 2015, 15, 22.

1020 Regierungsentwurf, BT-Drs. 17/10448, S. 21.

1021 Wagner, in: MüKo-BGB, 7. Aufl., § 630c, Rn. 43.

1022 Regierungsentwurf, BT-Drs. 17/10488, S. 1.

eine umfassende Fürsorgepflicht[1023] noch eine allgemeine Vermögenssicherungspflicht.[1024] Soweit eine abstrakte Frage „Alles in Ordnung?“ ausreichen würde, führte dies nicht nur zu einer Rechtsunsicherheit, ob bzw. ab welchem Zeitpunkt die Voraussetzungen für die nachfrageindizierte Informationspflicht nach § 630c Abs. 2 Satz 2 Alt. 1 BGB vorliegen, sondern zur „Schleifung“ des Tatbestandsmerksmals „auf Nachfrage“. Statt Patienten und Arzt auf Augehöhe wäre das Ergebnis entgegen dem gesetzgeberischen Willen die Einführung einer umfassenden Fürsorgepflicht des Behandelnden. Somit ist eine ausdrückliche Nachfrage des Patienten erforderlich.[1025]

Soweit die Informationspflicht den Behandelnden nicht nur hinsichtlich eigener Fehler, sondern auch hinsichtlich möglicher von anderen Behandelnden begangener Fehler trifft, steht das Kollegialitätsgebot des § 29 Abs. 1 MBO-Ä der Informationspflicht nicht entgegen. In diesem Zusammenhang gelten allerdings unsachliche Kritik an der Behandlungsweise oder der beruflichen Kompetenz anderer Ärzte sowie herabsetzende Äußerungen über deren Person gemäß § 29 Abs. 1 Satz 3 MBOÄ als berufsunwürdig.[1026]

4.3.4 Abwendung einer Gesundheitsgefahr (Alternative 2)

Die Informationspflicht nach § 630c Abs. 2 Satz 2 Alt. 2 BGB regelt eine fehlerbezogene Informationspflicht zur Abwendung gesundheitlicher Gefahren (Gesundheitsgefahrenabwendungsalternative). Die Informationspflicht des Behandelnden setzt voraus, dass die Information „zur Abwendung von gesundheitlichen Gefahren für den Patienten erforderlich ist.“[1027] Die Abwendung einer patientenbezogenen Gesundheitsgefahr ist damit gleichsam (Primär-) Zweck und Entstehungvoraussetzung für die Informationspflicht nach der 2. Alternative des § 630c Abs. 2 Satz 2 BGB. Dagegen wird eine ausdrückliche Nachfrage nach einem Behandlungsfehler für diese Gesundheitsgefahrenabwendungsalternative gerade nicht vorausgesetzt. Soweit allerdings keine gesundheitlichen Gefahren für den Patienten bestehen, ist der Behandelnde auch nicht

1023 Regierungsentwurf, BT-Drs. 17/10488, S. 21.

1024 Deutsch/Spickhoff, Medizinrecht, 7. Aufl., Rn. 558; Taupitz, Offenbarungspflicht, S. 57.

1025 So auch: Hegerfeld, Ärztliche Aufklärungs- und Informationspflichten, S. 341.

1026 Rehborn, GesR 2013, 257, 260 f.

1027 Regierungsentwurf, BT-Drs. 17/10488, S. 21; so auch: Wagner, in: MüKo-BGB, 7. Aufl., § 630c, Rn. 44; ders., VersR 2012, 789, 795.

zur unaufgeforderten Informationserteilung nach § 630c Abs. 2 Satz 2 BGB verpflichtet, denn den Behandelnden trifft keine „umfassende Fürsorgepflicht."[1028]

Der tatsächliche Anwendungsbereich für die Informationspflicht nach § 630c Abs. 2 Satz 2 Alt. 2 BGB ist denkbar gering. In der Praxis dürfte es kaum Fälle geben, in denen eine Information im Hinblick auf Behandlungsfehler zur Abwendung einer gesundheitlichen Gefahr vom Patienten wirklich erforderlich ist. Es wird in der Regel zur Abwendung einer Gesundheitsgefahr hinreichend aber auch notwendig sein, dass der Patient wegen eines drohenden Gesundheitsschadens aufgrund fehlerhafter Behandlung (zeitnah) eine Gegen- bzw. Weiterbehandlung gegebenfalls bei einem anderen Behandelnden erfährt.[1029] Das gilt jedenfalls dann, wenn der andere Behandelnde über die zurückliegende Behandlung infomiert ist bzw. vom Vorbehandelnden informiert wird. Zudem dürfte bei Fällen, in denen die Abwendung einer Gesundheitsgefahr vom Patienten eine fehlerbezogene Information erforderlich macht, die Informationspflicht nach § 630c Abs. 2 Satz 2 BGB inhaltlich mit der Pflicht zur Sicherungs- bzw. therapeutischen Aufklärung, die nach § 630c Abs. 2 Satz 1 BGB und den deliktischen Grundsätzen geschuldet ist, im Konkurrenzverhältnis stehen.[1030] Dies ist beispielsweise der Fall, wenn sich eine Krebsdiagnose und damit auch die Therapie im weiteren Verlauf als falsch darstellt, unabhängig davon ob die Diagnose behandlungsfehlerhaft oder irrtümlich war. Hier ist – ungeachtet desjenigen, der die falsche Diagnose gestellt hat, der Patient alsbald nach Erkennen der Fehldiagnose hierüber und das Absetzen der Therapie in Kenntnis zu setzen, damit der Patient sein Leben auch ohne „Krebsangst" weiterführen kann.[1031] Desweiteren ist der Fall beispielhaft, wenn erkannt wird, dass ein Instrument im Körper des Patienten zurückgelassen wurde und nunmehr durch eine Zweitoperation entfernt werden muss. Obgleich sich hier auch für den Laien ein Organisationsfehler aufdrängt, ist der Patient über die Tatsache des zurückgelassenen Instruments zu informieren.[1032]

1028 Regierungsentwurf, BT-Drs. 17/10488, S. 21.

1029 Vgl. Wagner, in: MüKo-BGB, 7. Aufl. 2016, § 630c, Rn. 44; ders., VersR 2012, 789, 795.

1030 Spickhoff, in: Spickhoff, Medizinrecht, 3. Aufl. 2018, § 630c BGB, Rn. 29.

1031 OLG Karlsruhe, VersR 1988, 1134; Kern, GesR 2009, 1, 8; Schelling/Warntjen, MedR 2012, 506, 507; Spickhoff, in: Spickhoff, Medizinrecht, 3. Aufl. 2018, § 630c BGB, Rn. 29; Taupitz, NJW 1992, 713, 716.

1032 OLG Stuttgart, VersR 1989, 632; Schelling/Warntjen, MedR 2012, 506, 507; Taupitz, NJW 1992, 713, 716; Wagner, in: MüKo-BGB, 7. Aufl., § 630c, Rn. 44.

4.4 Inhalt und Umfang

Liegen die oben genannten Voraussetzungen nach einer der beiden Alternativen des § 630c Abs. 2 Satz 2 BGB vor, hat der Behandelnde den Patienten zu informieren. Der bloße Wortlaut des §630c Abs. 2 Satz 2 BGB „über diese" lässt mit Blick auf den Inhalt der Information dabei zunächst die Auslegungen zu, dass der Patient vom Behandelnden entweder über die „Annahme eines Behandlungsfehlers" oder über die „Umstände, die die Annahme eines Behandlungsfehlers begründen" zu informieren ist. Die aus Sicht des Gesetzgebers im parlamentarischen Verfahren zum Patientenrechtegesetz im federführenden Ausschuss für Gesundheit des Bundestages eingebrachte „klarstellende Formulierung „über diese" soll verdeutlichen, dass Behandelnde lediglich über erkennbare Umstände zu informieren haben, die auf einen Behandlungsfehler hindeuten."[1033] Unter Berücksichtigung der Gesetzesbegründung ist § 630c Abs. 2 Satz 2 BGB damit so auszulegen, dass der Behandelnde den Patienten über die Umstände, die die Annahme eines Behandlungsfehlers begründen, zu informieren verpflichtet ist, nicht über die Annahme eines Behandlungsfehlers selbst.[1034]

Die Frage, was unter dem Begriff „Umstände" zu verstehen ist, dürfte jedoch geeignet sein, den Streit um den Umfang der ärztlichen Fehleroffenbarungspflicht, wie dieser vor Inkrafttreten des Patientenrechtegesetzes bestand, wieder zu entfachen.

Bereits aus dem Gesetzeswortlaut und den Gesetzesmaterialien wird deutlich, dass eine juristische Wertung oder ein Schuldanerkenntnis des Behandelnden von der Offenbarungspflicht nicht umfasst sein kann.[1035] So enthielt bereits der Regierungsentwurf eine Änderung gegenüber dem Referentenentwurf,[1036] wonach der Patient nicht über den Behandlungsfehler selbst, sondern über die Umstände, die die Annahme eines solchen begründen, durch den Behandelnden zu informieren ist. Die im parlamentarischen Verfahren eingebrachte

---

1033 Beschlussempfehlung, BT-Drs. 17/11710, S. 28.

1034 Mansel, in: Jauernig, BGB, § 630c, Rn. 7; Wagner, in: MüKo-BGB, 7. Aufl., § 630c, Rn. 45.

1035 Vgl. Spickhoff, JZ 2015, 15, 21; Wagner, in MüKo-BGB, 7. Aufl., § 630c, Rn. 45 f.

1036 Wörtlich lautet die Fassung des § 630c Abs. 2 Satz 2 u. 3 BGB im Referentenentwurf, S. 5: „Auf Nachfrage hat der Behandelnde den Patienten über erkennbare Behandlungsfehler zu informieren. Im Übrigen ist der Behandelnde verpflichtet, den Patienten über erkennbare Behandlungsfehler zu informieren, soweit dies zur Abwendung gesundheitlicher Gefahren vom Patienten erforderlich ist."

klarstellende Formulierung sollte dies verdeutlichen.[1037] Zudem stellt die Gesetzesbegründung in der Beschlussempfehlung des Ausschuss für Gesundheit des Bundestages klar, dass eine Verpflichtung zur Vornahme einer juristischen Wertung von der Informationspflicht nicht erfasst ist.[1038] Dies war bereits vor Inkrafttreten des Patientenrechtegesetzes ganz herrschende Auffassung unter jenen, die sich für eine ärztliche Fehleroffenbarungspflicht verwandten.[1039] Zu Recht kann von einem Arzt weder eine juristische Wertung der Behandlung noch die Klärung der Verschuldensfrage verlangt werden, denn dies liegt offenkundig außerhalb der ärztlichen Aufgabe und Tätigkeit und ist vom Zweck des Behandlungsvertrags nicht erfasst.[1040]

Zunächst beinhaltet der Begriff „Umstände“ i. S. d. § 630c Abs. 2 Satz 2 BGB Tatsachen im Zusammenhang mit dem vergangenen Behandlungsgeschehen und umfasst damit den Gesundheitszustand des Patienten, den Behandlungsverlauf und den Eintritt von Komplikationen i. S. d. des Auftretens unvorhersehbarer bzw. unerwünschter Ereignisse,[1041] unabhängig davon, ob diese Tatsache bereits aus Patientensicht im Sinne einer laienhaften Parallelwertung Rückschlüsse auf einen Fehler bzw. ein Fehlverhalten erlauben. Somit hat der Behandelnde den Patienten beispielsweise auch über im Rahmen eines Eingriffs im Körper zurückgelassenes Operationswerkzeug zu informieren oder eine zunächst fälschlich getroffene Diagnose richtigzustellen.[1042]

In Bezug auf diese Tatsachen weist die Offenbarungspflicht des § 630c Abs. 2 Satz 2 BGB eine inhaltliche Deckung mit dem Umfang der therapeutischen Aufklärung und Sicherheitsaufklärung auf, die nunmehr in § 630c Abs. 2 Satz 1 BGB als therapeutische Information gesetzlich normiert und im Übrigen weiterhin Bestandteil der Verkehrssicherungspflicht im Hinblick auf

---

1037 Im Regierungsentwurf, BT-Drs. 17/10488, S. 5 war in § 630c Abs. 2 Satz 2 BGB noch die Formulierung „darüber“ enthalten, die im parlamentarischen Gesetzgebungsverfahren zur Klarstellung durch „über diese“ ersetzt wurde, Beschlussempfehlung, BT-Drs. 17/11710, S. 8, 28.

1038 Beschlussempfehlung, BT-Drs. 17/11710, S. 28.

1039 Kleuser, Fehleroffenbarungspflicht, S. 81, 147, 208; Taupitz, NJW 1992, 713, 715.

1040 Vgl. Kett-Straub/Sipos-Lay, MedR 2014, 867, 871; Kleuser, Fehleroffenbarungspflicht, S. 81, 147; Taupitz, NJW 1992, 713, 715.

1041 Vgl. Katzenmeier, NJW 2013, 817, 819.

1042 Freilich wird der Diagnoseirrtum von der ständigen Rechtsprechung wegen der Individualität des menschlichen Körpers nur mit großer Zurückhaltung als Behandlungsfehler bewertet.

die deliktische Haftung ist.[1044] Neben der Information über den Gesundheitszustand und die Notwendigkeit der weiteren Behandlung ging die wohl ganz herrschende Auffassung[1045] davon aus, dass im Rahmen der Sicherungsaufklärung auch über unerwünschte Ereignisse zu informieren sei, die eine Weiter- bzw. Gegenbehandlung des Patienten erforderlich machen.[1046] Zudem haben die Offenbarungspflicht zur Abwendung gesundheitlicher Gefahren und die Verpflichtung zur Sicherungsaufklärung- bzw. therapeutischen Beratung, die ebenfalls dazu dient Gesundheitsgefahren vom Patienten abzuwenden oder solche zu verringern,[1047] einen übereinstimmenden Zweck.[1048]

4.4.1 Streitstand

Die Frage, ob ferner eine retrospektive medizinische Bewertung bzw. fachliche Würdigung des Behandlungsgeschehens von der Informationspflicht umfasst ist, wird dagegen uneinheitlich beantwortet und knüpft an den Streitstand zur ärztlichen Fehleroffenbarungspflicht vor Inkrafttreten des Patientenrechtegesetzes an.[1049]

Es wird vertreten, eine in neutrale Worte gefasste Schilderung von Tatsachen, die dem Patienten als medizinischem Laien den Schluss auf einen Behandlungsfehler erschweren oder gar unmöglich machen, sei nicht ausreichend. Für den Patienten müsse aus der Schilderung deutlich werden, dass zu einem früheren Zeitpunkt im Behandlungsprozess dem Behandelnden oder einem Kollegen ein Fehler unterlaufen ist, d. h. nicht diejenigen diagnostischen oder therapeutischen Maßnahmen ergriffen wurden, die bereits aus damaliger Sicht hätten ergriffen werden müssen.[1050]

1043 Schelling/Warntjen, MedR 2012, 506, 507; Spickhoff, in: Spickhoff, Medizinrecht, 3. Aufl., § 630c BGB, Rn. 29, 32; Wagner, in: MüKo-BGB, 7. Aufl., § 630c, Rn. 11.

1044 Spickhoff, JZ 2015, 15, 21; ders., in: Spickhoff, Medizinrecht, 3. Aufl., § 630c BGB, Rn. 29.

1045 OLG Stuttgart, VersR 1989, 632; OLG Karlsruhe, VersR 1988, 1134; Kern, GesR 2009, 1, 8; Taupitz, NJW 1992, 713, 716.

1046 Vgl. Katzenmeier, NJW 2013, 817, 819.

1047 Spickhoff, JZ 2015, 15, 21; OLG München, VersR 2002, 986.

1048 Spickhoff, Medizinrecht, 2. Aufl., § 630c, Rn. 29; ders., JZ 2015, 15, 21 sprechen gar von einem Konkurrenzverhältnis zwischen der Offenbarungspflicht und der Sicherungsaufklärung.

1049 Siehe oben Kapitel 3.

1050 Wagner, in: MüKo-BGB, 7. Aufl., § 630c BGB, Rn. 45.

Demgegenüber wird vertreten, der Behandelnde schulde im Rahmen der Offenbarungspflicht keine Aufklärung über die Würdigung des Behandlungsgeschehens.[1051] Der Gesetzgeber habe zum Ausdruck gebracht, mit der Neuregelung an die vor Inkrafttreten des Patientenrechtegesetzes geltende Rechtsprechung anknüpfen zu wollen.[1052] In diesem Zusammenhang war streitig, ob eine Fehleroffenbarungspflicht des Arztes als Ausnahme des „nemo-tenetur"-Grundsatzes überhaupt besteht. Der Arzt hatte nach der im Schrifttum vertretenen Ansicht, die eine solche Pflicht bejahte, über eingetretene Komplikationen aufzuklären, jedoch nur über den Zustand des Patienten und die weiter erforderliche Behandlung, nicht aber über die Würdigung des Verhaltens als fehlerhaft.[1053] Die letzte Änderung im Gesetzgebungsverfahren und die Gesetzesbegründung, wonach den Behandelnden die Pflicht zur gesundheitlichen Sorge des Patienten, nicht aber eine umfassende Fürsorgepflicht trifft, habe klargestellt, dass die Neuregelung darüber nicht hinausgeht.[1054] Zudem wird auf die weitreichenden Folgen hingewiesen, die mit einer umfassenden Offenbarungspflicht verbunden wären. So habe der Behandelnde zu befürchten, dass ihn der Hinweis auf ein eigenes Fehlverhalten der Gefahr der Strafverfolgung und damit verbundener Maßnahmen aussetzen würde, die unabhängig vom Verfahrensausgang dazu geeignet sind, den Ruf sowie die wirtschaftliche Existenz des Behandelnden teils erheblich zu beeinträchtigen.[1055]

4.4.2 Historische Auslegung

Die Frage, ob vom Umfang der Offenbarungspflicht die Würdigung des vergangenen Behandlungsgeschehens erfasst ist, lässt sich aus der Gesetzesbegründung schwerlich mit hinreichender Sicherheit beantworten. Der Gesetzgeber wollte mit der Offenbarungspflicht an die im Wesentlichen geltende Rechtsprechung anknüpfen.[1056] Der *BGH* hatte sich bis zum Inkrafttreten des Patientenrechtegesetzes jedoch weder zu einer allgemeinen Fehleroffenbarungspflicht noch einer Fehleroffenbarungspflicht zur Abwendung von Gesundheitsgefahren und deren

---

1051 Hegerfeld, Ärztliche Aufklärungs- und Informationspflichten, S. 328; Katzenmeier, NJW 2013, 817, 819; Kett-Straub/Sipos-Lay, MedR 2014, 867, 871; Schelling/Warntjen, MedR 2012, 506, 511 f.; Schumacher, Nemo tenetur, S. 159.

1052 Katzenmeier, NJW 2013, 817, 818; Schelling/Warntjen, MedR 2012, 506, 511.

1053 Katzenmeier, NJW 2013, 817, 819; Dann, MedR 2007, 638, 640 f.

1054 Katzenmeier, NJW 2013, 817, 819; Schumacher, Nemo tenetur, S. 159.

1055 Kett-Straub/Sipos-Lay, MedR 2014, 867, 871.

1056 Regierungsentwurf, BT-Drs. 17/10488, S. 21.

Umfang verhalten.[1057] Das *OLG Stuttgart*[1058] sowie das *OLG München*[1059] hatten unter Verweis auf die therapeutische Aufklärungspflicht eine Hinweispflicht des Arztes auf bei Eingriffen zurückgelassene Fremdkörper angenommen. Über eine Verpflichtung eine medizinische Bewertung des Behandlungsverlaufs abzugeben, verhalten sich diese Entscheidungen jedoch mit keinem Wort. Eine Nachfrage indizierte Fehleroffenbarungspflicht wird dagegen vereinzelt im Schrifttum[1060] aus einer Entscheidung des *BGH*[1061] abgeleitet, wonach ein Arzt, der bis dahin in einem besonderen Vertrauensverhältnis zu dem Patienten gestanden hat, nicht treuwidrig handelt, wenn er, ohne die Tatsachen zu verschweigen oder zu verdrehen, ein schuldhaftes Fehlverhalten leugnet. Zutreffend ist, dass aus dieser Entscheidung entnommen werden kann, dass nach Ansicht des *BGH* dem Arzt kein Recht zur Lüge zusteht.[1062] Der Behandelnde darf danach also weder falsche Tatsachen behaupten noch im Rahmen seiner Aussage Tatsachen verschweigen und dadurch gegenüber dem Patienten eine wahrheitswidrige Sachlage vermitteln. Darüber hinaus kann der Entscheidung auch entnommen werden, dass dem Behandelnden Fehler- oder Schuldeingeständnisse nicht abverlangt werden;[1063] der Behandelnde eigenes Fehlerverhalten sogar abstreiten darf. Der *BGH* hat mit der Entscheidung eine Wahrheitspflicht im Gegensatz zu einer fehlerorientierten Auskunftspflicht statuiert. Ob dem Arzt gegebenenfalls sogar ein, dessen sonstige Aufklärungs- und Dokumentationspflichten unberührt lassendes, Schweigerecht zur Verfügung steht, wenn er sich durch eine wahrheitsgemäße Aussage selbstbezichtigen müsste, geht aus diesem Urteil des *BGH* jedoch ausdrücklich nicht hervor. Das *OLG Hamm*[1064] hatte diese Entscheidung des *BGH* bestätigt. Das *OLG Koblenz*[1065] hatte – seinerseits bestätigt durch einen Beschluss des *OLG München*[1066] – entschieden, dass neben dem Recht des Patienten zur Einsicht in die Krankenunterlagen keine allgemeine umfassende Auskunftspflicht der Behandlungsseite besteht. Vor diesem Hintergrund kann aus der Rechtsprechung alles andere als eine umfassende Aufklärungs- bzw. Auskunftspflicht des

---

1057 Vgl. Terbille/Schmitz-Herscheidt, NJW 2000, 1749, 1750.
1058 OLG Stuttgart, VersR 1989, 632.
1059 OLG München, VersR 2002, 985.
1060 Kleuser, Fehleroffenbarungspflicht, S. 44.
1061 BGH NJW 1984, 661.
1062 Terbille/Schmitz-Herscheidt, NJW 2000, 1749, 1752.
1063 Vgl. Schwarz, JR 2008, 89.
1064 OLG Hamm, NJW 1985, 685.
1065 OLG Koblenz NJW-RR 2004, 410.
1066 OLG München, Beschl. v. 10.06.2010 - 1 U 2376/10 = BeckRS 2010, 19359.

Behandelnden gegenüber dem Patienten abgeleitet werden, die eine Würdigung des Behandlungsgeschehens erfasst.[1067] Gleichwohl ist nicht zwingend, dass der Gesetzgeber diese Auffassung zur bisher ergangenen Rechtsprechung teilt und fortzusetzen gedacht hatte. Denn zum einen wird in der Gesetzesbegründung darauf verwiesen, die Informationspflicht sei Ausdruck der an dieser Stelle vorzunehmenden Abwägung zwischen den Interessen des Behandelnden am Schutz seiner Person und dem Interesse des Patienten am Schutz seiner Gesundheit.[1068] Zum anderen wird betont, es sei „die Pflicht des Behandelnden", für „den Fall, dass der Patient den Behandelnden ausdrücklich nach etwaigen Behandlungsfehlern befragt", „wahrheitsgemäß zu antworten, wenn er Umstände erkennt, die die Annahme eines Behandlungsfehlers begründen, auch wenn er dabei Gefahr läuft, nicht nur einen Behandlungsfehler eines Dritten, sondern auch eigene Fehler offenbaren zu müssen."[1069] Auf der anderen Seite betont der Gesetzgeber, den Behandelnden treffe keine „umfassende Fürsorgepflicht."[1070] In der Gesamtbetrachtung verbleibt der gesetzgeberische Wille hinsichtlich des Umfangs der Informationspflicht daher unklar und bietet für eine rechtssichere Auslegung des Begriffs keine hinreichenden Anknüpfungspunkte.

4.4.3 Teleologische Auslegung

Soweit auf den Zweck des Gesundheitsschutzes abgestellt wird, kann aus diesem eine Offenbarungspflicht über die Würdigung des Behandlungsgeschehens nicht abgeleitet werden.

Denn für die Abwendung einer gesundheitlichen Gefahr ist es ohne Bedeutung, ob für den unerwünschten Behandlungsverlauf eine schuldhafte Pflichtverletzung oder die schicksalhafte Realisierung behandlungsimmanenter Risiken ursächlich war.[1071] Unbeschadet dessen, ist der Behandelnde mit Blick auf die therapeutische Aufklärung und Sicherungsaufklärung, die Ausfluss des Schutzes der Patientengesundheit ist, verpflichtet, über behandlungsrelevante Tatsachen zu informieren und eine ordnungsgemäße Behandlung des Patienten sicherzustellen.

1067 a. A. Terbille/Schmitz-Herscheidt, NJW 2000, 1749, 1752; Thole, MedR 2013, 145, 146 f. bzgl. einer Auskunftspflicht auf konkrete Nachfrage nach einem Behandlungsfehler.

1068 Regierungsentwurf, BT-Drs. 17/4088, S. 21.

1069 Regierungsentwurf, BT-Drs. 17/4088, S. 21.

1070 Regierungsentwurf, BT-Drs. 17/4088, S. 21.

1071 Jaeger, Patientenrechtegesetz, Rn. 132; Kett-Straub/Sipos-Lay, MedR 2014, 867, 871; Schelling/Warntjen, MedR 2012, 506, 508; Spickhoff, JZ 2015, 15, 21.

Aber auch der Schutz des Arzt-Patienten-Verhältnisses bzw. der Schutz des Vertrauens zwischen Behandelndem und Patienten stellt keine tragfähige Grundlage für eine Pflicht des Behandelnden zur Vornahme und zum Offenbaren der medizinischen Bewertung des Behandlungsverlaufs dar, wenn es um die Würdigung der eigenen Behandlungsleistung geht. Das Vertrauensverhältnis ist kein Selbstzweck, sondern Grundlage für das Behandlungsverhältnis.[1073] Zunächst dürfte anzunehmen sein, dass das Vertrauen des Patienten in den Behandelnden und dessen Leistung ohnehin zumindest lädiert ist, wenn sich der Patient zu einer konkreten Nachfrage über das etwaige Vorliegen eines Behandlungsfehlers veranlasst sieht. Unabhängig davon, ob ein fehlerhaftes Verhalten tatsächlich vorliegt, wird die Fortsetzung des Behandlungsverhältnisses nur in seltenen Fällen von beiden Seiten dann noch angestrebt sein, weil es zu einer Verschiebung der Interessenlage von einem gleichgerichteten Behandlungsinteresse zur Wiederherstellung der Gesundheit hin zu gegenläufigen Interessen – die Abwehr und Verteidigung gegen den vermeintlichen Fehlervorwurf auf der einen und die Ermittlung und Durchsetzung von (Haftungs-)Ansprüchen auf der anderen Seiten – kommt. Dem Behandelnden die Aufgabe, den Erhalt bzw. die Restitution des Vertrauensverhältnisses unter Preisgabe aller eigenen Interessen zu übertragen, indem von ihm verlangt wird, eigenes Fehlverhalten auf Nachfrage zu offenbaren, kann weder Ergebnis einer Interessenabwägung noch Gegenstand eines Behandlungsverhältnisses auf „Augenhöhe" sein, in denen „[Patienten] eigenverantwortlich und selbstbestimmt im Rahmen der Behandlung entscheiden können", wie es der Gesetzgeber[1074] mit dem Patientenrechtegesetz intendiert. Dies gilt umso mehr, als dass nach der Wertung des § 627 BGB beide Parteien – soweit nicht zur Unzeit – dieses Behandlungsverhältnis ohne Angabe von Gründen unverzüglich auflösen können. Unter der gebotenen Abwägung der gegenläufigen Interessen kann sich daher aus dem Vertrauensverhältnis auf konkrete Nachfrage des Patienten – neben den ohnehin im Rahmen der therapeutischen Information und Sicherungsaufklärung zu erteilenden Informationen – lediglich eine Informationspflicht des Behandelnden über die notwendigen Tatsachen zur Verfolgung eines Schadensersatzanspruches aus der Informationssphäre des Behandelnden ergeben. Zu einer Information über

---

1072 Darüber hinaus umfasst auch die Selbstbestimmungsaufklärung eine Offenbarung der Bewertung der Vorbehandlung nicht, vgl. unter 3.8.

1073 Vgl. unter 1.1; Gutmann, in: FS Bergmann, S. 59, 63; Schelling/Warntjen, MedR 2012, 506, 508.

1074 Regierungsentwurf, BT-Drs. 17/10488.

die Bewertung der eigenen Behandlungsleistung als sorgfaltspflichtgemäß oder sorgfaltswidrig ist der Behandelnde hingegen nicht verpflichtet,[1075] denn diese Information kann der Patient durch Rückgriff auf Dritte erlangen.

Sofern vertreten wird, der Zweck der Offenbarungspflicht liege (auch) in der Erleichterung der Geltendmachung und Durchsetzung von Schadensersatzansprüchen,[1076] dürfte dagegen von der Offenbarungspflicht des § 630c Abs. 2 Satz 2 BGB die Information über die medizinische Bewertung des Behandlungsgeschehens umfasst sein. Eine solche Information ist zwar nicht zwingend erforderlich, um dem wirtschaftlichen Interesse des Patienten im Hinblick auf die Ermittlung und Durchsetzung einer etwaigen Schadensersatzforderung zu entsprechen, weil es dem Patienten möglich ist, die medizinische Bewertung bzw. fachliche Würdigung des Behandlungsverlaufs unter Einschaltung qualifizierter Dritter selbst vorzunehmen. Gleichwohl ist die Information geeignet, dem Patienten die Prüfung und Durchsetzung von Ansprüchen – jedenfalls bezogen auf den Haftungsgrund – zu erleichtern, weil diese unmittelbare Informationserteilung im Rahmen des Behandlungsverhältnisses regelmäßig mit einer Verringerung des zeitlichen Aufwandes sowie der wirtschaftlichen und rechtlichen Risiken für den Patienten verbunden sein wird.[1077] Die Durchsetzung der wirtschaftlichen Interessen des Patienten auf Grundlage der Information über die Würdigung des Behandlungsgeschehens geht allerdings zu Lasten des Behandelnden, der hierdurch nicht nur in der Wahrnehmung seiner eigenen wirtschaftlichen Interessen beeinträchtigt wird, sondern sich auch durch Selbstbezichtigung der Gefahr der Strafverfolgung und der damit verbundenen Strafverfolgungsmaßnahmen sowie gegebenenfalls

1075 Vgl. Schelling/Warntjen, MedR 2012, 506, 510 f.

1076 Schumacher, Nemo tenetur, S. 161; Spickhoff, JZ 2015, 15, 21; Wagner, in: MüKo-BGB, 7. Aufl., § 630c, Rn. 30, 36, 38; ders, VersR 2012, 789, 795; a. A. Schelling/Warntjen, MedR 2012, 506, 511; Hegerfeld, Ärztliche Aufklärungs- und Informationspflichten, S. 327.

1077 Die Tatsachenbewertung des Behandlungsverlaufs erlaubt auf der rechtlichen Bewertungsebene Rückschlüsse auf das Vorliegen eines Behandlungsfehlers zu ziehen. Denn nach st. Rspr. (BGHZ 113, 297, 303 f.; BGHZ 144, 296, 305 f.; BGH NJW 2001, 1786, 1787; VersR 2003, 1128, 1130) begründet das Absehen von einer medizinisch gebotenen Vorgehensweise unabhängig von den subjektiven Fähigkeiten des behandelnden Arztes einen Behandlungsfehler, weswegen für eine Exkulpation nach § 280 Abs. 1 S. 2 BGB kein Raum ist, vgl. Wagner, in: MüKo-BGB, 7. Aufl., § 630a, Rn. 21.

berufsrechtlichen und vertragsarztrechtlichen Verfahren und Sanktionen aussetzen muss.[1078]

Wird angenommen, dass der Zweck der Informationspflicht des § 630c Abs. 2 Satz 2 BGB neben der Abwendung von Gesundheitsgefahren vom Patienten und dem Schutz des Arzt-Patienten-Verhältnisses auch in der Erleichterung der Ermittlung und Durchsetzung bestehender Schadensersatzansprüche wegen fehlerhafter Behandlung besteht, lässt sich hieraus eine Pflicht zur Offenbarung der medizinischen Bewertung ableiten. Jedoch nur dann, wenn sich die medizinische Bewertung des Behandlungsverlaufs für den Behandelnden ohne weiteres offenbart, denn eine Pflicht zur Recherche zur Abklärung möglicher Behandlungsfehler besteht nach dem ausdrücklichen Willen des Gesetzgebers gerade nicht.[1079] Insoweit kann es sich also nur um aus medizinischer Sicht offensichtliche Behandlungsfehler handeln.

4.4.4 Systematische Auslegung

Die Annahme, dass die Informationspflicht des § 630c Abs. 2 Satz 2 BGB auch den Zweck der Erleichterung der Geltendmachung von Schadensersatzansprüchen und die daraus folgende Ableitung der Offenbarungspflicht einer medizinischen Bewertung bzw. fachlichen Würdigung des vergangenen Behandlungsgeschehens umfasst, findet allerdings nicht nur in den Gesetzesmaterialen keinen Rückhalt, die ausschließlich zur Begründung der Informationspflicht vom „Interesse des Patienten am Schutz seiner Gesundheit" und der „Abwendung von gesundheitlichen Gefahren für den Patienten" sprechen.[1080] Eine solch umfassende Informationspflicht, die dem Patienten die Geltmachung von Schadensersatzansprüchen wegen fehlerhafter Behandlung erleichtern soll, hätte jedoch weder Bezug zur Gesundheit der Patienten noch zur Vertrauensbeziehung zwischen Arzt und Patient, aus der sich ergibt, dass der Behandelnde wahrheitsgemäß auf Nachfragen seitens des Patienten antworten muss. Sie entspräche vielmehr einer weitgehenden Vermögensbetreuungspflicht des Behandelnden. Die Gesetzessystematik zeigt jedoch, dass den Behandelnden allenfalls eine sehr beschränkte Vermögensbetreuungspflicht trifft. So regelt § 630c Abs. 3 BGB zwar eine Informationspflicht im Hinblick auf die finanziellen Folgen der Behandlung. Diese wirtschaftliche Informationspflicht, die inhaltlich an die Rechtsprechung vor

1078 Zu außerzivil- und strafrechtlichen Folgen siehe oben unter 1.4.
1079 Regierungsentwurf, BT-Drs. 17/10488, S. 21.
1080 Regierungsentwurf, BT-Drs. 17/10488, S. 21.

Inkrafttreten des Patientenrechtegesetzes anknüpft,[1081] ist jedoch zum einen begrenzt auf die voraussichtlichen Kosten einer Behandlung und zum anderen davon abhängig, dass der Behandelnde entweder positive Kenntnis hat oder es nach den Umständen hinreichende Anhaltspunkte dafür gibt, dass eine vollständige Übernahme der Behandlungskosten durch einen Dritten, namentlich einen Krankenversicherer, nicht gesichert ist. Eine über die in § 630c Absatz 3 hinausgehende Informationspflicht des Behandelnden besteht dagegen nicht. Nach dem Willen des Gesetzgebers ist es insbesondere nicht die Pflicht des Behandelnden, den Patienten umfassend wirtschaftlich zu beraten.[1082] Nach systematischer Auslegung ist es daher äußerst zweifelhaft, dass die Informationspflicht des § 630c Abs. 2 Satz 2 BGB auch die medizinische Bewertung bzw. fachliche Würdigung umfassen soll.[1083]

4.4.5 Verfassungsrechtliche Auslegung

Dies wirft die Frage auf, ob eine solch weitgehende Auslegung des Umfangs der Informationspflicht des § 630c Abs. 2 Satz 2 BGB, die dem Behandelnden die Information über die fachliche Würdigung des zurückliegenden Behandlungsgeschehens auferlegt, verfassungskonform ist.

Im Rahmen der verfassungsrechtlichen Prüfung bietet es sich an, die Offenbarungspflicht des § 630c Abs. 2 Satz 2 BGB insgesamt auf ihre verfassungsrechtliche Vereinbarkeit zu untersuchen.

Obschon die Informationspflicht des § 630c Abs. 2 Satz 2 BGB nicht zwischen eigenen und fremden Behandlungsfehlern trennt, ist eine solche Differenzierung gleichwohl im Rahmen der verfassungsrechtlichen Bewertung der Informationspflicht geboten, weil sich die kollidierenden Interessenlagen in Abhängigkeit davon unterscheiden, ob es um die Information über eigenes Fehlverhalten des Behandelnden oder Fehlverhalten anderer Behandelnder geht.[1084] Der Arzt, der selbst einen Behandlungsfehler begangen hat, befindet sich in einem Dilemma, welches für denjenigen, der den Behandlungsfehler eines Kollegen feststellt, so nicht existiert. Während die Information eines Patienten über den von einem anderen Arzt begangenen Fehler für den aktuell behandelnden Arzt in der Regel keine Nachteile mit sich bringt, birgt die Offenlegung eigener

---

1081 Regierungsentwurf, BT-Drs. 17/10488, S. 22; siehe auch oben unter 1.2.4.3 sowie unter 2.4.

1082 Regierungsentwurf, BT-Drs. 17/10488, S. 22.

1083 So auch: Gutmann, in: FS Bergmann, S. 59, 65.

1084 Vgl. unter Kapitel 3.

Behandlungsfehler die Gefahr, dass der Behandelnde selbst von dem Patienten auf Schadensersatz in Anspruch genommen wird. Darüber hinaus besteht das Risiko, dass auf Veranlassung des Patienten ein Strafverfahren gegen den Behandelnden eingeleitet wird.[1085] Im Übrigen können insbesondere den ärztlichen Behandelnden außerzivil- sowie außerstrafrechtliche Folgen treffen.[1086] Gleichwohl kann nicht konstatiert werden, dass bei der Offenlegung fremder Behandlungsfehler generell keine widerstreitenden Interessen des Behandelnden erkennbar sind.[1087] Auch der Behandelnde befindet sich in einem gewissen Dilemma, der über die Behandlungsfehler eines nahen Angehörigen oder einer sonstigen ihm nahestehenden Person informieren soll. Denn mit der Offenlegung eines fremden Behandlungsfehlers gegenüber dem Patienten wäre der Behandelnde unter Umständen gezwungen, eine ihm nahestehende Person zu belasten und diese der Gefahr der Strafverfolgung auszusetzen, soweit diese an der (Vor-)Behandlung beteiligt gewesen ist. Diese Interessenlagen und die daraus resultierenden Interessenkollisionen hat auch der Gesetzgeber erkannt und mit § 630c Abs. 2 Satz 3 BGB ein sog. Verwendungsverbot aufgenommen. Danach darf die Information des § 630c Abs. 2 Satz 2 BGB zu Beweiszwecken nur mit Zustimmung des Behandelnden in einem gegen ihn oder nahen Angehörigen gerichteten Straf- oder Bußgeldverfahren verwendet werden, wenn der Behandlungsfehler dem Behandelnden oder einem nahen Angehörigen unterlaufen ist. Der Gesetzgeber sieht mit der Einführung dieses Verwendungsverbots die Grundsätze der Selbstbelastungsfreiheit (nemo-tenetur-Grundsatz) gewährleistet.[1088]

4.4.5.1 Verfassungsmäßigkeit einer Informationspflicht zu eigenen Fehlern

Zunächst stellt sich daher die Frage, ob die Informationspflicht des § 630c Abs. 2 Satz 2 BGB, die dem Behandelnden die Information über die eigene Behandlungsleistung abverlangt, verfassungskonform ist. Wie auch der Gesetzgeber erkannt hat, ist die Verfassungsmäßigkeit einer solchen Informationsverpflichtung vordergründig an der Selbstbelastungsfreiheit des Behandelnden zu beurteilen.

1085 Wagner, in: MüKo-BGB, 7. Aufl., § 630c, Rn. 35.

1086 Siehe oben unter 1.4.

1087 So aber Wagner, in: MüKo-BGB, 7. Aufl., § 630c, Rn. 36, der deswegen für eine Interessenabwägung keinen Raum sieht.

1088 Regierungsentwurf, BT-Drs. 17/10488, S. 22.

Verfassungsrechtliche Ableitung der Selbstbelastungsfreiheit

Die Selbstbelastungsfreiheit bezeichnet den aus rechtsstaatlichen und verfassungsrechtlichen Erwägungen abgeleiteten Grundsatz, nach dem niemand verpflichtet ist, durch aktives Tun an seiner eigenen Strafverfolgung mitzuwirken (lat.: nemo tenetur se ipsum accusare); daher kurz: nemo-tenetur-Grundsatz.[1089] Mit Blick auf das Strafrecht findet der Nemo-Tenetur-Grundsatz seine einfachgesetzlichen Grundlagen in §§ 136, 243 StPO für den Beschuldigten, § 55 StPO für den Zeugen sowie über die Verweisung in § 72 StPO für den Sachverständigen, außerdem in Art. 14 Abs. 3 Buchst. g IPBPR sowie in Art. 6 Abs. 2 EMRK (Unschuldsvermutung).[1090]

Im Öffentlichen Recht sowie im Zivilrecht existieren eine Fülle von Mitwirkungs- und Auskunftspflichten, die jedenfalls dann im Spannungsverhältnis zur Selbstbelastungsfreiheit stehen, soweit sich der zur Mitwirkung oder Auskunft Verpflichtete durch die Erfüllung der ihm auferlegten Pflicht gleichzeitig der Gefahr aussetzt, wegen einer Straftat oder Ordnungswidrigkeit verfolgt zu werden. Die Geltung der Selbstbelastungsfreiheit ist im Grundsatz seit dem sog. Gemeinschuldnerbeschluss des *BVerfG* im Jahr 1981[1091] auch außerhalb des formellen Strafverfahrens in Rechtsprechung und Schrifttum anerkannt.[1092] Über die Ableitung der Selbstbelastungsfreiheit aus der Verfassung und deren Reichweite herrscht dagegen weiterhin Uneinigkeit.

Die Selbstbelastungsfreiheit wurde früher überwiegend allein aus der Garantie der Menschenwürde des Art. 1 GG abgeleitet.[1093] Auch wurde vertreten, die Selbstbelastungsfreiheit gründe in der Gewissensfreiheit aus Art. 4 Abs. 1 Var. 2 GG.[1094] Sie diene der „Respektierung des Gewissens",[1095] verbiete jedes Eindringen in das Gewissen und vermittele zugleich das Recht, die Offenbarung der eigenen Überzeugung, i. S. eines umfassenden Schweigerechts,

1089 BVerfGE 38, 113; 56, 43; BGHSt 34, 45; 37, 343; 38, 220; 53, 304, 309; Gleß in: LR-StPO, 27. Aufl., § 136, Rn. 27; Rogall, in: SK-StPO, Vor § 133, Rn. 73 m. w. N.

1090 Kühne, in: LR-StPO, 27. Aufl., Einl. J, Rn. 87.

1091 BVerfGE 56, 37.

1092 BVerfGE 95, 220, 241; 96, 171, 181; Di Fabio, in: Maunz/Dürig, GG, Art. 2 Abs. 1, Rn. 187 f.; Herdegen, in: Maunz/Dürig, GG, Art. 1 Abs. 1, Rn. 86; Kölbel, Selbstbelastungsfreiheiten, S. 69 ff; Schumacher, Nemo tenetur, S. 43.

1093 BVerfGE 38, 105, 113 f.; 55, 144, 150; BGHSt 34, 45; 37, 343; 38, 220; 53, 304, 309.

1094 Hamel, in: Bettermann/Nipperdey/Scheuner, Die Grundrechte, Band IV, 1. Halbband, S. 58, 85; Scholler, Die Freiheit des Gewissens; Lorenz, JZ 1992, 1000, 1006.

1095 Scholler, Die Freiheit des Gewissens, S. 150.

zu verweigern.[1096] Sie findet nach ganz überwiegender Auffassung nunmehr ihre verfassungsrechtliche Verankerung in der allgemeinen Handlungsfreiheit (Art. 2 Abs. 1 GG) und im allgemeinen Persönlichkeitsrecht (Art. 2 Abs. 1 i. V. m. Art. 1 Abs. 1 GG).[1097] Der Nemo-Tenetur-Grundsatz wird dabei teilweise verschiedenen Ausprägungen des allgemeinen Persönlichkeitsrechts zugeordnet. So wird vertreten, die Selbstbelastungsfreiheit sei Teil des Ehrenschutzes.[1098] Das *BVerfG* und andere Stimmen in der Literatur schreiben die Selbstbelastungsfreiheit ausdrücklich dem Recht auf informationelle Selbstbestimmung zu.[1099] Daneben wird die Selbstbelastungsfreiheit als ein Bestandteil des Rechtsstaatsprinzips angesehen[1100] aus dessen Zusammenwirken mit den Art. 2 Abs. 1, 2 Abs. 2 Satz 2 und Art. 1 Abs. 1 GG sich das Recht auf ein faires Verfahren (Fair Trial-Grundsatz)[1101] sowie der Grundsatz der Unschuldsvermutung ergibt[1102], dessen Ausfluss und gleichzeitiger Bestandteil die Selbstbelastungsfreiheit darstellt.[1103] Nach anderen Auffassungen beinhalte der Anspruch auf rechtliches Gehör aus

---

1096 Hamel, in: Bettermann/Nipperdey/Scheuner, Die Grundrechte, Band IV, 1. Halbband, S. 58.

1097 BVerfGE 56, 37, 42; 95, 220, 241; BVerfG NStZ 1995, 555, 555; BVerfG NStZ 2000, 488, 488; BVerfG NJW 1999, 779, 779; BGHSt 38, 214, 220; 38, 302, 305; Dingeldey, NStZ 1984, 529, 529; Günther, GA 1978, 193, 198; Haas, NJW 1996, 1120; Jarass, in: ders./Pieroth, GG, Art. 2, Rn. 68; Kühne, in: LR-StPO, 27. Aufl., Einl. J, Rn. 87; Lagodny, StV 1996, 167, 171; Michael/Morlok, Grundrechte, Rn. 426; Mäder, Betriebliche Offenbarungspflichten, 1997, S. 84; Pieroth/Schlink, Grundrechte, Rn. 398; Rogall, Der Beschuldigte als Beweismittel gegen sich selbst; S. 139 ff.; Sodan, in: Sodan, GG, Art. 2, Rn. 6; Schuhr, in: MüKo-StPO, Vor §§ 133 ff., Rn. 74; Stürner, NJW 1981, 1757, 1758.

1098 Lagodny, StV 1996, 167, 171, Fn. 54; Kunig, in: v. Münch/Kunig, GG, Art. 2, Rn. 35.

1099 BVerfGE 65, 1, 46; 96, 171, 181; Besson, Das Steuergeheimnis, S. 81; Jarass, NJW 1989, 857, 859; Keller, Rechtliche Grenzen, S. 132; Kölbel, Selbstbelastungsfreiheiten, S. 281 ff.; Michael/Morlok, Grundrechte, Rn. 426; Nothhelfer, Selbstbezichtigungszwang, S. 82 f., 91; Renzikowski, JZ 1997, 710, 714; Schaefer, Nemo-Tenetur-Grundsatz im Steuerstrafverfahren, S. 113. Wohlers/Albrecht, in: SK-StPO, § 163a, Rn. 41.

1100 Kühne, in: LR-StPO, 27. Aufl., Einl. J, Rn. 87.

1101 Jarass, in: ders./Pieroth, GG, Art. 20, Rn. 137; Grzeszick, in: Maunz/Düring, GG, Art. 20, VII., Rn. 144; Leisner, in: Sodan, GG, Art. 20, Rn. 51a; BVerfGE 57, 250, 274; 63, 380, 390; 70, 297, 308; EGMR, StV 2003, 257; NJW 2010, 213, 215.

1102 Grzeszick, in: Maunz/Düring, GG, Art. 20, VII., Rn. 148; BVerfGE 19, 342, 347; 38, 105, 115; 74, 358, 369; 82, 106, 114; 110, 1, 22.

1103 Kühne, in: LR-StPO, 27. Aufl., Einl. J, Rn. 87.

Art. 103 Abs. 1 GG als status negativus das Schweigerecht des Angeklagten und bilde die verfassungsrechtliche Grundlage für die Selbstbelastungsfreiheit.[1104]

Die besseren Argumente sprechen für die wohl herrschende Meinung, die Selbstbelastungsfreiheit im Allgemeinen Persönlichkeitsrecht nach Art. 2 Abs. 1 i. V. m. Art. 1 Abs. 1 GG zu verorten. Einer ausschließlichen Verankerung der Selbstbelastungsfreiheit im Schutzbereich der Menschenwürde des Art. 1 Abs. 1 GG kann deren Absolutheit entgegengehalten werden, weswegen die Selbstbelastungsfreiheit einer Abwägung nicht zugänglich wäre.[1105] Die Kollision zwischen der Selbstbelastungsfreiheit und dem staatlichen bzw. privaten Informationsinteresse ließe keinen Ausgleich zu. Jegliche Eingriffe, also insbesondere Auskunfts- und Mitwirkungspflichten, die mit einer Selbstbelastung verbunden sind, wären stets verfassungswidrig.[1106] Es entspricht jedoch dem historischen und verfassungsrechtlichen Verständnis, dass die Selbstbelastungsfreiheit Beschränkungen unterliegen kann und Abwägungen mit anderen Rechts- und Verfassungsgütern zulässig sind.[1107] Demgegenüber wird eine Ableitung aus der Handlungsfreiheit des Art. 2 Abs. 1 GG dem Schutzbereich der Selbstbelastungsfreiheit nicht gerecht. Denn ein hinreichender Schutz kann durch die weitreichenden Möglichkeiten der Beschränkungen nicht gewährleistet werden.[1108] Die allgemeine Handlungsfreiheit kann als Auffanggrundrecht mit Blick auf die Anwendungssubsidiarität ohnehin nur dort Geltung entfalten, wo es nicht durch den Schutzbereich eines anderen Grundrechts verdrängt wird.[1109]

Der sachliche Schutzbereich des allgemeinen Persönlichkeitsrechts zielt auf die Abwehr von Beeinträchtigungen der engeren persönlichen Lebenssphäre, der Selbstbestimmung und der Grundbedingungen der Persönlichkeitsentfaltung.[1110]

1104 Bauer, Die Aussage, S. 51; Böse, GA 2002, 98, 118 ff.; ders., Wirtschaftsaufsicht und Strafverfolgung, S. 149 ff., 198.

1105 Dose, Übermittlung und verfahrensübergreifende Verwendung, S. 131; Günther, GA 1978, 193, 195; Kleinheisterkamp, Kreditwesengesetz und Strafverfahren, S. 205 f.; Lagodny, StV 1996, 167, 171; Mäder, Betriebliche Offenbarungspflichten, S. 71 f.; Röckl, Steuerstrafrecht im Spannungsfeld, S. 103.

1106 Vgl. Günther, GA 1978, 193, 195.

1107 Dose, Übermittlung und verfahrensübergreifende Verwendung, 131 f.; Mäder, Betriebliche Offenbarungspflichten, S. 72.

1108 Reiß, Besteuerungsverfahren und Strafverfahren, S. 163.; Schneider, Beweisverbote aus dem Fair-Trial-Prinzip des Art. 6 EMRK, 2013, S. 25 f.

1109 Di Fabio, in: Maunz/Dürig, GG, Art. 2 Abs. 1, Rn. 21.

1110 Di Fabio, in: Maunz/Dürig, GG, Art. 2 Abs. 1, Rn. 147.

Es umfasst neben dem Schutz der Privatsphäre den Schutz der Selbstdarstellung, wobei sich beide vielfach überschneiden. Dabei geht es um den Schutz des Selbstwertes durch die Garantie der Freiheit des Einzelnen, wie er sich nach außen präsentiert und gewährt darüber hinaus die Befugnis, selbst zu entscheiden, wann und innerhalb welcher Grenzen er persönliche Sachverhalte offenbaren will.[1111] Folgerichtig kann die Selbstbelastungsfreiheit daher als eine besondere Ausformung dieses verfassungsrechtlich geschützten Selbstdarstellungsrechtes verstanden werden.[1112] Die Selbstbelastungsfreiheit ist – wie das allgemeine Persönlichkeitsrecht insgesamt[1113] – entwicklungsoffen.[1114] Sie erfasst zuvorderst den Schutz vor einem Zwang zur Selbstbezichtigung.[1115] Der Einzelne soll grundsätzlich durch den Staat nicht in eine Konfliktlage gebracht werden, in der er sich selbst strafbarer Handlungen oder ähnlicher Verfehlungen bezichtigen muss oder in Versuchung gerät, durch Falschaussagen ein neues Delikt zu begehen oder wegen seines Schweigens in Gefahr zu kommen, Zwangsmitteln unterworfen zu werden.[1116] Es besteht ein weitgehend absoluter Schutz vor Selbstbezichtigung für Zeugen und Beschuldigte in Straf- oder ähnlichen Verfahren.[1117] Es verbietet in diesem Zusammenhang den Einsatz finalen Zwangs i. S. des Inaussichtstellens von physischer Gewalt oder von Rechtsnachteilen, der auf Aussage und sonstige aktive Mitwirkung zur Sachverhaltsaufklärung gerichtet ist.[1118] Ein Zwang zur Selbstbezichtigung berührt die Würde des Menschen, dessen Aussage als Mittel gegen ihn selbst verwendet wird.[1119] Es ist mit der Menschenwürde nicht zu vereinbaren, den Einzelnen durch Zwang zum bloßen Objekt des Verfahrens herabzusetzen.[1120] Dieser rechtsstaatliche Gehalt des in Art. 1 GG wurzelnden Grundsatzes ist Bestandteil des Allgemeinen Persönlichkeitsrechts.[1121]

1111 BVerfGE 65, 1, 43 f.; 96, 56, 62; Di Fabio, in: Maunz/Dürig, GG, Art. 2 Abs. 1, Rn. 166.

1112 Di Fabio, in: Maunz/Dürig, GG, Art. 2, Rn. 187.

1113 BVerfGE 54, 148, 153 f.; 72, 155, 170; 79, 256, 268; Di Fabio in: Maunz/Dürig, GG, Art. 2 Abs. 1, Rn. 147; Pieroth/Schlink, Grundrechte, Rn. 396.

1114 Kleinheisterkamp, Kreditwesengesetz und Strafverfahren, 2010, S. 255 f.

1115 BVerfGE 38, 105, 114 f.; 56, 37, 41 f; 95, 220, 242.

1116 BVerfGE 95, 220, 242.

1117 Für berufs- und disziplinarrechtliche Verfahren siehe BVerfGE 56, 37, 42 f.; Meyer-Goßner, StPO, § 55, Rn. 5; Geerds, in: FS Stock, S. 171, 174.

1118 Rogall, in: SK-StPO, Vor § 133, Rn. 139; Dose, Übermittelung und verfahrensübergreifende Verwendung.

1119 BVerfGE 56, 37, 42, 49; 95, 220, 242.

1120 Rogall, Der Beschuldigte als Beweismittel, S. 140.

1121 BVerfGE 38, 105, 114.

Dieser Menschenwürdegehalt bildet den uneinschränkbaren Kern der Selbstbelastungsfreiheit.[1122] Hieraus folgt auch die Freiheit des Einzelnen selbst darüber zu entscheiden, ob er an der Sachverhaltsaufklärung in anderer Weise als durch Äußerungen aktiv mitwirken will oder nicht.[1123] Der Beschuldigte in einem Strafverfahren darf daher nicht zu Tests, Tatrekonstruktionen, Schriftproben oder zur Schaffung ähnlicher, für die Erstattung eines Gutachtens notwendiger, Anknüpfungstatsachen gezwungen werden.[1124] Untersuchungshaft darf nicht dazu missbraucht werden, den Beschuldigten in seinem Aussageverhalten zu beeinflussen und ihn insbesondere zu veranlassen, von seinem Schweigerecht keinen Gebrauch zu machen.[1125] Auch ist es unzulässig aus dem (völligen) Schweigen des Beschuldigten nachteilige Schlüsse zu ziehen, denn sein Schweigerecht würde in unvertretbarer Weise beschränkt, müsste er befürchten, dass sein Schweigen nachteilige Bewertung findet.[1126] Der über das Verbot von Zwang zur Selbstbelastung hinausgehende Gehalt der Selbstbelastungsfreiheit ist der Abwägung zugänglich.[1127] Dies erfasst den Schutz des Einzelnen vor aktiver Mitwirkung an der Selbstbezichtigung und Selbstüberführung im Übrigen.[1128] Nach wohl herrschender Auffassung soll der Schutz der Selbstbelastungsfreiheit dagegen Duldungspflichten im Sinne passiver Mitwirkung (wie die körperliche Untersuchung nach § 81a StPO) nicht erfassen.[1130] Strittig ist, ob die unbewusste

---

1122 Vgl. Dose, Übermittlung und verfahrensübergreifende Verwendung, S. 135.

1123 BGHSt 42, 139, 152.

1124 BGHSt 34, 39 46; 42, 139, 152.

1125 BGHSt 34, 362, 363 f.

1126 BGHSt 38, 202, 305; 42, 139, 152.

1127 Bosch, Aspekte des nemo-tenetur-Prinzips, S. 60 f.; Dose, Übermittlung und verfahrensübergreifende Verwendung, S 135; Mäder, Betriebliche Offenbarungspflichten, S. 84 f.

1128 Zur Abgrenzung: Bosch, Aspekte des nemo-tenetur-Prinzips, S. 60 f.; Mäder, Betriebliche Offenbarungspflichten, S. 84 f.

1129 Ob vor diesem Hintergrund im Hinblick auf § 142 StGB die Wartepflicht sowie aktive Vorstellungspflicht verfassungsgemäß sind, darf mit Recht bezweifelt werden, vgl. Di Fabio, in: Maunz/Dürig, GG, Art. 2, Rn. 187 [Fn. 7]; a. A. BVerfG, NJW 2000, 3556 f.

1130 BVerfGE 56, 37, 42; Dingeldey, JA 1984, 407, 412; Geppert, in: FS Spendel, S. 655, 668; Gössel, in: LR-StPO, 27. Aufl., Einl. L, Rn. 88; Kühne, in: LR-StPO, 27. Aufl., Einl. J, Rn. 90; Nothhelfer, Selbstbezichtigungszwang, S. 91; Paeffgen, Vorüberlegungen, S. 69 f.; Reiß, Besteuerungsverfahren, S. 176 ff.; Rogall, in: SK-StPO, Vor § 133, 142; Schneider, Selbstbegünstigungsprinzip, S. 28 ff.; Hadamitzky, in: KK-StPO, § 81a, Rn. 4.

Selbstbezichtigung in den Schutzbereich der Selbstbelastungsfreiheit fällt. Hierbei geht es um Fälle von staatlicher Intervention zur Sachverhaltsaufklärung in einem Strafverfahren, die nicht mit der Ausübung physischer Zwangsmittel oder dem Inaussichtstellen rechtlicher Nachteile verbunden sind, sondern in der Regel mit den Mitteln der Täuschung, die auf eine Aussage oder sonstige aktive Mitwirkung zur Selbstbelastung gerichtet sind (bspw. Einsatz verdeckter Ermittler, „Polizeispitzel“, V-Mann). Die wohl herrschende Auffassung sieht diese Fälle von der Selbstbelastungsfreiheit nicht erfasst.[1131] Denn es geht in diesen Konstellationen um freiwillige Selbstbelastung des Einzelnen gegenüber Dritten oder verdeckt tätigen Ermittlungsbeamten. Die Freiheit von Irrtum fällt nicht in den Schutzbereich der Selbstbelastungsfreiheit.[1132] Bei einem solchen Vorgehen der Ermittlungsbehörden kennt der Einzelne nicht alle für seine Entscheidung zu seiner Äußerung erheblichen Umstände. Er irrt über den wahren Sinn und Anlass des mit ihm geführten Gesprächs und erkennt dadurch nicht, dass es dem Gesprächspartner primär darum geht, selbstbelastende und in einem Strafverfahren verwertbare Erkenntnisse zu erlangen. Diese Fehlvorstellung unterscheidet sich kaum von dem Irrtum, dem der Beschuldigte unterliegt, wenn ein Dritter ohne Veranlassung durch die Ermittlungsbehörden auf eigene Initiative an ihn herantritt, um ihn in der Absicht etwaige Erkenntnisse den Ermittlungsbehörden mitzuteilen, zu selbstbelastenden Angaben zu bewegen.[1133] Diese Fälle sind gleichwohl vor dem Hintergrund des Rechts auf ein faires Verfahren (Fair-Trial-Grundsatz) im höchsten Maße problematisch, insbesondere wenn sie unter Eingriff in die Privatsphäre des Beschuldigten erfolgen.[1134] Solche Täuschungshandlungen der Ermittlungsbehörden verstoßen jedenfalls dann gegen den Fair-Trial-Grundsatz, mit der Folge der Unverwertbarkeit der aus solchen

---

1131 BGHSt 42, 139, 151 f.; Ellbogen, Kriminalistik 2006, 544, 547; Jäger, Beweisverwertung, S. 164 ff.;
Hellmann, Strafprozessordnung, Rn. 444; Kindhäuser, Strafprozessrecht, § 6, Rn. 25; Rogall, in: SK-StPO, Vor § 133, Rn. 141; ders., Der Beschuldigte als Beweismittel, S. 209; ders., NStZ 2008, 110, 112; Verrel, Selbstbelastungsfreiheit, S. 158 f., 178 f.; a. A. Bosch, Aspekte des nemo-tenetur-Prinzips, S. 204 ff.; Dencker, StV 1994, 667, 673; Eidam, Selbstbelastungsfreiheit, S. 82 ff.; Eisenberg, Beweisrecht, Rn. 571b; Kühne, Strafprozessrecht, Rn. 904.1; Renzikowski, JZ 1997, 710, 717; Roxin, NStZ 1995, 465, 466; ders., NStZ 1997, 18, 19; Weßlau, ZStW 110 (1998), 1, 21 ff.

1132 BGHSt 42, 139, 153.

1133 BGHSt 42, 139, 156.

1134 Auf eine nähere Darstellung dieses Problemkreises wird im Rahmen der Arbeit verzichtet, weil jeglicher Bezug zu Offenbarungs- und Mitwirkungspflichten fehlt.

verdeckten Vernehmungen gewonnenen Erkenntnisse, wenn der Beschuldigte für die Ermittlungsbehörden erkennbar vorher von seinem Schweigerecht Gebrauch gemacht hat.[1135]

Schutzbereich der Selbstbelastungsfreiheit im außerstrafprozessualen Bereich

Der sachliche Schutzbereich der Selbstbelastungsfreiheit erstreckt sich nicht nur auf Straf- oder vergleichbare Verfahren, obgleich dessen Reichweite in Rechtsprechung und Schrifttum weitgehend ungeklärt ist.[1136] Für den Zivilprozess und entsprechende Verfahren ist anerkannt, dass „die Wahrheitspflicht der Partei dort ihre Grenzen findet, wo sie gezwungen wäre, eine ihr zur Unehre gereichende Tatsache oder eine von ihr begangene strafbare Handlung zu offenbaren."[1137] So regelt beispielsweise § 65 Abs. 3 SGB I, dass ein Leistungsberechtigter solche Angaben verweigern darf, die ihm die Gefahr zuziehen würde, wegen einer Straftat oder einer Ordnungswidrigkeit verfolgt zu werden. Derartig gegen Zwang zur Selbstbezichtigung geschützte Prozessparteien und Verfahrensbeteiligte tragen lediglich das Risiko einer für sie ungünstigen Tatsachenwürdigung.[1138] Auch Zeugen, die als außenstehende Dritte nur eine allgemeine staatsbürgerliche Verpflichtung im Interesse der Wahrheitsfindung trifft, fallen unter den Schutzbereich der Selbstbelastungsfreiheit. Die Rechtsordnung räumt ihnen auf einfachgesetzlicher Ebene dem § 55 StPO vergleichbare Aussageverweigerungsrechte auch außerhalb des Strafverfahrens ein (vgl. §§ 384 ZPO, 103 AO, 65 VwVfG, 21 Abs. 3 SGB X).[1139]

Obschon das geltende Recht Zeugen und Prozessparteien auch im außerstrafrechtlichen Bereich durchweg ein Schweige- und Aussageverweigerungsrecht für den Fall der Selbstbezichtigung gewährt, kam dem Spannungsverhältnis zwischen außerstrafrechtlichen Offenbarungs- und Mitwirkungspflichten auf der einen und der Selbstbelastungsfreiheit auf der anderen Seite in der

1135 So im Ergebnis auch BGHSt 52, 11.

1136 Vgl. Eschelbach, in: Satzger/Schluckebier/Widmaier, § 136, Rn. 32.

1137 BVerfGE 56, 37, 44.

1138 BVerfGE 56, 37, 44.

1139 In der Rechtsprechung wird zutreffend darauf verwiesen, dass diese Regelungen den Zeugen davor bewahren sollen, von anderen Verfahrensbeteiligten als bloßes Objekt der Wahrheitsfindung genutzt zu werden, vgl. BVerfGE 38, 105, 111 f.; 56, 37, 45; BGHSt 17, 245, 246.

Rechtsprechung lange Zeit kaum Beachtung zu.[1140] Noch im Jahr 1964 entschied der *7. Zivilsenat des BGH* in einem Fall, in dem es um einen Auskunftsspruch gegen einen Architekten ging, dass der Schuldner von der Verpflichtung, Auskunft zu erteilen und gegebenenfalls den Offenbarungseid zu leisten, auch dann nicht frei wird, wenn er sich einer strafbaren Handlung bezichtigen müsste.[1141] Eine breitere Anerkennung erlangte die Selbstbelastungsfreiheit im außerstrafrechtlichen Bereich erst mit dem sog. Gemeinschuldnerbeschluss des *BVerfG*.[1142]

Gemeinschuldnerbeschluss des BVerfG

Die Entscheidung geht auf eine Verfassungsbeschwerde eines Gemeinschuldners in einem Konkursverfahren nach zu dieser Zeit geltender Konkursordnung zurück, gegen den wegen dessen Aussageverweigerung unter Verweis auf ein gegen ihn laufendendes Ermittlungsverfahren Beugemittel zur Durchsetzung einer uneingeschränkten Aussageverpflichtung angeordnet wurden. Die Verfassungsbeschwerde wurde zwar vom *BVerfG* mit dem Hinweis darauf, dass den schutzwürdigen Belangen des Gemeinschuldners mit einem strafrechtlichen Verwertungsverbot hinreichend Rechnung getragen wird, als unbegründet zurückgewiesen. Jedoch bildet die Begründung der Entscheidung für die Geltung und den Umfang der Selbstbelastungsfreiheit im außerstrafrechtlichen Bereich die Grundlage für die rechtswissenschaftliche Diskussion.

Das *BVerfG* betont in dieser Entscheidung die Geltung der Selbstbelastungsfreiheit außerhalb des Strafrechts. Das Gericht weist allerdings zugleich darauf hin, dass diese nicht absolut sei, sondern im Hinblick auf (außerstrafrechtliche) Offenbarungs- und Mitwirkungspflichten Beschränkungen der Selbstbelastungsfreiheit grundsätzlich einer Rechtfertigung durch Auskunftsinteressen Dritter oder der Allgemeinheit zugänglich sein können. Im Beschluss heißt es:

„Der Schutz gegen Selbstbezichtigungen beschränkt sich nicht auf strafrechtliche und vergleichbare Verfahren. […] Während das geltende Recht Zeugen, Prozeßparteien [sic!] und Beschuldigten durchweg ein Schweige- und Aussageverweigerungsrecht für den Fall der Selbstbezichtigung zubilligt, gilt dies nicht in gleicher Weise für solche Personen, die aus besonderen Rechtsgründen rechtsgeschäftlich oder gesetzlich verpflichtet sind, einem anderen oder einer

1140 Vereinzelt wurde allerdings im Schrifttum die Geltung der Selbstbelastungsfreiheit über den strafrechtlichen Bereich hinaus betont: Günther, GA 1978, 193, 203; Rogall, Der Beschuldigte als Beweismittel, S. 150; Niese, ZStW 63 (1951), 199, 220.

1141 BGHZ 41, 318, 323.

1142 BVerfGE 56, 37.

Behörde die für diese notwendigen Informationen zu erteilen. Hier kollidiert das Interesse des Auskunftspflichtigen mit dem Informationsbedürfnis anderer, deren Belange in unterschiedlicher Weise berücksichtigt werden."[1143]

Das *BVerfG* vertritt die Auffassung, dass sich der unterschiedliche Schutz aus der Rolle der Auskunftsperson und der Zweckbestimmung der Auskunft ergibt und macht deutlich, „diese Differenzierung steht mit Art. 2 I GG jedenfalls insoweit in Einklang, als Art und Umfang des durch dieses Grundrecht gewährleisteten Schutzes auch davon abhängen, ob und inwieweit andere auf die Information der Auskunftsperson angewiesen sind, ob insbesondere die Auskunft Teil eines durch eigenen Willensentschluß [sic!] übernommenen Pflichtenkreises ist."[1144]

Das *BVerfG* differenziert dem folgend zwischen einem uneinschränkbaren, abwägungsfesten aus der Menschenwürde abgeleiteten und einem abwägungsfähigen übrigen Bestandteil der Selbstbelastungsfreiheit: „Das Grundrecht gebietet [...] keinen lückenlosen Schutz gegen Selbstbezichtigungen ohne Rücksicht darauf, ob dadurch schutzwürdige Belange Dritter beeinträchtigt werden. [...] Unzumutbar und mit der Würde des Menschen unvereinbar wäre ein Zwang, durch eigene Aussagen die Voraussetzungen für eine strafgerichtliche Verurteilung oder die Verhängung entsprechender Sanktionen liefern zu müssen. [...] Handelt es sich hingegen um Auskünfte zur Erfüllung eines berechtigten Informationsbedürfnisses, ist der Gesetzgeber befugt, die Belange der verschiedenen Beteiligten gegeneinander abzuwägen."[1145]

Konkret in Bezug auf den Gemeinschuldner und dessen Verpflichtung zu dessen uneingeschränkter Auskunftspflicht führt das *BVerfG* aus: „Für den Gemeinschuldner kann nicht das gleiche gelten wie für die Personengruppe der Beschuldigten, Zeugen und Prozeßparteien, [sic!] denen die Rechtsordnung zum Schutz gegen Selbstbezichtigungen ein Schweige- oder Aussageverweigerungsrecht zubilligt. Er soll durch seine Aussage nicht wie ein Beschuldigter zu seiner Verurteilung beitragen. Anders als der Zeuge steht er zu den von ihm geschädigten Gläubigern in einem besonderen Pflichtenverhältnis. Er nimmt zwar nach herrschender Auffassung die Stellung einer Partei ein. Doch unterscheidet er sich von den Parteien eines Zweiparteienverfahrens bereits dadurch, daß [sic!] eine unterlassene Mitwirkung zu Lasten der Gläubiger und nicht zu seinen eigenen Lasten gehen würde. Er ist im Konkurs einer der wichtigsten Informationsträger, auf dessen Auskünfte die Gläubiger und die Verfahrensorgane

1143 BVerfGE 56, 37, 44 f.
1144 BVerfGE 56, 37, 42.
1145 BVerfGE 56, 37, 49.

zur ordnungsgemäßen Abwicklung des Konkurses angewiesen sind. [...] Nur durch eine uneingeschränkte Auskunftspflicht kann der Gemeinschuldner daran gehindert werden, Teile der Konkursmasse dem berechtigten Zugriff seiner Gläubiger zu entziehen. Die Zubilligung eines Auskunftsverweigerungsrechts würde gerade denjenigen ungerechtfertigt bevorzugen, der zum Nachteil der Gläubiger besonders verwerflich gehandelt hat. Zwingt der Gesetzgeber den Gemeinschuldner dazu, für seine Verbindlichkeiten gegenüber seinen Gläubigern einzustehen und durch seine Auskunft zu deren bestmöglicher Befriedigung beizutragen, dann verletzt das noch nicht seine Menschenwürde."[1146]

Gleichwohl sieht das *BVerfG* die verfassungsrechtliche Notwendigkeit, die Auskunftsverpflichtung des Gemeinschuldners zur Wahrung der Selbstbelastungsfreiheit um ein strafrechtliches Verwertungsverbot zu ergänzen[1147] und begründet dies wie folgt:

„Sie [die Auskunftspflicht des Gemeinschuldners] besteht aus den zuvor genannten Gründen uneingeschränkt nur für die Zwecke des Konkursverfahrens, da insoweit das Interesse des Gemeinschuldners hinter den Belangen der Gläubiger zurücktreten muß. [sic!] Das Persönlichkeitsrecht des Gemeinschuldners würde aber unverhältnismäßig beeinträchtigt, wenn seine unter Zwang herbeigeführten Selbstbezichtigungen gegen seinen Willen zweckentfremdet und der Verwertung für eine Strafverfolgung zugeführt würden. Dafür fehlt auch eine sachliche Rechtfertigung. Denn in einem strafrechtlichen Verfahren steht dem Gemeinschuldner aus den erörterten, verfassungsrechtlich relevanten Gründen ein Schweigerecht zu; die Verwertung erzwungener Aussagen ist unzulässig. Dieses Schweigerecht wäre illusorisch, wenn eine außerhalb des Strafverfahrens erzwungene Selbstbezichtigung gegen seinen Willen strafrechtlich gegen ihn verwertet werden dürfte. Der bloße Umstand, daß [sic!] dem Gemeinschuldner im Interesse seiner Gläubiger eine uneingeschränkte Auskunftspflicht zuzumuten ist, rechtfertigt es nicht, daß [sic!] er zugleich zu seiner Verurteilung beitragen muß [sic!] und daß [sic!] die staatlichen Strafverfolgungsbehörden weitergehende Möglichkeiten erlangen als in anderen Fällen der Strafverfolgung."[1148]

1146 BVerfGE 56, 37, 48 f.
1147 BVerfGE 56, 37, 50 f.
1148 BVerfGE 56, 37, 50 f.

Einordnung des Gemeinschuldnerbeschlusses

Im Schrifttum wird teilweise aus der Entscheidung des *BVerfG* der Schluss gezogen, eine außerstrafrechtliche Offenbarungs- und Mitwirkungspflicht, deren Erfüllung zur Selbstbezichtigung führt, sei immer dann verfassungsgemäß, wenn diese Auskunft in einem anschließenden Strafverfahren einem Verwertungsverbot unterfällt.[1149] Unabhängig von der Frage der erforderlichen Reichweite eines strafrechtlichen Verwertungsverbotes zum Schutz der Selbstbelastungsfreiheit,[1150] die die Entscheidung des *BVerfG* nicht beantwortet,[1151] stellt eine solche Schlussfolgerung eine Verkürzung des Gemeinschuldnerbeschlusses des *BVerfG* dar.

Aus der Entscheidung des *BVerfG* lassen sich unterschiedliche Schutzstufen der Selbstbelastungsfreiheit ableiten. So sieht das *BVerfG* in der Selbstbelastungsfreiheit einen aus der Menschenwürde abgeleiteten absolut geschützten Kern, der den Zwang gegen den Einzelnen verbietet, „durch eigene Aussagen die Voraussetzungen für eine strafgerichtliche Verurteilung oder die Verhängung entsprechender Sanktionen liefern zu müssen."[1152] Der übrige Gehalt der Selbstbelastungsfreiheit ist nach Auffassung des *BVerfG* einer Abwägung zugänglich, denn das *BVerfG* betont, wo es sich um „Auskünfte zur Erfüllung eines berechtigten Informationsbedürfnisses [handelt], ist der Gesetzgeber befugt, die Belange der verschiedenen Beteiligten gegeneinander abzuwägen."[1153] In diesem Zusammenhang nennt das *BVerfG* auch Kriterien, die in eine solche Abwägung einzubeziehen sind. Entscheidend ist nach dem *BVerfG*, „ob und inwieweit andere auf die Information der Auskunftsperson angewiesen sind, ob insbesondere die Auskunft Teil eines durch eigenen Willensentschluß [sic!] übernommenen Pflichtenkreises ist."[1154]

Demnach ist für die Frage der Verfassungsmäßigkeit außerstrafrechtlicher Mitwirkungs- und Offenbarungspflichten zunächst entscheidend, ob die Auskunftspflicht und deren Umfang unter Abwägung der gegenläufigen Interessen

---

1149 Gutmann, in: FS Bergmann, S. 59, 67.

1150 Dazu sogleich unter 5.4.

1151 Kölbel, Selbstbelastungsfreiheiten, S. 69, Fn. 215; Verrel, NStZ 1997, 361, 365; Zur Kritik an einem bloßen Verwertungsverbot bereits das Sondervotum des Richters am Bundesverfassungsgericht Heußer, der nur ein Offenbarungsverbot für verfassungsmäßig hält, BVerfGE 56, 37, 52.

1152 BVerfGE 56, 37, 49.

1153 BVerfGE 56, 37, 49.

1154 BVerfGE 56, 37, 42.

und geschützten Rechtspositionen von Verpflichtetem und Drittem verfassungsmäßig ist. Erst im zweiten Schritt ist die Verfassungsmäßigkeit der Auskunftsverpflichtung vor dem Hintergrund der Verwendung der außerstrafprozessual erlangten Information im Strafverfahren von Bedeutung. Ausschließlich mit Blick hierauf geht das *BVerfG* im Gemeinschuldnerbeschluss davon aus, dass eine Auskunftspflicht, deren Erfüllung zur Selbstbezichtigung führt, regelmäßig nur dann verfassungsgemäß ist, wenn die Aussage in einem anschließenden Strafverfahren gegen den Aussagenden unverwertbar ist.[1155]

Zwischenfazit

Mit der Rechtsprechung des *BVerfG* greift jede Verpflichtung zur Selbstbezichtigung, also auch solche die der Erfüllung außerstrafrechtlicher Offenbarungs- oder Mitwirkungspflichten im Interesse Dritter dienen, in den Schutzbereich der Selbstbelastungsfreiheit ein. Ob und inwieweit Beschränkungen einer verfassungsrechtlichen Rechtfertigung zugänglich sind, ergibt sich insbesondere aus der Abwägung der kollidierenden Interessen. Demgegenüber bietet der uneinschränkbare Kern der Selbstbelastungsfreiheit den Schutz, dass die zur Erfüllung einer außerstrafrechtlichen Offenbarungspflicht getätigte Aussagen nicht die Voraussetzungen für eine strafgerichtliche Verurteilung oder die Verhängung vergleichbarer Sanktionen liefern.[1156]

Verfassungsrechtliche Rechtfertigung der Offenbarungspflicht nach § 630c Abs. 2 S. 2 BGB

Die Offenbarungspflicht des § 630c Abs. 2 S. 2 BGB greift, soweit es um die Informationsverpflichtung des tatsächlichen Behandelnden über die eigene Behandlungsleistung geht, in den Schutzbereich der Selbstbelastungsfreiheit als Ausformung des über Art. 2 Abs. 1 i. V. m. Art 1 Abs. 1 GG verfassungsrechtlich geschützten allgemeinen Persönlichkeitsrechts ein. Denn sie verpflichtet den Behandelnden zur Erteilung von fehlerbezogenen Informationen zur zurückliegenden Behandlung. Die Information über einen fehlerbezogenen Behandlungsvorgang, jedoch insbesondere die Offenbarung der fachlichen Würdigung im Sinn der medizinischen Bewertung des Behandlungsgeschehens begründen dabei, wenn sie den Ermittlungsbehörden zur Kenntnis gelangen, tatsächliche Anhaltspunkte für einen Anfangsverdacht wegen eines

1155 BVerfGE 56, 37, 50 f.; vgl. Di Fabio, in: Maunz/Dürig, GG, Art. 2, Abs. 1, Rn. 188.
1156 Vgl. BVerfGE 56, 37, 49; Di Fabio in: Maunz/Dürig, GG, Art. 2 Abs. 1, Rn. 188.

Körperverletzungsdelikts.[1157] Daneben können im Einzelfall berufsrechtliche und andere Verfahren gegen den Behandelnden treten.[1158] Mit der Erfüllung der Informationspflicht nach § 630c Abs. 2 Satz 2 BGB setzt sich also der tatsächliche Behandelnde der Gefahr der strafrechtlichen Verfolgung und gegebenenfalls weiterer Verfahren mit entsprechenden Sanktionen aus.

Soweit für den Eingriff in den Schutzbereich der Selbstbelastungsfreiheit von Teilen des Schrifttums zusätzlich ein mit der Offenbarungspflicht verbundenes Zwangselement auf den Auskunftspflichtigen vorausgetzt wird,[1159] liegt ein solches bei der Informationspflicht nach § 630c Abs. Satz 2 BGB vor.[1160]

Unter Zwang wird dabei jeder sowohl unmittelbare als auch mittelbare Motivationsdruck verstanden. Hierunter wird insbesondere das Inaussichtstellen rechtlicher oder tatsächlicher Nachteile gefasst, die den Verpflichteten zu einer umfassenden und wahrheitsgemäßen Offenlegung anhalten sollen.[1161] Insoweit es um die Androhung und den Einsatz von Zwangsmitteln geht, wie Zwangsgeld oder Zwangshaft, sind diese Voraussetzungen unstrittig erfüllt.[1162] Dies soll auch für das Verlangen einer eidestattlichen Versicherung und der damit verbundenen drohenden Strafbarkeit nach § 156 StGB gelten.[1163] Im Übrigen ist jedoch die erforderliche Intensität des Zwangsmittels im Einzelnen umstritten, insbesondere wenn es um eine nur mittelbar staatlich veranlasste Zwangslage für den Auskunftspflichtigen geht.[1164]

1157 Schumacher, Nemo tenetur, S. 202; umfassend Günter, DRiZ 1982, 326 ff; Knauer/Brose, in: Spickhoff, Medizinrecht, 3. Aufl., § 223 StGB, Rn. 100 mit großer Zurückhaltung zur Annahme eines Vorsatzdelikts.

1158 Dazu oben unter 1.4.

1159 Rogall, in: SK-StPO, Vor § 133, Rn. 139; Schumacher, Nemo tenetur, S. 81; vgl. auch: Dingeldey, JA 1984, 407, 408; Verrel, Selbstbelastungsfreiheit, S. 13.

1160 Das Zwangselement ist nach der hier vertretenen Auffassung lediglich im Rahmen des absolut geschützten Kerns der Selbstbelastungsfreiheit als besondere Ausformung des Allgemeinen Persönlichkeitsrechts relevant, die es verbietet, unter Zwang erlangte Selbstbezichtigungen gegen den Willen des Betroffenen zweckzuentfremden und der Verwertung für eine Strafverfolgung zuzuführen.

1161 Rogall, in: SK-StPO, Vor § 133, Rn. 139.

1162 Vgl. Schumacher, Nemo tentur, S. 82

1163 So Dingeldey, NStZ 1984, 529, 531 f; Schumacher, Nemo tenetur, S. 82; vgl. auch BGHSt 37, 340.

1164 Beispielhaft der Problemaufriss zu sog. unternehmensinternen Ermittlungsverfahren (internal investigations) von Gössel, in: LR-StPO, 27. Aufl., Einl. L, Rn. 92 ff.

Zwar ist die Informationsverpflichtung des § 630c Abs. 2 Satz 2 BGB nicht mit unmittelbar haftungs- oder verjährungsrechtlichen Folgen unterlegt,[1165] es handelt sich jedoch nicht um eine sanktionslose Obliegenheit. Die Erfüllung dieser Informationspflicht kann, wie andere zahlreiche materielle Informationspflichten, beispielsweise §§ 259, 260, 666, 1435, 2130 Abs. 2 oder 2218 BGB,[1166] klageweise geltend gemacht und mit Mitteln der Zwangsvollstreckung im Verfahren nach § 888 ZPO durch Zwangsgeld oder Zwangshaft durchgesetzt werden.[1167] Im Übrigen droht dem Behandelnden bei einer Verletzung der Informationspflicht nach § 630c Abs. 2 Satz 2 Alt. 2 BGB zur Abwendung einer gesundheitlichen Gefahr ein Strafverfahren wegen Körperverletzung.[1169] Die Informationspflicht ist daher mit hinreichenden Zwangselementen verknüpft.[1170]

Zu untersuchen ist, ob und inwieweit die Offenbarungspflicht eine verfassungsrechtliche Rechtfertigung erfährt.

Auch für das allgemeine Persönlichkeitsrecht gelten im Grundsatz Schranken, durch die in bestimmten Grenzen Eingriffe und Beeinträchtigungen einer verfassungsrechtlichen Rechtfertigung zugänglich sind. Im Hinblick auf das allgemeine Persönlichkeitsrecht orientiert sich die Rechtsprechung des *BVerfG* dabei an der sog. Schrankentrias des Art. 2 Abs. 1 GG.[1171]

Damit unterliegt das allgemeine Persönlichkeitsrecht ebenfalls vor allem der Schranke der verfassungsmäßigen Ordnung[1172] und daher einem einfachen Gesetzesvorbehalt. Aus diesem Grund bedürften Eingriffe der öffentlichen Gewalt einer verfassungsmäßigen, insbesondere hinreichend bestimmten und

---

1165 Katzenmeier, in: BeckOK-BGB, § 630c, Rn. 15; Spickhoff, JZ 2015, 15, 24 f.; zurückhaltend Wagner, in: MüKo-BGB, 8. Aufl., § 630c, Rn. 50.

1166 Vgl. Stürner, Die Aufklärungspflicht der Parteien des Zivilprozesses, S. 287.

1167 Franzen, in: FS Köhler, S. 133, 141; Schumacher, Nemo tenetur, S. 200.

1168 Zur Durchsetzung schuldrechtlicher Informationsansprüche im Kontext zur Selbstbelastungsfreiheit: Kölbel, Selbstbelastungsfreiheiten, S. 70 m. w. N.

1169 Strafrechtliche Folgen von Aufklärungspflichtverletzungen siehe oben unter 1.3.7.

1170 Vgl. Franzen, in: FS Köhler, S. 133, 141; Schumacher, Nemo tenetur, S. 200; a. A. Ruppert, HRRS 2015, 448, 452; Rehborn/Gescher, in: Erman, BGB, § 630c, Rn. 21; Schneider, in: Prütting/Wegen/Weinreich, BGB, § 630c Rn. 12.

1171 BVerfGE 79, 256, 269; 97, 228, 269; 99, 185, 195; Di Fabio, in: Maunz/Dürig, GG, Art. 2 Abs. 1, Rn. 133.

1172 Dem Schrankenvorbehalt der Rechte anderer (Art. 2 Abs. 1 2. Hs. GG) kommt demgegenüber wegen der heute ganz herrschenden extensiven Interpretation des Vorbehalts der verfassungsmäßigen Ordnung keine eigenständige Bedeutung zu, Di Fabio, in Maunz/Dürig, GG, Art. 2 Abs. 1, Rn. 44; Jarass, in: ders./Pieroth, GG, Art. 2, Rn. 14: Sodan, in: Sodan, GG, Art. 20, Rn. 13.

verhältnismäßigen Ermächtigungsgrundlage.[1173] Bereits nach dem aus dem Rechtstaatsprinzip abgeleiteten Verhältnismäßigkeitsprinzip müssen der Eingriff und die zugrundeliegende Ermächtigungsgrundlage einen legitimen Zweck verfolgen und zum Schutz des Rechtsgutes, um dessentwillen sie erfolgen, geeignet und erforderlich sein; es darf also kein milderes ebenso geeignetes Mittel gegeben sein. Schließlich müssen getroffene staatliche Maßnahmen auch verhältnismäßig im engeren Sinne sein, d.h. es muss unter Berücksichtigung von Gewicht und Bedeutung des Grundrechts ein ausgewogenes Verhältnis zwischen Eingriffszweck einerseits und der Belastungswirkung beim Betroffenen andererseits bestehen.[1174] In materieller Hinsicht werden an die Prüfung der Verhältnismäßigkeit in Abhängigkeit des Gewichts des Persönlichkeitseingriffs strengere Maßstäbe angelegt.[1175]

Die Vereinbarkeit einer Auskunftspflicht mit Selbstbezichtigungsfolge mit Art. 2 Abs. 1 i. V. m. Art. 1 Abs. 1 GG hängt insbesondere davon ab, ob diese unter Abwägung der kollidierenden Interessen verhältnismäßig ist[1176] und vor allem Sorge getragen wird, dass die Aussage nicht die Voraussetzungen für eine strafgerichtliche Verurteilung oder die Verhängung vergleichbarer Sanktionen liefert.[1177] Nach der Rechtsprechung des *BVerfG* kommt es im Rahmen der Verhältnismäßigkeitsprüfung entscheidend darauf an, „ob und inwieweit andere auf die Information der Auskunftsperson angewiesen sind, ob insbesondere die Auskunft Teil eines durch eigenen Willensentschluß [sic!] übernommenen Pflichtenkreises ist."[1178]

Zu prüfen ist daher, ob und inwieweit die Offenbarungspflicht des § 630c Abs. 2 S. 2 BGB – unabhängig der Frage, ob und in welchem Umfang die gewonnenen Informationen der Verwendung in einem sich möglicherweise anschließenden Strafverfahren zugänglich sein dürfen – zum Schutz der Informationsinteressen des Patienten verhältnismäßig, d. h. vor dem Hintergrund des gesetzlichen Zweckes geeignet, erforderlich und im Übrigen verhältnismäßig im engeren Sinne ist. Im Schrifttum werden mit Blick auf die Verhältnismäßigkeit der Offenbarungspflicht zur Wahrung der Informationsinteressen des

---

1173 Di Fabio, in: Maunz/Dürig, GG, Art. 2 Abs. 1, Rn. 133.

1174 Di Fabio, in: Maunz/Dürig, GG, Art. 2 Abs. 1, Rn. 41; Jarass, in: ders./Pieroth, GG, Art. 20, Rn. 120, 121a.

1175 Jarass, in: ders./Pieroth, GG, Art. 2, Rn. 62 f. m. w. N.

1176 BVerfGE 56, 37, 49; BVerwG, NVwZ 1984, 376, 377; Di Fabio, in: Maunz/Dürig, GG, Art. 2 Abs. 1, Rn. 188.

1177 BVerfGE 56, 37, 49.

1178 BVerfGE 56, 37, 42.

Patienten insoweit es lediglich um eine Pflicht zur Information über Tatsachen des Behandlungsvorganges geht, keine Einwände erhoben.[1179]

Verfassungsrechtliche Rechtfertigung der Nachfragealternative (§ 630c Abs. 2 S. 2 Alt. 1 BGB)

Die Offenbarungspflicht auf Nachfrage nach § 630c Abs. 2 S. 2 Alt. 1 BGB bildet im Hinblick auf Tatsacheninformationen zum Behandlungsvorgang das Korrelat zum Anspruch auf Einsicht in die Patientendokumentation.[1180]

Der Behandelnde ist nach § 630f Abs. 1 S. 1 BGB verpflichtet, zum Zweck der Dokumentation in unmittelbarem zeitlichem Zusammenhang mit der Behandlung eine Patientenakte zu führen. In der Patientenakte sind gem.§ 630f Abs. 2 S. 1 BGB sämtliche aus fachlicher Sicht für die derzeitige und künftige Behandlung wesentliche Maßnahmen und deren Ergebnisse aufzuzeichnen, insbesondere die Anamnese, Diagnosen, Untersuchungen, Untersuchungsergebnisse, Befunde, Therapien und ihre Wirkungen, Eingriffe und ihre Wirkungen, Einwilligungen und Aufklärungen. Nach § 630g Abs. 1 S. 1 BGB ist dem Patienten auf Verlangen unverzüglich Einsicht in die vollständige, ihn betreffende Patientenakte zu gewähren, soweit der Einsichtnahme nicht erhebliche therapeutische Gründe oder sonstige erhebliche Rechte Dritter entgegenstehen. Der Patient kann darüber hinaus die Erteilung von Abschriften auf seine Kosten verlangen (§ 630g Abs. 2 BGB). Die durch das Patientenrechtegesetz ins BGB aufgenommene ärztliche Dokumentationspflicht entspricht der ständigen Rechtsprechung,[1181] die die Führung ordnungsmäßiger Patientenunterlagen als eine dem Arzt gegenüber dem Patienten obliegende Pflicht betrachtet,[1182] deren Mangelhaftigkeit dazu führen kann, den Patienten von der ihn sonst treffenden Beweislast zu befreien.[1183] Das Einsichtsrecht des Patienten in die Patientenunterlagen wurde vor Inkrafttreten des Patientenrechtegesetzes einfachgesetzlich aus § 810 BGB entnommen.[1184] Nunmehr besteht nach Inkrafttreten des Patientenrechtegesetzes zwischen § 810 BGB und § 630g BGB grundsätzlich eine

1179 Spickhoff, JZ 2015, 15, 16; Wagner, in: MüKo-BGB, 7. Aufl., § 630c, Rn. 36; ders., VersR 2012, 789, 797.

1180 Dann, MedR 2007, 638, 640.

1181 BGHZ 72, 132, 136; 85, 327; 99, 391; BGH NJW 1986, 2365; 1987, 1482.

1182 BGHZ 72, 132, 136.

1183 BGH NJW 1972, 1520; 1978, 2337; 1983, 333; 1984, 1408; 1984, 1403; 1986, 2365.

1184 Sprau, in: Palandt, BGB, 71. Aufl., § 810, Rn. 5; Regierungsentwurf, BT-Drs. 17/10488, S. 14.

Anspruchskonkurrenz.[1185] Das *BVerfG* leitet den Anspruch auf Einsicht in die Patientenunterlagen unmittelbar aus dem allgemeinen Persönlichkeitsrecht des Patienten (Art. 2 Abs. 1 i. V. m. Art. 1 Abs. 1 GG) ab.[1186] Nach Auffassung des *BVerfG* gebietet es „das Recht auf Selbstbestimmung und die personelle Würde des Patienten […], jedem Patienten gegenüber seinem Arzt und Krankenhaus grundsätzlich einen Anspruch auf Einsicht in die ihn betreffenden Krankenunterlagen einzuräumen", denn „ärztliche Krankenunterlagen betreffen mit ihren Angaben über Anamnese, Diagnose und therapeutische Maßnahmen den Patienten unmittelbar in seiner Privatsphäre."[1187] Daher und „wegen der möglichen erheblichen Bedeutung der in solchen Unterlagen enthaltenen Informationen für selbstbestimmte Entscheidungen des Behandelten, hat dieser generell ein geschütztes Interesse daran, zu erfahren, wie mit seiner Gesundheit umgegangen wurde, welche Daten sich dabei ergeben haben und wie man die weitere Entwicklung einschätzt."[1188] Zugleich betont das *BVerfG*, dass das auf das Selbstbestimmungsrecht des Patienten gestützte Einsichtsrecht allerdings Beschränkungen durch verfassungsrechtlich geschützte Interessen des Arztes oder Dritter sowie therapeutischen Vorbehalten unterliegen kann.[1189]

Mit Blick auf die Nachfragealternative der Offenbarungspflicht nach § 630c Abs. 2 S. 2 Alt. 1 BGB lässt sich das Informationsinteresse des Patienten ebenfalls auf dessen verfassungsrechtlich geschütztes Selbstbestimmungsrecht stützen, soweit sich dieses auf Tatsacheninformationen zum Behandlungsvorgang bezieht. Denn es ist nicht nachvollziehbar, warum sich die Information über einen Behandlungsvorgang lediglich auf die schriftliche Dokumentation, nicht aber auf eine mündliche Auskunft erstrecken sollte.[1190] Gleichwohl können vor dem Hintergrund des umfassenden Einsichtsrechts Zweifel an der Erforderlichkeit einer gesetzlichen Offenbarungspflicht auf Nachfrage erhoben werden, wenn das auf das Selbstbestimmungsrecht gestützte Informationsinteresse zum Behandlungsvorgang durch Einsicht in die Patientenunterlagen befriedigt werden kann. Nicht nachvollziehbar und teils weltfremd ist, dem entgegenzuhalten, der Patient sei dann auf den Auskunftsanspruch nach § 630c Abs. 2 S. 2 Alt. 1 BGB angewiesen, „wo der Behandelnde seinen Dokumentationspflichten – sei es

1185 Sprau, in: Palandt, BGB, 79. Aufl., § 810, Rn. 5.
1186 BVerfG, NJW 1999, 1777; 2006, 1116.
1187 BVerfG, NJW 1999, 1777.
1188 BVerfG, NJW 2006, 1116, 1117 f.
1189 BVerfG, NJW 1999, 1777; 2006, 1116, 1117.
1190 Vgl. Terbille/Schmitz-Herscheidt, NJW 2000, 1749, 1753.

aus Unachtsamkeit oder bewusst zum Zwecke der Verschleierung – nicht hinreichend entspricht."[1191] Der Behandelnde, der sich dazu hinreißen lässt, die Patientendokumentation inhaltlich zu verfälschen, was mit der Inkaufnahme verbunden ist, sich der Gefahr der Verhängung ganz empfindlicher straf-, zivil- und berufsrechtlichen Sanktionen auszusetzen, dürfte kaum auf eine Nachfrage des Patienten wahrheitsgemäß antworten. Auch wenn wegen Unachtsamkeit des Behandelnden die Patientenunterlagen unvollständig sind, wird der Patient durch Beweiserleichterungen bis hin zu einer Beweislastumkehr hinreichend geschützt.[1192] Der Patient ist daher mit Blick auf etwaige Schadensersatzansprüche auch nicht schutzlos gestellt.[1193] Im Übrigen können Patientenunterlagen unter Beachtung formeller Vorgaben des § 630f Abs. 1 S. 2 BGB nachträglich ergänzt werden.

Zu bedenken ist aber, dass dem Gesetzgeber bei der Beurteilung der Erforderlichkeit gesetzlicher Regulierung grundsätzlich ein weiter Beurteilungsspielraum eingeräumt ist.[1194] Es kann darauf verwiesen werden, dass im Rahmen eines bestehenden Arzt-Patienten-Verhältnisses die ergänzende Auskunft zum Behandlungsvorgang dem Patienten die Wahrnehmung seines Informationsinteresses erleichtert und ihm die Einschaltung externer Fachleute erspart wird, die sich mit der Sichtung und Bewertung der Patientenunterlagen beschäftigen. Im Übrigen kann eine Erläuterung des Behandlungsgeschehens, soweit noch ein Vertrauensverhältnis besteht, dazu dienen, bestehende Zweifel seitens des Patienten an der zurückliegenden Behandlung auszuräumen.

Die Auskunftsverpflichtung hinsichtlich des Behandlungsvorgangs steht zur Selbstbelastungsfreiheit auch nicht außer Verhältnis, obschon bereits Tatsacheninformationen zum Behandlungsvorgang geeignet sind, die Gefahr der Strafverfolgung und die Inanspruchnahme des Behandelnden zu begründen.[1195] Bei der notwendigen Abwägung kommt dem Informationsinteresse des Patienten grundsätzlich erhebliches Gewicht zu,[1196] denn die Behandlungsinformationen betreffen mit ihren Angaben über Anamnese, Diagnose und therapeutischen Maßnahmen den Patienten unmittelbar in seiner Privatsphäre.[1197] Zudem

1191 Schumacher, Nemo tenetur, S. 173.

1192 Siehe oben unter 1.2.5.3.

1193 a. A. Schumacher, Nemo tenetur, S. 175.

1194 BVerfGE 77, 170, 215; 88, 203, 262; 90, 145, 173.

1195 Vgl. Dann, MedR 2007, 638, 640f.

1196 BVerfG, NJW 2006, 1116, 1117.

1197 BVerfGE 32, 373, 379; NJW 1999, 1777; 2006, 1116, 1117.

können die Informationen möglicherweise eine erhebliche Bedeutung für eine selbstbestimmte Entscheidung des Patienten haben.[1198] Das auf das Selbstbestimmungsrecht gestützte Informationsinteresse des Patienten überwiegt in solchem Fall regelmäßig das Interesse des Behandelnden, sich durch eine Auskunft über den Behandlungsvorgang nicht selbst belasten zu müssen. Entscheidend ist dafür, dass nur der Behandelnde dem Patienten in tatsächlicher Hinsicht Auskunft über den Behandlungsvorgang geben kann. Der Patient ist daher auf diese Tatsacheninformationen durch den Behandelnden im Hinblick auf die in der Sphäre des Behandelnden geleistete Behandlungstätigkeit angewiesen. Der Behandelnde kann dem Patienten gegebenenfalls unter Rückgriff auf die von ihm geführte Dokumentation unschwer Auskunft über den Behandlungsvorgang erteilen. Zu berücksichtigen ist dabei auch, dass die Auskunft Teil eines durch eigenen Willensentschluss des Behandelnden übernommenen Pflichtenkreises ist, zu dem neben der eigentlichen Behandlung, die Aufklärung des Patienten und die Dokumentation des Behandlungsgeschehens sowie der medizinischen Befunde gehören.[1199]

Verfassungsrechtliche Rechtfertigung der Gesundheitsgefahrenabwendungsalternative (§ 630c Abs. 2 S. 2 Alt. 2 BGB)

Die Offenbarungspflicht nach § 630c Abs. 2 S. 2 Alt. 2 BGB zur Abwendung von Gesundheitsgefahren geht in der therapeutischen Aufklärung auf.[1200] Die therapeutische Aufklärung und Sicherungsaufklärung dienen ebenfalls der Abwehr von gesundheitlichen Gefahren vom Patienten.[1201] Der Patient ist auf Tatsacheninformationen vom Behandelnden zum Behandlungsverlauf angewiesen, wo diese zur Abwehr von Gesundheitsgefahren erforderlich sind. Dies ist insbesondere dann der Fall, wenn eine weitere Behandlung oder Gegenbehandlung nach einem unerwünschten Behandlungsverlauf medizinisch notwendig wird, unabhängig ob dieser Verlauf als schicksalhaft oder behandlungsfehlerhaft zu bewerten ist. Nach ganz herrschender Auffassung hat der Behandelnde im Rahmen der therapeutischen Aufklärung und Sicherungsaufklärung auch über solche Tatsachen zu informieren, aus denen der Patient den möglicherweise fachlich zutreffenden Schluss des Unterlaufens des fachlich gebotenen Standards selbst

---

1198 BVerfG, NJW 2006, 1116, 1117.

1199 Greiner, in: Spickhoff, Medizinrecht, 2. Aufl. 2014, § 839, Rn. 4; BGH NJW 1988, 2949.

1200 Spickhoff, JZ 2015, 15, 21 f., 26.

1201 Spickhoff, JZ 2015, 15, 21.

ziehen kann.[1203] Freilich überschneidet sich der Inhalt der therapeutischen Aufklärung, wenn es um einen medizinisch indizierten und rechtlich einwilligungsbedürftigen Folgeeingriff zur Abwehr von Gesundheitsgefahren geht, mit dem Inhalt der Selbstbestimmungsaufklärung.[1204]

Die gesetzliche Regelung der Informationspflicht zur Abwendung gesundheitlicher Gefahren nach § 630c Abs. 2 S. 2 Alt. 2 BGB dürfte zumindest insoweit erforderlich sein, als dass dadurch eine Klarstellung durch den Gesetzgeber im Sinn der ganz herrschenden Auffassung erfolgt mit der sichergestellt wird, dass Tatsachen zu unerwünschten Behandlungsverläufen und Behandlungsereignissen nicht deshalb verschwiegen werden, weil der Behandelnde die Aufdeckung eines Behandlungsfehlers und damit möglicherweise einhergehender Sanktionen befürchtet.

Das verfassungsrechtlich geschützte Gesundheitsinteresse des Patienten überwiegt in solchem Fall die Selbstbelastungsfreiheit des Behandelnden, der sich bereits durch die Tatsacheninformation in die Gefahr begibt, straf- oder berufsrechtlich verfolgt und zivilrechtlich vom Patienten in Anspruch genommen zu werden.[1205] Die Verfassung misst den Rechtsgütern Leib und Leben innerhalb der grundgesetzlichen Ordnung Höchstwert zu,[1206] deren Schutz zu den Grundpflichten der Behandelnden zählt, die diese durch eigenen Willensentschluss übernommen haben. Die Informationserteilung durch Aufklärung und Auskunft, die auf den Gesundheitsschutz des Patienten ausgerichtet und auf die dieser zum Erhalt seiner Gesundheit angewiesen ist, ist Bestandteil der Behandlungstätigkeit und gehört damit zum vom Behandelnden freiwillig übernommenen Pflichtenkreis.[1207]

Verfassungsrechtliche Rechtfertigung der Auskunftspflicht über die fachliche Würdigung

Sodann stellt sich die Frage, ob eine Auslegung des Umfangs der Offenbarungspflicht des § 630c Abs. 2 Satz 2 BGB verfassungskonform ist, die dem

1202 Zu Bedeutung und Inhalt der therapeutischen Aufklärung und Sicherungsaufklärung siehe oben unter 1.2.4.2.

1203 Schelling/Warntjen, MedR 2012, 506, 507; Taupitz, NJW 1992, 713, 716.

1204 Vgl. Schumacher, Nemo tenetur, S. 161.

1205 Vgl. Dann, MedR 2007, 638, 640.

1206 BVerfGE 39, 1, 42; 46, 160, 164; 49, 24, 53; 115, 118, 139.

1207 Vgl. Dann, MedR 2007, 638, 640.

Behandelnden die Information über die fachliche Würdigung der eigenen Behandlungsleistung abverlangt.

Der grundrechtliche Persönlichkeitsschutz ist auch auf der Ebene der Rechtsanwendung zu berücksichtigen. Jede einschlägige Rechtsnorm mit Bedeutung für das allgemeine Persönlichkeitsrecht eines Betroffenen muss im konkreten Einzelfall im Lichte der Art. 2 Abs. 1 i. V. m. Art. 1 Abs. 1 GG verfassungskonform angewendet werden. Mithin können rechtswidrige Eingriffe in das allgemeine Persönlichkeitsrecht also auch darin gesehen werden, dass staatliche Rechtsanwender, Verwaltung oder Gerichte entscheidungserhebliche Rechtsgrundlagen unter Missachtung der wertsetzenden Bedeutung von Art. 2 Abs. 1 i. V. m. Art. 1 Abs. 1 GG auslegen und anwenden.[1208] Eine gesonderte Betrachtung der Verfassungsmäßigkeit der Informationspflicht des § 630c Abs. 2 Satz 2 BGB ist geboten, soweit diese auch die Information über die fachliche Würdigung der eigenen Behandlungsleistung des Behandelnden erfassen soll. Eine solche sehr weitgehende Auslegung der Offenbarungspflicht stellte im Vergleich zur bloßen Tatsacheninformation einen empfindlicheren Eingriff in die Selbstbelastungsfreiheit dar, weil die Gefahr der Strafverfolgung, berufsrechtlicher Sanktionen und der Inanspruchnahme für den Behandelnden signifikant zunimmt, wenn der Behandelnde dem Patienten Auskunft über die fachliche Würdigung der eigenen Behandlungsleistung erteilen muss.[1209] Denn die maßgebliche Frage, ob ein Behandlungsgeschehen, das gegebenenfalls zu unerwünschten gesundheitlichen Folgen für den Patienten geführt hat, von Anfang an als medizinisch fehlerhaftes Vorgehen zu bewerten ist oder sich ausschließlich behandlungsimmanente Risiken realisiert haben, wird der medizinischen Laie wegen der ausgeprägten Informationsasymmetrie auf der medizinisch-fachlichen Ebene regelmäßig nicht beantworten können. Als solch medizinischer Laie ist freilich nicht nur der Patient selbst zu verstehen, sondern auch Richter, Staatsanwälte und Rechtsanwälte, die mit der strafrechtlichen Aufarbeitung solcher Behandlungsvorgänge befasst sind und die daher regelmäßig ebenfalls gezwungen sind, fachspezifische Sachverständige einzuschalten und medizinische Gutachten einzuholen. Dem Laien fehlt also regelmäßig die Fähigkeit, den Behandlungsvorgang einordnen zu können, um hieraus rechtliche Schritte in einem Verfahren einzuleiten. Zumeist wird überhaupt erst die fachliche Würdigung des Behandlungsgeschehens als medizinisch fehlerhaft konkrete tatsächliche Anknüpfungspunkte zur

1208 Di Fabio, in: Maunz/Dürig, GG, Art. 2 Abs. 1, Rn. 134.

1209 Vgl. Dann, MedR 2007, 638, 640; Kett-Straub/Sipos-Lay, MedR 2014, 867, 871.

Begründung eines Anfangsverdachts und damit zur Einleitung eines Ermittlungsverfahrens begründen können.

Insoweit ist zu untersuchen, ob eine Auslegung des Tatbestandsmerkmals „über diese" [Umstände, die die Annahme eines Behandlungsfehlers begründen], die auch eine Tatsachenbewertung umfasst und der Behandelnde somit verpflichtet wäre, die fachliche Würdigung des Behandlungsgeschehens zu offenbaren, mit der Verfassung vereinbar wäre.

Bestimmtheit der Offenbarungspflicht

Verfassungsrechtliche Zweifel an solch einer weitgehenden Auslegung der Offenbarungspflicht nach § 630c Abs. 2 S. 2 BGB könnten bereits im Hinblick auf das Gebot der Normenklarheit erhoben werden, nach welchem Normen hinreichend bestimmt sein müssen.[1210] Hinreichend bestimmt ist ein Gesetz, wenn sein Zweck aus dem Gesetzestext in Verbindung mit den Materialien deutlich wird.[1211] Dabei reicht es aus, wenn sich der Gesetzeszweck aus dem Zusammenhang ergibt, in dem der Text des Gesetzes zu dem zu regelnden Lebensbereich steht.[1212] Es ist nicht erforderlich, dass der Zweck mit dem ursprünglichen subjektiven Zweck des historischen Gesetzgebers übereinstimmt; es kommt vielmehr auf den objektiven Zweck des Gesetzes an. Nicht erforderlich ist, dass ein Wandel des Gesetzeszwecks dabei stets durch einen ausdrücklichen Akt des Gesetzgebers kenntlich gemacht wird.[1213] Darüber hinaus gebietet das Rechtsstaatsprinzip, grundrechtsrelevante Vorschriften ihren Voraussetzungen und ihrem Inhalt nach so bestimmt zu formulieren, dass die Rechtslage für den Normadressaten erkennbar ist und dieser sein Verhalten danach ausrichten kann.[1214] Das gebotene Maß der Bestimmtheit richtet sich nach der Eingriffsintensität der Norm und den sachlichen Eigenarten des Regelungsgegenstandes.[1215] Je größer die Intensität der Freiheitsbeschränkung des Grundrechtsträgers und je eindeutiger, abgrenzbarer und vorhersehbarer der Regelungsgegenstand ist, desto höher sind die Anforderungen an das Maß der gebotenen inhaltlichen Bestimmtheit der

1210 Grzeszick, in: Maunz/Dürig, GG, Art. 20, VII., Rn. 58.
1211 BVerfGE 27, 1, 8.
1212 BVerfGE 65, 1, 54.
1213 BVerfGE 62, 169, 184.
1214 BVerfGE 31, 255, 264; 37, 132, 142; 45, 400, 420; 52, 1, 41; 56, 1, 12; 62, 169, 183; 78, 205, 212; 83, 130, 145; 84, 133, 149; 87, 234, 263; 108, 52, 75; 110, 33, 53 f.; Grzeszick, in: Maunz/Dürig, GG, Art. 20, VII., Rn. 58.
1215 BVerfGE 49, 168, 181; 56, 1, 13; 59, 104, 114; 62, 169, 183; 83, 130, 145; 86, 288, 311; 90, 1, 17; 93, 213, 238; 109, 133, 188; 110, 33, 55.

Norm.[1216] An der notwendigen Bestimmtheit fehlt es aber nicht schon deshalb, weil eine Norm auslegungsbedürftig ist.[1217] In erster Linie ist es Aufgabe der Rechtsanwendungsorgane, Zweifelsfragen zu klären.[1218] Dem Bestimmtheitserfordernis ist dann genügt, wenn die Auslegungsprobleme mit herkömmlichen juristischen Methoden bewältigt werden können.[1219] Der Rechtsanwendung müssen jedoch im Hinblick auf die Auslegung von Eingriffsgrundlagen Grenzen gesetzt sein, wo sich Zweck und Eingriffsintensität durch die herkömmlichen Auslegungsmethoden aus der Rechtsgrundlage nicht hinreichend bestimmen lassen. Denn das Bestimmtheitsgebot und dessen hinreichendes Maß gründet nicht allein auf das Gebot von Rechtsklarheit, welches Rechtsicherheit schaffen soll,[1220] sondern ergibt sich vielmehr im Bereich der Grundrechtseingriffe aus dem Vorbehalt des Gesetzes und dessen Reichweite.[1221] Denn der Vorbehalt des Gesetzes erschöpft sich nicht in dem Erfordernis einer gesetzlichen Grundlage für einen Grundrechtseingriff, sondern verlangt auch, dass alle wesentlichen Fragen vom Parlament selbst entschieden werden.[1222] Das Maß der Bestimmtheit hängt dabei, wie die Reichweite des Gesetzesvorbehalts selbst, vom Wesentlichkeitsprinzip ab.[1223] Es kommt danach regelmäßig darauf an, was für die Verwirklichung der Grundrechte wesentlich ist.[1224] Entscheidend hierfür ist die Intensität der Wirkung für die Grundrechtsausübung.[1225] Die Anforderungen des rechtsstaatlichen Bestimmtheitsgebotes sind daher umso strenger, je intensiver der Grundrechtseingriff ist,[1226] entsprechend genauer müssen die Vorgaben des förmlichen Gesetzgebers sein.[1227]

1216 Grzeszick, in: Maunz/Dürig, GG, Art. 20, VII., Rn. 60.

1217 BVerfGE 45, 400, 420; 117, 71, 111; 128, 282, 317.

1218 BVerfGE 31, 255, 264; 127, 335, 356.

1219 BVerfGE 17, 67; 83, 130, 145; BVerfGE 127, 335, 356.

1220 BVerfGE 49, 168, 181; 59, 104, 114; 62, 169, 183; 80, 103, 107 f.

1221 Jarass, in: ders./Pieroth, GG, Art. 20, Rn. 78 f.; Sodan, in: Sodan, GG, Vorb. Art. 1, Rn. 57, 59.

1222 BVerfGE 83, 130, 142, 152; 95, 267, 307; 98, 218, 251; Jarass, in: ders./Pieroth, GG, Art. 20, Rn. 78; Sodan, in: Sodan, GG, Vorb. Art. 1, Rn. 57, 59.

1223 BVerfGE 83, 130, 152; 86, 288, 311; 98, 218, 251.

1224 BVerfGE 47, 46, 79; 98, 218, 251.

1225 BVerfGE 49, 89, 127; 83, 130, 142.

1226 BVerfGE 49, 168, 181; 59, 104/114; 86, 288, 311.

1227 Jarass, in: ders./Pieroth, GG, Art. 20, Rn. 79, 84; Sodan, in: Sodan, GG, Vorb. Art. 1, Rn. 58.

Für die Offenbarungspflicht des § 630c Abs. 2 S. 2 BGB ergibt sich hiernach ein erhöhtes Maß für die Anforderungen an die inhaltliche Bestimmtheit. Die durch das Patientenrechtegesetz geregelten Informationspflichten betreffen das Heilbehandlungsverhältnis zwischen Behandelnden und Patienten. Obgleich der Informationsgehalt von der spezifischen Behandlungssituation und den individuellen Bedürfnissen des Patienten abhängig ist und insbesondere wegen des technischen und medizinischen Fortschritts Anforderungen an eine gewisse rechtliche Entwicklungsoffenheit stellt, handelt es sich damit um einen abgrenzbaren wie überschaubaren Regelungsgegenstand, der von jahrzehntelangen Entwicklungen durch die Rechtsprechung geprägt ist. Des Weiteren ist die Offenbarungspflicht vor allem, wie der Gesetzgeber erkannt hat,[1228] von einem Spannungsverhältnis zwischen den verfassungsrechtlich geschützten Rechtsgütern Körper und Gesundheit der Patienten und dem verfassungsrechtlich geschützten Persönlichkeitsrecht der Behandelnden gekennzeichnet. Die Informationspflicht des § 630c Abs. 2 S. 2 BGB ist entsprechend eingriffsintensiv, weil sie mit der Gefahr der Strafverfolgung, der haftungsrechtlichen Inanspruchnahme und Risiken für die Reputation des Behandelnden verbunden ist.

Die gesetzliche Zweckrichtung der Offenbarungspflicht des § 630c Abs. 2 S. 2 BGB lässt sich nach ihren beiden Alternativen überwiegend hinreichend bestimmen. Obgleich in den Gesetzesmaterialien eine ausdrückliche Zweckbestimmung nicht vorgenommen wird, kann aus der Gesetzesbegründung, die darauf abstellt, es sei die „Pflicht des Behandelnden, [...] wahrheitsgemäß zu antworten“[1229], entnommen werden, dass der Zweck der Nachfragealternative darin besteht, das Vertrauen in das Arzt-Patient-Verhältnis zu schützen.[1230] Zugleich spricht diese gesetzliche Begründung dafür, dass auch die Wahrung des Selbstbestimmungsrechts des Patienten als Individualrechtsgut bezweckt ist, dessen Achtung nach dem heutigen Verständnis wesentliches Element des Arzt-Patienten-Verhältnisses bildet.[1231] Im Übrigen könnte der Zweck der Offenbarungspflicht darin liegen, die Geltendmachung und Durchsetzung von Schadensersatzansprüchen gegen den Behandelnden zu erleichtern.[1232] Hierfür sind jedoch weder aus dem Wortlaut, der Gesetzessystematik noch der

1228 Regierungsentwurf, BT-Drs. 17/10488, S. 21.

1229 Regierungsentwurf, BT-Drs. 17/10488, S. 21.

1230 Schelling/Warntjen, MedR 2012, 506, 511.

1231 Zum Arzt-Patient-Verhältnis siehe oben unter 1.1.

1232 Wagner, in: MüKo-BGB, 7. Aufl., § 630c, Rn. 30, 36, 38; ders, VersR 2012, 789, 795; a. A. Schelling/Warntjen, MedR 2012, 506, 511.

Gesetzesbegründung Anhaltspunkte ersichtlich. Die Gesetzessystematik deutet, obschon der Information eine grundsätzliche Eignung zur Erleichterung der Geltendmachung und Durchsetzung von Ansprüchen nicht abgesprochen werden kann, vielmehr darauf, dass ein solches nicht bezweckt ist, denn die Offenbarungspflicht in Satz 2 ist in § 630c Abs. 2 BGB anknüpfend an die therapeutische Informationspflicht des Satz 1 normiert, während eine eingeschränkte wirtschaftliche Informationspflicht in § 630c Abs. 3 BGB geregelt wird, die sich auf Behandlungskosten bezieht.[1233]

Zweifelhaft ist das hinreichende Maß der Bestimmtheit bereits hinsichtlich der Entstehungsvoraussetzung der Offenbarungspflicht. So kann dem Wortlaut des § 630c Abs. 2 S. 2 BGB entnommen werden, dass die Entstehung der Informationspflicht auch davon abhängt, ob für den Behandelnden Umstände erkennbar sind, die die Annahme eines Behandlungsfehlers begründen.[1234] Dem ist das *OLG Oldenburg*[1235] entgegengetreten und hat in seiner Entscheidung eine sog. Negativauskunft statuiert, wonach § 630c Abs. 2 S. 2 BGB einen Anspruch des Patienten begründet, auf Nachfrage auch entsprechend informiert zu werden, falls der Behandelnde keine Anhaltspunkte für Behandlungsfehler hat. Mit dem Zweck des Gesetzes sei „es nicht vereinbar, wenn die Behandelnden die Nachfrage des Patienten […], ob für ihn Umstände erkennbar sind, die einen Behandlungsfehler begründen, einfach unbeantwortet lassen könnten. Der Patient könnte nicht erkennen, ob auf seine Nachfrage nur deshalb nicht reagiert worden wäre, weil der Behandelnde keine Anhaltspunkte für einen Behandlungsfehler hätte, oder ob ihm sehr wohl behandlungsfehlerbegründende Umstände bekannt wären, er sie aber nicht preisgeben möchte."[1236] Diese Ungewissheit könne der Patient nur durch ein für ihn mit Risiken hinsichtlich der Beweis- und Kostenlast verbundenes Klageverfahren beseitigen. Denn würde die Auskunftspflicht erst durch die Erkennbarkeit der behandlungsfehlerbegründenden Umstände ausgelöst, bei der es auf das subjektive Sonderwissen des Behandelnden ankomme, wäre ein solches Sonderwissen eine vom Kläger zu beweisende Anspruchsvoraussetzung.[1237] Die Erwägungen des *OLG Oldenburg*, die auf eine teleologische Auslegung des § 630c Abs. 2 S. 2 BGB gründen, jedoch ohne mit einem Wort auf den spezifischen Zweck der Offenbarungspflicht einzugehen,

---

1233 Vgl. Gutmann, in: FS Bergmann, S. 59, 64 f.

1234 Spickhoff, in: Spickhoff, Medizinrecht, 2. Aufl., § 630c, Rn. 22.

1235 OLG Oldenburg, VersR 2015, 1383.

1236 OLG Oldenburg, VersR 2015, 1383.

1237 OLG Oldenburg, VersR 2015, 1383.

lassen außer Acht, dass es für eine gerichtliche Durchsetzung des Auskunftsanspruches zunächst auf ein Rechtschutzinteresse des Patienten ankäme. Mit Blick hierauf müsste dieser zunächst darlegen, welches Ziel er mit dem Auskunftsanspruch gegen den Behandelnden verfolgt und warum er auf das Sonderwissen des Behandelnden angewiesen ist, was nur der Fall wäre, wenn nicht andere Behandelnde oder externe Fachleute unter Beiziehung der Patientenunterlagen dem Patienten entsprechende Informationen vermitteln könnten. Insoweit muss zwischen Wahrung des Selbstbestimmungsrechts des Patienten in einem bestehenden Arzt-Patienten-Verhältnis und Ausforschung im Hinblick auf ein wirtschaftliches Interesse zur Substantiierung eines möglicherweise bestehenden oder vermeintlich bestehenden Haftungsanspruches unterschieden werden. Ein solches Auskunftsbegehren hatte die Rechtsprechung bis zum Inkrafttreten des Patientenrechtegesetzes unter Verweis auf eine nicht bestehende allgemeine Fürsorgepflicht abgelehnt.[1238] Auch nach der Gesetzesbegründung des Patientenrechtegesetzes besteht eine solche umfassende Fürsorgepflicht nicht.[1239]

Schließlich bestehen erhebliche Zweifel an der Bestimmtheit des Umfangs der Informationspflicht des § 630c Abs. 2 S. 2 BGB.[1240] Aus dem Wortlaut der Regelung - auch unter Beiziehung der Gesetzesmaterialien - kann nicht entnommen werden, ob die die Annahme eines Behandlungsfehlers begründenden Umstände, über die der Behandelnde zu informieren hat, lediglich Tatsachen zum Behandlungsvorgang oder auch Tatsachenbewertungen im Sinne einer fachlichen Würdigung der Behandlungsleistung erfassen. Zu berücksichtigen ist, dass eine teleologische Auslegung keine hinreichende Rechtsklarheit verschaffen kann, weil sich auch der zur Anknüpfung dienende Gesetzeszweck nicht abschließend aus Wortlaut und Gesetzesmaterialien ergibt. Damit ist die Frage der hinreichenden Bestimmtheit des § 630c Abs. 2 S. 2 BGB abhängig davon, ob eine verfassungsrechtliche Auslegung zu eindeutigen Ergebnissen hinsichtlich des Umfangs führt.

Verhältnismäßigkeit der Offenbarungspflicht über fachliche Würdigung

Hinsichtlich der Frage, ob es mit dem Verhältnismäßigkeitsgrundsatz vereinbar ist, aus § 630c Abs. 2 S. 2 BGB eine Pflicht des Behandelnden zur Information über die Tatsachenbewertung des Behandlungsvorganges im Sinne einer fachlichen

---

1238 OLG Koblenz, MedR 2004, 388, 389; OLG München, Beschl. v. 10.06.2010 - 1 U 2376/10 = BeckRS 2010, 19359.

1239 Regierungsentwurf, BT-Drs. 17/10488, S. 21.

1240 Vgl. oben unter 4.4.

Würdigung der Behandlungsleistung abzuleiten, muss wegen der unterschiedlichen Zweckrichtung der beiden Alternativen des § 630c Abs. 2 S. 2 BGB zwischen der Nachfragealternative und der Gesundheitsgefährdungsabwendungsalternative unterschieden werden.

Nachfragealternative

Legitimer Zweck

Als Zweck der Nachfragealternative des § 630c Abs. 2 S. 2 Alt. 1 BGB lassen sich der Schutz des Vertrauens im Arzt-Patienten-Verhältnis sowie die Wahrung des Selbstbestimmungsrechts des Patienten ableiten.[1241] Im Übrigen soll untersucht werden, ob auch die Erleichterung der Geltendmachung und Durchsetzung von Haftungsansprüchen des Patienten als Zwecksetzung vor dem Hintergrund des Verhältnismäßigkeitsgrundsatzes mit der Verfassung vereinbar wäre.

Der Gesetzgeber kann mit dem Schutz des Vertrauens im Arzt-Patienten-Verhältnis sowie dem Schutz des Selbstbestimmungsrechtes des Patienten nicht nur Zwecke verfolgen, die als Allgemeinwohlbelang verfassungsrechtlich legitim sind, sondern dessen Rechtfertigung im Hinblick auf die Wahrung des Selbstbestimmungsrechtes des Patienten sich auch unmittelbar aus Art. 2 Abs. 1 i. V. m. Art. 1 Abs. 1 GG ergeben. Aus dem Persönlichkeitsrecht wird ein Verfügungsrecht über den eigenen Körper (Selbstbestimmungsrecht)[1242] und unmittelbar der Anspruch des Patienten auf Dokumentation und Rechenschaft über den Gang der ärztlichen Behandlung sowie auf Einsichtnahme in seine Patientenakten abgeleitet.[1243] Sofern die Informationspflicht auch die Geltendmachung und Durchsetzung von Haftungsansprüchen erleichtern soll, handelte es sich hierbei nicht um eine unzulässige verfassungsrechtliche Zwecksetzung. Der Gesetzgeber ist in der Wahl seiner Ziele und Zwecke grundsätzlich frei und bedarf hierzu keiner verfassungsrechtlichen Ermächtigung. Im Hinblick auf die Zwecksetzung sind dem Gesetzgeber lediglich Grenzen durch ausdrückliche verfassungsrechtliche Bestimmungen gesetzt, wie dem Verbot der Vorbereitung eines Angriffskrieges (Art. 26 Abs. 1 GG) oder den Benachteiligungsverboten (Art. 3 Abs. 2 und 3 GG).[1244] Die Erleichterung der Geltendmachung und Durchsetzung von Schadensersatzansprüchen ist als gesetzgeberische

---

1241 Siehe oben unter Bestimmtheit der Offenbarungspflicht.

1242 Di Fabio, in: Maunz/Dürig, GG, Art. 2 Abs. 1, Rn. 204.

1243 BVerfG NJW 1999, 1777, 2006, 1116; Di Fabio, in: Maunz/Dürig, GG, Art. 2 Abs. 1, Rn. 204.

1244 Huster/Rux, in: BeckOK-GG, Art. 20, Rn. 193.1.

Zwecksetzung nicht außergewöhnlich. So hat der Gesetzgeber beispielweise mit dem Gesetz zur Verbesserung der Stellung des Verletzten im Strafverfahren unter anderem die Verbesserung der Möglichkeit materiellen Schadensersatz zu erlangen[1245] bezweckt und in diesem Rahmen ein Akteneinsichtsrecht des Verletzten in § 406e StPO geschaffen. Das *BVerfG* hat dieses nach dem Willen des Gesetzgebers schutzwürdige Interesse verfassungsrechtlich nicht beanstandet.[1246] Auch mit dem Zweiten Gesetz zur Änderung schadensersatzrechtlicher Vorschriften hat der Gesetzgeber unter anderem mit Einführung des Auskunftsanspruches nach § 84a AMG die Erleichterung der Darlegung und des Nachweises der anspruchsbegründenden Tatsachen für den Arzneimittelanwender bezweckt.[1247]

Geeignetheit

Eine weitreichende Informationspflicht über das Behandlungsgeschehen, die auch die fachliche Würdigung umfasst, ist für die hier genannten Zwecke auch geeignet. Geeignet sind solche Maßnahmen, mit deren „Hilfe der gewünschte Erfolg gefördert werden kann"[1248] und somit die „Möglichkeit der Zweckerreichung" besteht.[1249] Ist der Ertrag des Mittels gering, hingegen die Belastungen für den Betroffenen hoch, kann die Angemessenheit verletzt sein.[1250] Zur Wahrung des Vertrauens im Arzt-Patient-Verhältnis sowie des Selbstbestimmungsrechtes des Patienten und auch zur Geltendmachung und Durchsetzung von Ansprüchen ist ein größerer Informationsumfang zum Behandlungsvorgang aus Patientensicht grundsätzlich förderlich, denn ein Mehr an Informationen kann dazu dienen, einen Ausgleich der zwischen dem Arzt und Patienten regelmäßig bestehenden Informationsasymmetrie zu schaffen. Diese Informationen eignen sich damit auch, das übergeordnete Ziel des Patientenrechtegesetz zu fördern, die Patienten „auf Augenhöhe" mit dem Behandelnden zu bringen.[1251]

Erforderlichkeit

Zweifel an der Erforderlichkeit bestehen nicht.

1245 BT-Drs. 10/6124, S. 2.
1246 BVerfG, NJW 2007, 1052.
1247 BT-Drs. 14/7752, S. 20.
1248 BVerfGE 30, 292, 316; 33, 171, 187; 67, 157, 173; 96, 10, 23.
1249 BVerfGE 67, 157, 175; 96, 10, 23.
1250 Jarass, in: ders./Pieroth, GG, Art. 20, Rn. 118.
1251 Regierungsentwurf, BT-Drs. 17/10488, S. 1.

Eine staatliche Maßnahme ist dann erforderlich, wenn aus den zur Erreichung des Zwecks gleich gut geeigneten Mitteln das mildeste, also die geschützte Rechtsposition am wenigsten beeinträchtigende Mittel gewählt wird.[1252] Das Merkmal der gleichen Wirksamkeit setzt eine Alternative voraus, die die Erfolgswahrscheinlichkeit eindeutig gleichwertig steigert.[1253]

Im Hinblick auf die Wahrung des Vertrauensverhältnisses zwischen Behandelndem und Patienten und des Selbstbestimmungsrechts des Patienten ist bereits keine Alternative zu einer nachfrageinduzierten weitreichenden Informationspflicht ersichtlich. Soweit daneben auch die Erleichterung der Geltendmachung und Durchsetzung von Haftungsansprüchen als Zweck der Informationspflicht vertreten wird, kommt bei isolierter Betrachtung dieses Zweckes als zumindest gleichwirksame Alternative, ungeachtet der bereits im Arzthaftungsrecht bestehenden Beweiserleichterungen,[1254] eine an die Regelungen zur gesellschaftsrechtlichen Vorstandshaftung angelehnte Beweislastumkehr im Hinblick auf die Pflichtverletzung in Betracht.[1255] Allerdings muss die Frage, ob es sich bei solch einer Beweiserleichterung um eine weniger einschneidende Maßnahme handelt, nicht beantwortet werden, denn unter Berücksichtigung der anderen genannten Zwecke ist eine Gesamtschau vorzunehmen.

Eine Beweiserleichterung ist zur Wahrung des Vertrauensverhältnisses und des Selbstbestimmungsrechtes kein geeignetes Mittel, weswegen insgesamt keine gleichwirksame Alternative zu der Informationspflicht vorliegt.

Verhältnismäßigkeit im engeren Sinn

Jedoch bestehen erhebliche Zweifel an der Angemessenheit einer weitreichenden Informationspflicht, welche auch die fachliche Würdigung des Behandlungsgeschehens umfassen soll.

Nach dem Gebot der Verhältnismäßigkeit im engeren Sinne (auch: Übermaßverbot) darf eine staatliche Maßnahme nicht außer Verhältnis zum Zweck bzw. Ziel der Maßnahme stehen. Die Maßnahme muss also angemessen[1256] (bzw. aus

1252 BVerfGE 100, 313, 375; Grzeszick, in: Maunz/Düring, GG, Art. 20, VII., Rn. 113.

1253 BVerfGE 25, 1, 20; 30, 292, 319; 77, 84, 109; 81, 70, 91; 100, 313, 375.

1254 Zu den umfangreichen Beweiserleichterungen siehe oben unter 1.2.5.

1255 Nach § 93 Abs. 2 S. 2 AktG trifft Vorstandsmitglieder die Beweislast, wenn streitig ist, ob sie die Sorgfalt eines ordentlichen und gewissenhaften Geschäftsleiters angewandt haben.

1256 BVerfGE 13, 230, 236; 93, 213, 237 f.; 100, 313, 375 f.

Sicht des Betroffenen zumutbar[1257]) sein, ihr Nutzen darf zu den dadurch herbeigeführten Beeinträchtigungen nicht außer Verhältnis stehen.[1258] Die Prüfung der Verhältnismäßigkeit im engeren Sinne erfordert daher eine Abwägung zwischen Nutzen der Maßnahme und den durch die Maßnahme herbeigeführten Beeinträchtigungen und setzt dem Ergebnis eine Grenze.[1259]

Eine unangemessene Beeinträchtigung liegt jedenfalls dann vor, wenn die schutzwürdigen Belange des Auskunftspflichtigen das Informationsinteresse des Patienten im Hinblick auf fachliche Würdigung überwiegen.

Mit der Erfüllung der fehlerbezogenen Informationspflicht nach § 630c Abs. 2 Satz 2 BGB setzt sich der tatsächliche Behandelnde der Gefahr der strafrechtlichen Verfolgung und gegebenenfalls weiterer Verfahren mit entsprechenden Sanktionen aus. Gerade eine Information über die fachliche Würdigung im Sinne der medizinischen Bewertung des Behandlungsvorgangs und der eigenen Behandlungstätigkeit kann die tatsächlichen Anhaltspunkte für die Begründung eines Anfangsverdachts wegen eines Körperverletzungsdelikts liefern, wenn diese, sei es durch Anzeigeerstattung durch den Patienten oder in anderer Weise, den Strafverfolgungsbehörden zur Kenntnis gelangen. Solche Verfahren sind nicht nur wegen möglicher Sanktionen gegen den Betroffenen – regelmäßig Geldstrafen, aber im Einzelfall auch Freiheitsstrafen – belastend. Belastungen rechtlicher und tatsächlicher Art sind auch mit möglichen Ermittlungsmaßnahmen verbunden. Daneben können im Einzelfall berufsrechtliche und andere Verfahren gegen den Behandelnden treten, die mit entsprechenden Sanktionen verbunden sind.[1260] Hinzukommen die Gefahr von Reputationsverlust und damit verknüpfte wirtschaftliche Einbußen, die aus der Selbstbezichtigung erwachsen können.

Dagegen ist der Patient auf die Information der fachlichen Würdigung des zurückliegenden Behandlungsverlaufs gerade durch die Person des Behandelnden weder zur Wahrung seines Selbstbestimmungsrechtes noch zur Ermittlung und Durchsetzung etwaiger Schadensersatzansprüche angewiesen. Denn die zwischen Arzt und Patient regelmäßig bestehende Informationsasymmetrie hinsichlich fachlicher Kenntnisse, die nicht nur zur Durchführung der medizinischen Behandlung, sondern auch zu deren fachlicher Bewertung entscheidend

1257 BVerfGE 13, 97, 113; 30, 292, 316; 67, 157, 178; 68, 193, 219; 77, 84, 111 f.; 78, 77, 85 f.; 79, 84, 111 f.; 81, 70, 93; 83, 1, 19; 92, 262, 274; 101, 331, 350; 102, 1, 20.

1258 BVerfGE 50, 217, 227; 80, 103, 107; 99, 202, 212 f.

1259 Grzeszick, in: Maunz/Dürig, GG, Art. 20, VII., Rn. 117.

1260 Dazu oben unter 1.4.

sind, kann einen Ausgleich durch die Einschaltung fachkundiger Dritter erfahren. Sowohl im Fall, in dem der Patient seine Entscheidung über die weitere Behandlung von subjektiven Faktoren abhängig machen will, die objektiv mit keiner Risikoerhöhung verbunden sind, als auch in Fällen, in denen die Nachfrage des Patienten von der Ermittlung etwaiger Schadensersatzansprüche wegen eines Behandlungsfehlers motiviert ist, kann der Patient sich anderer Behandelnder bedienen oder medizinische Expertise fachkundiger Dritter in Anspruch nehmen. Diese Dritte können auf Grundlage der dem Patienten zu erteilenden Informationen über seinen Gesundheitszustand, die Art und den Verlauf der Behandlung sowie durch Einsicht in die Patientenunterlagen eine Begutachtung der Behandlung vornehmen und dem Patienten so die aus seiner Sicht erforderlichen objektiven Informationen insbesondere medizinische Bewertungen der Behandlung verschaffen.[1261] Der Verweis auf einen anderen Behandelnden oder andere fachkundige Dritte ist damit nicht mit Einschränkung der geschützten Güter oder Interessen des Patienten verbunden. Soweit es für den Patienten um eine Weiterbehandlung bei dem Behandelnden geht und die Nachfrage des Patienten aus diesem Grund auf etwaige Behandlungsfehler des Behandelnden zielt, kann der Patient ohne weiteres den Behandelnden wechseln, wenn der Behandelnde eine Antwort zur medizinischen Bewertung der eigenen Behandlungstätigkeit ablehnt.

Der Verweis auf fachkundige Dritte, die in der Lage sind, dem Patienten eine objektive medizinische Bewertung des Behandlungsvorgangs abzugeben, stellt auch keine unzumutbare Belastung des Patienten dar. Das Erfordernis der Einschaltung eines weiteren Behandelnden oder sonstigen fachkundigen Dritten ist gar als Regelungsinstitut im Rahmen des Krankenversicherungsrechts anerkannt. So hatte bereits der Gesetzgeber des „Gesetzes zur Stärkung des Wettbewerbs in der gesetzlichen Krankenversicherung“ (GKV-WSG) vom 26. März 2007[1262] für die Verordnung besonderer Arzneimittel in § 73d SGB V ein Zweitmeinungsverfahren vorgeschrieben, durch das gewährleistet werden sollte, „dass die Verordnung aufgrund von Indikationsstellung medizinisch notwendig, zweckmäßig und wirtschaftlich ist.“[1263] Anders als bei der Information nach § 630c Abs. 2 Satz 2 BGB, bei der es um eine der Behandlung nachgelagerte medizinische Bewertung des Behandlungsvorgangs geht, bezieht sich ein verpflichtendes Zweitmeinungsverfahren auf eine der weiteren Behandlung

1261 Vgl. Dann, MedR 2007, 638, 640.
1262 BGBl. I, S. 378.
1263 BT-Drs. 16/3100, S. 102.

vorgelagerte medizinische Bewertung im Hinblick auf die Indikation für eine bestimmte Therapie und tangiert damit das verfassungsrechtlich geschützte Recht auf körperliche Unversehrtheit, wenn dies der unverzüglichen Fortsetzung der Behandlung entgegensteht. Das verpflichtende Zweitmeinungsverfahren ist zwar mit dem „Gesetz zur Neuordnung des Arzneimittelmarktes in der gesetzlichen Krankenversicherung" (AMNOG) vom 22. Dezember 2010[1264] aufgehoben worden, um „Überregulierung im Arzneimittelmarkt der gesetzlichen Krankenversicherung abzubauen".[1265] Dies zeigt aber, dass bereits ein im öffentlichen Interesse der Funktionsfähigkeit und Finanzierbarkeit des öffentlichen Gesundheitswesens stehendes Erfordernis der Einschaltung fachkundiger Dritter als nicht unverhältnismäßiger Eingriff zu den Rechtspositionen des Patienten angesehen wird. Dies muss für ein nachgelagertes medizinisches Bewertungsverfahren erst recht gelten, dem ein Bezug zur körperlichen Integrität des Patienten fehlt.

Auch die mit der Einschaltung eines fachkundigen Dritten zur Vornahme einer medizinischen Bewertung der Behandlung verbundene wirtschaftliche Belastung des Patienten führt in Abwägung zu den Rechtspositionen des Behandelnden, der damit verbundenen Verfolgungsgefahr und der Gefährdung eigener wirtschaftlicher Interessen nicht zu einer anderen Bewertung der Verhältnismäßigkeit. Dabei ist zu berücksichtigen, dass es dem Patienten möglich ist, ohne eigene wirtschaftliche Belastung die medizinische Bewertung zur Prüfung von Behandlungsfehlern vornehmen zu lassen. Hierfür stehen die Gutachterkommissionen und Schlichtungsstellen der Ärztekammern sowie zusätzlich für gesetzlich Versicherte Patienten die Krankenkassen nach § 66 Satz 2 SGB V zur Verfügung.[1266]

Auch der Schutz und Erhalt der konkreten Vertrauensbeziehung im Arzt-Patient-Verhältnis gebietet keine andere Bewertung. Die Informationspflicht des § 630c Abs. 2 Satz 2 BGB stellt nicht auf den tatsächlichen Behandelnden und damit auf das tatsächliche Behandlungsverhältnis ab, sondern auf den Vertragspartner des Patienten, der diesem eine Behandlung zusagt. Die Regelung erlaubt damit ein Auseinanderfallen von tatsächlichem Behandelnden und tatsächlichem Behandlungsverhältnis auf der einen Seite und dem rechtlichen Behandelnden und der Vertragsbeziehung des Behandlungsvertrages i. S. d. § 630a BGB auf der anderen Seite. Eine hinreichend gefestigte

1264 BGBl. I, S. 2262.
1265 BT-Drs. 17/2413, S. 27.
1266 Zur vorprozessualen Klärung von Behandlungsfehlern siehe oben unter 1.2.6.

Vertrauensbeziehung im Arzt-Patienten-Verhältnis wird jedoch nur dort anzunehmen sein, wo eine gewisse zeitliche Dauer der Beziehung zwischen Patient und tatsächlichem Behandelnden Gewicht verleiht. Auch dann kann es nicht der alleinigen Sphäre des Behandelnden zukommen bei Subordination aller eigenen Interessen und Rechtspositionen unter die Interessen und Rechtspositionen des Patienten das Vertrauensverhältnis aufrechterhalten zu müssen. Eine solche Verpflichtung kennt das deutsche Recht nicht. Die Pflichten zur Wahrung der Interessen der jeweiligen Gegenseite enden nach ständiger Rechtsprechung dort, wo eine Aufklärung nach der Verkehrsauffassung nicht mehr erwartet werden kann.[1267] Eine solche Verpflichtung stünde im Übrigen zu der gesetzlichen Wertung des § 627 BGB im Widerspruch, wonach in einem Dienstverhältnis höherer Art, in dem die Dienste auf Grund besonderen Vertrauens übertragen zu werden pflegen, auch der Dienstverpflichtete das bestehende Verhältnis – sofern nicht zur Unzeit – ebenfalls jederzeit form- und fristlos kündigen und damit sofort beenden kann.

Danach ist eine Informationspflicht, die den Behandelnden auf Nachfrage verpflichtet dem Patienten auch Informationen über die medizinische Bewertung der eigenen Behandlungstätigkeit zu erteilen, mit der Verfassung nicht vereinbar, weil sie unangemessen in die verfassungsrechtlich geschützte Selbstbelastungsfreiheit des Behandelnden eingreift.

Gesundheitsgefahrenabwendungsalternative

Legitimer Zweck

Der Zweck der Gesundheitsgefahrenabwendungsalternative nach § 630c Abs. 2 S. 2 Alt. 2 BGB ist nach Wortlaut und Gesetzesbegründung der Schutz der Gesundheit des Patienten.[1268] Konkret geht es dabei um Gesundheitsgefahren im Zusammenhang mit Behandlungsrisiken, die aus der Unkenntnis des Patienten über Umstände zu in der Vergangenheit liegendem Behandlungsgeschehen resultieren. Im Hinblick auf den Schutz der Gesundheit kann sich der Gesetzgeber nicht nur auf ein verfassungsrechtlich legitimes Allgemeinwohlbelangen berufen, sondern als Rechtfertigung unmittelbar auf den Schutz von Leben und körperlicher Unversehrtheit des Art. 2 Abs. 2 S. 2 GG verweisen.

1267 BGH, NJW 1979, 2243; NJW 1991, 1223; NJW 1992, 1222; NJW 1996, 1340; vgl. Prütting, in: FS Laufs, S. 1009, 1019, 1022.

1268 Regierungsentwurf, BT-Drs. 17/10488, S. 21.

Geeignetheit

Erheblich zweifelhaft ist, ob die Information über die fachliche Würdigung des Behandlungsgeschehens zu dem Zweck, der Abwendung von Gesundheitsgefahren, geeignet ist. Die Geeignetheit einer Maßnahme setzt voraus, dass sie überhaupt eine Wirkung entfalten kann. Es muss die abstrakte Möglichkeit bestehen, dass dadurch der Zweck gefördert wird.[1269]

Die Informationspflicht nach § 630c Abs. 2 S. 2 Alt. 2 BGB geht in der therapeutischen Aufklärung auf.[1270] Die Abwendung einer Gesundheitsgefahr durch Informationserteilung ist denklogisch überhaupt nur dort möglich, wo aus der Unkenntnis über die zu informierenden Umstände die Gesundheitsgefahr resultiert. Dies ist in zwei Konstellationen denkbar. Zum einen, wenn es um die Information zu einer weiteren Behandlung oder Gegenbehandlung geht, die nach einem unerwünschten Behandlungsverlauf anlässlich einer Vorbehandlung medizinisch notwendig ist, um Gesundheitsschäden zu verhindern. Zum anderen, wenn die Richtigstellung einer zuvor unzutreffend gestellten Diagnose im Raum steht, die derartig gravierend ist, dass hieraus eine Gefahr für die Gesundheit des Patienten resultieren kann. Die Herstellung eines Zusammenhangs zwischen der fachlichen Würdigung der Vorbehandlung und der Gesundheitsgefahr ist in diesen Konstellationen nicht erforderlich.[1271] Mit Blick auf eine weitere Behandlung zur Abwendung der Gesundheitsgefahr ist es völlig unerheblich, ob der bisherige Behandlungsverlauf als schicksalhaft oder behandlungsfehlerhaft zu bewerten ist. Denn eine objektive Risikoerhöhung mit Blick auf die Weiterbehandlung lässt sich aus einer behandlungsfehlerhaften Vorbehandlung durch den Vorbehandelnden nicht ableiten.[1272] Auch für die Richtigstellung einer Diagnose spielt es keine Rolle, ob die zuvor gestellte Diagnose vorwerfbar irrtümlich gestellt wurde.

Denkbar ist jedoch, dass der Patient oder seine Berater durch die Information der zur Abwehr weiterer gesundheitlicher Gefahren notwendigen Umstände (Diagnose, Maßnahmen nebst Risiken im Falle ihres Unterlassens usw.) selbst den Rückschluss auf eine möglicherweise im Raum stehende Unterschreitung des gebotenen Standards ziehen.[1273] Das ist jedoch hinzunehmen.[1274]

1269 BVerfGE 67, 157, 175; 96, 10, 23.

1270 Spickhoff, JZ 2015, 15, 21 f., 26.

1271 Spickhoff, JZ 2015, 15, 21.

1272 Siehe oben unter 3.4.7.4 auf mit weiteren Nachweisen aus dem Schrifttum.

1273 Spickhoff, JZ 2015, 15, 21.

1274 Vgl. Schelling/Warntjen, MedR 2012, 506, 507; Taupitz, NJW 1992, 713, 716.

Demgegenüber sind Fälle vorstellbar, in denen die Information über die fachliche Würdigung der Vorbehandlung sogar dem Zweck des § 630c Abs. 2 S. 2 BGB zu wider laufen kann, wenn diese zu einer derartigen Verunsicherung des Patienten führt, dass eine medizinisch notwendige Weiter- oder Gegenbehandlung verspätet durchgeführt wird oder gänzlich unterbleibt.

Es ist daher nicht erkennbar, wie die Information über die fachliche Würdigung des vergangenen Behandlungsgeschehens den Schutz der Patientengesundheit fördern kann.

Demnach ist eine Informationspflicht, die den Behandelnden zur Abwendung einer Gesundheitsgefahr verpflichtet, dem Patienten auch Informationen über die medizinische Bewertung der eigenen Behandlungstätigkeit zu erteilen, mit der Verfassung nicht vereinbar, weil es an der Eignung fehlt, den Eingriff in die verfassungsrechtlich geschützte Selbstbelastungsfreiheit des Behandelnden zu rechtfertigen.

4.4.5.2 Zwischenfazit

Eine Informationspflicht, die den Behandelnden auf Nachfrage oder zur Abwendung einer Gesundheitsgefahr verpflichtet, dem Patienten auch Informationen über die medizinische Bewertung der eigenen Behandlungstätigkeit zu erteilen, ist mit der Verfassung nicht vereinbar, weil der damit verbundene Eingriff in die Selbstbelastungsfreiheit des Behandelnden als Bestandteil seines allgemeinen Persönlichkeitsrechts einer verfassungsrechtlichen Rechtfertigung nicht zugänglich ist. In der Nachfragealternative der Informationspflicht des § 630c Abs. 2 Satz 2 BGB stellt sich die Informationspflicht unter Abwägung des Informationsinteresses des Patienten und des Interesses des Behandelnden, sich nicht selbstbezichtigen und damit zumindest der Gefahr der Strafverfolgung aussetzen zu müssen, als unangmessen dar. Denn der Patient ist auf eine fachliche Würdigung bzw. medizinische Bewertung des zurückliegenden Behandlungsvorgangs durch die Person des an dieser Behandlung beteiligten Behandelnden gerade nicht angewiesen. In der Gesundheitsgefahrenabwendungsalterative fehlt es bereits an einer Eignung der Information über die fachliche Würdigung der zurückliegenden Behandlung durch die Person des Behandelnden zur Abwendung einer Gesundheitsgefahr für den Patienten.

Damit ist die Informationspflicht des § 630c Abs. 2 Satz 2 BGB verfassungskonform dahingehend auszulegen, dass zwar die tatsächliche Information über den zurückliegenden Behandlungsvorgang geschuldet ist, eine medizinische Bewertung durch den Behandelnden jedoch nicht. Zu einem etwaigen (schuldhaften) Behandlungsfehler muss sich der Behandelnde daher auch auf Nachfrage nicht äußern und darf in diesem Punkt schweigen. Auch eine Negativauskunft darf damit nicht verlangt werden, weil aus der Verweigerung einer solchen Negativauskunft der Schluss auf das Vorliegen eines Behandlungsfehlers gezogen werden könnte.[1275]

Freilich darf der Behandelnde tatsächliche Umstände über den Behandlungsvorgang nicht verschweigen, aus denen sich bereits aus Sicht des medizinischen Laien hinreichende Anhaltungspunkte für einen Behandlungsfehler ergeben. Ein umfassendes Schweigerecht steht dem Behandelnden also nicht zu. Er ist insbesondere auf Nachfrage des Patienten zur Tatsacheninformation verpflichtet.[1276]

4.5 Form der Informationserteilung

Die Informationserteilung hat zur Überwindung der Informationsasymetrie zwischen Behandelndem und Patienten in verständlicher Weise in Anlehnung an die Regelung des § 630c Abs. 2 Satz 1 BGB zu erfolgen.[1277] Die Anforderungen an die Verständlichkeit sind empfängerorientiert und setzen damit ein für den Patienten sprachlich individuelles Maß voraus. Sie darf daher in der Regel nicht in übermäßiger Fachsprache erfolgen. Die Information muss daher in leichter Sprache erteilt werden, wenn der Patient den Inhalt nach seinem körperlichen, geistigen oder seelischen Zustand nur schwer nachvollziehen kann.[1278] Die Informationserteilung kann, wie bei der Selbstbestimmungsaufklärung und therapeutischen Information, jedenfalls in der Gesundheitsgefahrenabwendungsalternative der Informationspflicht nach § 630c Abs. 2 Satz 2 BGB, eine Übersetzung erforderlich machen, wenn der Patient der deutschen Sprache nicht mächtig ist. Hierfür können sowohl den Patienten begleitende Personen, Praxis- oder Krankenhauspersonal oder Dolmetscher herangezogen werden. Im Hinblick auf gegebenenfalls entstehende Kosten besteht – wie bei der Selbstbestimmungsaufklärung[1279] – eine Tragungspflicht durch den Patienten, denn die Sprachunkundigkeit ist allein der Sphäre des Patienten zuzuordnen.[1280]

1275 Vgl. Hegerfeld, Ärztliche Aufklärungs- und Informationspflichten, S. 339.

1276 Vgl. Hegerfeld, Ärztliche Aufklärungs- und Informationspflichten, S. 340.

1277 Hegerfeld, Ärztliche Aufklärungs- und Informationspflichten, S. 342; Mansel, in: Jauernig, BGB, § 630c, Rn. 7.

1278 Vgl. Gesetzesbegründung für die Verständlichkeit im Rahmen der Selbstbestimmungsaufklärung nach § 630e BGB, Regierungsentwurf, BT-Drs. 17/10488, S. 25.

1279 Regierungsentwurf, BT-Drs. 17/10488, S. 25.

1280 Hegerfeld, Ärztliche Aufklärungs- und Informationspflichten, S. 342 f.; vgl. BSGE 76, 109.

Anders als bei der Informationserteilung nach § 630c Abs. 3 BGB ist für die Erteilung der Information keine besondere Form vorgeschrieben. Sie kann daher mündlich sowie in Text- oder Schriftform erfolgen. Im Hinblick auf die Gesundheitsgefahrenabwendungsalternative muss mit der Wahl der Kommunikationsform sichergestellt sein, dass der Patient auch Kenntnis von der Information und deren Inhalt nehmen kann. Daher ist die mündliche Informationserteilung, die eine Interaktion zwischen Behandelndem und Patienten ermöglicht, gegenüber einer einseitigen schriftlichen Information durch den Behandelnden vorzugswürdig.

4.6 Entbehrlichkeit der Informationspflicht

Nach § 630c Abs. 4 BGB bedarf es der Information des Patienten nicht, soweit diese ausnahmsweise aufgrund besonderer Umstände entbehrlich ist, insbesondere wenn die Behandlung unaufschiebbar ist oder der Patient auf die Information ausdrücklich verzichtet hat.

An die Wirksamkeit des Informationsverzichts stellt der Gesetzgeber jedoch strenge Anforderungen. Danach muss der Verzicht deutlich, klar und unmissverständlich geäußert werden.[1281]

Bei der Unaufschiebbarkeit der Behandlung und dem Verzicht handelt es sich um Regelbeispiele. Der Katalog des § 630c Abs. 4 BGB ist also nicht abschließend. Auch erhebliche therapeutische Gründe können der Informationspflicht entgegenstehen, soweit die begründete Gefahr besteht, dass der Patient infolge der Information sein Leben oder seine Gesundheit gefährdet.[1282] Ferner kommt nach der Gesetzesbegründung eine ausnahmsweise Entbehrlichkeit der Information dann in Frage, wenn der Patient selbst Arzt ist und die notwendige Sachkunde besitzt oder aus anderen Gründen über ausreichende Kenntnisse verfügt.[1283]

Insgesamt dürfte der Vorschrift ein Ausnahmecharakter zukommen, wie bereit der Wortlaut „ausnahmsweise“ deutlich macht.[1284]

1281 Regierungsentwurf, BT-Drs. 17/10488, S. 22.
1282 Regierungsentwurf, BT-Drs. 17/10488, S. 23.
1283 Regierungsentwurf, BT-Drs. 17/10488, S. 23.
1284 Spickhoff, in: Spickhoff, Medizinrecht, 3. Aufl. 2018, § 630c BGB, Rn. 30.

4.7 Rechtsfolgen der Informationspflichtverletzung

4.7.1 Zivilrechtliche Haftung

Dem Grunde nach löst die Verletzung der Informationspflicht des § 630c Abs. 2 Satz 2 BGB als vertragliche Nebenpflichtverletzung einen Schadensersatzanspruch nach § 280 Abs. 1 BGB aus. Jedoch läuft dieser Anspruch praktisch ins „Leere".[1285] Denn es wird regelmäßig an einem Schaden durch das pflichtwidrige Nichtoffenbaren der Umstände, die auf einen Behandlungfehler hindeuten, fehlen. Anders liegt es bei einer Verletzung der Informationspflicht zur Abwehr einer Gesundheitsgefahr nach § 630c Abs. 2 Satz 2 Alt. 2 B GB, die – soweit es nicht um die medizinische Bewertung selbst geht – in der therapeutischen Informationspflicht nach § 630c Abs. 2 Satz 1 BGB aufgeht.[1286] Hier haftet der Informationspflichtige für das Unterlassen einer Auskunft, die zur Abwehr von Gesundheitsschäden erforderlich sind, sofern die unterbliebene Information zu einem (weiteren) Körper- bzw. Gesundheitsschaden des Patienten führt. Diese haftungsrechtliche Folge knüpft an die bereits vor Inkrafttreten bestehende Rechtslage zur therapeutischen Aufklärung bzw. Sicherungsaufklärung an, die keinen Aufklärungs- sondern einen Behandlungsfehler im engeren Sinne begründet.[1287]

Soweit es um die Informationspflicht des Behandelnden über die eigene Behandlung auf Nachfrage geht, haftet der Behandelnde ohnehin wegen der fehlerhaften Behandlung, die zu einem Gesundheitsschaden des Patienten führt.[1288]

Soweit es um die Informationspflicht des Behandelnden auf Nachfrage des Patienten über eine fremde Behandlung geht, wird durch Unterlassen der Information die Zurechnung des Gesundheitsschadens zum Behandlungsfehler des anderen Behandelnden nicht unterbrochen. Eine haftungsrechtliche (Mit-) Verantwortung für fremde Behandlungsfehler wird daher nicht begründet.[1289]

Auch eine verjährungsrechtliche Bedeutung kommt der Informationspflicht des § 630c Abs. 2 Satz 2 BGB nicht zu, weil § 199 Absatz 1 Nr. 2 BGB für den Verjährungsbeginn der Regelverjährung von 3 Jahren an die Kenntnis des Geschädigten von Schadensereignis und Schädiger anknüpft und die absolute

---

1285 Wagner, in: MüKo-BGB, 7. Aufl., § 630c, Rn. 48.

1286 Siehe oben; so auch Spickhoff, JZ 2015, 15, 21 f., 26.

1287 Zu den Folgen fehlerhafter oder unterlassener therapeutischer Aufklärung siehe 1.3.7.2.

1288 Gutmann, in: FS-Bergmann, S. 59, 71.

1289 Wagner, in: MüKo-BGB, 7. Aufl., § 630c, Rn. 48.

Verjährung arzthaftungsrechtlicher Ansprüche gemäß § 199 Absatz 2 BGB erst nach 30 Jahren eintritt.[1290]

4.7.2 Strafrechtliche Folgen

Die Verletzung der Informationspflicht zur Abwendung einer Gesundheitsgefahr kann zu einer Strafbarkeit wegen Körperverletzung durch Unterlassen führen, wenn durch das Nichterteilen der Information ein Körper- bzw. Gesundheitsschaden des Patienten auftritt. Nach der hier vertretenen Auffassung ergibt sich das jedoch nur für die tatsächlichen Umstände der bisherigen Behandlung. Der Behandelnde darf dabei auch solche Tatsachen nicht verschweigen, die bereits aus Laiensicht auf einen Behandlungsfehler hindeuten. Im Hinblick auf die Nichterteilung der Information zur medizinischen Bewertung der bisherigen Behandlung ist dagegen nicht ersichtlich, wie hierdurch weitere Gesundheitsschäden beim Patienten verursacht werden könnten.

4.7.2.1 Strafbarkeit wegen Betruges durch Unterlassen?

Fraglich ist, ob die Verletzung der Informationspflicht nach § 630c Abs. 2 Satz 2 BGB zu einer Strafbarkeit wegen Betruges durch Unterlassen (§§ 263 Abs. 1, 13 StGB) führen kann, wenn der Behandelnde die Informationserteilung zu den Umständen, die auf einen Behandlungsfehler hindeuten, unterlässt.[1291]

Dazu müsste die gesetzliche Informationspflicht nach § 630c Abs. 2 Satz 2 BGB zunächst eine Garantenpflicht des Behandelnden zur Abwendung des tatbestandlichen Erfolgseintritts begründen.

Entscheidend für die betrugsrelevante Garantenpflicht ist ihre Vermögensrelevanz.[1292] Den Täter muss im Rahmen eines spezifischen Verhältnisses zum Verfügenden eine Pflicht treffen, dessen falsche oder fehlende Vorstellungen über vermögensrelevante Tatsachen aufzuklären.[1293] Es muss damit ein Bezug zum von § 263 StGB geschützten Rechtsgut bestehen, zu dessen Bewahrung der

---

1290 Vgl. Regierungsentwurf, BT-Drs. 17/10488, S. 53.

1291 Dies bejahend: Hegerfeld, Ärztliche Aufklärungs- und Informationspflichten, S. 400; Jaeger, Patientenrechtegesetz, Rn 115.

1292 Hefendehl, in: MüKo-StGB, 3. Aufl., § 263, Rn. 181.

1293 BGHSt 39, 392, 398; BGH NStZ 2017, 531, 532; Fischer, StGB, § 263, Rn. 39; Perron, in: Schönke/Schröder, § 263, Rn. 19; Tiedemann, in: LK-StGB, 12. Aufl., § 263, Rn. 51.

Täter in besonderer Weise aufgerufen ist.[1294] Voraussetzung für die Annahme einer Garantenpflicht aus Gesetz ist damit also, dass die gesetzliche (außerstrafrechtliche) Aufklärungs- bzw. Informationspflicht dem Vermögensschutz dient.[1295]

Der Informationspflicht nach § 630c Abs. 2 Satz 2 BGB müsste damit, neben dem Schutz der Gesundheit des Patienten und der Gewährleistung der Vertrauensbeziehung im Arzt-Patient-Verhältnis, der Schutz des Vermögens des Patienten zukommen. Über das Fehlen von Hinweisen in den Gesetzesmaterialien hinaus, aus denen ein solcher Zweck abgeleitet werden kann, ist das jedoch bereits deshalb fraglich, weil es dem Behandlungsvertrag selbst schlichtweg an einem hinreichenden Bezug zum Vermögen des Patienten mangelt.[1296] Auch spricht die Gesetzessystematik unter Bezug auf die in der Rechtsprechung entwickelte eingeschränkte wirtschaftliche Aufklärungspflicht, die mit dem Patientenrechtegesetz in § 630c Abs. 3 BGB kodifiziert wurde, gegen die Annahme einer vermögensbezogenen Informationspflicht über Behandlungsfehler. Entsprechend unterliegt die Ableitung einer vermögensrelevanten Garantenpflicht aus der Informationspflicht des § 630c Abs. 2 Satz 2 BGB mangels Deckung im Wortlaut, der Gesetzeshistorie sowie der Gesetzessystematik erheblichen verfassungsrechtlichen Bedenken.

In Teilen der Literatur wird schon bezweifelt, ob überhaupt § 13 StGB dem verfassungsrechtlichen Bestimmtheitsgebot gerecht wird.[1297] Das *BVerfG* hat diese Zweifel an der Wahrung des Bestimmtheitsgrundsatzes insbesondere mit dem Argument, dass die Voraussetzungen der Strafbarkeit wegen Unterlassens durch eine jahrzehntelange Rechtsprechung hinreichend und in einer für den Bürger voraussehbaren Weise festgelegt seien, zurückgewiesen.[1298]

1294 Rechtsprechung und g. h. M. im Schrifttum sehen das Vermögen in seiner wirtschaftlichen Gesamtheit als vom Betrugstatbestand geschütztes Rechtsgut, RGSt 74, 168; BGHSt 3, 99; 16, 220, 221; 321, 325; 34, 199, 203; Fischer, StGB, § 263, Rn. 3; Hefendehl, in: MüKo-StGB, 3. Aufl., § 263, Rn. 1; Perron, in: Schönke/Schröder, § 263, Rn. 1/2.

1295 Tiedemann, in: LK-StGB, 12. Aufl., § 263, Rn. 51 m. w. N.

1296 Siehe oben unter 3.5.1.5, mit Nachweisen aus dem Schrifttum.

1297 Armin Kaufmann, Dogmatik der Unterlassungsdelikte, S. 280 ff; Köhler, Strafrecht AT, S. 213 f.; Otto, Grundkurs Strafrecht, § 9, Rn. 20 f; Schöne, Unterlassene Erfolgsabwendungen, S. 280, 342, 355; Schürmann Unterlassungsstrafbarkeit und Gesetzlichkeitsgrundsatz, S. 187 f; Seebode, in: FS Spendel, S. 317 ff., 342 ff.; Baumann/Weber/Mitsch/Eisele, Strafrecht AT, § 21, Rn. 43; Schünemann ZStW 96 (1984), S. 287, 303 f.; kritisch auch Weigend, in: LK-StGB, 13. Aufl., § 13, Rn. 18 ff. m. w. N.

1298 BVerfGE 96, 68, 97 f.; BVerfG, NJW 2003, 1030.

Jedoch fordert Art. 103 Abs. 2 GG auch nach ständiger Rechtsprechung des *BVerfG* im Strafrecht ein striktes Bestimmtheitsgebot.[1299] Damit soll einerseits gewährleistet werden, dass der Gesetzgeber selbst abstrakt-generell über die Strafbarkeit entscheidet. Art. 103 Abs. 2 GG beinhaltet also einen strengen Gesetzesvorbehalt, der es der vollziehenden und der rechtsprechenden Gewalt verwehrt, die normativen Voraussetzungen einer Bestrafung selbst festzulegen.[1300] Für den Gesetzgeber ergibt sich hieraus die „Verpflichtung, wesentliche Fragen der Strafwürdigkeit und Straffreiheit im demokratisch-parlamentarischen Willensbildungsprozess zu klären und die Voraussetzungen der Strafbarkeit so konkret zu umschreiben, dass Tragweite und Anwendungsbereich der Strafbarkeit zu erkennen sind und sich durch Auslegung ermitteln lassen."[1301] Zum anderen soll der Schutz des Normadressaten sichergestellt werden, indem dieser selbst vorsehen soll, welches Verhalten verboten und mit Strafe bedroht ist.[1302]

Die Tatbestandsmerkmale sind so konkret zu umreißen und genau zu bestimmen, dass Tragweite und Anwendungsbereich der Straftatbestände zu erkennen sind und sich durch Auslegung ermitteln lassen.[1303] Jedermann soll vorhersehen können, welches Handeln mit welcher Strafe bedroht ist, um sein Verhalten dementsprechend einrichten zu können. Auch innerhalb des möglichen Wortsinns darf die Auslegung nicht weiter gehen, als es Zweck und Sinnzusammenhang der Norm zulassen.[1304]

Der Gesetzgeber kann dabei Tatbestände auch so ausgestalten, dass zu ihrer Auslegung auf außerstrafrechtliche Vorschriften zurückgegriffen werden muss. Dies führt nach Ansicht des *BVerfG*, soweit es sich nicht um Normen zur Ausfüllung eines strafrechtlichen Blanketts handelt, jedoch nicht dazu, dass auch die betreffenden außerstrafrechtlichen Vorschriften am Bestimmtheitsgebot des Art. 103 Abs. 2 GG zu messen wären.[1305]

Zwar handelt es sich mit Blick auf den verfassungsrechtlich erforderlichen Maßstab für die Bestimmtheit des § 630c Abs. 2 Satz 2 BGB weder bei § 263 StGB noch § 13 StGB um eine echte (verweisende) Blankettvorschrift. Soweit allerdings aus gesetzlichen außerstrafrechtlichen Informationspflichten

1299 BVerfGE 14, 174, 185; 73, 206, 234; 75, 329, 340.
1300 BVerfGE 75, 329, 341 m.w. N.
1301 BVerfG, NJW 2010, 3209, 3210, Rn. 72.
1302 BVerfGE 75, 329, 341 m.w. N.
1303 BVerfGE 14, 245, 251; 25, 269, 285; 41, 314, 319; 50, 142, 164 f.
1304 BVerfGE 57, 250, 262.
1305 BVerfGE 78, 205, 213; BVerfG, NJW 2010, 3209, 3211.

straftatbegründende Garantenpflichten abgeleitet werden sollen, kann zum Schutz des Normadressaten und zur Gewährleistung des strengen Gesetzesvorbehalts im Strafrecht nicht anderes gelten, als bei Normen zur Ausfüllung strafrechtlicher Blanketts.

Mit Blick auf den Zweck der Informationspflicht des § 630c Abs. 2 Satz 2 BGB lässt sich weder aus dem Wortlaut noch aus den Gesetzesmaterialien ein vermögensschützender Regelungscharakter ableiten. Die Gesetzessystematik spricht mit Blick auf die eingeschränkte wirtschaftliche Aufklärungspflicht des § 630c Abs. 3 BGB sowie das allgemeine Verständnis vom Zweck des Behandlungsvertrages gegen die Annahme, dass die Informationspflicht auch dem Schutz des Vermögens des Patienten dienen soll.

Danach ist der Tatbestand des § 630c Abs. 2 Satz 2 BGB auch vor dem Hintergrund des Art. 103 Abs. 2 GG eng zu verstehen. Eine vermögensbezogene Information über einen Behandlungsfehler ist damit nicht erfasst. Der Behandelnde, der die Informationspflicht des § 630c Abs. 2 Satz 2 BGB verletzt, macht sich mithin nicht wegen Betrugs durch Unterlassen strafbar.

Kapitel 5 Das Beweisverbot in § 630c Abs. 2 Satz 3 BGB

5.1 Allgemeines

Mit § 630c Abs. 2 S. 3 BGB wurde eine Regelung aufgenommen, wonach, falls dem Behandelnden oder einem seiner in § 52 Absatz 1 der Strafprozessordnung bezeichneten Angehörigen ein Behandlungsfehler unterlaufen ist, die Information nach § 630c Abs. 2 Satz 2 zu Beweiszwecken in einem gegen den Behandelnden oder gegen seinen Angehörigen geführten Straf- oder Bußgeldverfahren nur mit Zustimmung des Behandelnden verwendet werden darf. Nach dem Willen des Gesetzgebers soll damit dem nemo-tenetur-Grundsatz Rechnung getragen und überdies gewährleistet werden, dass dem Behandelnden durch die Offenbarung eigener Fehler keine unmittelbaren straf- oder ordnungswidrigkeitenrechtlichen Nachteile entstehen.[1306] Die nach der Gesetzesbegründung wegen des Grundsatzes des fairen Verfahrens erforderliche Ausdehnung des Anwendungsbereichs des § 630c Abs. 2 Satz 3 auf Angehörige des Behandelnden geht auf eine Änderung durch den Ausschuss für Gesundheit des Deutschen Bundestages im parlamentarischen Verfahren zum Patientenrechtegesetz zurück.[1307] § 630c Abs. 2 Satz 3 BGB normiert damit ein Beweisverbot, dessen konkrete Einordnung als Beweisverwertungsverbot oder Verwendungsverbot und Reichweite umstritten ist.

5.2 Grundlagen zu Beweisverboten

Der von *Beling* geprägte Begriff „Beweisverbot“[1308] wird üblicherweise als Oberbegriff zur Bezeichnung der Schranken verwendet, die im Strafprozess der Gewinnung und Verwertung von Beweisen gesetzt sind.[1309] Es handelt sich dabei um das Verbot ein nicht zugelassenes oder ein zugelassenes Beweismittel in rechtswidriger Weise zu benutzen.[1310]

1306 Regierungsentwurf, BT-Drs. 17/10488, S. 22.

1307 Beschlussfassung, BT-Drs. 17/11710, S. 28.

1308 Beling, Die Beweisverbote als Grenzen der Wahrheitserforschung im Strafprozess, 1903 (Neudruck 1968).

1309 Fischer, in: KK-StPO, Einl., Rn. 313; Küpper, JZ 1990, 416; Gössel, in: LR-StPO, 27. Aufl., Einl. L., Rn. 2, 9; Meyer-Goßner, StPO, Einl., Rn. 50.

1310 Roxin/Schünemann, § 24, Rn. 13.

Beweisverbote dienen der Wahrung verfassungsmäßig geschützter Rechtsgüter und Interessen, insbesondere der Menschenwürde und der freien Entfaltung der Persönlichkeit und beschränken damit das Strafverfolgungsinteresse des Staates. Sie können zur Folge haben, dass „wichtige, unter Umständen die einzigen Mittel zur Aufklärung von Straftaten unbenutzt bleiben“[1311]. Dies ist jedoch hinzunehmen, denn die StPO kennt – wie der *BGH* in ständiger Rechtsprechung betont[1312] – keinen Grundsatz der Wahrheitserforschung um jeden Preis.[1313] Der Abwehr von Gefahren für die Wahrheitsfindung und der Disziplinierung der Strafverfolgungsbehörden kommt – anders als im angloamerikanischen Raum, der auch im Strafverfahren von einem Parteienprozess geprägt ist – höchstens eine Nebenfunktion zu.[1314]

Beweisverbote und ihr Umfang ergeben sich nicht ausschließlich aus einfachgesetzlichen Regelungen wie der StPO, sondern können ferner unmittelbar aus der Verfassung abgeleitet werden.[1315] Trotz erheblicher Bemühungen in der Literatur und Rechtsprechung konnte sich eine einheitliche Terminologie und eine allgemein anerkannte Beweisverbotslehre bisher nicht herausbilden.[1316]

Die Beweisverbote können in Beweiserhebungsverbote (Beweisgewinnungsverbote, Beweisverfahrensverbote oder auch „Beweisverbote“) und Beweisverwertungsverbote (auch nur Verwertungsverbote) unterteilt werden.[1317] Teils werden auch die Verwendungsverbote unmittelbar dem Oberbegriff der Beweisverbote zugeordnet.[1318]

5.2.1 Beweiserhebungsverbote

Die Beweiserhebungsverbote können weiter in Beweisthema- oder Beweistatsachenverbote, Beweismittel- und Beweismethodenverbote unterteilt werden:[1319] Beweisthemaverbote lassen bestimmte Sachverhalte als Gegenstand

1311 BGHSt 14, 358, 365.
1312 BGHSt 14, 358, 365; 31, 309.
1313 Beulke, Strafprozessrecht, Rn. 454; Gössel, in: LR-StPO, 27. Auflage, Einl. L., Rn. 9; Meyer-Goßner, StPO, Einl., Rn. 50; Roxin/Schünemann, § 24, Rn. 19.
1314 Beulke, Strafprozessrecht, Rn. 454.
1315 Fischer, in: KK-StPO, Einl., Rn. 313.
1316 Meyer-Goßner, StPO, Einl., Rn. 55a; Roxin/Schünemann, § 24, Rn. 14.
1317 Fischer, in: KK-StPO, Einl., Rn. 313; krit. Gössel, in: LR-StPO, 27. Aufl., Einl. L, Rn. 201.
1318 Roxin/Schünemann, § 24, Rn. 14.
1319 Beulke, Strafprozessrecht, Rn. 455; Fischer, in: KK-StPO, Einl., Rn. 314; Meyer-Goßner, StPO, Einl., Rn. 51; Roxin/Schünemann, § 24, Rn. 15.

der strafprozessualen Beweiswürdigung ausscheiden. Beispiele hierfür sind § 43 DRiG, § 190 Satz 2 StGB, § 51 Abs. 1 BZRG.[1320] Durch ein Beweismittelverbot wird die Nutzung eines bestimmten Beweismittels zum Nachweis einer Beweistatsache untersagt. Sie folgen insbesondere aus den die Aussage- und Untersuchungsverweigerungsrechte begründenden Vorschriften der StPO, wie §§ 52, 53, 55, 81c, 136, 243 Abs. 5.[1321] Beweismethodenverbote führen zum Ausschluss einer bestimmten Art und Weise der Beweisgewinnung. Als Musterbeispiel gilt § 136a StPO, welcher über § 69 Abs. 3 auch für Zeugen und § 72 StPO für Sachverständige anwendbar ist.[1322]

Ferner werden auch sogenannte relative Beweisverbote den Beweiserhebungsverboten zugeordnet. Diesen unterfallen beispielsweise der Arztvorbehalt in § 81a StPO sowie der Richtervorbehalt in §§ 98, 100, 105, 111e, 111n StPO.[1323]

5.2.2 Beweisverwertungsverbote

Beweisverwertungsverbote – oder sprachlich auch nur Verwertungsverbote – führen zum Ausschluss bestimmter Beweisergebnisse.[1324] Diese dürfen für die Urteilsfindung nicht herangezogen werden[1325] und beschränken damit den Grundsatz der umfassenden Beweiswürdigung des § 261 StPO.[1326]

Beweisverwertungsverbote können aus Verstößen gegen Beweiserhebungsverbote resultieren (sogenannte unselbstständige Beweisverwertungsverbote).[1327] Jedoch führt nach der Rechtsprechung und herrschender Lehre nicht jede fehlerhafte Beweiserhebung zu einem Verwertungsverbot; die Frage unterliegt vielmehr der Einzelfallbetrachtung.[1328]

1320 Bader, in: KK-StPO, Vor §§ 48 71, Rn. 23; Beulke, Strafprozessrecht, Rn. 455; Kudlich, in: MüKo-StPO, Einl. 441; Volk/Engländer, 8. Aufl., § 28, Rn. 1.

1321 Bader, in: KK-StPO, Vor §§ 48-71, Rn. 24; Roxin/Schünemann, § 24, Rn. 17.

1322 Bader, in: KK-StPO, Vor §§ 48-71, Rn. 25; Roxin/Schünemann, § 24, Rn. 17.

1323 Bader, in: KK-StPO, Vor §§ 48-71, Rn. 25; Roxin/Schünemann, § 24, Rn. 17.

1324 Beulke, Strafprozessrecht, Rn. 455; Meyer-Goßner, StPO, Einl., Rn. 55.

1325 Bader, in: KK-StPO, Vor §§ 48-71, Rn. 27; Meyer-Goßner, StPO, Einl., Rn. 55.

1326 BGHSt 29, 109, 110; 28, 122, 128; 27, 355, 357; 31, 296; 31, 304; Bader, in: KK-StPO, Vor §§ 48-71, Rn. 27; Beulke, Strafprozessrecht, Rn. 454 f.

1327 Beulke, Strafprozessrecht, Rn. 457; Volk/Engländer, § 28, Rn. 4.

1328 BGHSt 19, 325, 331; 38, 372, 373; Beulke, Strafprozessrecht, Rn. 457; Meyer-Goßner, StPO, Einl., Rn. 55.

Andererseits kann ein Beweisverwertungsverbot trotz rechtsfehlerfreier Beweiserhebung bestehen (sogenannte selbstständige Beweisverwertungsverbote).[1329] Solche selbstständigen Beweisverwertungsverbote knüpfen nicht an die Art der Maßnahme zur Beweisgewinnung und an deren Rechtmäßigkeit, sondern die Wirkung der Verwertung des Beweismittels auf den Betroffenen als unmittelbaren Eingriff in dessen verfassungsrechtlich geschützte Güter und Interessen, vor allem das Persönlichkeitsrecht.[1330]

Beweisverwertungsverbote können sich aus einfachgesetzlichen Vorschriften ergeben (beispielhaft: § 51 Abs. 1 BZRG; § 136a StPO, § 393 Abs. 2 AO) oder unmittelbar aus den Grundrechten abgeleitet werden.[1331] Nach der Rechtsprechung stellt jedoch ein aus der Verfassung abgeleitetes Beweisverwertungsverbot eine begründungsbedürftige Ausnahme dar.[1332] In der Rechtsprechung und Lehre werden zur Annahme solcher verfassungsrechtlicher Verwertungsverbote unterschiedliche – teils sehr divergierende – Auffassungen vertreten.[1333] Nach der sog. „Schutzzwecklehre“[1334] wird für das Eintreten eines Verwertungsverbotes auf den Schutzzweck der verletzten Norm abgestellt.[1335] Dagegen will die „Lehre vom informationellen Folgenbeseitigungs- und Unterlassungsanspruch“[1336] durch ein Verwertungsverbot verhindern, dass durch eine Verwertung rechtswidrig gewonnener Beweise eine neuerliche Verletzung des Rechts auf informationelle Selbstbestimmung erfolgt und erblickt im Beweisverwertungsverbot ein Mittel zur Beseitigung einer rechtswidrigen Informationslage.[1337] Die auch von der Rechtsprechung vertretene „Abwägungslehre“ stellt auf den Einzelfall unter Berücksichtigung der Sachlage und Art des Verbotes

---

1329 Bader, in: KK_StPO, Vor §§ 48-71, Rn. 27; Küpper, JZ 1990, 416; Volk/Engländer, § 28, Rn. 5.

1330 Vgl. Volk/Engländer, § 28, Rn. 37.

1331 Meyer-Goßner, StPO, Einl., Rn. 55 f.

1332 BVerfG, NJW 2010, 287; 2937, 2938; BGHSt 56, 127; a. A. Dallmeyer, HRRS 09, 429 der jedenfalls für rechtswidrig gewonnene Beweismittel ein Begründungserfordernis für eine Verwertung fordert.

1333 Gössel, in: LR-StPO, 27. Aufl., Einl. L, Rn. 76-130; Meyer-Goßner, StPO, Einl., Rn. 55a.

1334 vgl. Meyer-Goßner, StPO, Einl., Rn. 55a.

1335 Rogall, JZ 1996, 944, 947; ders., in: FS Grünwald, S. 523 ff.

1336 vgl. Meyer-Goßner, StPO, Einl., Rn. 55a.

1337 Riepl, Informationelle Selbstbestimmung im Strafverfahren, S. 289 ff.; Singelnstein, in: FS Eisenberg, S. 643, 649 ff., 655; ders., ZStW 120 (2008), 854, 868 ff.; Störmer, Dogmatische Grundlagen der Verwertungsverbote, S. 212 ff.

ab.[1338] Im Rahmen von Beweiserhebungsverboten, die dem Schutz des Staates (§§ 54, 96 StPO) oder dritter Personen dienen (§§ 55, 81c StPO), greift der *BGH* auf die von ihm entwickelte „Rechtskreistheorie" zurück.[1339] Im Übrigen findet eine Abwägung zwischen dem Interesse des Staates an einer effektiven Strafverfolgung und Tataufklärung gegen die grundrechtlich geschützten Rechte und Interessen des beschuldigten Bürgers statt.[1340]

Das Verwertungsverbot führt nicht zu einem abstrakten Verbot der Beweiswürdigung, sondern nur in Bezug zu einem bestimmten Verfahrensbeteiligten – regelmäßig des Beschuldigten.[1341] Denn Urteilsfindung und Beweiswürdigung haben notwendigerweise Bezug zu einer bestimmten Person; weshalb diese nicht absolut, losgelöst von konkret betroffenen Verfahrensbeteiligten beurteilt werden können.

Ob Verwertungsverbote die Beweiswürdigung nicht nur zum Nachteil, sondern auch zum Vorteil des Beschuldigten ausschließen, ist in Literatur und Rechtsprechung umstritten und wird kontrovers diskutiert.[1342] Zum Teil wird im Schrifttum vertreten, Beweisverbote gelten grundsätzlich gleichermaßen für Entlastungs- wie Belastungsbeweise.[1343] Eine Aufteilung nach „günstigen" und „nachteiligen" Elementen sei „verstandesmäßig und psychologisch nicht durchführbar".[1344]

Zunehmend wird jedoch die Auffassung vertreten, wonach die Wirkung von Beweisverboten lediglich auf belastende Sachverhalte zu beschränken sei, die Beweiswürdigung also nur zum Nachteil des Beteiligten verboten ist.[1345] Entlastende Umstände trotz eines Verwertungsverbotes zu würdigen, setze allerdings eine Trennbarkeit der entlastenden von den belastenden Umständen voraus. Fehle es an dieser Trennbarkeit, entscheide eine gesamtbetrachtende Würdigung darüber, ob der Schuld- oder Strafausspruch den Beschuldigten bei Nichtbeachtung des Verwertungsverbotes weniger belastet.[1346]

1338 vgl. Meyer-Goßner, StPO, Einl., Rn. 55a mit Nachweisen aus der Rechtsprechung.

1339 BGHSt 1, 39; 11, 213.

1340 BGHSt 52, 110; Rogall, NStZ 1988, 385 ff; ders., ZStW 91 (1979), 1, 31 ff; vgl. Meyer-Goßner, StPO, Einl., Rn. 55a.

1341 Gössel, in: LR-StPO, 27. Aufl., Einl. L., Rn. 32, Meyer-Goßner, StPO, Einl., Rn. 57b.

1342 Gössel, in: LR-StPO, 27. Aufl., Einl. L, Rn. 34.

1343 Kleinknecht, NJW 1966, 1537, 1543; Meyer-Goßner, StPO, Einl., Rn. 55a m. w. N.; a. A. Rogall, ZStW 91 (1979), 1, 38.

1344 Kleinknecht, NJW 1966, 1537, 1543.

1345 Gössel, in: LR-StPO, 27. Aufl., Einl. L, Rn. 34; Rogall, ZStW 91 (1979), 1, 38.

1346 Gössel, in: LR-StPO, 27. Aufl., Einl. L., Rn. 36.

Die sachliche Reichweite von Beweisverwertungsverboten ist noch immer umstritten. So wird unter dem Problem der Früh- bzw. Vorauswirkung diskutiert, ob Tatsachen, die einem Beweisverwertungsverbot unterfallen, zur Begründung eines Anfangsverdachts oder dringenden Tatverdachts und damit zur Begründung von Ermittlungsmaßnahmen oder auch als sog. Spurenansatz herangezogen werden dürfen.[1347]

Darüber hinaus wird die Frage der Verwertbarkeit von Beweismitteln, deren Existenz den Ermittlungsbehörden nur durch die Nutzung von Beweisen bekannt geworden ist, die einem Beweisverwertungsverbot unterfallen, in Rechtsprechung und Schrifttum unter dem Begriff der Fernwirkung kontrovers diskutiert.[1348] Die Rechtsprechung lehnt eine Fernwirkung im Grundsatz ab und differenziert im Übrigen nach der Sachlage und der Art des Verbotes.[1349] Für das Beweisverwertungsverbot nach dem Artikel 10-Gesetz hat der *BGH* eine Fernwirkung angenommen.[1350]

5.2.3 Verwendungsverbote

5.2.3.1 Begriff und Abgrenzung

Der Begriff „Verwendungsverbot" bezeichnet eine Kategorie, welche der Gesetzgeber im Anschluss an die Terminologie des Bundesdatenschutzgesetzes geschaffen hat.[1351] Innerhalb der Strafprozessordnung werden die §§ 81g Abs. 2, 100d Abs. 5, 160a Abs. 1 Satz 2, 161 Abs. 2 und 3 sowie 477 Abs. 2 StPO den Verwendungsverboten zugeordnet.[1352] Außerhalb der Strafprozessordnung enthalten beispielsweise § 393 Abs. 2 AO, § 97 Abs. 1 Satz 3 InsO und § 4j Abs. 1, 2 und 3 BFStrMG Verwendungsverbote.[1353]

Die Abgrenzung der Verwendungs- von den Verwertungsverboten ist im Schrifttum noch immer umstritten. Die Begriffe „Verwendung" und „Verwertung" lassen sich semantisch nicht eindeutig unterscheiden. Begrifflich schließt

---

1347 Beulke, in: LR-StPO, 26. Aufl., §152, Rn. 26; Hengstenberg, Die Frühwirkung der Verwertungsverbote, 119 ff, 128 f.

1348 Beulke, in: LR-StPO, 26. Aufl., § 152, Rn. 27; Gössel, in: LR-StPO, 27. Aufl., Einl. L., Rn. 171 ff. mit umfangreicher Übersicht zum Disskussionsstand in Schrifttum und Rechtsprechung.

1349 BGHSt 27, 355, 357; 29, 244, 249; 32, 68, 71; 34, 362, 364; 51, 1, 8.

1350 BGH 29, 244.

1351 Gössel, in: LR-StPO, 27. Aufl., Einl. L., Rn. 26.

1352 Gössel, in: LR-StPO, 27. Aufl., Einl. L., Rn. 27.

1353 Gössel, in: LR-StPO, 27. Aufl., Einl. L., Rn. 28.

Verwendung die Verwertung mit ein. Verwertung setzt Verwendung voraus.[1354] Die beiden Begriffe, Verwendungs- und Verwertungsverbot, ließen sich jedoch nicht gleichsetzen. So verweist beispielsweise *Gössel* zur Klärung des Begriffs „Verwendung" auf das Datenschutzrecht.[1355] Nach der bis zum 24. Mai 2018 geltenden Fassung des § 3 Abs. 5 BDSG[1356] wurden unter dem Begriff „Verwendung" die Begriffe „Nutzen" und „Verarbeiten" zusammengefasst: „Verarbeiten" war nach § 3 Abs. 4 BDSG (2003) das Speichern, Verändern, Übermitteln, Sperren und Löschen von personenbezogenen Daten, während „Nutzen" nach § 3 Abs. 5 BDSG (2003) alle übrigen Verwendungen personenbezogener Daten erfasste.[1358] Der Begriff des (Beweis-) Verwertungsverbotes sei dagegen ausschließlich eine Begrifflichkeit des Strafverfahrensrechts und bedeute das Verbot im Strafverfahren bestimmte Tatsachen oder Sachverhalte, unabhängig davon ob sie innerhalb oder außerhalb des Strafverfahrens erlangt worden sind, zum Gegenstand der Beweiswürdigung und so zur Grundlage von Entscheidungen von Strafverfolgungsbehörden zu machen.[1359] Damit erfasse der Begriff des „Verwendungsverbotes" über den Begriff des „Verwertungsverbotes" hinaus auch Verbote zur sonstigen Nutzung dieser Tatsachen oder Sachverhalte.[1360] Verwertung sei daher als ein Unterbegriff zum Oberbegriff der Verwendung zu

1354 Gössel, in: LR-StPO, 27. Aufl., Einl. L, Rn. 29.

1355 Gössel, in: LR-StPO, 27. Aufl., Einl. L, Rn. 30.

1356 Bundesdatenschutzgesetz (BDSG 2003) in der Fassung der Bekanntmachung vom 14. Januar 2003 (BGBl. I. S. 66 ff).

1357 Durch das am 25. Mai 2018 in Kraft getretene Datenschutzanpassungs- und Umsetzungsgesetz (DSAnpUmsG) vom 30.6.2017 (BGBl. I S. 2097) hat das BDSG eine Neukonzption erfahren, die aufgrund der Anpassung an die unmittelbar geltende Verordnung (EU) 2016/679 zum Schutz natürlicher Personen bei der Verarbeitung personenbezogener Daten, zum freien Datenverkehr und zur Aufhebung der Richtlinie 95/46/EG (Datenschutz-Grundverordnung, kurz: DS-GVO) und Umsetzung der Richtlinie (EU) 2016/680 zum Schutz natürlicher Personen bei der Verarbeitung personenbezogener Daten durch die zuständigen Behörden zum Zwecke der Verhütung, Ermittlung, Aufdeckung oder Verfolgung von Straftaten oder der Strafvollstreckung sowie zum freien Datenverkehr und zur Aufhebung des Rahmenbeschlusses 2008/977/JI des Rates (kurz: JI-Richtlinie) erforderlich wurde.

1358 Nach der Begriffsbestimmung in Art. 4 Satz 1 Nr. 2 DS-GVO wird nunmehr der Begriff „Verwendung" dem Begriff der „Verarbeitung" untergeordnet und gleichrangig mit dem Erheben, Offenlegen durch Übermittlung, Löschen und der Vernichtung persondenbezogender Daten genannt.

1359 Gössel, in: LR-StPO, 27. Aufl., Einl. L, Rn. 30.

1360 Gössel, in: LR-StPO, 27. Aufl., Einl. L, Rn. 30; Meyer-Goßner, StPO, Einl., Rn. 57d.

verstehen und ermöglicht es einige strafrechtliche Verwendungsverbote zugleich als Verwertungsverbote zu behandeln.[1361] Wobei darauf hingewiesen wird, dass hiermit keinesfalls eine Absolutheit verbunden ist.[1362] Der Gesetzgeber selbst hat bis heute zu einer hinreichenden Bestimmtheit der Begrifflichkeiten des Verwendungs- und des Verwertungsverbotes wenig beigetragen. So nutzte der Gesetzgeber bereits im Jahr 1967 bei Schaffung des § 428 Absatz 2 RAO durch das Gesetz zur Änderung strafrechtlicher Vorschriften der Reichsabgabenordnung und anderer Gesetze vom 10. August 1967[1363], der Vorläuferregelung zu § 393 Abs. 2 AO, den Wortlaut „verwendet werden". Diese Regelung sollte nach der Gesetzesbegründung dem Schutz des Steuergeheimnisses im Strafverfahren dienen und gewährleisten, dass „die von einem Steuerpflichtigen im Besteuerungsverfahren dem Finanzamt im Vertrauen auf das Steuergeheimnis pflichtgemäß offenbarten Tatsachen und Unterlagen nicht gegen ihn für die Verfolgung einer Tat verwendet werden, die kein Steuerstrafgesetz verletzt."[1364] Der Gesetzgeber bezeichnete diese Vorschrift begrifflich jedoch als Verwertungsverbot.[1366] Diese Begrifflichkeit setzte sich mit Blick auf die Nachfolgeregelung fort. So sprach die Begründung des Regierungsentwurfs der Abgabenordnung (1974) zu § 377 Abs. 2 Satz 1 AO, der den Wortlaut „verwandt werden" enthielt, davon, den Schutz „vor der Verwertung zur Verfolgung einer Tat" zu gewährleisten.[1367] Während der Wortlaut im Entwurf der Abgabenordnung (1977) im parlamentarischen Verfahren in „verwendet werden" sowie der Standort der Norm geändert wurde,[1368] sprach auch der Bericht und Antrag des federführenden Finanzausschusses davon, dass sich „§ 393 Abs. 2 mit der Frage [befasst], in

1361 Dencker, in: FS Meyer-Goßner, S. 237, 254; Eder, Beweisverbote, S. 44; Gössel, in: LR-StPO, 27. Aufl., Einl. L, Rn. 30.

1362 Ambos, Beweisverwertungsverbote, S. 24; Gössel, in: LR-StPO, 27. Aufl., Einl. L., Rn. 30.

1363 BGBl. I 1967, S. 877 f.

1364 Begründung zu § 418 RAO-Entwurfsfassung, BT-Drs. V/1812, S. 32.

1365 Wobei gem. § 428 Absatz 2 Satz 2 u. 3 RAO das Verbot in Satz 1 bei Verbrechen und Vergehen gegen Leib und Leben sowie Verbrechen und schwerwiegenden Vergehen gegen den Staat und seine Einrichtungen nicht galt.

1366 BT-Drs. V/1941, S. 2.

1367 BT-Drs. 6/1982, S. 198 f.

1368 Der Entwurf der Abgabenordnung (1974) fiel der Diskontinuität zum Opfer und wurde durch die damaligen Regierungsfraktionen SPD und FDP in der 7. Legislaturperiode des Deutschen Bundestages ohne Veränderungen wieder in den Bundestag eingebracht, BT-Drs. 7/79, S. 1, 93.

welchem Umfang derartige Tatsachen oder Beweismittel, die dem Gericht oder der Staatsanwaltschaft im Rahmen eines Steuerstrafverfahrens aus den Steuerakten bekanntgeworden sind, zur Durchführung eines nichtsteuerlichen Strafverfahrens verwertet werden dürfen."[1369] Die Terminologie Verwendungsverbot nutzte der Gesetzgeber dagegen weder in Bezug auf § 393 Abs. 2 AO noch die Vorläuferregelung § 428 Abs. 2 RAO.

Im Gesetzgebungsverfahren zur Insolvenzordnung, die das Konkurs- und Vergleichsrecht ersetzte, enthielt der Regierungsentwurfs aus dem Jahr 1992 mit Blick auf den heutigen § 97 Abs. 1 Satz 3 InsO – dort § 109 InsO-E – noch den Wortlaut „verwertet werden".[1370] Die in § 97 Abs. 1 InsO enthaltene Auskunftspflicht ist in Anlehnung an § 100 KO geregelt. Im Anschluss an den Gemeinschuldnerbeschluss des *BVerfG*[1371] wird darüber hinaus gesetzlich klargestellt, dass sich „die Auskunftspflicht auch auf Tatsachen erstreckt, die den Schuldner der Gefahr einer Strafverfolgung aussetzen", aber „insoweit allerdings ein Verbot besteht, die Auskunft ohne Zustimmung des Schuldners im Strafverfahren zu verwerten." Im Übrigen stellt die Gesetzesbegründung klar, dass „[n]ach dem Sinn dieses Verbots […] auch solche Tatsachen nicht verwertet werden [dürfen], zu denen die Auskunft den Weg gewiesen hat."[1372] Diese Begründung kann überhaupt nur so verstanden werden, dass der Gesetzgeber ein strafrechtliches Verwertungsverbot intendierte, welches bereits die Verwertung der Auskunft als Spurenansatz ausschließt. Im parlamentarischen Verfahren wurde das Wort „verwertet" durch das Wort „verwendet" ersetzt. Diese Ersetzung geht auf ein Anliegen des Bundesdatenschutzbeauftragten zurück und sollte ausweislich der Begründung in der Beschlussempfehlung zwei Jahre nach Einbringung des Regierungsentwurfs in den Deutschen Bundestag zum Ausdruck bringen, dass „eine Auskunft des Schuldners ohne dessen Zustimmung auch nicht als Ansatz für weitere Ermittlungen dienen darf."[1373] Es handelte sich mithin – anders als in der Literatur zuweilen behauptet[1374] – lediglich um eine klarstellende Formulierung ohne nach dem Willen des Gesetzgebers die Reichweite des Beweisverbotes gegenüber dem Regierungsentwurf auszudehnen. Der Begriff

1369 BT-Drs. 7/4292, S. 6.
1370 BT-Drs. 12/2443, S. 25.
1371 BVerfGE 56, 37.
1372 BT-Drs. 12/2443, S. 141.
1373 BT-Drs. 12/7302, S. 166.
1374 So beispielsweise Bittmann/Rudolph, wistra 2001, 81, 82 ohne konkrete Bezugnahme auf die Gesetzesmaterialien.

„Verwendungsverbot" wird auch in Bezug auf den § 97 Abs. 1 Satz 3 InsO in der Gesetzesbegründung nicht genannt. Begrifflich nutzt der Gesetzgeber „verwenden" und „verwerten" zuweilen synonymisch. Insgesamt wird damit deutlich, dass danach eine hinreichend nachvollziehbare Systematik und Terminologie gerade in Bezug auf mit außerstrafrechtlichen Informationspflichten verknüpfte Beweisverbote seitens des Gesetzgebers nicht geschaffen wurde. Verwendungsverbote als eigenständige Kategorie strafrechtlicher Beweisverbote zu sehen, überzeugte daher überhaupt nur dann, wenn sich diese mit Blick auf ihre sachliche Reichweite bzw. Umfang im Strafprozessrecht von den Verwertungsverboten trennscharf abgrenzen ließen.

5.2.3.2 Reichweite und Umfang der Verwendungsverbote

Die sachliche Reichweite der Verwendungsverbote ist unterdessen insgesamt umstritten. Zuweilen wird vertreten, sie stünden bereits der Einleitung eines Strafverfahrens entgegen.[1375] Eine einheitliche Aussage für die unterschiedlichen Verwendungsverbote innerhalb und außerhalb der Strafprozessordnung lässt sich jedoch schwerlich treffen, wenn nicht die entsprechenden Wortlaute der jeweiligen Vorschriften und die hierauf bezogenen Gesetzesmaterialien völlig außer Acht gelassen werden. Dies zeigt bereits eine vergleichende Betrachtung einer Vielzahl der Regelungen in der Strafprozessordnung. Mit dem Gesetz zur Neuregelung der Telekommunikationsüberwachung und anderer verdeckter Ermittlungsmaßnahmen sowie zur Umsetzung der Richtlinie 2006/24/EG vom 21. Dezember 2007[1376] hat der Gesetzgeber in der 16. Legislaturperiode des Deutschen Bundestages unter anderem die §§ 160a und 161 Abs. 2 StPO eingefügt und den § 477 Abs. 2 StPO neu gefasst. Der mit diesem Gesetz in die Verwendungsverbote §§ 161 Abs. 2 sowie 477 Abs. 2 StPO aufgenommene Wortlaut „zu Beweiszwecken" stellt nach der Gesetzesbegründung klar, dass die Beschränkungen nur „im Rahmen der Beweisaufnahme in der Hauptverhandlung" gelten, dagegen eine Verwendung als „weiterer Ermittlungsansatz (Spurenansatz)" nicht betroffen ist.[1377] Dies dürfte wegen des entsprechenden Wortlauts „zu Beweiszwecken" auch für den als strafrechtliches Beweisverwertungsverbot eingeordneten § 160a Abs. 2 StPO gelten.[1378] Im Vergleich hierzu wurde mit

1375 Rogall, JZ 2008, 818, 828.

1376 BGBl. I (2007), S. 3198 ff.

1377 BT-Drs. 16/5846, S. 64, 66.

1378 Erb, in: LR-StPO, 26. Aufl., § 160a-Nachtr., Rn. 39; Kölbel, in: MüKo-StPO, § 160a, Rn. 14, 22.

dem ebenfalls eingefügten § 160a Abs. 1 StPO ein absolutes, „mithin nicht von Erwägungen zur Verhältnismäßigkeit im Einzelfall" abhängiges „Beweiserhebungs- und -verwertungsverbot für Erkenntnisse geschaffen, die vom Zeugnisverweigerungsrecht der Geistlichen (in ihrer Eigenschaft als Seelsorger), Verteidiger und Abgeordneten (§ 53 Abs. 1 Satz 1 Nr. 1, 2 und 4 StPO) umfasst sind", wenn diese nicht selbst verstrickt sind.[1379] § 160a Abs. 1 Satz 2 StPO untersagt damit den Gebrauch der Erkenntnisse zur Verdachtsbegründung, als Spurenansatz und als Beweismittel.[1380] Zusätzlich flankiert wird dieser in der Gesetzesbegründung durchgehend als Verwertungsverbot bezeichnete Satz 2 durch die in Satz 3 enthaltene Verpflichtung, durch einen unzulässigen Eingriff erlangte Erkenntnisse unverzüglich zu löschen. Damit soll nach der Gesetzesbegründung einer „etwaigen Perpetuierung der Verletzung des Erhebungsverbots nach Satz 1 vorgebeugt und die Einhaltung des Verwertungsverbots nach Satz 2 abgesichert" werden.[1381] Obschon allen diesen im Schrifttum als Verwendungsverbot eingeordneten Beweisverboten der Strafprozessordnung der Wortlaut „verwendet" gemein ist, unterscheiden sich ihr Umfang bzw. ihre sachliche Reichweite im Strafverfahren also offenkundig immens.

Auch der Blick auf die Beweisverbote außerhalb der StPO bestätigt dieses Bild. So regelt § 393 Abs. 2 AO dem Wortlaut nach ein Verwendungsverbot,[1382] dessen Bestehen daran geknüpft ist, dass es sich zum einen nicht um eine Steuerstraftat handelt[1383] und zum anderen kein zwingendes öffentliches Interesse im Sinne des § 30 Abs. 4 Satz 5 AO an der Verfolgung dieser Straftat vorhanden ist. Die sachliche Reichweite dieses Verwendungsverbotes im Strafverfahren ist umstritten. Teile des Schrifttums sehen unter Verweis auf Entscheidungen des *BVerfG*[1384] sowie des *BGH*[1385] in § 393 Abs. 2 AO ein „begrenztes strafrechtliches Verwertungsverbot", offenbarte Tatsachen und Beweismittel zu Beweiszwecken

1379 BT-Drs. 16/5846, S. 35, dort noch als § 53b-Entwurfsfassung.

1380 Kölbel, in: MüKo-StPO, § 160a, Rn. 14.

1381 BT-Drs. 16/5846, S. 35 f., dort noch als § 53b-Entwurfsfassung.

1382 So auch: Jäger, in: Klein, AO, § 393, Rn. 45; Pflaum, in: MüKo-StPO, § 393 AO, Rn. 43; BGHSt 49, 136.

1383 Der mitberatende Rechtsausschuss des Deutschen Bundestages hatte in seiner Stellungnahme vorgeschlagen, § 393 AO dahingehend zu ergänzen, dass Erkenntnisse aus dem Besteuerungsverfahren auch im Steuerstrafverfahren nicht verwendet werden dürfen (BT-Drs. 7/4292, S. 9), konnte sich hiermit aber nicht durchsetzen.

1384 BVerfGE 56, 37, 47.

1385 BGHSt 49, 136.

zu nutzen und lehnen eine Früh- und Fernwirkung ab.[1386] Demgegenüber wird § 393 Abs. 2 AO eine weitgehende Wirkung beigemessen, die ein von Amts wegen zu beachtendes „Verbot der Heranziehung von auf erzwungenen oder erzwingbaren Angaben des Steuerpflichtigen zurückgehenden Informationen als Spurenansatz“ umfasst.[1387] Teilweise wird die Frage, ob der Regelung auch eine Fernwirkung zukommt, von der Frage der Frühwirkung, also insbesondere der Nutzung von offenbarten Tatsachen und Beweismitteln als Spurenansatz, getrennt. Danach müsse bei einem Verstoß gegen das Verwendungsverbot nach allgemeinen strafprozessrechtlichen Grundsätzen einzelfallbezogen beurteilt werden, ob hiervon auch eine Fernwirkung ausgeht.[1388] Die Ansicht, die ein umfassendes Beweisverbot im Strafverfahren sieht, kann sich zum einen auf den Wortlaut des § 393 Abs. 2 Satz 1 AO stützen, wonach die erlangten Kenntnisse nicht „für die Verfolgung einer Tat“ verwendet werden dürfen und zum anderen auf die Gesetzesbegründung, wonach die Vorschrift vor der „Verwertung zur Verfolgung“ schützen soll.[1389]

Auch die Reichweite des Verwendungsverbotes aus § 97 Abs. 1 Satz 3 InsO ist umstritten. Das gilt insbesondere hinsichtlich der Fragen, ob das Verwendungsverbot der Einleitung eines Strafverfahrens entgegensteht und diesem eine Fernwirkung zukommt.[1390] Im Hinblick auf die Einleitung eines Strafverfahrens wird vertreten, § 97 Abs. 1 Satz 3 InsO verbiete es nicht aus den Auskünften einen Anfangsverdacht zu schöpfen, weil insoweit nach dem Wortlaut ein Verwendungsverbot im Strafverfahren bestehe und gerade die Einleitung eines solchen der Schöpfung eines Anfangsverdachtes nachgelagert sei.[1391] Eine Fernwirkung des § 97 Abs. 1 Satz 3 InsO wird in Teilen des Schrifttums vor allem mit der rechtspolitischen Begründung abgelehnt, es könne nicht im Sinne des Gesetzgebers gewesen sein, die Verfolgung strafrechtlicher Delikte im Zusammenhang

---

1386 Hadamitzky/Senge, in: Erbs/Kohlhaas, § 393 AO, Rn. 9; Hellmann, in: Hübschmann/Hepp/Spitaler, § 393, Rn. 178 m. w. N.

1387 Jäger, in: Klein, AO, § 393, Rn. 51; Joecks, in: Joecks/Jäger/Randt, § 393 AO, Rn. 90; Blüte, in: Graf/Jäger/Wittig, § 393 AO, Rn. 83.

1388 Pflaum, in: MüKo-StPO, § 393 AO, Rn. 62.

1389 BT-Drs. VI/1982, S. 198, 7/79, S. 93.

1390 Bader, NZI 2009, 416, 417; Gatzweiler, in: DAV-Festschrift, S. 480; Hefendehl, wistra 2003, 1; Meyer-Goßner, StPO, Einl., Rn. 57d; Püschel, in: DAV-Festschrift, S. 759 jeweil m. w. N.

1391 Bader, NZI 2009, 416, 418; Diversy, ZInsO 2005, 180, 182; Hefendehl, wistra 2003, 1, 5; Stephan, in: MüKo-InsO, 3. Aufl. 2016, § 97, Rn. 17.

mit Insolvenzen völlig zu verhindern.[1392] Andere sehen ein umfassendes Verwendungsverbot mit Fernwirkung,[1393] wonach bei einem Verstoß gegen das ausdrücklich normierte selbstständige Verwertungsverbot eine Verwertbarkeit eines mittelbar durch das unverwertbare Beweismittel erlangten Beweises auf Grund eines hypothetischen Kausalverlaufs nicht mehr in Betracht kommt, wenn die Zwangsmaßnahme oder das Urteil tatsächlich auf unverwertbaren Beweisquellen beruht. Denn anderenfalls liefe ein solches Verwendungsverbot mangels Konsequenzen ins Leere.[1394]

Die vor allem im Schrifttum keinesfalls zu Unrecht geführte Diskussion um die sachliche Reichweite der Verwendungsverbote im Strafverfahren zeigt, dass der alleinige Rückgriff auf den Wortlaut „verwendet" als Argument für den Umfang des jeweiligen Beweisverbots im Strafverfahren nicht tragfähig ist. Vielmehr sind der Wortlaut der Vorschrift insgesamt, ihr Zweck, die Gesetzesbegründung und Systematik sowie verfassungsrechtliche Erwägungen im Rahmen der Auslegung in den Blick zunehmen. Eine generelle trennscharfe Abgrenzung zwischen den Verwendungsverboten einerseits und Beweisverwertungsverboten andererseits existiert bezogen auf ihre sachliche Reichweite im Strafverfahren, insbesondere in Bezug auf Fragen, die unter den Begriffen der Früh- oder Fernwirkung diskutiert werden, danach nicht. Damit ist mit einer eigenständigen Kategorisierung der (Beweis-)Verwendungsverbote neben Beweisverwertungsverboten innerhalb der strafrechtlichen Beweisverbote nichts gewonnen.

5.3 Einordnung des § 630c Abs. 2 Satz 3 BGB

5.3.1 Streitstand im Schrifttum

Die Einordnung des § 630c Abs. 2 Satz 3 BGB als Verwendungsverbot ist trotz des Wortlauts „verwendet" strittig.

Teile des Schrifttums sehen in der Norm kein Verwendungs- sondern lediglich ein Verwertungsverbot[1395] und verweisen begründend auf den Wortlaut

---

1392 Bader, NZI 2009, 416, 419; Blersch/v. Olshausen, in: Berliner Kommentar zum Insolvenzrecht, § 97, Rn. 6.

1393 Hohnel, NZI 2005, 152, 153; Richter, wistra 2000, 1 f.; Stephan, in: MüKo-InsO, 3. Aufl., § 97, Rn. 17; Weyand, ZInsO 2001, 108, 109.

1394 Stephan, in: MüKo-InsO, 3. Aufl., § 97, Rn. 17; Reinecke, Die Fernwirkung von Beweisverwertungsverboten, S. 181 ff.

1395 Jaeger, Patientenrechtegesetz, Rn. 166; ders., in: Prütting, Fachanwaltskommentar Medizinrecht, § 630c BGB, Rn. 34; Katzenmeier, NJW 2013, 817, 819; Kett-Straub/

des Satzes 3 „zu Beweiszwecken in einem […] Straf- oder Bußgeldverfahren" sowie die Gesetzesbegründung, wonach dem Informationspflichtigen „keine unmittelbaren strafrechtlichen oder ordnungswidrigkeitenrechtlichen Nachteile erwachsen"[1396] sollen.[1397] Der Gesetzgeber habe damit zum Ausdruck bringen wollen, dass ein umfangreiches Beweisverbot mit Fernwirkung nicht intendiert ist, weswegen der Terminus „verwendet" gar irreführend sei.[1398] Auch wird der Annahme eines Verwendungsverbots mit Fernwirkung entgegengehalten, dass damit der Behandelnde durch das Offenbaren seines Behandlungsfehlers ein gesamtes Strafverfahren „lahmlegen" könnte, wenn dies zunächst nur aufgrund seiner Information eingeleitet wurde.[1399]

Andere sehen in § 630c Abs. 2 Satz 3 BGB ein Beweisverwendungsverbot[1400] und verweisen als Begründung auf den Wortlaut „verwendet werden." sowie die Parallelen des Wortlauts des Satzes 3 zum § 97 Abs. 1 Satz 3 InsO, der ein umfassendes Verwendungsverbot enthält.[1401] Für eine unterschiedliche Handhabung des § 630c Abs. 2 Satz 3 BGB auf der einen und des § 97 Abs. 1 Satz 3 InsO auf der anderen Seite bestehe wegen der verleichbaren Interessenlage keine Veranlassung.[1402] Der Gegenansicht, die den Passus der „unmittelbaren Nachteile" zur Begründung heranzieht, wird entgegenhalten, es handle sich um eine Überinterpretation einer unglücklichen und wenig präzisen Formulierung in der Gesetzesbegründung.[1403]

Sipos-Lay, MedR 2014, 867, 872 f.; Ruppert, HRRS 2015, 448, 450 ff.; Schelling/Warntjen, MedR 2012, 506, 509.

1396 Regierungsentwurf, BT-Drs. 17/10488, S. 22.

1397 Jaeger, Patientenrechtegesetz, Rn. 166; ders., in: Prütting, Fachanwaltskommentar Medizinrecht, § 630c BGB, Rn. 34; Kett-Straub/Sipos-Lay, MedR 2014, 867, 872 f.

1398 Kett-Straub/Sipos-Lay, MedR 2014, 867, 873.

1399 Jaeger, Patientenrechtegesetz, Rn. 166; Kett-Straub/Sipos-Lay, MedR 2014, 867, 872; Schelling/Warntjen, MedR 2012, 506, 509.

1400 Rehborn/Gescher, in: Erman, BGB, § 630c, Rn. 24, 29; Schreiber, in: Schulze, Bürgerliches Gesetzbuch, § 630c, Rn. 4; Schumacher, Nemo tenetur, S. 222; Spickhoff, in: Spickhoff, Medizinrecht, 3. Aufl., § 630c BGB, Rn. 24; ders., JZ 2015, 15, 17; Wagner, in: MüKo-BGB, 7. Aufl., § 630c, Rn. 51.

1401 Schumacher, Nemo tenetur, S. 222; Spickhoff, in: Spickhoff, Medizinrecht, 3. Aufl.; § 630c BGB, Rn. 24; ders JZ 2015, 15, 17.

1402 Spickhoff, in: Spickhoff, Medizinrecht, 3. Aufl., § 630c BGB, Rn. 24; ders., JZ 2015, 15, 17.

1403 Rehborn/Gescher, in: Erman, BGB, § 630c, Rn. 29; Spickhoff, JZ 2015, 15, 17.

5.3.2 Eigene Stellungnahme

Soweit überhaupt die Notwendigkeit gesehen wird, das gesetzliche Beweisverbot des § 630c Abs. 2 Satz 3 BGB entweder dem Begriff des Verwendungsverbotes auf der einen oder dem Begriff des Beweisverwendungsverbotes auf der anderen Seite zuzuordnen, ermöglicht dies weder der Wortlaut der Vorschrift noch deren historische Auslegung auf Grundlage der Gesetzesbegründung. So spricht der § 630c Abs. 2 Satz 3 BGB zum einen von „nur mit Zustimmung [...] verwendet werden" und deutet damit auf ein Beweisverwendungsverbot, zum anderen aber von „zu Beweiszwecken in einem gegen den Behandelnden oder gegen seinen Angehörigen geführten Straf- oder Bußgeldverfahren" und deutet damit eher auf ein begrenztes Beweisverwertungsverbot im Hinblick auf das Hauptverfahren und die Urteilsfindung.[1404]

Der Versuch aus der Gesetzesbegründung, wonach dem Offenbarenden „keine unmittelbaren strafrechtlichen oder ordnungswidrigkeitsrechtlichen Nachteile erwachsen" sollen,[1405] abzuleiten, es könne sich nur um ein Beweisverwertungsverbot handeln, verkennt, dass nicht erst die Verwertung der Information bei der Urteilsfindung in einem Strafverfahren gegen den Offenbarenden unmittelbar nachteilig für diesen ist. Denn bereits die Einleitung eines förmlichen Ermittlungsverfahrens sowie die Begründung von Ermittlungsmaßnahmen auf Grundlage der Information nach § 630c Abs. 2 Satz 2 BGB führen zu unmittelbaren strafrechtlichen Nachteilen. Dabei muss es sich nicht um enorm eingriffsintensive Maßnahmen, wie eine akustische Wohnraumüberwachung oder Wohnungsdurchsuchungen handeln. Auch weniger eingriffsintensive Maßnahmen, wie eine Durchsuchung der Tätigkeitsstätten, Praxis- oder Krankenhausräumlichkeiten, und zeugenschaftliche Vernehmung, beispielsweise von Angestellten oder Kollegen des Offenbarenden, bedeuten regelmäßig unmittelbar spürbare Belastungen für den Offenbarenden. Auch andere Teile der Gesetzesbegründung tragen nichts Eindeutiges zur Einordnung des § 630c Absatz 2 Satz 3 BGB bei. So hat der Bundesrat in seiner Stellungnahme zum Entwurf des Patientenrechtegesetzes darum gebeten „im weiteren Verlauf des Gesetzgebungsverfahren eine Ergänzung des § 630c Absatz 2 Satz 3 BGB-E zu prüfen, so dass Informationen nach Satz 2 auch in einem gegen einen in § 52 Abs. 1 StPO bezeichneten Angehörigen des Informationspflichtigen geführten Verfahren nur mit Zustimmung des Informationspflichtigen verwendet werden dürfen."[1406] Denn „zu den

1404 So auch: Schumacher, Nemo tenetur, S. 220.

1405 Regierungsentwurf, BT-Drs. 17/10488, S. 22.

1406 Regierungsentwurf, BT-Drs. 17/10488, S. 39.

rechtsstaatlich unverzichtbaren Erfordernissen eines fairen Verfahrens" gehöre „neben dem Nemo-tenetur-Grundsatz auch der in verschiedenen Vorschriften der Strafprozessordnung (StPO) garantierte Schutz des Angehörigenverhältnisses."[1407] Nach Auffassung des Bundesrats entspräche „eine solche Regelung [...] der des § 97 Absatz 1 Satz 3 InsO, dem eine vergleichbare Interessenlage zugrunde liegt."[1408] In ihrer Gegenäußerung hat die Bundesregierung darauf erklärt, dass sie diese Anregung des Bundesrates unterstützt und es sachgerecht sei „das Beweisverwertungsverbot aus § 630c Absatz 2 Satz 3 BGB-E auch auf Angehörige im Sinne von § 52 Absatz 1 der Strafprozessordnung zu erstrecken."[1409] Im parlamentarischen Verfahren wurde § 630c Abs. 2 Satz 3 BGB entsprechend der Forderung des Bundesrates ergänzt.[1410] In der Beschlussempfehlung wird von der „Erweiterung des Beweisverbotes" gesprochen.[1411] Nun könnte aus einer solch bestätigenden Äußerung geschlossen werden, dass auch von der Bundesregierung eine dem § 97 Abs. 1 Satz 3 InsO entsprechende Regelung und damit ein Verwendungsverbot intendiert gewesen ist. Anderseits könnte dem entgegengehalten werden, dass in der Gegenäußerung vom „Beweisverwertungsverbot aus § 630c Absatz 2 Satz 3 BGB" die Rede ist. Danach verbleibt unklar, ob es sich um einen „versteckten Dissens" zwischen Bundesrat und Bundesregierung, eine falsa demonstratio bei der Verwendung des Begriffs „Beweisverwertungsverbot" oder ein weit gefasstes oder gar synonymes Verständnis der Bundesregierung von einem strafrechtlichen Beweisverwertungsverbot handelt.

Auch aus dem Sinn und Zweck des § 630c Abs. 2 Satz 3 BGB, der unzweifelhaft in der Gewährleistung der verfassungsrechtlich geschützten Selbstbelastungsfreiheit und eines fairen Verfahrens liegt,[1412] lässt sich die Frage der Art des Beweisverbots nicht eindeutig klären. Die Ansicht,[1413] die auf ein Beweisverwertungsverbot unter Berufung auf die als Gemeinschuldnerbeschluss bekannte Mehrheitsentscheidung des ersten Senats des *BVerfG*s abstellt, wonach den schutzwürdigen Belangen durch ein strafrechtliches Verwertungsverbot im Hinblick auf etwaige Selbstbezichtigung hinreichend Rechnung getragen

1407 Regierungsentwurf, BT-Drs. 17/10488, S. 39.
1408 Regierungsentwurf, BT-Drs. 17/10488, S. 39.
1409 Regierungsentwurf, BT-Drs. 17/10488, S. 53.
1410 Beschlussempfehlung, BT-Drs. 17/11710, S. 28.
1411 Beschlussempfehlung, BT-Drs. 17/11710, S. 19.
1412 Regierungsentwurf, BT-Drs. 17/10488, S. 22; Beschlussempfehlung, BT-Drs. 17/11710, S. 28.
1413 Ruppert, HRRS 2015, 448, 453.

wird,[1414] übersieht zum einen die Frage des Umfangs bzw. der Reichweite des dort angesprochenen Verwertungsverbotes sowie zum anderen die Rechtsentwicklung mit Blick auf die Beweisverbote seit dieser Entscheidung aus dem Jahr 1981. Richtig ist, dass sich der Gemeinschuldnerbeschluss für ein strafrechtliches Verwertungsverbot ausspricht. Aus dieser Begrifflichkeit ist jedoch für die Frage der Einordnung des Beweisverbotes in § 630c Abs. 2 Satz 3 BGB nichts gewonnen. Denn zum einen verhält sich der Gemeinschuldnerbeschluss mit keinem Wort zur konkreten Reichweite des Verwertungsverbotes.[1415] Das *BVerfG* hat in seiner Entscheidung diesbezüglich lediglich ausgeführt, „der bloße Umstand, daß [sic!] dem Gemeinschuldner im Interesse seiner Gläubiger eine uneingeschränkte Auskunftspflicht zuzumuten ist, rechtfertigt es nicht, daß [sic!] er zugleich zu seiner Verurteilung beitragen muß [sic!] und daß [sic!] die staatlichen Strafverfolgungsbehörden weitergehende Möglichkeiten erlangen als in anderen Fällen der Strafverfolgung."[1416] Hieraus könnte gar ein umfassendes Beweisverbot im Ermittlungsverfahren gefolgert werden. Weiter führt das *BVerfG* aus: „Die insoweit bestehende Lücke zu schließen, obliege grundsätzlich dem Gesetzgeber, zumal nur er das Verwertungsverbot näher ausgestalten und durch Offenbarungsverbote absichern kann. Erweist sich aber eine aus vorkonstitutioneller Zeit überkommene Regelung aus verfassungsrechtlichen Gründen als ergänzungsbedürftig, dann stellt sich auch für den Richter die Aufgabe, Gesetzeslücken bis zu einer Neuregelung durch den Gesetzgeber in möglichst enger Anlehnung an das geltende Recht und unter Rückgriff auf die unmittelbar geltenden Vorschriften der Verfassung zu schließen."[1417] Zum anderen war im Jahr 1981 die aus dem Datenschutzrecht abgeleitete Terminologie des Verwendungsverbots im Strafrecht noch nicht geprägt. Folglich konnten beide Begriffe in der Entscheidung nicht gegeneinandergestellt werden. Daher ist auch nicht verwunderlich, dass beide Begrifflichkeiten dort auch nicht gegeneinandergestellt worden sind. Der das Sondervotum zum Gemeinschuldnerbeschluss abgebende Bundesverfassungsrichter *Heußner* muss in der Mehrheitsentscheidung ein umfassendes strafrechtliches Verwertungsverbot mit Reichweite auf das Ermittlungsverfahren, welches auch den Spurenansatz ausschließt, gesehen haben. Denn das nach seiner Auffassung verfassungsrechtliche Erfordernis einer Ergänzung des Verwertungsverbotes um ein Offenbarungsverbot begründete er

1414 BVerfGE 56, 37, 51 f.
1415 Vgl. Dingeldey, NStZ 1984, 529, 530; Stürner, NJW 1981, 1757, 1758.
1416 BVerfGE 56, 37, 51.
1417 BVerfGE 56, 37, 51.

damit, dass deshalb „in der Weitergabe […] eine Beeinträchtigung des Grundrechts des Gemeinschuldners aus Art. 2 I GG [liege], weil sie angesichts des bestehenden Verwertungsverbotes seiner Aussage im strafrechtlichen Verfahren nicht erforderlich ist." Eine solche für das Strafverfahren nicht erforderliche Weitergabe sei daher unzulässig, weil sie das Verhältnismäßigkeitsprinzip verletzt.[1419] Diese Argumentation erfährt ihre Sinnhaftigkeit überhaupt nur dann, wenn davon ausgegangen wird, dass die Aussage auch im Ermittlungsverfahren einer Verwertung nicht zugänglich ist und nicht nur der Urteilsfindung entzogen ist. Denn überhaupt nur unter dieser Prämisse kann davon gesprochen werden, dass die Information für das Ermittlungsverfahren nicht erforderlich ist. Auch der Gesetzgeber sah sich bei Schaffung des § 97 InsO[1420] offenkundig unter Berufung auf den Gemeinschuldnerbeschluss veranlasst, ein weitgehendes strafrechtliches Verwertungsverbot aufzunehmen, denn in der Gesetzesbegründung zum Regierungsentwurf zur Insolvenzordnung aus dem Jahr 1992 heißt es: „Der Grundsatz der Auskunftspflicht ist in Absatz 1 Satz 1 in Anlehnung an § 100 KO geregelt. Ergänzend wird klargestellt - im Anschluß [sic!] an die Entscheidung des Bundesverfassungsgerichts vom 13. Januar 1981 (BVerfGE 56, 37) -, daß [sic!] sich die Auskunftspflicht auch auf Tatsachen erstreckt, die den Schuldner der Gefahr einer Strafverfolgung aussetzen, daß [sic!] insoweit allerdings ein Verbot besteht, die Auskunft ohne Zustimmung des Schuldners im Strafverfahren zu verwerten (Absatz 1 Satz 2, 3). Nach dem Sinn dieses Verbots dürfen auch solche Tatsachen nicht verwertet werden, zu denen die Auskunft den Weg gewiesen hat. Auf der anderen Seite hindert das Verbot nicht die Verwertung von Tatsachen, die der Strafverfolgungsbehörde bereits bekannt waren."[1421] Unter der Formulierung, dass auch solche Tatsachen nicht verwertet werden dürfen, „zu denen die Auskunft den Weg gewiesen hat", kann ernstlich nur ein bereits die Aussage als Spurenansatz ausschließendes strafrechtliches Verwertungsverbot verstanden werden. Auch wenn zuweilen anderes angeführt wird, mit der Ersetzung des Begriffs „verwertet" durch den Begriff „verwendet" im parlamentarischen Gesetzgebungsverfahren war eine Ausdehnung der Reichweite des Beweisverbotes in § 97 Abs. 1 Satz 3 danach nicht verbunden. Diese Ersetzung geht auf ein

---

1418 Hieraus schließen u. a. Stürner, NJW 1981, 1757, 1759 und Dingeldey, NSt 1984, 529, 530, die Einführung u. a. einer Fernwirkung eines Verwertungsverbotes müsse dem Gesetzgeber überlassen bleiben.

1419 BVerfGE 56, 37, 53.

1420 § 97 InsO entspricht §109 InsO-Entwurfsfassung.

1421 Regierungsentwurf, BT-Drs. 12/2443, S. 142.

Anliegen des Bundesdatenschutzbeauftragten zurück und sollte ausweislich der Begründung in der Beschlussempfehlung zwei Jahre nach Einbringung des Regierungsentwurfs in den Deutschen Bundestag zum Ausdruck bringen, „daß [sic!] eine Auskunft des Schuldners ohne dessen Zustimmung auch nicht als Ansatz für weitere Ermittlungen dienen darf."[1422] Die Änderung des Begriffs „verwertet" durch den Begriff „verwendet" im Wortlaut des § 97 Abs. 1 Satz 3 InsO ist damit allenfalls als klarstellende Formulierung eines weitgehenden Beweisverbotes auch im Ermittlungsverfahren zu begreifen. Damit zeigt sich zum einen, dass der Verweis auf den Wortlaut des § 97 Abs. 1 Satz 3 InsO „verwendet" für die Einordnung des § 630c Abs. 2 Satz 3 BGB untauglich ist, weil aus der bloßen Begrifflichkeit nicht auf die Reichweite des Beweisverbotes geschlossen werden kann. Zum anderen zeigt sich, dass verfassungsrechtliche Mindesterfordernisse aus dem Gemeinschuldnerbeschluss im Hinblick auf die Reichweite des Beweisverbotes nur aus dem Begriff „Verwertungsverbot" nicht abgeleitet werden können. Eine Argumentation mit einem vermeintlich vom Gemeinschuldnerbeschluss vorgegebenen Mindestmaß ist daher für die Einordnung des § 630c Abs. 2 Satz 3 BGB ebenfalls untauglich.

Mit Blick auf die Rechtssystematik in Verbindung mit dem Wortlaut „verwendet" lässt sich jedoch eine Einordnung des § 630c Abs. 2 Satz 3 BGB als Verwendungsverbot vertreten, ohne dass sich aus dieser Begrifflichkeit Aussagen über die Reichweite des Beweisverbotes ableiten lassen. So werden auch die § 97 Abs. 1 Satz 3 InsO und § 393 Abs. 2 AO, die ebenfalls dem Schutz der Selbstbelastungsfreiheit im Hinblick auf außerstrafrechtliche Informationspflichten dienen,[1423] als Verwendungsverbote eingeordnet.[1424] Dabei weisen beide Verwendungsverbote - bereits dem Wortlaut nach - eine unterschiedliche Reichweite auf. Gemeinsam ist lediglich der Wortlaut „verwendet". Hieran anknüpfend kann sich für die Einordnung des § 630c Abs. 2 Satz 3 BGB mit Blick auf die Rechtssystematik und den Wortlaut „verwendet" nichts anderes ergeben.

5.4 Umfang und Reichweite des § 630c Abs. 2 Satz 3 BGB

Ungeachtet der hier vorgenommenen Einordnung des § 630c Abs. 2 Satz 3 BGB als Verwendungsverbot stellt sich die Frage nach dessen konkretem Umfang und der Reichweite dieses Beweisverbotes.

1422 Beschlussempfehlung, BT-Drs. 12/7302, S. 166. (Datum 19.04.1994).

1423 Vgl. BGH, NStZ 2018, 544.

1424 Gössel, in: LR-StPO, 27. Aufl., Einl. L, Rn. 28; BGH NStZ 2018, 544.

5.4.1 Umfang und sachliche Reichweite im Straf- und Ordnungswidrigkeitenverfahren

Dabei geht es zunächst um die Frage, welche Informationen des Behandelnden konkret vom Beweisverbot umfasst werden und welche Reichweite das Beweisverbot im gesamten Straf- oder Bußgeldverfahren einnimmt bzw. welche Wirkung vom Beweisverbot für die einzelnen Verfahrensabschnitte ausgeht (sachliche Reichweite).

5.4.1.1 Umfang

Nach dem Wortlaut des § 630c Abs. 2 Satz 3 BGB darf die Information nach § 630c Abs. 2 Satz 2 BGB zu Beweiszwecken in einem gegen den Behandelnden oder gegen seinen Angehörigen geführten Straf- oder Bußgeldverfahren, im Falle, dass dem Behandelnden oder einem seiner in § 52 Abs. 1 StPO bezeichneten Angehörigen ein Behandlungsfehler unterlaufen ist, nur mit Zustimmung des Behandelnden verwendet werden. Nach dem Wortlaut und der Gesetzesbegründung erfasst der Anwendungsbereich des Beweisverbotes zunächst die Information nach § 630c Abs. 2 Satz 2 BGB soweit sie durch den Behandelnden erfolgt, dem selbst ein eigener Fehler unterlaufen ist[1425] und wird darüber hinaus „auch auf Informationen über solche Behandlungsfehler erstreckt, die einem Angehörigen im Sinne des § 52 der Strafprozessordnung des nach Satz 2 Informationspflichtigen unterlaufen sind.“[1426] Freilich kann das Bestehen des Beweisverbots kaum davon abhängen, dass das Vorliegen eines Behandlungsfehlers des Behandelnden oder eines seiner Angehörigen zunächst positiv festgestellt wird. Vielmehr knüpft die Beweisregelung von ihrem Sinn und Zweck her an die zur Erfüllung der Informationspflicht aus § 630c Abs. 2 Satz 2 BGB erfolgte Information des Patienten durch den Behandelnden über einen Behandlungsvorgang, an dem der Behandelnde entweder selbst oder einer seiner Angehörigen als (Vor-)Behandelnder beteiligt war. Zweck der Regelung ist zu gewährleisten, dass dem Behandelnden aus der Offenbarung unter Beachtung des nemo-tenetur-Grundsatzes keine unmittelbaren straf- oder ordnungswidrigkeitenrechtlichen Nachteile erwachsen[1427] und darüber hinaus den Schutz des Angehörigenverhältnisses zu gewährleisten.[1428] Der Behandelnde soll sich also durch die

1425 Regierungsentwurf, BT-Drs. 17/10488, S. 21.
1426 Beschlussempfehlung, BT-Drs. 17/11710, S. 28.
1427 Regierungsentwurf, BT-Drs. 17/10488, S. 22 f.
1428 Beschlussempfehlung, BT-Drs. 17/1170, S. 28.

Erfüllung der vertraglichen Informationspflicht des § 630c Abs. 2 Satz 2 BGB gegenüber dem Patienten nicht zugleich der Gefahr aussetzen müssen, in einem Straf- oder Bußgeldverfahren zum Beweismittel gegen sich selbst zu werden. Dieser Zweck ist maßgeblich für die Eröffnung des sachlichen Schutzbereichs des Beweisverbotes und bildet zugleich dessen Grenze. Danach umfasst das Verwendungsverbot die Information, die der Behandelnde gemäß seiner Verpflichtung nach § 630c Abs. 2 Satz 2 BGB erteilt. Informationen, die der Behandelnde dem Patienten zur Erfüllung anderer Verpflichtungen oder ohne rechtlichen Grund erteilt, werden dagegen vom Verwendungsverbot des § 630c Abs. 2 Satz 3 BGB nicht erfasst. Hierunter fällt die spontane Offenbarung von Fehlern, wenn weder eine Nachfrage des Patienten noch die Abwendung einer Gesundheitsgefahr im Raum steht.[1429] Denn dann ist die Selbstbelastungsfreiheit, deren Schutz das Verwendungsverbot bezweckt, gerade nicht berührt.[1430]

Fraglich ist, was unter dem Begriff der Information zu verstehen ist. Nach dem Wortlaut könnte lediglich der Informationsinhalt – also die tatsächlichen Umstände mit Blick auf den zurückliegenden Behandlungsvorgang, die die Annahme eines Behandlungsfehlers begründen – oder auch die Informationserteilung – also der Kommunikationsvorgang zwischen Behandelndem und Patienten einschließlich des Informationsinhalts – erfasst sein.

Für das Verwendungsverbot des § 97 Abs. 1 Satz 3 InsO, das auf die Auskunft des Schuldners nach § 97 Abs. 1 Satz 1 InsO abstellt, wird vertreten, es betreffe nur die offenbarten verfolgbaren Handlungen.[1431] Unrichtige Angaben des Schuldners können danach ebenso wie dessen Schweigen ohne Zustimmung verwendet werden.[1432] Begründet wird dies damit, dass das Verwertungsverbot des § 97 Abs. 1 Satz 3 InsO einer Beschränkung nach dem Sinn und Zweck und der Schutzrichtung der Norm bedürfe.[1433] Bezüglich unrichtiger Angaben wird dabei auf die Strafbarkeit falscher Aussagen des Schuldners abgehoben.[1434] Die Verwertbarkeit des Schweigens wird darauf gestützt, dass nur derjenige Schuldner geschützt werden solle, der Angaben macht.[1435] Denn das *BVerfG* habe

1429 Rehborn/Gescher, in: Erman, BGB, § 630c, Rn. 28; Schumacher, Nemo Tenetur, 2018, S. 239.

1430 Schumacher, Nemo Tenetur, S. 239.

1431 Stephan in: MüKo-InsO, 4. Aufl., § 97, Rn. 18.

1432 Diversy, ZInsO 2005, 180, 183; Bader, NZI 2009, 416, 420; Bittmann/Rudolph, wistra 2001, 83; Richter, wistra 2000, 1, 3.

1433 Richter, wistra 2000, 1, 3.

1434 Richter, wistra 2000, 1, 3; Bittmann/Rudolph, wistra 2001, 81, 84.

1435 Richter, wistra 2000, 1, 3.

in seiner Entscheidung mit Blick auf die Interessen geschädigter Dritter dem Gemeinschuldner gerade kein Auskunftsverweigerungsrecht eingeräumt.[1436] Zudem unterstütze die drohende Verwertung des gesetzlich unerwünschten Schweigens die Förderung der Aussagebereitschaft des Schuldners.[1437]

Daneben gibt es Stimmen in der Literatur, die vertreten, Auskünfte des Schuldners dürfen entgegen des insoweit eindeutigen Wortlauts des § 97 Abs. 1 Satz 3 InsO auch ohne dessen Zustimmung zu seinen Gunsten verwertet werden.[1438] Die Vorschrift sei teleologisch mit Blick auf den Gemeinschuldnerbeschluss des *BVerfG* zu reduzieren. Denn es ließe sich „[a]us dem Gesamtzusammenhang der Beschlussgründe … folgern, [dass] das BVerfG das Verwertungsverbot lediglich für den Fall einer Nutzung der im Konkursverfahren getätigten Äußerungen des Gemeinschuldners zu dessen Lasten im Strafproze[ss] als Verfassungsgebot ansah."[1439] Für ein Abweichen von diesen im Gemeinschuldnerbeschluss aufgestellten Grundsätzen gebe es in der Gesetzeshistorie keine Anhaltspunkte.[1440] Selbiges gelte darüber hinaus für neutrale Angaben, also solche die den Schuldner weder be- noch entlasten.[1441]

Würde diese Auffassung auf das Beweisverbot des § 630c Abs. 2 Satz 3 BGB übertragen, wären damit nicht nur unrichtige und nicht belastende Informationen, sondern auch die Informationserteilung als kommunikativer Vorgang nicht vom Beweisverbot umfasst. Damit wäre etwa die Tatsache, dass zwischen dem Behandelnden und dem Patienten ein Gespräch über die zurückliegende Behandlung im Hinblick auf das Vorliegen eines Behandlungsfehlers stattgefunden hat, auch ohne Zustimmung des Behandelnden einer Verwertung zugänglich. Gerade im Fall, in dem die Informationserteilung nicht auf Nachfrage, sondern zur Abwendung einer Gesundheitsgefahr erfolgt ist, könnte sich aus der Tatsache, dass überhaupt ein Gespräch stattgefunden hat, konkrete tatsächliche Anhaltspunkte für die Aufnahme strafrechtlicher Ermittlungen ergeben. Auch könnte dieser Tatsache im weiteren Verfahren zumindest eine Indizwirkung zukommen. Denn schließlich muss es schon hinreichende tatsächliche Anknüpfungspunkte für den Behandelnden gegeben haben, wenn er sich

1436 Richter, wistra 2000, 1, 3.

1437 Richter, wistra 2000, 1.3.

1438 Bieneck, in: Müller-Gugenberger/Bieneck, § 75, Rn. 66; Bittmann/Rudolph, wistra 2001, 81, 84; a. A. Richter, wistra 2000, 1, 3 f., der auf das Bestimmungsrecht des Gemeinschuldners über die Verwendungsreichweite im Strafverfahren abstellt.

1439 Bittmann/Rudolph, wistra 2001, 81 f.

1440 Bittmann/Rudolph, wistra 2001, 81, 84.

1441 Bittmann/Rudolph, wistra 2001, 81, 84.

veranlasst sieht, mit dem Patienten ein Gespräch zu Behandlungsfehlern zu führen. Zugleich wäre danach auch das Schweigen oder die Weigerung des Behandelnden auf Nachfrage des Patienten Auskunft zu geben, ohne Zustimmung des Behandelnden verwertbar.

Eine solch enge Auslegung des Begriffs der Information, die nur den (belastendenden) Inhalt der Informationserteilung vom Beweisverbot erfasst sieht, ist jedoch mit dem Sinn und Zweck des § 630c Abs. 2 Satz 3 BGB nicht vereinbar. Anders als bei der Auskunftserteilung des Schuldners gegenüber den Gläubigern im Insolvenzverfahren würde sich der Behandelnde – wie dargestellt – bereits durch das Gespräch, dem kommunikativen Vorgang, mit dem Patienten über einen Behandlungsfehler zugleich der Gefahr aussetzen, sich zum Beweismittel in einem Strafverfahren wegen Körperverletzung gegen sich selbst zu machen. Der durch die Regelung vom Gesetzgeber intendierte Schutz des Behandelnden wäre ein äußerst löchriger. Durch die nebenvertragliche Informationspflicht des § 630c Abs. 2 Satz 2 BGB erlangten die staatlichen Strafverfolgungsbehörden damit weitergehende Möglichkeiten als in anderen Fällen der Strafverfolgung. Gerade dies stünde aber im wortwörtlichen Widerspruch zu den Entscheidungsgründen des *BVerfG* im Gemeinschuldnerbeschluss.[1442] Denn das *BVerfG* hat darin deutlich gemacht, dass „[d]er bloße Umstand, da[ss] dem Gemeinschuldner im Interesse seiner Gläubiger eine uneingeschränkte Auskunftspflicht zuzumuten ist, rechtfertigt es nicht, da[ss] er zugleich zu seiner Verurteilung beitragen mu[ss] und da[ss] die staatlichen Strafverfolgungsbehörden weitergehende Möglichkeiten erlangen als in anderen Fällen der Strafverfolgung."[1443] Das *BVerfG* erachtet es als einen sachlich ungerechtfertigten und unverhältnismäßigen Eingriff, wenn „unter Zwang herbeigeführte Selbstbezichtigungen" gegen den Willen „zweckentfremdet und der Verwertung für die Strafverfolgung zugeführt würden."[1444] Das dem Gemeinschuldner aus verfassungsrechtlichen Gründen zustehende Schweigerecht „wäre illusorisch, wenn eine außerhalb des Strafverfahrens erzwungene Selbstbezichtigung gegen seinen Willen strafrechtlich gegen ihn verwertet werden dürfte."[1445] Das BVerfG macht damit hinreichend deutlich, dass die Entscheidung, dem Gemeinschuldner kein Aussageverweigerungsrecht gegenüber dem Gläubiger zuzubilligen, nicht bedeutet, dass den Strafverfolgungsbehörden daraus Möglichkeiten erwachsen können, die

1442 BVerfGE 56, 37, 51.
1443 BVerfGE 56, 37, 51.
1444 BVerfGE 56, 37, 50.
1445 BVerfGE 56, 37, 51.

ohne die zum Gläubigerschutz bestehende gesetzliche Informationspflicht nicht gegeben wären. Dabei kommt es nicht darauf an, ob es sich um neutrale, entlastende oder belastende Angaben handelt,[1446] denn die Verwendung der aus der Informationspflicht resultierenden Auskunft im Strafverfahren steht im Ganzen zur Disposition des Verpflichteten. Ihm und nicht etwa den Strafverfolgungsbehörden ist das Bestimmungsrecht eingeräumt.[1447] Die Informationspflicht des § 97 Abs. 1 Satz 1 und 2 InsO darf danach nicht gegen den Willen des zur Auskunft Verpflichteten zur Strafverfolgung zweckentfremdet werden. Dies wird mit dem Verwendungsverbot des § 97 Abs. 1 Satz 3 InsO nach dem eindeutigen Wortlaut und dem Willen des Gesetzgebers gewährleistet. Nichts anderes kann für die Informationspflicht des § 630c Abs. 2 Satz 2 BGB gelten. Die Gewährleistung des nemo-tentur-Grundsatzes erfordert mithin ein weites Begriffsverständnis der Information i. S. d. § 630c Abs. 2 Satz 3 BGB. Danach ist nicht erst der Informationsinhalt sondern die Informationserteilung nur mit Zustimmung des Behandelnden verwertbar, sofern der Behandelnde an der (Vor-)Behandlung beteiligt war. Folglich muss auch das Schweigen oder die Weigerung des Behandelnden den Patienten nach § 630c Abs. 2 Satz 2 BGB zu informieren, als auf diese Informationspflicht bezogener Kommunikationsvorgang vom Beweisverbot erfasst sein.[1448] Der Behandelnde hat damit ein Bestimmungsrecht, ob seine zur Erfüllung der Informationspflicht gegenüber dem Patienten getätigte Auskunft im Strafverfahren verwendet werden darf.

5.4.1.2 Sachliche Reichweite im Straf- und Ordnungswidrigkeitenverfahren

Hauptverfahren

Einigkeit besteht in der Literatur zunächst darin, dass Informationen nach § 630c Abs. 2 Satz 2 BGB nicht – ohne Zustimmung des Behandelnden – zum Gegenstand von Beweiswürdigung und Urteilsfindung im Hauptverfahren

---

1446 Eine solche Aufspaltung der Angaben dürfte zudem - jedenfalls vor Einleitung eines Strafverfahrens und bis zum Hauptverfahren - objektiv schwerlich möglich sein und das Risiko einer fehlerhaften Einordnung durch die Strafverfolgungsbehörden unzumutbar auf den Betroffenen verlagern. Vgl.: Kleinknecht, NJW 1966, 1537, 1543; Traub, Die Verwertbarkeit von Selbstgesprächen im Strafverfahren, S. 144 f.; Gössel, in: LR-StPO, 27. Aufl., Einl. L, Rn. 36.

1447 So auch Richter, wistra 2000, 1, 3 f.

1448 a. A. ohne weitere Begründung in Anlehnung an die von Bittmann/Rudolph zu § 97 Abs. 1 Satz 3 InsO vertretene Auffassung: Schumacher, Nemo Tenetur, S. 238 f.

eines Straf- oder Bußgeldverfahrens gemacht werden dürfen.[1449] Das schließt zur Vermeidung einer Umgehung des Verwendungsverbotes auch die Vernehmung des Patienten oder Dritter als Zeugen „vom Hörensagen" zur Informationserteilung durch den Behandelnden ein.[1450] Nichts anderes kann für die Bestandteile der Patienten- und Behandlungsdokumentation sowie andere schriftliche Dokumente gelten, die unmittelbar auf die Informationserteilung nach § 630c Abs. 2 Satz 2 BGB zurückgehen. Das gilt beispielweise für eine Notiz des Behandelnden in den Patientenunterlagen darüber, dass mit dem Patienten ein Gespräch über das Vorliegen von Behandlungsfehlern geführt wurde. Denn für den Schutzbereich der Selbstbelastungsfreiheit kann es nicht darauf ankommen, ob eine Auskunft mündlich oder schriftlich erteilt wird.[1451] Sonst würde auch der Behandelnde, der bestimmte Vorgänge dokumentiert bzw. dokumentiert vorlegt, gegenüber jenem schlechter gestellt, der alle Auskünfte lediglich mündlich nachträgt. Dagegen sind vom Beweisverbot Informationen nicht erfasst, die nicht in Erfüllung der Verpflichtung des § 630c Abs. 2 Satz 2 BGB erfolgt sind. Es handelt sich dabei zunächst um die Erteilung von Informationen zum zurückliegenden Behandlungsvorgang, die ohne rechtliche Verpflichtung durch den Behandelnden erfolgt, weil weder eine Nachfrage des Patienten im Raum stand noch die Abwendung einer Gesundheitsgefahr für Patienten vom Behandelnden zu besorgen war. Darüber hinaus sind auch Informationen nicht erfasst, die vom Behandelnden auf Grundlage anderer gesetzlicher Verpflichtungen erteilt werden. Das gilt zuvorderst für die vom Behandelnden zu führende Patientenakte, in die dem Patienten Einsicht zu gewähren ist. Denn die Führung der Patientendokumentation ist nach § 630f BGB eine eigenständige von der Informationspflicht nach § 630c Abs. 2 Satz 2 BGB losgelöste Verpflichtung.[1452] Sie dient „in erster Linie dem Zweck, durch die Aufzeichnung des Behandlungsgeschehens eine sachgerechte therapeutische Behandlung und Weiterbehandlung zu gewährleisten".[1453] Im Übrigen soll damit die Möglichkeit der weiteren Behandlung durch einen anderen Behandler gesichert und das

---

1449 Schumacher, Nemo tentur, S. 238; Spickhoff, in: Spickhoff, Medizinrecht, 3. Aufl., BGB § 630c, Rn. 24; ders., JZ 2015, 15, 17 f.; Wagner, in: MüKo-BGB, 8. Aufl., § 630c, Rn. 52 f.

1450 Frister/Wostry, in: AG-Medizinrecht, S. 53, 62; Jäger, in: FS von Heintschel-Heinegg, S. 211, 219; Rogall, in: FS Beulke, 2015, S. 973, 977; Schelling/Warntjen, MedR 2012, 506, 509; Schumacher, Nemo tenetur, S. 238; Spickhoff, JZ 2015, 15, 18.

1451 Vgl. zu § 97 Abs. 1 Satz 3 InsO: Püschel, in: DAV-Festschrift, S. 759, 768.

1452 Vgl. Schumacher, Nemo tenetur, S. 246.

1453 Regierungsentwurf, BT-Drs. 17/10488, S. 25.

Persönlichkeitsrecht des Patienten durch die Pflicht zur Rechenschaft gewahrt werden. Schließlich dient die Patientendokumentation einer faktischen Beweissicherung im Fall eines etwaigen Behandlungsfehlers.[1454] Die Gesetzesbegründung zu § 630c Abs. 2 Satz 3 BGB spricht in diesem Zusammenhang davon, dass dem Offenbarenden lediglich keine unmittelbaren Nachteile aus der Information nach § 630c Abs. 2 Satz 2 BGB für ein Straf- oder Ordnungswidrigkeitenverfahren drohen sollen.[1455] Unmittelbare Nachteile für den Behandelnden in einem Strafverfahren, die aus der Erfüllung anderer gesetzlicher Verpflichtungen, wie der Führung der Behandlungsdokumentation nach der Regelung des § 630f BGB, selbst erwachsen, sind demnach auch nach der Gesetzesbegründung nicht erfasst. Damit können Informationen, die nicht auf die Erfüllung der Informationspflicht des § 630c Abs. 2 Satz 2 BGB zurückgehen, grundsätzlich zum Gegenstand der Beweiswürdigung und Urteilsfindung gemacht werden. Eine Sperrung der Verwertung im Hauptverfahren kann allerdings dann in Frage kommen, wenn dem Verwendungsverbot eine Frühwirkung bzw. Fernwirkung[1456] zukommt und die Beweiserhebung und Verwertung auf die Informationserteilung durch den Behandelnden nach § 630c Abs. 2 Satz 2 BGB zurückgeht. Dies wäre beispielsweise dann der Fall, wenn die vom Behandelnden geführte Patientenakte einzig auf Grundlage einer nicht verwertbaren Auskunft des Behandelnden gegenüber dem Patienten sichergestellt wurde.

Ermittlungsverfahren

Im Hinblick auf die Frage der Frühwirkung bzw. Fernwirkung ist zunächst die Reichweite des Verwendungsverbots des § 630c Abs. 2 Satz 3 BGB im Ermittlungsverfahren von Bedeutung. Darüber hinaus geht es um die Frage, ob Informationen zur Erfüllung der Verpflichtung aus § 630c Abs. 2 Satz 3 BGB zur Begründung eines Anfangsverdachtes und damit zur Eröffnung eines Ermittlungsverfahrens verwendet werden können. In der Literatur wird unter dem Begriff der Frühwirkung diskutiert, ob eine gesperrte Information zur Bildung eines Anfangsverdachts im Sinne von § 152 Abs. 2 StPO herangezogen werden kann.[1457] Dies betrifft damit einen Zeitraum vor Eröffnung eines förmlichen Ermittlungsverfahrens durch die Strafverfolgungsbehörden. Unter dem

1454 Regierungsentwurf, BT-Drs. 17/10488, S. 26.

1455 Regierungsentwurf, BT-Drs. 17/10488, S. 22.

1456 Dazu sogleich.

1457 Hengstenberg, Die Frühwirkung der Verwertungsverbote, S. 21.; Schumacher, Nemo Tenetur, S. 223.

Begriff der Fernwirkung wird dagegen zumeist diskutiert, ob die Verwertung von Beweismitteln gesperrt ist, zu denen die Selbstbelastung als Spurenansatz den Weg gewiesen hat.[1458]

Diese terminologische Unterscheidung erscheint wenig zielführend. Schließlich geht es im Kern darum, ob unter ein Beweisverbot fallende Informationen vor dem Stadium des Hauptverfahrens von den staatlichen Strafverfolgungsbehörden in irgendeiner Weise verwendet werden können. Denn wenn Informationen als Ermittlungsansatz dienen dürften, „ergibt sich daraus zwingend, dass auch Beweise verwertet werden dürfen, die sich aus zulässigen Ermittlungen ergeben, die an der ‚Information nach Satz 2' ansetzen."[1459]

Die sachliche Reichweite des Verwendungsverbotes des § 630c Abs. 2 Satz 3 BGB im Ermittlungsverfahren sowie im Stadium der sog. Vorermittlung[1460] ist umstritten.

Teils wird vertreten, der Wortlaut „in einem gegen den Behandelnden oder gegen seinen Angehörigen geführten Straf- oder Bußgeldverfahren" verdeutliche, dass die Information zur Begründung eines Anfangsverdacht herangezogenen werden dürfe, weil dieser der Eröffnung eines Strafverfahrens zeitlich vorgelagert ist.[1461] Noch restriktiver wird zum Teil vertreten, dass der Wortlaut „zu Beweiszwecken" die Verwendung der Information des § 630c Abs. 2 Satz 2 BGB lediglich für die Urteilsfindung ausschließe, mithin die Verwendung als Ermittlungsansatz zulässig sei.[1462] Daneben wird das rechtspolitische Argument gestellt, es könne nicht im Sinne des Gesetzgebers gewesen sein, dass durch die Fehleroffenbarung ein Ermittlungsverfahren lahmgelegt und der Behandelnde es damit selbst in der Hand habe, die strafrechtliche Verfolgung seiner Person durch Offenbaren belastender Informationen zu verhindern.[1463]

Dieser Ansicht wird im Schrifttum entgegengehalten, der Wortlaut des § 630c Abs. 2 Satz 3 BGB dürfe nicht unreflektiert überinterpretiert werden.[1464] Ob der Gesetzgeber die Formulierung „zu Beweiszwecken" auf den

1458 Gössel, in: LR-StPO, 27. Aufl., Einl. L, Rn. 172; Hengstenberg, Die Frühwirkung der Verwertungsverbote, S. 21.; Schumacher, Nemo Tenetur, S. 223.

1459 Frister/Wostry, in: AG-Medizinrecht, S. 53, 64.

1460 Ausführlich bei Peters, in: MüKo-StPO, 1. Aufl., § 152 StPO, Rn. 62 ff.

1461 Rogall, in: FS Beulke, S. 973, 977; Ruppert, HRRS 2015, 448, 454.

1462 Ruppert, HRRS 2015, 448, 450.

1463 Kett-Straub/Sipos-Lay, MedR 2014, 867, 872; vgl. auch Schelling/Warntjen, MedR 2012, 506, 509; Ruppert, HRRS 2015, 448, 452.

1464 Rehborn/Gescher, in: Erman, BGB, § 630c, Rn. 29.

„außerstrafprozessualen Bereich" übertragen wollte, sei mangels entsprechender Anhaltspunkte zweifelhaft.[1465] Wegen der vergleichbaren Interessenlage zur Regelung in § 97 Abs. 1 Satz 3 InsO, die zumindest die Verwendung der Auskunft bereits als Spurenansatz ausschließt, könne für die Information nach § 630c Abs. 2 Satz 2 BGB nichts anderes gelten.[1466]

Eigene Stellungnahme

Für die Frage der sachlichen Reichweite des Beweisverbotes des § 630c Abs. 2 Satz 3 BGB ist nach der hier vertretenen Auffassung für sich genommen nicht maßgeblich, ob die Regelung als Verwertungs- oder Verwendungsverbot eingeordnet wird. Vielmehr ist entscheidend, wie die Regelung – gegebenenfalls auch im Lichte des Grundgesetzes verfassungskonform – auszulegen ist. Hierbei bilden der Wortlaut und erkennbare Wille des Gesetzgebers die Auslegungsgrenze.[1467]

Der Wortlaut des § 630c Abs. 2 Satz 3 BGB ist für die Beantwortung der Frage, ob das Verwendungsverbot auch das Ermittlungsverfahren erfasst, nicht eindeutig. Die Wendung „zu Beweiszwecken" ist für sich genommen nicht so bestimmt, dass sich daraus eine Beschränkung auf das Hauptverfahren zur Beweiswürdigung und Urteilsbegründung ergibt und damit der Wortlaut einer weitergehenden Auslegung von vornherein verschlossen wäre.[1468] Schließlich diente die Verwendung der vom Behandelnden erteilten Information als Spurenansatz oder zur Begründung eines Tatverdachts mit Blick auf die Anordnung von Ermittlungsmaßnahmen, wie einer Durchsuchung oder Beschlagnahme, final der Erhebung und Verwertung von Beweismitteln und damit zu Beweiszwecken.[1469] Nach allgemeinem Sprachverständnis kann aus den Wörtern „zu Beweiszwecken" damit keine Beschränkung der Verwendungsregel auf das Stadium des Hauptverfahrens abgeleitet werden. Auch das *BVerfG* hatte in einer Entscheidung im Jahr 2004 die Verwendungsregelung des § 100d Abs. 5 Satz 2 StPO a. F. im Rahmen der verfassungsrechtlichen Überprüfung des sog. „großen Lauschangriffs" nach §§ 100c ff. StPO a. F. trotz des dort enthaltenen Wortlauts „zu Beweiszwecken" so ausgelegt, dass diese auch die Verwendung als Spurenansatz

1465 Schumacher, Nemo tenetur, 2018, S. 220.

1466 Spickhoff, JZ 2015, 15, 17; ders., in: Spickhoff, Medizinrecht, 3. Aufl., § 630c BGB, Rn. 24.

1467 BVerfGE 95, 64, 93; 99, 341, 358; 101, 312, 329; 138, 64, 93.

1468 Vgl. Schumacher, nemo tentur, 2018, S. 221.

1469 Vgl. Eisenberg, Beweisrecht, 10. Aufl. 2017, Rn. 715.

erfasst.[1470] In der entsprechenden Neufassung des § 100f Abs. 5 StPO[1471] zur Umsetzung dieses Urteils des *BVerfG* gab der Gesetzeber die Formulierung „zu Beweiszwecken“ dann auf, um damit von einer Begrenzung zu Beweiszwecken „abzusehen“.[1472] Mittlerweile könnte sich jedoch ein allgemein einheitliches Verständnis des Wortlauts seitens des Gesetzgebers und der Rechtsprechung herausgebildet haben. So sprechen der Wortlaut der §§ 161 Abs. 2 und 477 Abs. StPO, die ebenfalls die Wendung „zu Beweiszwecken“ unter Berücksichtigung ihrer Gesetzesbegründungen, wonach die Beschränkungen nicht greifen, soweit die Verwendung „nicht zu Beweiszwecken, sondern etwa als weiterer Ermittlungsansatz (Spurenansatz)“ erfolgen soll,[1473] für eine Begrenzung auf die Beweiswürdigung und Urteilsfindung. Auch das *BVerfG* selbst nutzte im Anschluss an die Entscheidung aus dem Jahr 2004 zum „großen Lauschangriff“[1474] die Wendung „zu Beweiszwecken“ nunmehr in solch einschränkender Weise.[1475]

Für eine am gesetzgeberischen Willen orientierte historische Auslegung der Verwendungsregelung des § 630c Abs. 2 Satz 3 BGB gibt es keinerlei tragfähige Anknüpfungspunkte. Anders als bei §§ 161 Abs. 2 und 477 Abs. 2 StPO enthalten die Gesetzesmaterialien zu § 630c Abs. 2 Satz 3 BGB eine klarstellende Erläuterung des Wortlauts „zu Beweiszwecken“ nicht. Insoweit verbleibt unklar, ob es sich um ein redaktionelles gesetzgeberisches Versehen handelt oder die Beschränkung des Verwendungsverbotes auf Beweiswürdigung und Urteilsbegründung von Seiten des Gesetzgebers intendiert war.

Aus systematischen Überlegungen heraus spricht für ein redaktionelles Versehen des Gesetzgebers bei der Fassung des § 630c Abs. 2 Satz 3 BGB zunächst der Vergleich zu § 97 Abs. 1 Satz 3 InsO, der unter Verweis auf den Gemeinschuldnerbeschluss die Selbstbelastungsfreiheit gewährleisten soll und das dort enthaltende Verwendungsverbot nicht nur auf die Beweiswürdigung im Hauptverfahren und die Urteilsfindung verkürzt.[1476]

1470 BVerfGE 109, 279, 377.

1471 Überholte Fassung des Gesetzes zur Umsetzung des Urteils des Bundesverfassungsgerichts vom 3. März 2004 (akustische Wohnraumüberwachung) vom 24. Juni 2005, BGBl. I (2005), S. 1841.

1472 BT-Drs. 15/4533, S. 18, 20.

1473 BT-Drs. 16/5846, S. 64, 66.

1474 BVerfGE 109, 279.

1475 BVerfGE 141, 220, 337; BVerfG (3. Kammer 2. Senat), NJW 2005, 2766 mit Verweis auf BGH, NStZ 1998, 426, 427.

1476 BT-Drs. 12/2443, S. 141; 12/7302, S. 166.

Dem kann aus verfassungsrechtlichen Gesichtspunkten nicht entgegengehalten werden, § 630c Abs. 2 Satz 3 BGB wolle mit einem Beweisverbot, das sich auf die Verwendung in der Beweiswürdigung und Urteilsfindung beschränkt, lediglich die verfassungsrechtlichen Mindestvorgaben des Gemeinschuldnerbeschlusses umsetzen. Denn auf die verfassungsrechtlich gebotene sachliche Reichweite bzw. den Umfang eines Verwertungsverbotes zur Gewährleistung der Selbstbelastungsfreiheit geht das *BVerfG* in seiner Entscheidung aus dem Jahr 1981 gerade nicht detailliert ein.[1477] Das *BVerfG* macht zwar in seinem Beschluss mit Verweis darauf, dass sich die Konkursordnung damit begnüge, „die Aussagepflicht des Gemeinschuldners anzuordnen und deren Erzwingung zu regeln, ohne gleichzeitig ein strafrechtliches Verwertungsverbot vorzusehen", deutlich, „[d]ie insoweit bestehende Lücke zu schließen, oblieg[e] grundsätzlich dem Gesetzgeber, zumal nur er das Verwertungsverbot näher ausgestalten und durch Offenbarungsverbote absichern [könne]."[1478] Das Gericht betont aber zugleich, dass es seine Aufgabe darin sieht „Gesetzeslücken bis zu seiner Neuregelung durch den Gesetzgeber in möglichst enger Anlehnung an das geltende Recht und unter Rückgriff auf die unmittelbar geltenden Vorschriften der Verfassung zu schließen", wenn sich „eine aus vorkonstitutioneller Zeit überkommene Regelung aus verfassungsrechtlichen Gründen als ergänzungsbedürftig [erweist]."[1479] Das *BVerfG* hatte keine Bedenken, die Konkursordnung im Wege der ergänzenden Auslegung um ein Verwertungsverbot zu erweitern, das die nach der Konkursordnung bestehende Aussagepflicht und deren Erzwingbarkeit unberührt lässt.[1480] Das *BVerfG* betont dabei: „Diese Ergänzung lehnt sich an die in § 136a StPO und in § 393 Abs. 2 AO bereits vorgesehenen Verwertungsverbote an und steht im Einklang damit, da[ss] dem Gemeinschuldner in einem strafrechtlichen Verfahren wegen begangener Konkursdelikte ohnehin ein Schweigerecht zusteht."[1481] Eine Begrenzung des ergänzten Verwertungsverbotes auf das Hauptverfahren und die Beweiswürdigung und damit die Möglichkeit, durch Aussage der Verpflichteten erlangte Erkenntnisse als Spurenansatz im Ermittlungsverfahren verwenden zu können, kann daraus nicht entnommen werden. Das gilt nach dem insoweit unmissverständlichen Wortlaut und der Gesetzesbegründung[1482] für das Beweisverbot des § 393 Abs. 2 AO mit der

1477 Siehe oben unter 5.3.2.
1478 BVerfGE 56, 37, 51.
1479 BVerfGE 56, 37, 51.
1480 BVerfGE 56, 37, 51 f.
1481 BVerfGE 56, 37, 52.
1482 BT-Drs. 6/1982, S. 198, 7/79, 93.

Beschränkung auf Straftaten, die keine Steuerstraftaten sind und an deren Verfolgung kein zwingendes öffentliches Interesse besteht (§ 393 Abs. 2 Satz 2 i. V. m. § 30 Abs. 4 Nr. 5 AO),[1483] weswegen das *BVerfG* in Bezug auf § 393 AO von einem begrenzten strafrechtlichen Verwertungsverbot spricht.[1484] Mit Blick auf § 136a StPO besteht das Verwertungsverbot des § 136a Abs. 3 Satz 2 StPO nach Schrifttum[1485] und Rechtsprechung[1486] für jedes Verfahren bzw. jeden Verfahrensabschnitt, in dem der Inhalt der gesetzeswidrig erlangten Aussage als Beweismittel für eine Entscheidung verwendet wird. Gleichwohl lehnte der *5. Strafsenat des BGH* eine Fernwirkung[1487] des Verwertungsverbotes grundsätzlich ab.[1488] Im Schrifttum ist diese Beschränkung der Reichweite des Verwertungsverbotes des § 136a Abs. StPO insbesondere mit Verweis auf dessen Absolutheit zu Recht auf ganz erhebliche Kritik gestoßen;[1489] sind es vor allem im Kern rechtspolitische Argumente, die die Rechtsprechung des *BGH* tragen.[1490] Jedenfalls kann dem aus der Rechts- und Kriminalpolitik gründenden Argument der Funktionsfähigkeit der Strafrechtspflege, welches regelmäßig generell gegen die Annahme strafrechtlicher Verwertungsverbote ins Feld geführt wird,[1491] entgegengehalten werden, dass die prozessuale Wahrheitsfindung durch die Anforderungen an die justizförmige Weise des Zustandekommens von Beweismitteln und die Aussage- und Mitwirkungsfreiheit gefördert wird. Denn besonders unzuverlässiges Material soll als Grundlage richterlicher Überzeugungsbildung ausgeschlossen und möglichst schon dessen Zustandekommen verhindert werden. Dies wird auch durch das Verwertungsverbot abgesichert.[1492] Auch steht die verfassungsrechtlich garantierte Rechtsposition, die durch § 136a StPO ihre

---

1483 Siehe oben unter 5.2.3.2.

1484 BVerfGE 56, 37, 47.

1485 Eisenberg, Beweisrecht, Rn. 712.

1486 BGH, NStZ 2005, 393; NZWiSt 2013, 394, 395.

1487 Also die Frage, ob solche Beweismittel verwertet werden dürfen, die erst aufgrund der durch die unerlaubte Methode gewonnenen Aussage erlangt oder bekannt geworden sind.

1488 BGHSt 34, 362, 364; nachfolgende BGH-Entscheidungen, beispielsweise BGHSt 55, 314, betreffen soweit ersichtlich dagegen Fragen der Fortwirkung verbotener Vernehmungsmethoden und die Anwendbarkeit des § 136a StPO generell, nicht dagegen die Fernwirkung im oben genannten Sinn.

1489 Grünwald, StV 1987, 470; Fezer, JZ 1987, 937.

1490 Wagner, NStZ 1989, 34 f.

1491 So beispielsweise BVerfGE 33, 367, 383, 46, 214, 222.

1492 Schuhr, in: MüKo-StPO, Vor § 133 ff, Rn. 77 m. w. N.

einfachgesetzliche Ausprägung erfahren hat, bereits einer Abwägung und Relativierung entgegen.[1493] § 136a Abs. 1 und 2 StPO sichern die Willensbildung des Beschuldigten, das heißt sein Vermögen, eigenverantwortliche Handlungsentscheidungen (über seine Mitwirkung) zu treffen. Der Beschuldigte soll davor bewahrt werden, dass er gegen seinen Willen zu Aussagen überhaupt oder zu bestimmten Aussagen oder zu anderen prozessualen Erklärungen genötigt wird.[1494] Dies gehört zum Kernbestand der Subjektstellung des Beschuldigten im Strafverfahren. § 136a StPO ist daher eine strafverfahrensrechtliche Ausprägung des durch Art. 1 Abs. 1 GG geschützten Achtungsanspruchs des Beschuldigten als Mensch.[1495] Zu Recht wird daher im Schrifttum vertreten, dass eine dem Staat zurechenbare Aufhebung oder Beeinträchtigung der Aussage- bzw. Mitwirkungsfreiheit durch ein umfassendes Verwendungsverbot kompensiert werden muss.[1496]

Der Gesetzgeber selbst sah sich bei Schaffung des § 97 InsO[1497] unter Berufung auf den Gemeinschuldnerbeschluss veranlasst, ein weitgehendes strafrechtliches Verwertungsverbot aufzunehmen, das alle Verfahrensabschnitte erfasst und die Verwertung als Spurenansatz ausschließt. Denn bereits in der Gesetzesbegründung zum Regierungsentwurf zur Insolvenzordnung aus dem Jahr 1992 heißt es: „Der Grundsatz der Auskunftspflicht ist in Absatz 1 Satz 1 in Anlehnung an § 100 KO geregelt. Ergänzend wird klargestellt - im Anschlu[ss] an die Entscheidung des Bundesverfassungsgerichts vom 13. Januar 1981 (BVerfGE 56, 37) -, da[ss] sich die Auskunftspflicht auch auf Tatsachen erstreckt, die den Schuldner der Gefahr einer Strafverfolgung aussetzen, da[ss] insoweit allerdings ein Verbot besteht, die Auskunft ohne Zustimmung des Schuldners im Strafverfahren zu verwerten (Absatz 1 Satz 2, 3). Nach dem Sinn dieses Verbots dürfen auch solche Tatsachen nicht verwertet werden, zu denen die Auskunft den Weg gewiesen hat. Auf der anderen Seite hindert das Verbot nicht die Verwertung von Tatsachen, die der Strafverfolgungsbehörde bereits bekannt waren."[1498] Der Gesetzgeber des § 97 InsO geht damit davon aus, dass aus verfassungsrechtlichen Gründen geboten ist, die Auskunftspflicht durch ein umfassendes strafrechtliches

---

1493 Schuhr, in: MüKo-StPO, § 136a, Rn. 4; ders., NJW 3538, 3540.

1494 BGHSt 24, 125, 129.

1495 Schuhr, in: MüKo-StPO, § 136a, Rn. 3.

1496 Eisenberg, Beweisrecht, Rn. 715 ff.; Schuhr, in: MüKo-StPO, § 136a, Rn. 98; einschränkend, jedenfalls aber für Fälle von Folter Gleß, in: LR-StPO, 27. Aufl., § 136a StPO, Rn. 76.

1497 § 97 InsO entspricht §109 InsO-Entwurfsfassung.

1498 Regierungsentwurf, BT-Drs. 12/2443, S. 142.

Verwertungsverbot zu ergänzen. Der Gesetzgeber geht seiner Sicht nach dabei nicht über die Entscheidung des *BVerfG* hinaus, sondern stellt vielmehr klar, dass damit auch die mittelbare Verwertung der Auskunft vom Verwertungsverbot erfasst ist. Damit sichert der Gesetzgeber entsprechend des Gemeinschuldnerbeschlusses ab, dass die dem Interesse des Gläubigers im Insolvenzverfahren dienende unbeschränkte Auskunftspflicht des Gemeinschuldners nicht für die Strafverfolgung zweckentfremdet wird.[1499]

Dies dürfte mit Blick auf die verfassungsrechtlich geschützte Selbstbelastungsfreiheit auch für die nach dem Willen des Gesetzgebers allein dem Patienten dienende Informationspflicht des § 630c Abs. 2 Satz 2 BGB gelten. Es wäre schlichtweg nicht nachvollziehbar, wenn die staatlichen Strafverfolgungsbehörden aus der erzwingbaren Selbstbezichtigung im Rahmen der Informationspflicht des Behandelnden zu Gunsten des Patienten weitergehende Möglichkeiten erlangen als in anderen Fällen der Strafverfolgung. Unter Verweis auf die Rechtsprechung des *BVerfG* dürfte dies unverhältnismäßig und einer sachlichen Rechtfertigung verschlossen sein.[1500] Insoweit muss aus verfassungsrechtlichen Gründen auch bei § 630c Abs. 2 Satz 3 BGB von einem umfassenden Verwendungsverbot ausgegangen werden, das die mittelbare strafrechtliche Verwertung der Information des Behandelnden erfasst.

Im Übrigen würde sich der Gesetzgeber mit der restriktiven Verwendungsregelung in § 630c Abs. 2 Satz 3 BGB, die auf Beweiswürdigung und Urteilfindung beschränkt bleibt, in Widerspruch zur ebenfalls mit dem Patientenrechtegesetz eingefügten Verwendungsregelung in § 135a Abs. 3 SGB V[1501] setzen. Denn nach § 135a Abs. 3 Satz 1 SGB V dürfen Meldungen und Daten aus einrichtungsinternen und einrichtungsübergreifenden Risikomanagement- und Fehlermeldesystemen im Rechtsverkehr nicht zum Nachteil des Meldenden verwendet werden. Die Regelung soll die Meldenden vor der gegen sie selbst gerichteten Verwendung ihrer Meldungen im Rechtsverkehr schützen und damit den erforderlichen „Bewusstseinswandel im Umgang mit Fehlern und Risikosituationen

---

1499 Vgl. BVerfGE 56, 37, 50.

1500 Vgl. BVerfGE 56, 37, 50.

1501 BT-Drs. 17/11710, S. 13.

1502 Diese Regelung steht im Zusammenhang mit der Schaffung sog. einrichtungsinterner und einrichtungsübergreifender Risikomanagement- und Fehlermeldesysteme, deren Bestandteil beispielsweise die Krankenaktenanalysen, die Auswertung von patientensicherheitsrelevanten Daten der Abrechnung und der externen Qualitätssicherung, die Analyse von einrichtungsinternen Patientenschadensfällen und Erkenntnissen der Haftpflichtversicherungen sowie die Umsetzung von

in der gesundheitlichen Versorgung" unterstützen.[1503] Die Gesetzesbegründung nennt dabei beispielhaft neben arbeitsrechtlichen Sanktionen den Schutz vor einer strafrechtlichen Verfolgung oder vor Verfahren nach dem Gesetz über Ordnungswidrigkeiten.[1504] Nach Wortlaut und Gesetzesbegründung sind damit nicht nur die strafrechtliche Verwendung im Hauptverfahren zur Beweiswürdigung und Urteilsfindung ausgeschlossen, sondern zumindest auch die Nutzung als Spurenansatz und zur Begründung von Ermittlungsmaßnahmen. Darüber hinaus dürfte wegen der weitgehenden Formulierung bereits die Verwendung zur Begründung eines Anfangsverdachts vom Verwendungsverbot erfasst sein. Damit dürfte mit Blick auf ein Straf- oder Ordnungswidrigkeitenverfahren aus dem Verwendungsverbot zugleich ein Erhebungsverbot folgen, weil die Erhebung nicht verwendbarer Beweismittel unverhältnismäßig wäre.[1505] Dieses Verwendungsverbot wird von § 135a Abs. 3 Satz 2 SGB V insoweit eingeschränkt, dass dieses nicht gilt, wenn die Verwendung zur Verfolgung einer Straftat, die im Höchstmaß mit mehr als fünf Jahren Freiheitsstrafe bedroht ist und auch im Einzelfall besonders schwer wiegt, erforderlich ist und die Erforschung des Sachverhalts oder die Ermittlung des Aufenthaltsorts des Beschuldigten auf andere Weise aussichtslos oder wesentlich erschwert wäre. Die einschränkende Regelung des § 135a Abs. 3 Satz 2 SGB V zur Nutzung der Daten zur strafrechtlichen Verfolgung besonders schwerer Taten soll nach der Gesetzesbegründung dem hohen Stellenwert einer effektiven Strafverfolgung Rechnung tragen.[1506] Eine Verwendung der Informationen aus den Meldesystemen ist danach für eine strafrechtliche Verfolgung wegen fahrlässiger Tötung nach § 222 StGB, (einfacher vorsätzlicher) Körperverletzung nach § 223 StGB sowie fahrlässiger Körperverletzung nach § 229 StGB, weil diese Delikte im Höchstmaß mit einer Freiheitsstrafe von fünf Jahren bedroht sind,[1507] gänzlich ausgeschlossen. Weil die Tat nach § 135a Abs. 3 Satz 2 SGB V auch im Einzelfall besonders schwer wiegen muss, dürfte für die Qualifikationstatbestände der gefährlichen Körperverletzung

---

Fehlermeldesystemen (sogenannte Critical Incident Reporting Systems) sein können (BT-Drs. 17/10488, S. 33). Die Mindeststandards dieser Systeme werden nach § 136a Abs. 3 SGB V vom Gemeinsamen Bundesausschuss verbindlich vorgegeben.

1503 BT-Drs. 17/11710, S. 30.

1504 BT-Drs. 17/11710, S. 30.

1505 Gössel, NStZ 1998, 126; ders., in: LR-StPO, 27. Aufl., Einl. L, Rn. 197; Kudlich, in: MüKo-StPO, Einl., Rn. 487.

1506 BT-Drs. 17/11710, S. 30.

1507 Die fahrlässige Körperverletzung ist mit einer Freiheitsstrafe im Höchstmaß von 3 Jahre bedroht.

(§ 224 StGB), schweren Körperverletzung (§ 226 StGB) sowie Körperverletzung mit Todesfolge (§ 227 StGB), obwohl diese – ungeachtet minderschwerer Fälle – eine Höchststrafe von mehr als fünf Jahren vorsehen, eine Verwendung zur Strafverfolgung nur dann in Frage kommen, wenn eine Freiheitsstrafe von mehr als fünf Jahren ernstlich erwartet werden kann. Im Gegensatz dazu wären Informationen, die der Behandelnde nach § 630c Abs. 2 Satz 2 BGB dem Patienten mitteilt, unabhängig von dem in Betracht kommenden Delikt und der daraus resultierenden Straferwartung außerhalb des Hauptverfahrens einer Verwendung, insbesondere im (Vor-)Ermittlungsverfahren gegen den Offenbarenden, zugänglich, wenn dem gefolgt würde, dass der Gesetzgeber mit dem Wortlaut „zu Beweiszwecken" eine Beschränkung des Beweisverbotes wirklich intendiert haben wollte. Dieser aus der unterschiedlichen Verwendungsmöglichkeit inhaltlich deckungsgleicher Informationen resultierende Widerspruch wird dadurch verstärkt, dass der Offenbarende, der der gesetzlichen Verpflichtung zur Information gemäß § 630c Abs. 2 Satz 2 BGB unterliegt, schlechter geschützt ist, als der Offenbarende, der die Information freiwillig in einem einrichtungsinternen oder einrichtungsübergreifenden Meldesystem hinterlegt. Eine solch unterschiedliche Behandlung gegebenenfalls für den Offenbarenden strafrechtlich belastender Informationen ist mit Blick auf die verfassungsrechtlich geschützte Selbstbelastungsfreiheit nicht nachvollziehbar. Im Übrigen wird damit das kriminalpolitische Argument der Erforderlichkeit einer möglichst weitgehenden Verwendbarkeit belastender Informationen zur Gewährleistung des öffentlichen Strafverfolgungsinteresses ad absurdum geführt, wenn Informationen, die freiwillig offenbart werden, einer strafrechtlichen Verwendung weitgehend entzogen, dagegen inhaltsgleiche Behandlungsinformationen, die gesetzlich verpflichtend und erzwingbar vom Behandelnden offenbart werden müssen, einer strafrechtlichen Verwendung möglichst weitgehend zugänglich sein sollen.

Nach alldem gebieten verfassungsrechtliche Gründe zur Gewährleistung der Selbstbelastungsfreiheit eine Auslegung der Wörter „zu Beweiszwecken" i. S. d. § 630c Abs. 2 Satz 3 BGB, die auch die mittelbare Verwertung der Information des Behandelnden nach § 630c Abs. 2 Satz 2 BGB zu Beweiszwecken, beispielsweise als Spurenansatz erfasst. Danach dürfen - im Sinne einer Fernwirkung - auch solche Beweismittel strafrechtlich nicht verwertet werden, die erst aufgrund der Information erlangt oder bekannt geworden sind. Demgegenüber dürfen Tatsachen verwertet werden, die den Strafverfolgungsbehörden auch ohne die Informationserteilung des Behandelnden bereits bekannt waren oder bekannt geworden sind. Daraus folgt zugleich für die Beweiswürdigung im

Hauptverfahren, dass – wie für § 97 InsO vertreten wird[1508] – die Beweiskette in der Hauptverhandlung ohne solche Beweise gebildet werden muss, die auf Angaben des Behandelnden gegenüber dem Patienten aus der Erfüllung seiner Informationspflicht nach § 630c Abs. 2 Satz 2 BGB beruhen. Die Strafverfolgungsbehörden haben deshalb einen hiervon unabhängigen Verlauf der Beweiserhebung sicherzustellen.

Soweit allerdings vertreten wird, es habe sich mittlerweile ein allgemein einheitliches, einschränkendes Verständnis des Wortlauts „zu Beweiszwecken" seitens des Gesetzgebers und der Rechtsprechung herausgebildet, wonach mit der Wendung lediglich die Verwertung für die Urteilsfindung ausgeschlossen werde, und damit zugleich auf die Grenze verfassungskonformer Auslegung verwiesen wird, müsste jedoch von einer Verfassungswidrigkeit der § 630c Abs. 2 Satz 3 BGB ausgegangen und die Informationspflicht des § 630c Abs. 2 Satz 2 BGB durch ein unmittelbar aus der Verfassung abzuleitendes umfassendes strafrechtliches Verwertungsverbot mit Fernwirkung bis zu einer Neuregelung durch den Gesetzgeber ergänzt werden.

Mit Blick auf die Beantwortung der Frage, ob die Informationen aus § 630c Abs. 2 Satz 2 BGB ohne Zustimmung des Behandelnden zur Begründung eines Anfangsverdachtes und damit zur formellen Eröffnung eines Ermittlungsverfahrens gegen den Behandelnden verwendet werden dürfen, kann nichts anderes gelten. Das formalistische Argument mit Verweis auf den Wortlaut des § 630c Abs. 2 Satz 3 BGB „in einem gegen den Behandelnden […] geführten Straf- oder Bußgeldverfahren", wonach die Bildung eines Anfangsverdachts dem Ermittlungsverfahren vorgelagert sei und das Beweisverbot daher nicht zur Anwendung kommen könne,[1509] trägt nicht. Schließlich ist das sog. Vorermittlungsverfahren bereits als formale Vorstufe zu einem Ermittlungsverfahren anerkannt. Entsprechend ist auch hier der Wortlaut des § 630c Abs. 2 Satz 3 BGB verfassungskonform auszulegen. Denn es wäre unverhältnismäßig und daher mit den rechtsstaatlichen Prinzipien unvereinbar mittels im Ermittlungsverfahren unverwertbarer Erkenntnisse zunächst ein solches Ermittlungsverfahren formell zu eröffnen, es dann allerdings nicht weiterbetreiben zu können, ohne auf unverwertbare Angaben des Behandelnden zurückzugreifen. Dagegen kann nicht eingewendet werden, das Aufnehmen eines Strafverfahrens würde blockiert und

---

1508 Bader, NZI 2009, 416, 419; Bömelburg, Der Selbstbelastungszwang im Insolvenzverfahren, S. 124 f.

1509 So Rogall, in: FS Beulke, 2015, S. 973, 977; Ruppert, HRRS 2015, 448, 454; Schumacher, Nemo tenetur, S. 240 f.

der Behandelnde „quasi straflos gestellt".[1510] Denn die Eröffnung des Strafverfahrens wird nur insoweit ausgeschlossen, als hierbei Erkenntnisse verwendet werden, die unmittelbar oder mittelbar auf den Angaben des Behandelnden zur Erfüllung seiner Informationspflicht nach § 630c Abs. 2 Satz 2 BGB beruhen. Denn nur insoweit ist die Selbstbelastungsfreiheit des Behandelnden durch die Informationsverpflichtung des § 630c Abs. 2 Satz 2 BGB betroffen. Damit kann davon gesprochen werden, dass dem Beweisverbot des § 630c Abs. 2 Satz 3 BGB auch eine Frühwirkung zukommt. Soweit also ein Anzeigeerstatter aufgrund einer Kenntnisnahme unverwertbarer Erklärungen des Behandelnden den Verdacht strafbaren Verhaltens des Behandelnden schöpft, ist die Verwendung der Anzeige den Strafverfolgungsbehörden zur Begründung eines Anfangsverdachts und Einleitung eines Strafverfahrens gegen den Behandelnden untersagt.[1511] Entsprechendes gilt für die in Dokumenten niedergelegte Erklärung des Behandelnden. Dagegen bleiben andere Erkenntnisquellen, die nicht auf der Verpflichtung des § 630c Abs. 2 Satz 2 BGB fußen, grundsätzlich einer strafrechtlichen Verwertung zugänglich, soweit nicht die Angaben des Behandelnden selbst den Weg dorthin gewiesen haben. Verwertbar sind damit auch für die Begründung eines Anfangsverdachts insbesondere die von Dritter Seite oder durch Sicherstellung in die Hände der Strafverfolgungsbehörden gelangten Patientenunterlagen sowie die mündlichen oder schriftlich nieder gelegten Bewertungen des Behandlungsgeschehens durch Dritte.[1512]

5.4.2 Personelle Reichweite des Beweisverbots

Das auf die behandlungsvertragliche Informationspflicht des § 630c Abs. 2 Satz 2 BGB verweisende Beweisverbot des § 630c Abs. 2 Satz 3 BGB erfasst in personeller Sicht nach seinem Wortlaut und dem Sinn und Zweck der Regelung ausschließlich den Behandelnden und seine in § 52 Abs.1 StPO bezeichneten Angehörigen soweit diese an der (Vor-) Behandlung beteiligt waren, auf die die Informationserteilung nach § 630c Abs. 2 Satz 2 BGB Bezug nimmt. Denn das Bestehen des Beweisverbotes kann kaum davon abhängen, dass zunächst positiv festgestellt ist, dass dem Behandelnden oder einem seiner Angehörigen ein Behandlungsfehler unterlaufen ist. Weil das Beweisverbot des § 630c Abs. 2 Satz 3 BGB nach seinem insoweit eindeutigen Wortlaut nur das

1510 So aber Schumacher, Nemo tenetur, S. 242.

1511 So auch mit Blick auf § 97 InsO Richter, wistra 2000, 1, 5.

1512 So auch Richter, wistra, 2000, 1, 4 f. zur Frage der Verwertbarkeit von Geschäftsunterlagen mit Blick auf § 97 InsO.

Straf- oder Bußgeldverfahren erfasst, welches gegen den Behandelnden oder seine Angehörigen geführt wird, kann die Information des Behandelnden auch ohne dessen Zustimmung in Verfahren gegen andere Behandelnde oder sonstige Dritte verwendet werden. Dies bedeutet, dass die Information des Behandelnden beispielsweise ohne Weiteres in einem Strafverfahren gegen einen Patienten des Behandelnden wegen übler Nachrede (§ 186 StGB) oder falscher Verdächtigung (§ 164 StGB) verwendet werden kann, der öffentlich behauptet, dem Behandelnden sei ein Behandlungsfehler unterlaufen. Zugleich sind die Strafverfolgungsbehörden gezwungen, ein gegen mehrere Behandelnde verbunden geführtes Strafverfahren zu trennen oder von Beginn an getrennt zu führen, wenn in einem Behandlungsgeschehen, wie nicht selten, mehrere Behandelnde involviert sind und die Information eines Behandelnden nach § 630c Abs. 2 BGB gegen den und die anderen Behandelnden zulässigerweise Verwendung finden soll. Freilich gilt dies nur dann, wenn die Behandelnden untereinander nicht in einem Angehörigenverhältnis i. S. d. § 52 Abs. 1 StPO stehen.

Nach der Legaldefinition des § 630a Abs. 1 BGB ist Behandelnder derjenige, der die Behandlung zusagt. Es kommt nach dieser Defintion des Behandelnden nicht darauf an, wer tatsächlich die Heilbehandlung des Patienten durchführt, sondern nur zwischen wem der Behandlungsvertrag geschlossen ist. Wird diese Legaldefinition des Behandelnden für die Anwendung des § 630c Abs. 2 Satz 3 BGB zu Grunde gelegt, wäre durch das Beweisverbot des § 630c Abs. 2 Satz 3 BGB ausschließlich der vertragliche Behandelnde geschützt, soweit dieser vertraglich zur Informationserteilung nach § 630c Abs. 2 Satz 2 BGB verpflichtet ist – nicht dagegen der tatsächliche Behandelnde. Konkret bedeutete dies, dass die Information nach § 630c Abs. 2 Satz 2 BGB in einem gegen den Krankenhausträger geführten Bußgeldverfahren nur mit dessen Zustimmung verwendet werden könnte. Zugleich wären die tatsächlichen Behandelnden (Ärzte oder anderes Klinikpersonal), die mit dem Patienten jedenfalls im Bereich der stationären Krankenhausversorgung in der Regel nicht in einer behandlungsvertraglichen Beziehung stehen, vom Beweisverbot nicht erfasst. In einem gegen die tatsächlichen Behandelnden geführten Straf- oder Bußgeldverfahren könnte deren Informationen uneingeschränkt gegen sie verwendet werden, selbst wenn die Erfüllung der Informationspflicht des § 630c Abs. 2 Satz 2 BGB durch den Krankenhausträger delegiert wurde und sie als dessen Erfüllungsgehilfe handeln.[1513] In einem Verfahren gegen den Krankenhausträger wären die Informationen der tatsächlichen Behandelnden, jedenfalls sofern sie als Erfüllungsgehilfen des

1513 So auch: Hegerfeld, Ärztliche Aufklärungs- und Informationspflichten, S. 349.

Krankenhausträgers handeln, dagegen gesperrt. Soweit tatsächlicher Behandelnder und vertraglicher Behandelnder auseinanderfallen, was insbesondere im stationären Bereich die Regel sein dürfte, aber auch im ambulanten Bereich zunehmende Realität wird, stünden damit die nur tatsächlichen Behandelnden im Hinblick auf die straf- und ordnungsrechtliche Verwertung der durch sie erteilten Informationen verfahrensrechtlich schlechter als die vertraglichen Behandelnden, selbst wenn diese keinen Anteil der tatsächlichen Behandlung übernehmen. Es stellt sich daher die Frage nach der analogen Anwendung des § 630c Abs. 2 Satz 3 BGB auf die tatsächlichen Behandelnden als Erfüllungsgehilfen des vertraglichen Behandelnden.

5.4.2.1 Analoge Anwendung des Verwendungsverbotes auf tatsächliche Behandelnde

Mit Blick auf die analoge Anwendung des Verwendungsverbotes auf die tatsächlichen Behandelnden ist das Bestehen einer für die Analogie vorauszusetzenden vergleichbaren Interessenlage offenkundig.[1514] Der Gesetzgeber stellt in der Gesetzesbegründung auf das „Interesse des Behandelnden am Schutz seiner Person“[1515] ab und beabsichtigte mit dem Beweisverbot des § 630c Abs. 2 Satz 3 BGB „unter Beachtung des nemo-tenetur-Grundsatzes [zu gewährleisten], dass dem Behandelnden aus der Offenbarung eigener Fehler, die gegebenenfalls strafrechtlich oder auch aus der Sicht des Ordnungswidrigkeitenrechts relevant sein können, keine unmittelbaren strafrechtlichen oder ordnungswidrigkeitsrechtlichen Nachteile erwachsen.“[1516] Strafrechtliche Nachteile können jedoch gerade den tatsächlichen Behandelnden, der als Erfüllungsgehilfe des vertraglichen Behandelnden den Patienten nach § 630 Abs. 2 Satz 2 BGB informiert, treffen. Handelt es sich bei dem vertraglichen Behandelnden um eine juristische Person, beispielsweise den Träger eines Krankenhauses oder eines MVZ, können diesen allenfalls ordnungswidrigkeitenrechtliche Nachteile im Zusammenhang mit einem Behandlungsfehler treffen. Insoweit hat der tatsächliche Behandelnde, wenn es sich nicht nur um organisatorische Abläufe, sondern im Kern um den medizinischen Behandlungsverlauf handelt, nicht nur eine größere Nähe zum Behandlungsgeschehen und damit zu einem etwaigen Fehler, sondern gerade er benötigt den Schutz seiner Person vor unmittelbar

1514 Vgl. Hegerfeld, Ärztliche Aufklärungs- und Informationspflichten, S. 352.
1515 Regierungsentwurf, BT-Drs. 17/10488, S. 21.
1516 Regierungsentwurf, BT-Drs. 17/10488, S. 22.

strafrechtlichen Nachteilen, den der Gesetzgeber mit dem Beweisverbot zu gewährleisten gedenkt. Darüber hinaus ist es nicht einzusehen, warum der tatsächliche Behandelnde, der nicht Partei des Behandlungsvertrages ist, schlechter geschützt sein soll, als der vertragliche Behandelnde, der auch die tatsächliche Behandlung übernimmt. Soweit es um die Erfüllung der Informationsverpflichtung des § 630c Abs. 2 Satz 3 BGB geht, kann der Schutz der Person und die Gewährleistung der Selbstbelastungsfreiheit nicht davon abhängen, ob der Informierende eine vertragliche Bindung mit dem Patienten hat. Richtig ist zwar, dass der tatsächliche Behandelnde, der nicht selbst Vertragspartei ist, der vertraglichen Informationspflicht des § 630c Abs. 2 Satz 2 BGB nicht unterliegt. Gleichwohl könnte versucht werden, diese Informationspflicht gegenüber dem Patienten auf den tatsächlichen Behandelnden im Rahmen des Anstellungsverhältnisses zum vertraglichen Behandelnden zu delegieren. Dies wird für den vertraglichen Behandelnden deswegen regelmäßig sinnvoll sein, weil der tatsächliche Behandelnde eine größere Nähe zum Behandlungsverlauf hat und diesem daher die Erfüllung behandlungsbezogener Informationspflichten mit geringerem zeitlichen Aufwand möglich ist, als dem vertraglichen Behandelnden, beispielsweise in Form eines Vertreters bzw. Organs der juristischen Person, wenn es um den Träger eines Krankenhauses oder MVZ geht.

Darüber hinaus müsste mit Blick auf tatsächliche Behandelnde, die als Erfüllungsgehilfen des vertraglichen Behandelnden auftreten, eine planwidrige Unvollständigkeit des Beweisverbots nach § 630c Abs. 2 Satz 3 BGB vorliegen. Die Kodifizierung des Behandlungsvertragsrechts in das BGB stellt eine bewusste gesetzgeberische Konzeption mit dem Willen dar, die Eigenständigkeit außerbehandlungsvertraglicher Regelungen unangetastet zu lassen.[1517] Der Gesetzgeber hat dabei erkannt, dass in § 630a Abs. 1 BGB nicht bestimmt wird, wer die Behandlung in Person durchführt. „Die Norm regelt nur, dass die eine Vertragspartei als vertragscharakteristische Leistung eine medizinische Behandlung zusagt. Diese Person wird in den Vorschriften als Behandelnder bezeichnet." Der Gesetzgeber hat dabei auch erkannt, dass der „die Behandlung Zusagende und der die Behandlung tatsächlich Durchführende identisch sein [können], [es jedoch nicht sein] müssen." Es wird in der Gesetzesbegründung klargestellt, dass es auch weiterhin möglich sein soll, dass der die Behandlung Zusagende im Sinne des § 630a Abs. 1 BGB und der die Behandlung tatsächlich Durchführende personenverschieden sind.[1518] Beispielhaft führt die Gesetzesbegründung

1517 Regierungsentwurf, BT-Drs. 17/10488, S. 17.
1518 Regierungsentwurf, BT-Drs. 17/10488, S. 18.

Praxisgemeinschaften,[1519] Medizinische Versorgungszentren und Krankenhäuser an, die eine Behandlung zusagen und ihrerseits „Behandelne“[1520] bereit stellen, die die Behandlungsleistung als Erfüllungsgehilfen für sie erbringen.[1521] Der Gesetzgeber war sich also im Grundsatz des Bestehens sog. 3-Personen-Konstellationen[1522] (vertraglicher Behandelnder, tatsächlich Behandelnder und Patient) im Rahmen des Behandlungsverhältnisses bewusst. Daraus kann jedoch nicht der Schluss gezogen werden, dass sich der Gesetzgeber der hier in Frage stehenden Unvollständigkeit des § 630c Abs. 2 Satz 3 BGB in diesen 3-Personen-Konstellationen bewusst war. *Hegerfeld* weist darauf hin, dass diese Unvollständigkeit, soweit eine Planwidrigkeit abgelehnt wird, bereits nach der Gesetzesbegründung die Verfassungswidrigkeit der Informationspflicht nach § 630c Abs. 2 Satz 2 BGB in 3-Personen-Konstellationen nahelegt,[1523] weil mit dem Beweisverbot des § 630c Abs. 2 Satz 3 BGB der nemo-tenetur-Grundsatz gewährleistet werden soll.[1524] Diese Annahme beruht darauf, dass nach dem Gemeinschuldnerbeschluss des *BVerfG* eine nachkonstitutionelle Informationspflicht mit Selbstbelastungstendenz zur Gewährleistung der verfassungsrechtlich geschützten Selbstbelastungsfreiheit und damit zur Wahrung ihrer Verfassungsmäßigkeit mit einem Verwertungsverbot im Hinblick auf das Strafverfahren verbunden sein muss.[1525] Wobei hier jedoch zu berücksichtigen ist, dass die Informationspflicht des § 630c Abs. 2 Satz 2 BGB unmittelbar nur den vertraglichen Behandelnden betrifft.

Dies wirft die Frage auf, ob die Delegation der Erfüllung der Informationspflicht auf den tatsächlichen Behandelnden überhaupt zulässig ist, weil nur dann eine – wenn auch nur abgeleitete – Pflicht zur Informationserteilung vorliegt, die die Selbstbelastungsfreiheit des tatsächlichen Behandelnden berührt.

Hegerfeld vertritt die Auffassung, dass der tatsächliche Behandelnde einer Weisung des vertraglichen Behandelnden auch unter arbeitsvertraglichen Gesichtspunkten nicht nachkommen müsse. Die Informationspflicht des

---

1519 Gemeint ist dabei wohl eine Gemeinschaftspraxis i. S. einer Berufsausübungsgemeinschaft und nicht eine Praxisgemeinschaft, bei der lediglich ein Shared-Facility-Vertrag zwischen den ärztlichen Gesellschaftern geschlossen wird.

1520 So wörtlich in der Gesetzesbegründung.

1521 Regierungsentwurf, BT-Drs. 17/10488, S. 18.

1522 Hegerfeld, Ärztliche Aufklärungs- und Informationspflichten, S. 349 f.

1523 Hegerfeld, Ärztliche Aufklärungs- und Informationspflichten, S. 351 f.

1524 Regierungsentwurf, BT-Drs. 17/10488, S. 22.

1525 BVerfGE 56, 37, 51 f.

§ 630c Abs. 2 Satz 3 BGB liefe damit in 3-Personen-Konstellationen, insbesondere im Krankenhausbereich, im Ergebnis „ins Leere", was vom Gesetzgeber nicht beabsichtigt gewesen sein könne.[1526]

Eine Delegation der Informationsverpflichtung auf den tatsächlichen Behandelnden, der regelmäßig Arbeitnehmer des vertraglichen Behandelnden sein dürfte (beispielsweise ein im Krankenhaus angestellter Arzt), könnte der arbeitgeberseitigen Fürsorgepflicht widersprechen. Arbeitgeber und Arbeitnehmer treffen im Arbeitsverhältnis kraft ausdrücklicher gesetzlicher Regelung sowie kraft allgemeiner Grundsätze eine Vielzahl arbeitsvertraglicher Nebenpflichten.[1527] Die Fürsorgepflicht stellt dabei eine der wichtigsten Nebenpflicht des Arbeitgebers dar. Sie ist Ausfluss der in § 241 Abs. 2 BGB normierten Verpflichtung, im Schuldverhältnis auf die Rechte, Rechtsgüter und Interessen des anderen Teils Rücksicht zu nehmen. Daher darf ein Arbeitgeber dem Arbeitnehmer nicht grundlos Nachteile zufügen oder ihn der Gefahr eines Schadens aussetzen.[1528] Der Umfang der Fürsorgepflicht bestimmt sich im konkreten Einzelfall aufgrund einer Abwägung der beiderseitigen Interessen.[1529]

Mit Blick auf die fehlerbezogene Informationspflicht des § 630c Abs. 2 Satz 2 BGB besteht auf Seiten des Arbeitgebers in seiner Eigenschaft als vertraglicher Behandelnder i. S. d. § 630a Abs. 1 BGB das Interesse die vertragliche Verpflichtung zu erfüllen und zu diesem Zweck die Erfüllung der Informationspflicht auf den oder diejenigen seiner Angestellten zu delegieren und zumindest diejenigen zur Information gegenüber ihm selbst zu verpflichten, die dem Behandlungsvorgang am Nächsten sind und, sofern der Vertreter des vertraglichen Behandelnden selbst nicht über die erforderliche Sachkenntnis verfügt, weil dieser beispielsweise kein Arzt ist, die Sachkenntnis besitzen, um bereits die Einschätzung treffen zu können, ob Umstände erkennbar sind, die die Annahme eines Behandlungsfehlers begründen.[1530] Auf Seiten des Arbeitnehmers als tatsächlicher Behandelnder besteht, jedenfalls sofern ein behandlungsfehlerhaftes Geschehen im Raum steht, an dem er beteiligt war, das Interesse sich nicht selbst belasten und damit zumindest auch nicht der Gefahr der Strafverfolgung aussetzen zu müssen. Diese widerstreitende Interessenlage wird sich insbesondere dort nicht einfach durch Übertragung der Informationspflicht auf einen

---

1526 Hegerfeld, Ärztliche Aufklärungs- und Informationspflichten, S. 352.

1527 Baumgärtner, in: BeckOK BGB, § 611a BGB, Rn. 57 f.

1528 BAG, NZA 1995, 220, 221; BAG, NZA 1995, 777, 778.

1529 BAGE 122, 30; 122, 304; 124, 395,

1530 Vgl. Hegerfeld, Ärztliche Aufklärungs- und Informationspflichten, S. 351.

anderen Arbeitnehmer als den tatsächlichen Behandelnden auflösen lassen, wo lediglich der oder die tatsächlichen Behandelnden als Erfüllungsgehilfen für die Informationserteilung in Frage kommen, weil geeignete Personen darüber hinaus nicht zur Verfügung stehen. Die Abwägung der beiderseitigen Interessen hängt, sofern es um die Delegation der Erfüllung der Informationspflicht auf den Arbeitnehmer geht, der die tatsächliche Behandlung übernommen hat, davon ab, ob die Information in einem Strafverfahren gegen den tatsächlichen Behandelnden verwertbar wäre oder einem Verwertungsverbot unterfällt, womit der Arbeitnehmer, der die Behandlung tatsächlich durchgeführt hat, im Hinblick auf ein Strafverfahren geschützt wäre.

Bei der Verpflichtung von Arbeitnehmern zur selbstbelastenden Information handelt es sich insgesamt um eine Problematik, die parallel für betriebs- bzw. unternehmensinterne Ermittlungen (sog. Internal Investigations) aufgeworfen wird und als umstritten gilt.

Als unternehmensinterne Ermittlungen werden von den Unternehmen selbst veranlasste Untersuchungen möglicher Verstöße gegen die Compliance im eigenen Unternehmen und seinen Betriebsstätten verstanden.[1531] Teils werden diese Untersuchungen vom betreffenden Unternehmen auch selbst durchgeführt, häufig aber externe Berater, zumeist spezialisierte Rechtsanwälte, mit der Aufklärung beauftragt.[1532] In der Literatur wird vertreten, dass Leitungsorgane, wenn Hinweise auf mögliche unternehmensbezogene Unregelmäßigkeiten (nicht nur strafrechtlich relevantes Verhalten eigener Mitarbeiter, sondern Gesetzesverstöße im Allgemeinen, Produktmängel, Gefahren für die Umwelt oder die Arbeitssicherheit, aber auch Zweifel an der Einhaltung gesetzlicher wie ethischer Standards seitens der eigenen Vertragspartner) vorliegen[1533], rechtlich verpflichtet seien, den maßgeblichen Sachverhalt aufzuklären.[1534] In diesem Rahmen werden zur Sachverhaltsermittlung regelmäßig Mitarbeiterbefragungen durchgeführt.[1535] Ganz überwiegend wird die Auffassung vertreten, dass eine arbeitsrechtliche Pflicht zur Teilnahme an solchen Befragungen besteht und der Mitarbeiter dabei auskunftspflichtig ist. Diese Pflicht wird aus

1531 Fuhrmann, NZG 2016, 881, 882; Krug/Skoupil, NJW 2017, 2374.

1532 Krug/Skoupil, NJW 2017, 2374.

1533 Bittmann/Brockhaus/von Coelln/Heuking, NZWiSt 2019, 1, 2.

1534 Arnold, ZGR 2014, 76; Ballo, NZWiSt 2013, 46, 47 f.; Fuhrmann, NZG 2016, 881, 882 f.; Krug/Skoupil, NJW 2017, 2374.

1535 Göpfert/Merten/Siegrist, NJW 2008, 1703, 1705; Krug/Skoupil, NJW 2017, 2374.

dem Weisungsrecht des Arbeitgebers gem. § 106 GewO[1536] oder aus §§ 666, 675 BGB abgeleitet.[1537] Im Übrigen begründe die arbeitsvertragliche Treuepflicht eine Auskunftspflicht zu Wahrnehmungen, die über den unmittelbaren Arbeitsbereich des Mitarbeiters hinausgehen.[1538] Der Mitarbeiter hat die an ihn gerichteten Fragen vollständig und wahrheitgemäß zu beanworten, soweit diese seinen unmittelbaren Arbeitsbereich oder dessen Wahrnehmungen im Zusammenhang mit der Arbeitsleistung betreffen.[1539] Diese nach § 888 ZPO erzwingbare Pflicht[1540] soll selbst dann fortbestehen, wenn sich der Mitarbeiter durch die Beantwortung der Gefahr der Strafverfolgung aussetzt.[1541] Dies wird insbesondere damit begründet, dass der nemo-tenetur-Grundsatz im Arbeitsrecht keine (unmittelbare) Anwendung fände.

In der Literatur wird zu Recht darauf hingewiesen, dass in diesen vernehmungsähnlichen Mitarbeiterbefragungen „die verfassungsrechtlich gebotene Wahrung des nemo-tenetur-Grundsatzes mit zivil- und arbeitsrechtlichen Offenbarungspflichten kollidieren, […] und zwar unabhängig davon, dass durch die Erfüllung dieser Auskunftspflichten strafbares Handeln offenbart werden muss".[1542] In dieser Situation droht dem Arbeitnehmer „eine verhaltens- oder verdachtsbedingte Kündigung einerseits und ein unabhängig von der Beendigung des Arbeitsverhältnisses bestehender Schadensersatzanspruch wegen nebenvertraglicher Pflichtverletzung andererseits".[1543] Daher muss aus Sicht des Arbeitnehmers eine faktische Zwangslage konstatiert werden.[1544] Dem

---

1536 Haefcke, CCZ 2014, 39; Kasiske, NZWiSt 2014, 262, 263; Lützeler/Müller-Sartori, CCZ 2011, 19; Rudkowski, NZA 2011, 612.

1537 Dann/Schmidt, NJW 2009, 1851, 1852; Theile, ZIS 2013, 378 m. w. N.

1538 Dann/Schmidt, NJW 2009, 1851, 1852 f.; Haefcke, CCZ 2014, 39, 40.

1539 BAG, NZA 1996, 637, 638; Göpfert/Merten/Siegrist, NJW 2008, 1703, 1705.

1540 Gerst, CCZ 2012, 1, 3.

1541 LAG Hamm, CCZ 2010, 237, 238; Lützeler/Müller-Sartori, CCZ 2011, 19; Diller, DB 2004, 313, 314; Fritz/Nolden, CCZ 2010, 170, 175 f.; Rübenstahl, WiJ 2012, 17, 22; Theile/Gatter/Wiesenack, ZStW 126 (2014), 803, 828 m. w. N.; a. A. Rudkowski, NZA 2011, 612, 613; I. Roxin, StV 2012, 116, 121.

1542 Kottek, Die Kooperation von deutschen Unternehmen mit der SEC, S. 87 m. w. N.; Rödiger, Strafverfolgung von Unternehmen, S. 281, 319; Gössel, in: LR-StPO, 27. Aufl., Einl. L, Rn. 93.

1543 Gössel, in: LR-StPO, 27. Aufl., Einl. L, Rn. 93; Kottek, Die Kooperation von deutschen Unternehmen mit der SEC, S. 117; Rödiger, Strafverfolgung von Unternehmen, S. 223.

1544 Gössel, in: LR-StPO, 27. Aufl., Einl. L, Rn. 93; Kottek, Die Kooperation von deutschen Unternehmen mit der SEC, S. 141.

Gemeinschuldnerbeschluss des *BVerfG* folgend wird daher in Teilen der Literatur und Rechtsprechung zur Gewährleistung der Selbstbelastungsfreiheit ein strafprozessuales Verwertungsverbot für Vernehmungsinhalte angenommen, die auf privatrechtlichen Zwang hin zustande gekommen sind.[1545]

Festzuhalten ist danach, dass die Fragen der Gewährleistung der Selbstbelastungsfreiheit und damit auch die der Verwertbarkeit von Erkenntnissen aus Mitarbeiterbefragungen in einem gegen den Mitarbeiter gerichteten Strafverfahren als umstritten angesehen werden müssen. Diese Feststellung lässt sich auch auf die hier im Raum stehende Frage der Delegationsfähigkeit der Erfüllung der Informationspflicht des § 630c Abs. 2 Satz 2 BGB auf den Arbeitnehmer und der strafrechtlichen Verwertbarkeit der so gewonnen Information in einem Strafverfahren gegen den Arbeitnehmer als tatsächlichen Behandelnden übertragen. Dies zu Grunde gelegt wird die planwidrige Unvollständigkeit der Regelungslücke in § 630c Abs. 2 Satz 3 BGB im Hinblick auf tatsächliche Behandelnde, die als Erfüllungsgehilfen des vertraglichen Behandelnden auftreten, offenkundig. So hat der Gesetzgeber zwar das grundsätzliche Bestehen solcher 3-Personen-Konstellationen erkannt. Im Rahmen der Schaffung der konkreten Beweisregelungen in § 630c Abs. 2 Satz 3 BGB scheint er sich über das hieraus resultierende Spannungsverhältnis jedoch nicht bewusst gewesen zu sein. Anders lässt es sich nicht erklären, warum in der Gesetzesbegründung mit keinem Wort auf die Frage eingangen wird, ob die Gewährleistung des nemo-tenetur-Grundsatzes das Bestehen eines Beweisverbotes auch für die Informationen des tatsächlichen Behandelnden als Erfüllunggehilfen einschließt. Denn der Gesetzgeber wird kaum sehenden Auges die Gefahr der Verfassungswidrikeit der Informationspflicht in Kauf genommen haben.

Mithin ist sowohl von einer vergleichbaren Interessenlage als auch von einer planwidrigen Unvollständigkeit des § 630c Abs. 2 Satz 3 BGB auszugehen. Damit ist das Beweisverbot des § 630c Abs. 2 Satz 3 BGB analog auf die tatsächlichen Behandelnden anzuwenden. Erteilt der tatsächlich Behandelnde die Information nach § 630c Abs. 2 Satz 2 BGB als Erfüllungsgehilfe des vertraglichen Behandelnden und war der tatsächlich Behandelnde an der Vorbehandlung beteiligt, auf die die Informationserteilung Bezug nimmt, darf die Information auch in einem gegen ihn selbst geführten Straf- oder Bußgeldverfahren nur mit seiner

1545 LAG Hamm, CCZ 2010, 237, 238; Gössel, in: LR-StPO, 27. Aufl., Einl. L, Rn. 94; Kasiske, JuS 2014, 15, 19 f.; Sarhan, wistra 2015, 449, 450; Greco/Caracas, NStZ 2015, 7, 11 f.

Zustimmung – der Zustimmung des tatsächlichen Behandelnden – verwendet werden.

5.4.3 Zustimmungserfordernis für die Verwendung

Das Beweisverbot des § 630c Abs. 2 Satz 3 BGB gilt – anderes als das Beweisverbot in § 136a Abs. 3 StPO[1546] – nicht absolut. Die Verwendung der Information nach § 630c Abs. 2 Satz 2 BGB in einem Straf- oder Bußgeldverfahren ist vielmehr an die Zustimmung des den Patienten informierenden Behandelnden geknüpft. Bei § 630c Abs. 2 Satz 3 BGB handelt es sich also um ein auf das Straf- und Bußgeldverfahren beschränktes Verwendungsverbot mit Erlaubnisvorbehalt. Dem Behandelnden wird damit durch § 630c Abs. 2 Satz 3 BGB die alleinige Dispositionsbefugnis über die Verwendung der Information nach § 630c Abs. 2 Satz 2 BGB in einem gegen ihn selbst oder gegen einen seiner in § 52 Abs. 1 StPO bezeichneten Angehörigen geführten Straf- oder Bußgeldverfahren eingeräumt.[1547] Dieser Zustimmungsvorbehalt des Auskunftsverpflichteten findet sich auch im Verwendungsverbot des § 97 Abs. 1 Satz 3 InsO. Darüber hinaus kann nach Rechtsprechung und Schrifttum auch bei Verstößen gegen die Belehrungspflicht des § 136 StPO, die nach ganz herrschender Auffassung die Unverwertbarkeit der Aussage zur Folge haben,[1548] eine Zustimmung des Beschuldigten das Verwertungsverbot entfallen lassen.[1550] Der Beschuldigte hat also auch insoweit die Dispositionsbefugnis über die Verwertung seiner Aussage.[1551]

1546 Kudlich, in: MüKo-StPO, Einl. F, Rn. 491.

1547 Eingehend zur Disponibilität von Beweisverwertungsverboten: Kudlich, in: MüKo-StPO, Einl. F, Rn. 491 ff.

1548 BGHSt 38, 214, 218, 220 ff; 51, 367, 376; 53, 112, 115; BGH, NStZ 2015, 291, 293; 2019, 227, 228; Gleß, in: LR-StPO, 27. Aufl., § 136, Rn. 76a; Schuhr, in: MüKo-StPO, § 136 StPO, Rn. 55 m. w. N.

1549 Nach der Rechtsprechung des BGH, NJW 2019, 1986 gilt dies – zumindest nach den Besonderheiten des Einzelfalles – auch für die Verletzung der Aussagefreiheit außerhalb von Vernehmungen.

1550 BGHSt 38, 214, 225 f; Gleß, in: LR-StPO, 27. Aufl., § 136, Rn. 81; Schuhr, in: MüKo-StPO, § 136 StPO, Rn. 70.

1551 Gleß, in: LR-StPO, 27. Aufl., § 136, Rn. 81; Schumann, Verhör, Vernehmung, Befragung, S. 209.

5.4.3.1 Belehrungspflicht

Es stellt sich die Frage, ob der Behandelnde von den Strafverfolgungsbehörden vor Einholung der Zustimmung des Behandelnden über diesen Zustimmungsvorbehalt zu belehren ist, um ihm die Möglichkeit zu geben, die Bedeutung und Tragweite der Zustimmung einordnen zu können. Eine Belehrungspflicht oder Hinweispflicht ist weder in Bezug auf den Zustimmungsvorbehalt in § 630c Abs. 2 Satz 3 BGB noch in § 97 Abs. 1 Satz 3 InsO geregelt.

Im Schrifttum wird gleichwohl mit Blick auf das Verwendungsverbot des § 97 Abs. 1 Satz 3 InsO mit Verweis auf die Gewährleistung der verfassungsrechtlich geschützten Selbstbelastungsfreiheit und des Rechts auf ein faires Verfahrens vertreten, dass der Auskunftspflichtige im Strafverfahren unter dem Hinweis der Unverwendbarkeit seiner zur Erfüllung seiner Auskunftspflicht im Insolvenzverfahren getätigten Angaben von der Strafverfolgungsbehörde qualifiziert zu belehren ist.[1552] Im Schrifttum wird auch mit Blick auf die Verwertbarkeit einer unter Verstoß gegen die Belehrungspflicht des § 136 StPO erlangten Aussage eine qualifizierte Belehrung vorausgesetzt; der Beschuldigte muss nicht nur über sein Recht, sondern auch darüber aufgeklärt werden, dass alles, was er bisher gesagt hat, nicht verwertet werden darf.[1553] Auch die Rechtsprechung verlangt eine solche qualifizierte Belehrung, nimmt aber bei deren Unterbleiben nur nach Einzelfallabwägung eine Unverwertbarkeit der neuerlichen Aussage an.[1554]

Im Hinblick auf das Verwendungsverbot des § 630c Abs. 2 Satz 3 BGB ist ein Hinweis der Strafverfolgungsbehörden auf die Unverwendbarkeit der Information des Behandelnden ohne dessen Zustimmung in einem gegen ihn gerichteten Strafverfahren zu fordern. Demfolgend muss die Strafverfolgungsbehörde den Behandelnden entsprechend aufklären, will sie dessen Zustimmung zur Verwendung seiner Angaben. Soweit bereits ein formelles Strafverfahren gegen den Behandelnden als Beschuldigten geführt wird, muss er im Rahmen seiner Vernehmung über die Unverwendbarkeit seiner zur Erfüllung der Informationspflicht des § 630c Abs. 2 Satz 2 BGB getätigten Angaben qualifiziert belehrt

1552 Püschel, in: FS Wessing, S. 753, 758 ff; ders. ZInsO 2016, 262, 264.

1553 Barthelme, Die qualifizierte Belehrung bei Verfahrensverstößen, S. 178; Dautert, Beweisverwertungsverbote und ihre Drittwirkung, S. 203; Linnenbaum, Belehrung und „qualifizierte" Belehrung im Strafverfahren, S. 107 f.; Gleß, in: LR-StPO, 27. Aufl., § 136, Rn. 81.

1554 BGHSt 53, 112, 115 f; BGH NStZ 2019, 227, 228; offen gelassen vom 2. Strafsenat, BGH, NStZ 2015, 291, 293.

werden. Dabei ist es unschädlich, dass es an einer einfachgesetzlichen Hinweis- und Belehrungspflicht fehlt. Die Verpflichtung der Strafverfolgungsbehörden hierzu ergibt sich unmittelbar aus der Verfassung selbst. Die Selbstbelastungsfreiheit ist verfassungsrechtlich geschützt[1555] und umfasst das Recht auf Aussage- und Entschließungsfreiheit im Strafverfahren.[1556] Der Beschuldigte muss frei von Zwang entscheiden können, ob und gegebenfalls in wie weit er im Strafverfahren mitwirkt.[1557] Auch nach der verfassungsrechtlichen Rechtsprechung wird hierfür vorausgesetzt, dass der Betroffene über seine Aussagefreiheit in Kenntnis gesetzt wird.[1559] Die Belehrung des Betroffenen sichert so die Selbstbelastungsfreiheit ab und ermöglicht damit die Wahrnehmung seiner damit verbundenen Rechte. Die Gewährleistung der Aussagefreiheit des Betroffenen setzt voraus, dass er Kenntnis über die Unverwertbarkeit seiner im Rahmen der Erfüllung der Informationspflicht getätigten Angaben hat.[1560]

5.4.3.2 Art und Weise der Zustimmung

Erklärt der, über seine Rechte und die Unverwendbarkeit seiner im Rahmen der Erfüllung der Informationspflicht nach § 630c Abs. 2 Satz 2 BGB getätigten Angaben im Straf- und Bußgeldverfahren informierte, Betroffene ausdrücklich seine Zustimmung, können seine Angaben in einem gegen ihn gerichteten Verfahren verwendet werden. Freilich kann der verteidigte Betroffene seine Zustimmung auch über seinen Rechtsbeistand erklären lassen, denn es handelt sich nicht um eine höchstpersönliche Erklärung, die der Vertretung nicht zugänglich wäre. Eine konkludente Zustimmung wird angenommen werden können, wenn der belehrte Betroffene, der seine Rechte kennt und um die Unverwendbarkeit seiner vorherigen Angaben weiß, diese Angaben im Rahmen einer Vernehmung wiederholt oder weiter ausführt. Auch dann disponiert der Betroffene über seine Aussagefreiheit.

Die Rechtsprechung geht bezogen auf das, aus einer Verletzung der Belehrungspflicht des § 136 StPO resultierende, Verwertungsverbot mit der von ihr entwickelten sog. Widerspruchslösung einen anderen Weg, der in Lehre und Schrifttum auf ganz erhebliche Kritik gestoßen

1555 BVerfGE 38, 105, 113; 55, 144, 150 f; 56, 37, 43; 110, 1, 31.
1556 BVerfG, NJW 2014, 3506, 3507.
1557 BVerfGE 38, 105, 113; 56, 37, 43.
1558 Zur Selbstbelastungsfreiheit siehe oben 4.4.5.1.
1559 BVerfG, NJW 2013, 1058, 1061; 2014, 3506, 3507.
1560 Vgl. Püschel, in: FS Wessing, S. 753, 758 ff.

ist.[1561] Nach ständiger Rechtsprechung wird, soweit der Beschuldigte einen an der Hauptverhandlung mitwirkenden Verteidiger hat, das Unterbleiben eines bis zu dem in § 257 StPO genannten Zeitpunkt vom Beschuldigten zu erklärenden Widerspruch gegen die Verwertung einer ausdrücklichen Zustimmung des Beschuldigten zur Verwertung seiner Angaben gleichgestellt.[1562] Über die Erklärung des Widerspruchs hinaus, wird in der Rechtsprechung vom in der Hauptverhandlung verteidigten Beschuldigten eine inhaltliche Begründung seines Widerspruchs verlangt, der die Angriffsrichtung seines Vorbringens erkennen lassen muss.[1563] Die Widerspruchslösung gilt auch für den nicht verteidigten Beschuldigten, wenn er vom vorsitzenden Richter darüber belehrt worden ist, dass er der Verwertung widersprechen kann.[1564] Nach der Rechtsprechung kann der Widerspruch erst im Hauptverfahren erklärt werden. Ein im Ermittlungsverfahren erklärter Widerspruch soll demnach unbeachtlich sein.[1565] Zugleich kann ein nach der Rechtsprechung erstinstanzlich nicht rechtzeitig erklärter Widerspruch gegen die Beweisverwertung nicht nachgeholt werden.[1566] Die Widerspruchslösung begegnet nach Auffassung des *BVerfG* keinen grundsätzlichen Bedenken.[1567] Der *BGH* hat klargstellt, dass Verwertungsverbote nicht erst durch die Erklärung eines Widerspruchs entstehen und die Widerspruchslösung zugleich nicht schon in den Verfahrensstadien vor dem Hauptverfahren (namentlich im Ermittlungs- und Zwischenverfahren) Anwendung findet, sondern Verwertungsverbote unabhängig von einer Beanstandung des Beschuldigten von Amts wegen zu berücksichtigen sind, auch wenn der zu Grunde liegende Verfahrensmangel eine für ihn disponible Vorschrift betrifft.[1568]

Der *BGH* hat die Widerspruchslösung bisher weder auf das Verwendungsverbot des § 97 Abs. 1 Satz 3 InsO noch das Verwendungsverbot des § 630c Abs. 2 Satz 3 BGB angewendet, die beide von Gesetzes wegen eine

1561 Beulke, NStZ 1996, 257, 262; Dahs, StraFo 1998, 253, 257; Fezer, JR 1992, 385; ders., JZ 2006, 474; Gleß, in: LR-StPO, 27. Aufl., § 136, Rn. 82 ff.; Heinrich, ZStW 112 (2000), 398; Herdegen, NStZ 2000, 1; Roxin, JZ 1997, 343, 346; ders, NStZ 2007, 616, 618; Widmaier, NStZ 1992, 519; kritisch insgesamt auch Gössel, in: LR-StPO, 27. Aufl., Einl. L, Rn. 59 m. w. N.

1562 BGHSt 38, 214, 225 ff; 39, 349, 352; 42, 15, 22.

1563 BGHSt 52, 38, 42 ff.

1564 BGHSt 38, 214, 226.

1565 BGH NStZ 1997, 502, 503; BGHSt 50, 272, 274 f.

1566 BGHSt 50, 272.

1567 BVerfGE 130, 1, 31.

1568 BGH, NJW 2019, 2627, 2629.

Zustimmung zur Verwertung voraussetzen. Nach dem *BGH* besteht jedoch kein Verfahrenshindernis, wenn sich eine Anklage sämtlich auf Beweise stützt, die dem Verwendungsverbot des § 97 Abs. 1 Satz 3 InsO unterfallen. Eine Verurteilung des Beschuldigten auf Grundlage dieser Beweismittel ist nach dem *BGH* in der Revision durch eine hinreichend begründete Verfahrensrüge anzugreifen.[1569] Es sind keine Gründe ersichtlich, warum die Rechtsprechung diese Auffassung nicht auch auf den § 630c Abs. 2 Satz 3 BGB übertragen sollte.

Im Schrifttum wird vertreten, dass eine Ausdehnung der Widerspruchslösung mangels rechtlicher Grundlage nicht zulässig sei.[1570] Dieser Ansicht ist zwar unumwunden zuzustimmen. Jedoch wird die Widerspruchslösung bereits heute in ständiger Rechtsprechung ohne rechtliche Grundlage angewendet.[1571] Die Verwertung von Angaben des Beschuldigten, die auf einem Verstoß gegen die Belehrungspflicht über dessen Schweigerecht beruhen, stellen einen Eingriff in die verfassungsrechtlich geschützte Selbstbelastungsfreiheit des Beschuldigten dar, für die weder § 257 StPO noch § 238 Abs. 2 StPO eine hinreichende Ermächtigung für die Rechtsprechung bieten können.[1572] Vor dem Hintergrund ist jedenfalls nicht undenkbar, dass im Rahmen der richterlichen Rechtsfortbildung eine Fiktion auch der gesetzlich angeordneten Zustimmung zur Verwertung bzw. Verwendung durch Anwendung der Widerspruchslösung erfolgt, obwohl das aus Art. 20 Abs. 3 GG abgeleitete Prinzip des Gesetzesvorrangs und der Gesetzesvorbehalt dem entgegenstünden.[1573] Das gilt insbesondere dann, wenn der Ansicht *Mosbacher*s folgend der „Widerspruch bei Beweisverwertungsverboten als Unterfall des Zwischenrechtsbehelfs nach § 238 Abs. 2 StPO" angesehen wird, „der sich in erster Linie gegen die Erhebung unverwertbarer Beweise in der Hauptverhandlung und erst in zweiter Linie gegen deren Verwertung richtet."[1574] Daher muss in der strafrechtlichen Praxis aus Sicht der Verteidigung von einer gewissen Rechtsunsicherheit ausgegangen werden. Der

---

1569 BGH, ZInsO 2017, 2314; a. A. LG Potsdam, StV 2014, 407.

1570 Fezer, StV 1997, 57, 58 f.

1571 Bernsmann, StraFo 1998, 73, 76; Dahs, StraFo 1998, 253, 257 f.; Fezer, StV 1997, 57, 58; Kasiske, NJW-Spezial 2011, 376; ähnlich auch: Gössel, in: LR-StPO, 27. Aufl., Einl. L, Rn. 59.

1572 Vgl. Ignor/Bertheau, NStZ 2013, 188, 189 f; Suhr in: MüKo-StPO, § 136, Rn. 74; Tepperwien, in: FS Widmaier, S. 583, 591; a. A. in Bezug auf ungeschriebene Beweisverwertungsverbote trotz erheblicher Kritik an Widerspruchslösung im Übrigen: Kudlich, MüKo-StPO, Einl., Rn. 476; ders. HRRS 2011, 114, 115.

1573 Vgl. Eschelbach, FS Fischer, 2018, S. 81, 92 ff.

1574 Mosbacher, NStZ 2011, 606, 610; ders., FS Rissing-van Saan, S. 357 ff.

Verteidiger wird also gehalten sein, soweit von gerichtlicher Seite der Versuch unternommen wird, dem Verwendungsverbot unterfallende Beweise in die Hauptverhandlung einzuführen, rechtzeitig Widerspruch gegen die Verwertung zu erklären, diesen Widerspruch zu begründen und als wesentliche Förmlichkeit protokollieren zu lassen.

5.4.3.3 Widerruf der Zustimmung

Es stellt sich die Frage, ob eine durch den Behandelnden erteilte Zustimmung zur Verwendung der Information im Sinne des § 630c Abs. 2 Satz 2 BGB in einem gegen ihn oder gegen einen seiner in § 52 Abs. 1 StPO bezeichneten Angehörigen geführten Straf- oder Bußgeldverfahren durch den Behandelnden widerrufen werden kann.

Für das Verwendungsverbot des § 97 Abs. 1 Satz 3 InsO wird vertreten, die einmal erteilte Zustimmung sei nicht widerruflich.[1575] Dies wird damit begründet, dass „die Fernwirkung [des Beweisverbotes] zu einem späteren Zeitpunkt praktisch nicht mehr abgrenzbar ist."[1576]

Für das Beweisverbot des § 630c Abs. 2 Satz 3 BGB ließe sich diese Argumentation wegen der ebenfalls vermittelten Fernwirkung übertragen. Mit Blick auf den Beschuldigten, der in Kenntnis seines Schweigerechts und des Beweisverwendungsverbotes seine Zustimmung zur Verwendung in einem gegen ihn geführten Verfahren erklärt, liegt es jedoch noch aus gewichtigeren Gründen fern, diesem für die einmal erteilte Zustimmung ein Widerrufsrecht einzuräumen. Mit der Zustimmung disponiert der informierte Beschuldigte über seine verfassungsrechtlich geschützte Selbstbelastungsfreiheit. Er ist damit nicht anders zu behandeln, als ein Beschuldigter, der in Kenntnis seines Schweigerechts in einem gegen ihn geführten Strafverfahren eine Aussage gegenüber den Strafverfolgungsbehörden tätigt. Zwar kann sich die vom Beschuldigten getroffene Entscheidung auszusagen im weiteren Verfahrensverlauf auch nachteilig auswirken. Die Selbstbelastungsfreiheit schützt den Beschuldigten jedoch gerade nicht davor, dass eine freiwillig von ihm getätigte Aussage gegen ihn verwendet wird. Selbiges gilt für die Zustimmung des Behandelnden zur Verwendung seiner Information nach § 630c Abs. 2 Satz 2 BGB in einem gegen ihn geführten Straf- oder Bußgeldverfahren. Der bloßen Erklärung eines Widerrufs der Zustimmung durch den Behandelnden, gegen den ein Straf- oder

1575 Bieneck, in: Müller-Gugenberger/Bieneck, § 75, Rn. 66; Diversy, ZInsO 2005, 180, 183; Stephan, in: MüKO-InsO, 4. Aufl., § 97 InsO, Rn. 19.

1576 Bieneck, in: Müller-Gugenberger/Bieneck, § 75, Rn. 66.

Ordnungswidrigkeitenverfahren geführt wird, kommt damit keine rechtliche Bedeutung für die Beweisverwertung zu.

Die Frage eines Widerrufs der Zustimmung und dessen Wirkung kann sich darüber hinaus stellen, wenn der Behandelnde zunächst seine Zustimmung, die Information des § 630c Abs. 2 Satz 2 BGB in einem gegen einen seiner in § 52 Abs. 1 StPO bezeichneten Angehörigen geführten Straf- oder Bußgeldverfahren verwenden zu dürfen, erteilt hat, sich im Verlaufe des Verfahrens jedoch anders entscheidet. Diese Konstellation kann unterdessen nicht mit der Situation gleichgesetzt werden, in der sich ein Angehöriger als belehrter Zeuge zunächst entschließt, nicht von seinem Zeugnisverweigerungsrecht nach § 52 Abs. 1 StPO Gebrauch zu machen, sondern gegen den Beschuldigten auszusagen, und sich dann im späteren Verlauf des Strafverfahrens in der Hauptverhandlung auf sein Zeugnisverweigerungsrecht beruft. Für diese Fälle ist in Rechtsprechung und Lehre ein aus § 252 StPO abgeleitetes selbstständiges Beweisverwertungsverbot anerkannt, nach dem die Aussage des Zeugen, der sich in der Hauptverhandlung auf sein Zeugnisverweigerungsrecht beruft, weder verlesen noch über eine (nichtrichterliche) Vernehmungsperson eingeführt werden darf.[1577] Der Zweck des § 252 StPO soll es sein, dem zur Zeugnisverweigerung berechtigten Zeugen bis zu seiner Vernehmung in der Hauptverhandlung die Dispositionsfreiheit über sein Recht zu erhalten und ihn in den Fällen des § 52 StPO davor zu schützen, voreilig – vor allem in Ausnahmesituationen – zur Belastung des angehörigen Angeklagten beitragen zu müssen.[1579] Allein die Geltendmachung des Zeugnisverweigerungsrechts in der Hauptverhandlung würde die Zwangslage des Zeugen aus dem Spannungsverhältnis zwischen Wahrheitspflicht und Näheverhältnis nicht beseitigen, wenn bereits eine zuvor getätigte Aussage vorliegt. Denn ohne die Regelung aus § 252 StPO, die einfachgesetzlich den Konflikt zwischen Aufklärungsinteresse und Zeugenschutz löst, könnte die frühere Aussage über die Verhörperson eingeführt werden.[1580]

1577 BVerfG, NStZ-RR 2004, 18; BGHSt 2, 99, 101 f; 20 384; 36 384, 387; 40 211, 212 f.; 45 203, 205; 342, 345; 46 1, 3; 189, 192; 49 72, 76 f.; 57 254, 256; Cirener/Sander, in: LR-StPO, 27. Aufl., § 252, Rn. 1, 7 ff. m. w. N. aus dem Schrifttum.

1578 Zur berechtigten Kritik des Schrifttums an der Unterscheidung zwischen nichtrichterlichen und richterlichen Vernehmungspersonen und der Einführung der Aussage des Zeugen durch Vernehmung einer richterlichen Vernehmungsperson: Cirener/Sander, in: LR-StPO, 27. Aufl., § 252, Rn. 10 f. m. w. N. aus dem Schrifttum.

1579 BGHSt 10, 77; Cirener/Sander, in: LR-StPO, 27. Aufl., § 252, Rn. 7.

1580 BVerfG, NStZ-RR 2004, 18, 19.

Mit Blick auf das Verwendungsverbot mit Zustimmungsvorbehalt aus § 630c Abs. 2 Satz 3 BGB liegt die Sache jedoch anders. Der informierte Behandelnde, der freiwillig seine Zustimmung zur Verwendung seiner Information erteilt hat, ist – anders als der Zeuge – nicht Beteiligter des Strafverfahrens. Ihm kommt eine dem Zeugen vergleichbare Stellung nicht zu. Eine für den in der Hauptverhandlung vernommenen Zeugen vergleichbare Zwangslage gibt es für den Behandelnden, der einmal seine Zustimmung erteilt hat, nicht (mehr). Vielmehr wirkt seine in Form der Zustimmung zur Verwendung gegenüber den Strafverfolgungsbehörden erklärte Dispositionsentscheidung im Verfahren fort. Die Gewährleistung eines fairen Verfahrens gebietet nicht, dass das öffentliche Interesse an der Strafverfolgung und die Wahrheitsfindung zugunsten einer neuerlichen Disposition des Behandelnden über seine Informationserteilung nach § 630c Abs. 2 Satz 2 BGB zurücktreten muss. Auch das allgemeine Persönlichkeitsrecht des Behandelnden wird nicht dadurch verletzt, dass dem Behandelnden, soweit dieser bereits freiwillig die informierte Disposition durch Zustimmung zur Verwendung seiner Information in einem Verfahren gegen einen Angehörigen getroffen hat, verweigert wird, diese Information nachträglich dem Strafverfahren zu entziehen. Dem allgemeinen Persönlichkeitsrecht kommt als Rechtsinstitut die Aufgabe zu, im Sinne des obersten Konstitutionsprinzips der Würde des Menschen, die engere persönliche Lebenssphäre und die Erhaltung ihrer Grundbedingungen zu gewährleisten, die sich durch die traditionellen konkreten Freiheitsgarantien nicht abschließend erfassen lassen.[1581] Unter das allgemeine Persönlichkeitsrecht fällt nicht nur die in § 52 StPO einfachgesetzlich geregelte Freiheit, ein Zeugnis betreffend eines nahen, im Strafverfahren beschuldigten Angehörigen verweigern zu können, sondern auch die Regelung des § 252 StPO.[1582] Bei dem Behandelnden, der seine Zustimmung zur Verwertung erteilt hat, besteht eine dem Zeugen vergleichbare Zwangslage gerade nicht. Vielmehr geht es bei ihm lediglich darum, dass sich die Motive seiner Dispositionsentscheidung ohne bestehende Zwangslage geändert haben. Das Interesse des Behandelnden an einer neuerlichen Disposition muss an dieser Stelle hinter dem überwiegenden Strafverfolgungsinteresse zurücktreten. Freilich kommt dem Behandelnden, sofern er auch als Zeuge in einem gegen seinen Angehörigen geführten Strafverfahren vernommen wird, ein Zeugnisverweigerungsrecht nach § 52 Abs. 1 StPO und der Schutz durch § 252 StPO zugute.

1581 BVerfGE 54, 148, 153; 72, 155, 170.

1582 BVerfG, NStZ-RR 2004, 18, 19.

Dagegen kommt dem Widerruf seiner erteilten Zustimmung zur Verwendung jedoch keine eigenständige rechtliche Bedeutung für die Beweisverwertung zu.

Nicht um die Frage eines Widerrufs der Zustimmung, sondern um die Frage, ob es einer Zustimmung des Behandelnden zur Verwendung seiner Information bedarf und dessen Wirkung bei einer Verweigerung der Zustimmung, geht es, wenn ein in § 52 Abs. 1 StPO bezeichnetes Angehörigenverhältnis erst im Laufe des Straf- oder Bußgeldverfahrens gegen den Angehörigen des Behandelnden begründet wird, beispielsweise, wenn der Behandelnde ein Verlöbnis oder eine Heirat mit dem Beschuldigten eingeht, auf dessen Behandlungsleistung sich seine Informationserteilung nach § 630c Abs. 2 Satz 2 BGB bezieht. Diese Situation ist vergleichbar mit einer Situation, in der ein Zeuge bei der früheren Vernehmung noch kein Zeugnisverweigerungsrecht hatte und erst in der Hauptverhandlung von dem inzwischen entstandenen Zeugnisverweigerungsrecht als Angehöriger Gebrauch macht. Soweit mit Verweis auf den Wortlaut des § 630c Abs. 2 Satz 3 BGB mit Begründung des Angehörigenverhältnisses die Zustimmung des Behandelnden zur Voraussetzung für die Verwendung seiner Information im weiteren Strafverfahren gegen seinen Angehörigen gemacht wird, entsteht das Beweisverwendungsverbot im Zeitpunkt der Begründung des Angehörigenverhältnisses. Die Information des Behandelnden nach § 630c Abs. 2 Satz 2 BGB könnte damit in einem gegen seinen Angehörigen geführten Straf- oder Bußgeldverfahren nur noch mit Zustimmung verwendet werden. Fraglich ist, ob danach von dem Beweisverwendungsverbot des § 630c Abs. 2 Satz 3 BGB auch Beweismittel erfasst werden, die die Strafverfolgungsbehörden ausschließlich auf Grund der Information des Behandelnden, jedoch zu einem Zeitpunkt erlangt haben, an dem das Beweisverwendungsverbot noch gar nicht entstanden war. Es geht damit um die Frage, ob dem Beweisverwendungsverbot auch eine Rückwirkung zukommt. Das Problem besteht – ähnlich des § 252 StPO – darin, die Reichweite des Dispositionsrechts des Behandelnden zu bestimmen, seine Information dem Strafverfahren entziehen zu können. Je weiter dieses Recht zum Schutz des Behandelnden ausgedehnt wird, umso stärker gerät es in Konflikt mit dem öffentlichen Strafverfolgungsinteresse.[1583] Wird dem Behandelnden als Ausfluss seines allgemeinen Persönlichkeitsrechts jedoch eine der Selbstbelastungsfreiheit vergleichbare Dispositionsfreiheit darüber zugestanden, ob die Information nach § 630c Abs. 2 Satz 2 BGB in einem gegen seinen Angehörigen geführten Straf- oder Bußgeldverfahren verwendet werden darf, kann es nicht

---

1583 Vgl. Cirener/Sander, in: LR-StPO, 27. Aufl., § 252, Rn. 7a.

darauf ankommen, zu welchem Zeitpunkt in einem laufenden Verfahren dem Behandelnden erstmals dieses Dispositionsrecht zukommt. Auch wenn dies im Einzelfall bedeuten kann, dass einem laufenden Strafverfahren die Grundlage entzogen wird und damit der Konflikt im Spannungsverhältnis zwischen dem Interesse des Behandelnden seinen Angehörigen nicht belasten zu müssen einerseits und der Wahrheitsfindung im Strafverfahren anderseits zu Lasten des öffentlichen Strafverfolgungsinteresses gelöst wird. Denn die Strafverfolgungsbehörden stünden damit nicht schlechter, als würde das Beweisverwendungsverbot bereits zu Beginn des Strafverfahrens bestehen und die Information nach § 630c Abs. 2 Satz 2 BGB nur nach Zustimmung des Behandelnden verwendbar. Entsteht das Beweisverwendungsverbot nach § 630c Abs. 2 Satz 3 BGB erst im laufenden Verfahren, wirkt es auf den Beginn des Strafverfahrens zurück. Ohne Zustimmung des Behandelnden können Beweismittel, die den Informationen entstammen, die der Behandelnde zur Erfüllung seiner Informationspflicht nach § 630c Abs. 2 Satz 2 BGB gegenüber dem Patienten erteilt hat, daher nicht verwendet werden. Soweit das Beweisverwendungsverbot im laufenden Verfahren erstmals durch die Begründung eines Angehörigenverhältnisses entsteht, kann zugunsten des öffentlichen Strafverfolgungsinteresses nur etwas anderes gelten, wenn – wie beim Zeugnisverweigerungsrecht – mit unlauteren Mitteln auf die Schaffung des Beweisverbotes manipulativ hingewirkt worden ist, also beispielsweise die Ehe allein deshalb eingegangen wurde, um die belastende Information unverwertbar zu machen.[1584] Bei der Annahme solchen manipulativen Vorgehens ist jedoch Zurückhaltung geboten; es müssen also evidente Umstände für eine solche Manipulation belegt werden.[1585]

5.4.4 Reichweite außerhalb des Straf- und Ordnungswidrigkeitenverfahrens

Darüber hinaus stellt sich die Frage, ob das Verwendungsverbot eine Wirkung außerhalb des Straf- und Ordnungswidrigkeitenverfahrens, also insbesondere im berufsgerichtlichen Verfahren oder vertragsärztlichen Disziplinarverfahren entfaltet. Denn nicht nur im Straf- oder Ordnungswidrigkeitenverfahren können den Behandelnden im Einzelfall empfindliche Sanktionen wegen der Begehung eines Behandlungsfehlers treffen.[1586]

1584 Vgl. BGHSt 25, 176; 27, 139; 45 342, 347.

1585 Vgl. Cirener/Sander, in: LR-StPO, 27. Aufl., § 252, Rn. 3.

1586 Zu den außerzivil- und -strafrechtlichen Folgen siehe oben unter 1.4.

5.4.4.1 Unmittelbare Anwendung des § 630c Abs. 2 Satz 3 BGB außerhalb von Straf- und Ordnungswidrigkeitenverfahren

Die unmittelbare Anwendung des § 630c Abs. 2 Satz 3 BGB auf berufs- oder disziplinarrechtliche Verfahren scheidet von vornherein wegen des eindeutigen Wortlauts aus. § 630c Abs. 2 Satz 3 BGB sieht allein für das Straf- und Ordnungswidrigkeitenverfahren ein Verwendungsverbot vor.

5.4.4.2 Analoge Anwendung des § 630c Abs. 2 Satz 3 BGB außerhalb von Straf- und Ordnungswidrigkeitenverfahren

Zu untersuchen ist, ob eine analoge Anwendung des Verwendungsverbotes in Frage kommt, wie diese zum Teil im Schrifttum befürwortet wird.[1587]

Unter Analogie wird die Anwendung einer an sich nicht einschlägigen Rechtsnorm mit anderen Tatbestandsvoraussetzungen auf einen ähnlichen, gesetzlich nicht geregelten Sachverhalt verstanden.[1588] Rechtsprechung und Schrifttum setzen für die analoge Anwendung eine vergleichbare Interessenlage des geregelten und zu regelnden Sachverhalts sowie eine planwidrige Regelungslücke voraus.[1589]

Eine vergleichbare Interessenlage i. S. eines rechtsähnlichen Sachverhalts liegt insoweit vor, als dass zwar – wie im Straf- und Bußgeldverfahren – auch in berufsrechtlichen und vertragsarztrechtlichen Verfahren ein Schweigerecht der Betroffenen besteht,[1590] selbstbelastende Informationen des Behandelnden aus der Offenbarungspflicht nach § 630c Abs. 2 Satz 2 BGB gleichwohl zum Nachteil des betroffenen Behandlers in diesen Verfahren gegen ihn genutzt werden können. Die in solchen Verfahren möglichen Sanktionen gegen den Betroffenen können dabei im Einzelfall sogar schwerer wiegen als die Rechtsfolgen eines Straf- oder

---

1587 Schumacher, Nemo tenetur, S. 250.

1588 Engisch, Einführung in das juristische Denken, 11. Aufl., S. 247 ff.; Rüthers/Fischer/Birk, Rechtstheorie, 9. Aufl., Rn. 889; Zippelius, Juristische Methodenlehre, 11. Aufl., S. 68 f.

1589 BGHZ 105, 140, 143; 149, 165, 174; 170, 187, Rn. 14 ff.; Beaucamp, AöR 134 (2009), 83, 84 ff.; Bork, Allgemeiner Teil des Bürgerlichen Gesetzbuches, 4. Aufl., Rn. 144 f.; Puppe, Kleine Schule des juristischen Denkens, 3. Aufl., S. 115 f.; Schmalz, Methodenlehre für das juristische Studium, 4. Aufl., Rn. 321 ff.; Schwacke, Juristische Methodik, 5. Aufl., S. 133 ff.

1590 BVerfGE 56, 37, 44; Rogall, Der Beschuldigte als Beweismittel, S. 103, 109, 167.

Bußgeldverfahrens.[1591]

Es stellt sich daher die Frage, ob das Fehlen eines Verwendungsverbotes für Informationen aus der Verpflichtung nach § 630c Abs. 2 Satz 2 BGB in einem berufs- oder vertragsarztrechtlichen Verfahren gegen den Betroffenen eine planwidrige Regelungslücke darstellt. Im Schrifttum wird dies zum Teil bejaht und damit begründet, dass aus den „Gesetzgebungsmaterialien nicht entnommen werden kann, dass diese Beschränkung bewusst gewählt“ wurde und „[m]angels gegenteiliger Angaben davon auszugehen“ sei, „dass der Gesetzgeber bei Erlass der Vorschrift ihre potentielle Bedeutung im Berufs- und Verwaltungsverfahren schlichtweg verkannt“ habe.[1592] Der Gesetzgeber habe sich „offenkundig keine Gedanken darüber gemacht, ob die in Erfüllung der Offenbarungspflicht erlangten Informationen in anderen Gerichtsverfahren eine Rolle spielen können“.[1593]

Eine Lücke im Gesetz liegt nicht schon dann vor, wenn dieses für eine bestimmte Fallgestaltung keine Regelung enthält.[1594] Das Fehlen eines bestimmten Rechtsinstituts kann dann nicht als Gesetzeslücke angesehen werden, wenn sein Fehlen auf einer bewussten Entscheidung des Gesetzgebers beruht und er damit bestimmte Fragen absichtlich ungeregelt lässt; sie dem „rechtsfreien Raum“ zuweist. Es kann sich dann vielmehr um einen Fall der „Prinzip- oder Wertlücke“ handeln.[1595] Das Gewaltenteilungsprinzip verlangt von der Rechtsprechung, dass sie den Normsetzungsprimat des Gesetzgebers respektiert.[1596] Handelt es sich also um einen „rechtspolitischen Fehler“, ist die Rechtsprechung nicht zur Vervollständigung des Gesetzes aufgerufen. Vielmehr bedarf es dann einer neuen Entscheidung des Gesetzgebers, um die als fehlerhaft erkannte Entscheidung des damaligen Gesetzgebers zu korrigieren.[1597] Eine Gesetzeslücke ist nur bei einer „planwidrigen Unvollständigkeit“ gegeben.[1598] Der dem Gesetz

1591 Kett-Straub/Sipos-Lay, MedR 2014, 867, 873; Sommer/Tsambikakis, in: MAH-Medizinrecht, 2. Aufl., § 3, Rn. 14; zu den Folgen berufs- und vertragsärztlicher Verfahren siehe oben 1.4.

1592 Schumacher, Nemo tenetur, S. 249.

1593 Krüger, urologen.info 2015, 20, 21.

1594 Grüneberg, in: Palandt, BGB, 79. Aufl., Einl., Rn. 55.

1595 Larenz/Canaris, Methodenlehre der Rechtswissenschaft, S. 196 f.

1596 Larenz/Canaris, Methodenlehre der Rechtswissenschaft, S. 197; vgl. Grüneberg, in: Palandt, BGB, 79. Aufl., Einl., Rn. 57.

1597 Larenz/Canaris, Methodenlehre der Rechtswissenschaft, S. 194 f.

1598 Grüneberg, in: Palandt, BGB, 79. Aufl., Einl., Rn. 55; Larenz/Canaris, Methodenlehre der Rechtswissenschaft, S. 194.

zugrunde liegende Regelungsplan ist im Wege der historischen und teleologischen Auslegung zu ermitteln.[1599]

Zunächst spricht der eindeutige Wortlaut des § 630c Abs. 2 Satz 3 BGB, der das Verwendungsverbot auf Straf- und Ordnungswidrigkeitenverfahren beschränkt, für eine bewusste Entscheidung des Gesetzgebers. Dass der Gesetzgeber die potentielle Bedeutung der Information nach § 630c Abs. 2 Satz 2 BGB für andere Verfahren schlichtweg verkannt hat, kann vor dem Hintergrund des umfassenden Verwendungsverbotes für Meldungen und Daten aus einrichtungsinternen und einrichtungsübergreifenden Risikomanagement- und Fehlermeldesystemen nach § 135a Abs. 3 Satz 1 SGB V, welches sich nicht allein auf Straf- und Ordnungswidrigkeiten beschränkt, sondern den gesamten Rechtsverkehr erfasst, in Zweifel gezogen werden. Allerdings geht aus den Gesetzesmaterialen tatsächlich nicht hervor, dass der Gesetzgeber berufs-, disziplinar- oder andere verwaltungsrechtliche Verfahren mit Sanktionscharakter in seine Überlegungen einbezogen hat. So spricht die Gesetzesbegründung zum Verwendungsverbot des § 135a Abs. 3 Satz 1 SGB V bezogen auf den gewährleisteten Schutz im Rechtsverkehr allein – wenn auch nur beispielhaft – von „arbeitsrechtliche Sanktionen" sowie dem „Schutz vor einer strafrechtlichen Verfolgung oder in einem Verfahren nach dem Gesetz über Ordnungswidrigkeiten."[1600] Die Gesetzesbegründung zum Verwendungsverbot des § 630c Abs. 2 Satz 3 BGB enthält ebenfalls nichts, was darauf schließen lässt, dass der Gesetzgeber die Wirkung der Informationspflicht auf berufs- oder vertragsarztrechtliche Verfahren erkannt und sich bewusst für die Verwendbarkeit selbstbelastender Information in solchen Verfahren entschieden hat. Mit der Regelung des § 630c Abs. 2 Satz 3 BGB soll nach der Gesetzesbegründung „unter Beachtung des nemo-tenetur-Grundsatzes gewährleistet werden, dass dem Behandelnden aus der Offenbarung eigener Fehler, die gegebenenfalls strafrechtlich oder auch aus der Sicht des Ordnungswidrigkeitenrechts relevant sein können, keine unmittelbaren strafrechtlichen oder ordnungswidrigkeitsrechtlichen Nachteile erwachsen."[1601] Wenn der Gesetzgeber hier aber die Notwendigkeit der Gewährleistung der Selbstbelastungsfreiheit erkannt hat, erscheint es zweifelhaft, dass er zugleich deren Reichweite außerhalb von Straf- und Ordnungswidrigkeiten verkannt und damit bewusst auf Straf- und Bußgeldverfahren beschränkt haben soll. Diese bestehenden Widersprüche lassen sich nur damit erklären, dass berufs- und andere

1599 Larenz/Canaris, Methodenlehre der Rechtswissenschaft, S. 194.
1600 Beschlussempfehlung, BT-Drs. 17/11710, S. 30.
1601 Regierungsentwurf, BT-Drs. 17/10488, S. 22.

verwaltungsrechtliche Verfahren sowie deren Wirkung für die betroffenen Behandler in die Überlegungen des Gesetzgebers zu keinem Zeitpunkt einbezogen waren. Damit liegt eine planwidrige Unvollständigkeit vor, die eine analoge Anwendung des Verwendungsverbotes nach § 630c Abs. 2 Satz 3 BGB auf berufsrechtliche, vertragsarztrechtliche und andere verwaltungsrechtliche Verfahren mit entsprechenden Sanktionscharakter eröffnet.

Kapitel 6 Zusammenfassung und Ausblick

Am 26. Februar 2013 ist das „Gesetz zur Verbesserung der Rechte von Patientinnen und Patienten“ oder kurz das sog. Patientenrechtegesetz vom 20. Februar 2013 in Kraft getreten.

Der Gesetzgeber bezweckte mit dem Patientenrechtegesetz die Schaffung von Rechtsklarheit und Rechtssicherheit, die Verbesserung der Fehlervermeidungskultur, die Erweiterung der Verfahrensrechte und die Stärkung der Rechte gegenüber den Leistungserbringern.

Schwerpunkt des Patientenrechtegesetzes bilden die Änderungen des Bürgerlichen Gesetzbuches durch die Einfügung eines neuen Unterabschnitts mit dem Titel „Behandlungsvertrag“ und den §§ 630a bis h. Im BGB wird damit eine Zweiteilung zwischen dem allgemeinen Dienstvertrag und dem Behandlungsvertrag als speziellen Dienstvertragstypus vorgenommen.

Die Neuregelungen zum Behandlungsvertrag im BGB betreffen nach dem gesetzgeberischen Willen nur solche Verträge, die eine medizinische Behandlung zum Gegenstand haben. Diese Ergänzung des Besonderen Schuldrechts in Gestalt der neuen Regelung des Behandlungsvertrages im BGB lässt nach ausdrücklichem Willen des Gesetzgebers das Verhältnis zum Deliktsrecht unberührt. Damit besteht weiterhin eine Idealkonkurrenz zwischen der vertraglichen und deliktischen Haftung.

Der Anwendungsbereich der eingeführten Regelungen der §§ 630a bis h BGB erstreckt sich damit auf das vertragliche Verhältnis zwischen Behandelndem und Patienten.

„Behandelnder“ ist nach der Legaldefinition des § 630a Abs. 1 BGB der, der den Behandlungsvertrag schließt und die Behandlung zusagt. Hierbei muss es sich nicht um eine natürliche Person handeln. In Frage kommt beispielsweise daher eine juristische Person als Träger eines MVZ in der ambulanten Versorgung oder der Träger eines Krankenhauses in der stationären Versorgung. Insoweit muss eine Deckungsgleichheit zwischen dem Behandelnden i. S. d. § 630a BGB und dem „tatsächlichen Behandelnden“, als denjenigen, der die Behandlungsmaßnahmen durchführt, nicht bestehen. Im stationären Sektor dürfte das sogar der Regelfall sein, weil dort Behandlungsverträge zum ganz überwiegenden Teil mit Krankenhausträgern abgeschlossen werden.

Die Legaldefinition des § 630a Abs. 1 BGB definiert den anderen Teil, dem die Behandlung vom Behandelnden zugesagt wird, als den Patienten. Gleichzeitig wird dieser verpflichtet, die vereinbarte Vergütung zu gewähren, wenn nicht ein Dritter zur Zahlung verpflichtet ist. Hieraus kann jedoch nicht abgeleitet werden, dass, wenn es um die medizinische Behandlung von Kindern oder anderen nicht geschäftsfähigen Menschen geht, diese zu Vertragsparteien des Behandlungsvertrages werden. Vielmehr sind hier weiterhin die Grundsätze des Vertrages zugunsten Dritter anzuwenden und es ist von einem weiten Begriffsverständnis des Gesetzgebers auszugehen.

Daraus folgt, dass die in §§ 630a ff BGB kodifizierten Aufklärungs-, Informationspflichten und Dokumentationspflichten den Behandelnden im Sinne des § 630a Abs. 1 BGB, nicht den tatsächlichen Behandelnden verpflichten (soweit er nicht gleichzeitig auch vertraglicher Behandelnder ist). Dieser kann gegebenenfalls als Erfüllungsgehilfe des Behandelnden i. S. d. § 630a BGB anzusehen sein. Auch die nunmehr in § 630e BGB gesetzlich kodifizierte Selbstbestimmungs- bzw. Einwilligungsaufklärung muss nicht zwingend von demjenigen durchgeführt werden, der die Behandlung selbst vornimmt. Gerade im stationären Sektor bei einer Krankenhausbehandlung fallen regelmäßig tatsächlich behandelnde Ärzte, insbesondere bei operativen Eingriffen und aufklärende Ärzte auseinander. Um diesen praktischen Erfordernissen Rechnung zu tragen, erfolgte daher eine gesetzliche Klarstellung im parlamentarischen Verfahren.

Der Gesetzgeber vertritt die Auffassung, die durch das Patientenrechtegesetz im BGB kodifizierten Regelungen bildeten die von der Rechtsprechung entwickelten Grundsätze zum Heilbehandlungsrecht ab oder knüpften im Wesentlichen an bisher geltende Rechtsprechung zum Arzthaftungsrecht an.

Die Kodifizierung des vertraglichen Heilbehandlungsrechts durch das Patientenrechtegesetz im BGB leistet nach Auffassung des Gesetzgebers „einen wesentlichen Beitrag zu mehr Transparenz und Rechtssicherheit, so dass das Recht für die Patientinnen und Patienten klarer und übersichtlicher wird."

Zugleich erteilte der Gesetzgeber mit dem Patientenrechtegesetz weitergehenden rechtspolitischen Forderungen nach Einführung einer Proportionalhaftung sowie von Entschädigungsfonds und weiteren Beweiserleichterungen, insbesondere der Beweislastumkehr auch bei lediglich einfachen Behandlungsfehlern, ausdrücklich eine Absage.

Das Patientenrechtegesetz führte in § 630c Absatz 2 Satz 2 BGB eine, in der juristischen Literatur partiell als Fehleroffenbarungspflicht deklarierte, Verpflichtung des Behandelnden ein, den Patienten auf Nachfrage oder zur Abwendung gesundheitlicher Gefahren über Umstände, die die Annahme eines Behandlungsfehlers begründen, zu informieren. Im Hinblick auf die Selbstbelastungsfreiheit bzw. den Grundsatz „nemo tenetur se ipsum accusare" sah sich der Gesetzgeber darüber hinaus veranlasst, in Satz 3 des § 630c Absatz 2 ein Verwendungsverbot dieser Information in einem gegen den Behandelnden oder einen nahen Angehörigen geführten Straf- oder Bußgeldverfahren festzuschreiben.

Mit der Informationspflicht des § 630c Abs. 2 Satz 2 BGB hinsichtlich eigener und fremder Behandlungsfehler wollte der Gesetzgeber an eine „im Wesentlichen bisher geltende Rechtsprechung" anknüpfen, die Ausdruck der Abwägung zwischen dem Interesse des Behandelnden am Schutz seiner Person und dem Interesse des Patienten am Schutz seiner Gesundheit sei.

Aus der Rechtsprechung ergeben sich jedoch nur geringe Anknüpfungspunkte für eine solche fehlerbezogene Informationspflicht des Behandelnden.

Eine höchstrichterliche Rechtsprechung, die vom behandelnden Arzt eine Fehleraufklärung des Patienten im Sinne einer spontanen, ungefragten Offenbarung eigener ärztlicher Fehler, verlangt, an die das Patientenrechtegesetz hätte anknüpfen können, bestand bis zu dessen Inkrafttreten nicht.

Insgesamt beschränkt die Rechtsprechung die ärztliche Informationspflicht auf eine bewertungsfreie Information über das Behandlungsgeschehen, die Fehler- und Schuldeingeständnisse nicht umfasst. Das Zurverfügungstellen der vom Behandelnden geführten Patientendokumentation wird in der obergerichtlichen Rechtsprechung als ausreichend angesehen, um das berechtige Patienteninteresse zu gewährleisten.

In Bezug auf fremde ärztliche Fehler ist aus der höchstrichterlichen Rechtsprechung zu entnehmen, dass ein weiterbehandelnder Arzt, um eine eigene Haftung zu vermeiden, von ihm erkannte oder ohne weiteres erkennbare Fehler aus Gründen des Patientenschutzes nicht unterdrücken und damit „sehenden Auges eine Gefährdung seines Patienten hinnehmen"[1602] darf, sondern mit dem Patienten Bedenken gegen Diagnose und Therapie anderer Ärzte, gegebenenfalls nach vorheriger Rücksprache mit den Vorbehandelnden, zu erörtern habe. Aus dieser Rechtsprechung geht jedoch nicht hervor, ob hiermit auch die fachliche Würdigung der Behandlungs- oder Beratungstätigkeit des bzw. der Vorbehandelnden verbunden ist.

Auch das Schrifttum bietet kaum stärkere Anknüpfungspunkte in Bezug auf die Kodifikation einer fehlerbezogenen Informationspflicht.

Das Bestehen einer ärztlichen Pflicht zur Fehleroffenbarung war vor Inkrafttreten des Patientenrechtegesetzes mangels gesetzlicher Regelung im Schrifttum teils heftig umstritten. Dies gilt insbesondere für eine Verpflichtung zum Offenbaren eigener ärztlicher Fehler sowie deren Umfang.

1602 BGH, NJW 1989, 1536, 1538.

Nach der hier vertretenen Auffassung bestand bzw. besteht ungeachtet der mit dem Patientenrechtegesetz eingeführten Informationspflicht des § 630c Abs. 2 Satz 2 BGB eine Pflicht des Behandelnden, den Patienten wahrheitsgemäß über seinen Gesundheitszustand, den Verlauf der zurückliegenden Behandlung und etwaige Komplikationen zu informieren. Insoweit kann von einer wertungsfreien Informationspflicht im Hinblick auf Komplikationen oder eines unerwünschten Verlaufs gesprochen werden.

Ein behandelnder Arzt ist im Rahmen des originären Behandlungsverhältnisses jedoch weder verpflichtet, das zurückliegende Behandlungsgeschehen medizinisch zu bewerten bzw. fachlich zu würdigen, ob dieses medizinisch fehlerhaft oder fehlerfrei verlaufen ist, noch muss diese Bewertung dem Patienten spontan oder auf dessen Nachfrage hin mitgeteilt werden. Im Übrigen muss der Arzt eine Auskunft über eigenes oder fremdes Verschulden nicht erteilen. Vielmehr kann der Behandelnde den Patienten im Hinblick auf die Bewertung des zurückliegenden Behandlungsgeschehens auf einen Sachverständigen verweisen, dem zum Zweck der Bewertung die Behandlungsunterlagen des Patienten zu überlassen sind.

Jedoch steht dem behandelnden Arzt kein „Recht zur Lüge“ zu. Er darf im Rahmen seiner Informationspflichten unter keinen Umständen Tatsachen verschweigen oder verdrehen, auch wenn sich bereits aus Laiensicht aus diesen Tatsachen ein Behandlungsfehler aufdrängt. Denn der Behandelnde ist auf Grund des zwischen Arzt und Patienten bestehenden besonderen Vertrauensverhältnisses zur wahrheitsgemäßen Aussage verpflichtet.

Im originären Behandlungsverhältnis ist der Behandelnde nicht verpflichtet, die Vorbehandlung eines anderen Arztes medizinisch zu bewerten und dem Patienten das Ergebnis dieser Bewertung mitzuteilen, sofern es sich nicht um ganz offenkundige Fehler handelt. Denn eine Begutachtung der zurückliegenden Behandlung ist nicht Gegenstand des gewöhnlichen Behandlungsvertrages. In diesem Rahmen ist eine Recherche und Begutachtung des zurückliegenden Behandlungsgeschehens dem Arzt wegen des damit verbundenen Arbeitsaufwandes und seiner haftungsrechtlichen Einstandspflicht für eine sorgfältige Gutachtenerteilung nicht zumutbar.

Demnach ist der Behandelnde verpflichtet, auf Nachfrage des Patienten wahrheitsgemäß für ihn zweifelsfrei erkennbare Behandlungsfehler anderer Behandler zu offenbaren. Angehörige des Vorbehandelnden können eine solche Auskunft gegenüber dem Patienten verweigern und den Patienten an einen Sachverständigen bzw. anderen Arzt verweisen.

Auch aus strafrechtlicher Sicht ergab sich bis zum Inkrafttreten des Patientenrechtegesetzes keine Pflicht des Behandelnden über eigene oder fremde

Behandlungsfehler zu informieren. Der Arzt, welcher verschweigt, dass ihm ein Behandlungsfehler unterlaufen ist, macht sich insbesondere nicht wegen vorsätzlicher bzw. fahrlässiger Körperverletzung strafbar. Das Nichtoffenbaren fremder ärztlicher Fehler führt nicht zu einer Strafbarkeit wegen Strafvereitelung. Eine Strafbarkeit wegen Betruges kommt nicht in Betracht, wenn der Behandelnde einen Behandlungsfehler gegenüber dem Patienten nicht offenlegt, ohne für die weitere Behandlung relevante Tatsachen zu verschweigen oder unrichtig darzustellen.

Die nunmehr seit dem 26. Februar 2013 mit dem Patientenrechtegesetz in § 630c Abs. 2 Satz 2 BGB kodifizierte fehlerbezogene Informations- bzw. Offenbarungspflicht des Behandelnden enthält zwei Alternativen: Eine Offenbarungspflicht auf Nachfrage durch den Patienten (1. Alternative) sowie eine Offenbarungspflicht zur Abwehr gesundheitlicher Gefahren (2. Alternative). Eine Differenzierung zwischen eigenen und fremden Behandlungsfehlern wird nicht vorgenommen. Die Informationspflicht ist von einem auf Straf- und Ordnungswidrigkeitenverfahren bezogenen Beweisverbot in § 630c Abs. 2 Satz 3 BGB flankiert.

Die Informationspflicht trifft nach der Gesetzessystematik und dem Wortlaut unmittelbar nur den vertraglichen Behandelnden i. S. d. § 630a Abs. 1 BGB im Rahmen eines bestehenden Behandlungsvertrages. Eine analoge Anwendung des § 630c Abs. 2 Satz 2 BGB kommt nicht in Betracht, denn hierfür fehlt es an einer Planwidrigkeit im Sinne einer gesetzgeberisch unbewussten Unvollständigkeit. Der Gesetzgeber hat hinreichend deutlich gemacht, dass die Kodifizierung des vertraglichen Heilbehandlungsrechts im BGB das Verhältnis zum Deliktsrecht unberührt lassen soll. Demnach sind alle tatsächlichen Behandelnden (Ärzte, Klinikpersonal, usw.), die mit dem Patienten nicht in vertraglichen Beziehungen stehen, auch nicht der Informationspflicht aus dem spezifischen Behandlungsvertragsrecht ausgesetzt. Allerdings können solche Personen grundsätzlich als Erfüllungsgehilfen des vertraglichen Behandelnden (Gemeinschaftspraxis, Krankenhausträger, usw.) in Frage kommen.

Adressat der Information des § 630c Abs. 2 Satz 2 BGB ist der Patient. Aus der Legaldefinition des § 630a Abs. 1 BGB wird der Schluss gezogen, nur der Vertragspartner des Behandelnden - und nicht der tatsächlich Behandelte - sei Patient im Sinne der §§ 630a ff. BGB. Wenn es um die medizinische Behandlung Minderjähriger (Säuglinge, Kinder, Jugendliche) oder geistesschwacher, gegebenenfalls unter Betreuung stehender Menschen geht, stellt sich die Frage, wer nach § 630c Abs. 2 Satz 2 BGB zu informieren ist. Im Fall, in dem der Behandlungsvertrag durch einen gesetzlichen Vertreter geschlossen wurde, ist jedenfalls in analoger Anwendung der §§ 630d Abs. 1 Satz 2, 630e Abs. 4 BGB auch der gesetzliche Vertreter zu informieren. Schließen Eltern im eigenen Namen den Behandlungsvertrag für ihr Kind ab (Vertrag zugunsten Dritter), sind in jeden Fall auch die Eltern als Patienten im Sinne des § 630a Abs. 1 BGB vom Behandelnden zu informieren.

Voraussetzung für die Informationspflicht nach § 630c Abs. 2 Satz 2 BGB ist, dass Umstände, die die Annahme eines Behandlungsfehlers begründen, vorliegen. Unter dem Begriff des Behandlungsfehlers i. S. d. § 630c Abs. 2 Satz 2 BGB werden nach der hier vertretenen weiten Auslegung, die sich am Zweck des Gesetzes orientiert, alle objektiven Verletzungen der fachspezifischen und organisatorischen Pflichten im Zusammenhang mit der medizinischen Behandlung des Patienten verstanden. Der Begriff des Behandlungsfehlers erfasst damit neben den Behandlungsfehlern im engeren Sinn, zu denen auch Fehler bei der therapeutischen Information des Patienten zählen, Organisationsfehler, die nach der Gesetzesbegründung ohnehin als Behandlungsfehler benannt werden. Dies betrifft auch Fehler bei der Organisation der Patientenaufklärung. Darüber hinaus werden Fehler bei der Selbstbestimmungsaufklärung erfasst, um dem Ziel des Gesetzgebers, das Vertrauensverhältnis zwischen Arzt und Patienten zu schützen, gerecht zu werden und Widersprüche zu vermeiden, die sich sonst aus der inhaltlichen Deckung von therapeutischer Information und Selbstbestimmungsaufklärung ergeben können.

Weitere Voraussetzung der Informationspflicht ist die Erkennbarkeit der Umstände, die die Annahme eines Behandlungsfehlers begründen. Die Erkennbarkeit des Behandlungsfehlers ist auf Grundlage der Umstände zu beurteilen, die dem Arzt im Zuge der Behandlung ohne weitere Untersuchung und Beiziehung der Patientenunterlagen bekannt werden bzw. bekannt sein können. Denn für den Behandelnden besteht nach dem ausdrücklichen Willen des Gesetzgebers keine Pflicht zur Recherche und Begutachtung des vergangenen Behandlungsgeschehens. Für die Frage der Erkennbarkeit ist ein verkehrskreisbezogen objektiviert-typisierender Maßstab unter zusätzlicher Berücksichtigung subjektiver Sonderkenntnisse heranzuziehen, der auch im übrigen Arzthaftungsrecht als Maßstab angelegt wird, um Beweisschwierigkeiten zu vermeiden und damit Rechtssicherheit zu gewährleisten.

Für die Entstehung der 1. Alternative der Informationspflicht nach § 630c Abs. 2 Satz 2 BGB (Nachfragealternative) ist eine Nachfrage Voraussetzung. Nach dem gesetzgeberischen Willen und dem Sinn und Zweck der Norm muss es sich dabei um eine Nachfrage von Seiten des Patienten handeln. Dritte können die Informationspflicht also nicht auslösen. Die Nachfrage ist allerdings der Stellvertretung zugänglich. So kann auch eine Nachfrage des gesetzlichen

Vertreters des Patienten die Informationspflicht des Behandelnden entstehen lassen.

Eine in Teilen des Schrifttums vertretene konkludente oder allgemein gehaltene Nachfrage, „Alles in Ordnung?", reicht jedoch nicht aus. Denn nach dem gesetzgeberischen Willen wird eine ausdrückliche Nachfrage nach Behandlungsfehlern durch den Patienten verlangt. Eine weite Auslegung kann darüber hinaus dem der Offenbarungspflicht auf Nachfrage zu Grunde liegenden Regel-/Ausnahme-Verhältnis nicht entsprechen und bietet die Gefahr der „Schleifung" des Tatbestandsmerkmales. Der Gesetzgeber intendierte mit § 630c Abs. 2 Satz 2 BGB jedoch gerade keine allgemeine fürsorgeorientierte Informationspflicht.

Die Informationspflicht nach der 2. Alternative des § 630c Abs. 2 Satz 2 BGB regelt eine fehlerbezogene Informationspflicht zur Abwendung gesundheitlicher Gefahren (Gesundheitsgefahrenabwendungsalternative). Die Informationspflicht des Behandelnden setzt nach dem Willen des Gesetzgebers voraus, dass die Information „zur Abwendung von gesundheitlichen Gefahren für den Patienten erforderlich ist."[1603] Die Abwendung einer patientenbezogenen Gesundheitsgefahr ist damit gleichsam (Primär-)Zweck und Entstehungsvoraussetzung für die Informationspflicht nach § 630c Abs. 2 Satz 2 Alt. 2 BGB. Soweit allerdings keine gesundheitlichen Gefahren für den Patienten bestehen, ist der Behandelnde auch nicht zur unaufgeforderten Informationserteilung nach § 630c Abs. 2 Satz 2 BGB verpflichtet, denn den Behandelnden trifft keine umfassende Fürsorgepflicht.

Liegen die oben genannten Voraussetzungen nach einer der beiden Alternativen des § 630c Abs. 2 Satz 2 BGB vor, hat der Behandelnde den Patienten über die für den Behandelnden erkennbaren Umstände zu informieren, die die Annahme eines Behandlungsfehlers begründen, nicht über die Annahme eines Behandlungsfehlers selbst. Dies wird durch die im parlamentarischen Verfahren eingebrachte klarstellende Formulierung verdeutlicht. Die Frage, was unter dem Begriff „Umstände" zu verstehen ist, dürfte jedoch geeignet sein, den Streit um den Umfang der ärztlichen Fehleroffenbarungspflicht, wie dieser vor Inkrafttreten des Patientenrechtegesetzes bestand, wieder zu entfachen.

Aus dem Gesetzeswortlaut und den Gesetzesmaterialien wird deutlich, dass eine juristische Wertung oder ein Schuldanerkenntnis des Behandelnden von der Informationspflicht nicht umfasst ist.

1603 Regierungsentwurf, BT-Drs. 17/10488, S. 21.

Der Begriff „Umstände“ i. S. d. § 630c Abs. 2 Satz 2 BGB beinhaltet Tatsachen im Zusammenhang mit dem vergangenen Behandlungsgeschehen und erfasst damit den Gesundheitszustand des Patienten und den Behandlungsverlauf. Die Offenbarungspflicht des § 630c Abs. 2 Satz 2 BGB weist in Bezug auf diese Tatsachen eine inhaltliche Deckung mit der Pflicht zur therapeutischen Information auf, die nunmehr in § 630c Abs. 2 Satz 1 BGB gesetzlich normiert ist. Die Informationspflicht nach § 630c Abs. 2 Satz 2 BGB stellt klar, dass auch die wertungsfreie Information über Tatsachen zum Eintritt von Komplikationen i. S. d. Auftretens unvorhersehbarer bzw. unerwünschter Ereignisse, unabhängig davon, ob diese Tatsache bereits aus laienhafter Parallelwertung Rückschlüsse auf einen Fehler bzw. ein Fehlverhalten erlauben, nicht verschwiegen werden dürfen, wenn sie zur Abwendung einer Gesundheitsgefahr erforderlich sind oder der Patient konkret danach fragt.

Die Frage, ob unter dem Begriff „Umstände“ i. S. d. § 630c Abs. 2 Satz 2 BGB die fachliche Würdigung bzw. medizinische Bewertung des Behandlungsgeschehens zu fassen ist, wird im Schrifttum uneinheitlich beantwortet.

Wortlaut und Gesetzesbegründung liefern keine hinreichenden Anhaltspunkte. Zwar wollte der Gesetzgeber an eine im Wesentlichen geltende Rechtsprechung anknüpfen. Hinreichende Anknüpfungspunkte, insbesondere in der höchstrichterlichen oder obergerichtlichen Rechtsprechung, wonach eine Pflicht des behandelnden Arztes zur Information des Patienten über die medizinische Bewertung des Behandlungsgeschehens auf Nachfrage oder Abwendung einer gesundheitlichen Gefahr gesehen wird, fehlen jedoch.

Soweit auf den Zweck des Gesundheitsschutzes abgestellt wird, kann aus diesem eine Offenbarungspflicht über die Würdigung des Behandlungsgeschehens nicht abgeleitet werden. Denn für die Abwendung einer gesundheitlichen Gefahr ist es ohne Bedeutung, ob für den unerwünschten Behandlungsverlauf eine schuldhafte Pflichtverletzung oder die schicksalhafte Realisierung behandlungsimmanenter Risiken ursächlich war.

Auch das Abstellen auf den Schutz des Arzt-Patienten-Verhältnisses bzw. der Schutz des Vertrauens zwischen Behandelndem und Patienten bilden keine tragfähige Grundlage. Das Vertrauensverhältnis zwischen Arzt und Patient ist kein Selbstzweck, sondern Basis für das Behandlungsverhältnis. Es ist weder interessengerecht noch Gegenstand eines Behandlungsverhältnisses auf „Augenhöhe“ dem Behandelnden den Erhalt oder die Wiederherstellung des Vertrauensverhältnisses als alleinige Aufgabe unter Preisgabe aller eigenen Interessen zu übertragen. Dies stünde im Übrigen im Widerspruch mit der Wertung des § 627 BGB, nach der beide Parteien eines Dienstverhältnisses, welches auf besonderem Vertrauen gründet, dieses – soweit nicht zur Unzeit – ohne Angabe von Gründen unverzüglich auflösen können.

Die im Schrifttum teils vertretene Auffassung, die Informationspflicht des § 630c Abs. 2 Satz 2 BGB bezwecke auch die Erleichterung der Geltendmachung von Schadensersatzansprüchen und die daraus folgende Ableitung einer Information zur medizinischen Bewertung, findet weder Grundlage in den Gesetzesmaterialen noch wird diese durch die Gesetzessystematik gestützt. Diese zeigt im Gegenteil, dass den Behandelnden allenfalls mit der wirtschaftlichen Aufklärungspflicht nach § 630c Abs. 3 BGB eine sehr beschränkte Vermögensbetreuungspflicht trifft. Diese ist begrenzt auf die voraussichtlichen Kosten einer Behandlung und zum anderen davon abhängig, dass der Behandelnde entweder positive Kenntnis hat oder es nach den Umständen hinreichende Anhaltspunkte dafür gibt, dass eine vollständige Übernahme der Behandlungskosten durch einen Dritten, namentlich einen Krankenversicherer, nicht gesichert ist. Zugleich hat der Gesetzgeber klargestellt, dass es insbesondere nicht die Pflicht des Behandelnden ist, den Patienten umfassend wirtschaftlich zu beraten.

Der Begriff „Umstände“ im Sinne des § 630c Abs. 2 Satz 2 BGB ist dahingehend verfassungskonform auszulegen, dass lediglich behandlungsbezogene Tatsachen umfasst sind, nicht dagegen die medizinische Bewertung des zurückliegenden Behandlungsgeschehens. Denn soweit die Informationspflicht des § 630c Abs. 2 Satz 2 BGB vom Behandelnden die Offenbarung einer fachlichen Würdigung bzw. medizinische Bewertung der eigenen Behandlungstätigkeit gegenüber dem Patienten verlangte, wäre diese Verpflichtung nicht verfassungsgemäß.

Die Informationspflicht des § 630c Abs. 2 S. 2 BGB greift, soweit es um die Informationsverpflichtung des Behandelnden über die eigene Behandlungsleistung geht, in den Schutzbereich der Selbstbelastungsfreiheit ein.

Die Selbstbelastungsfreiheit stellt sich nach der hier vertretenen Auffassung als Ausformung des über Art. 2 Abs. 1 i. V. m. Art 1 Abs. 1 GG verfassungsrechtlich geschützten allgemeinen Persönlichkeitsrechts dar.

Anknüpfend an den Gemeinschuldnerbeschluss des *BVerfG* umfasst im Hinblick auf außerstrafrechtliche Offenbarungs- bzw. Informationspflichten der uneinschränkbare, aus der Menschenwürde abgeleitete Kern der Selbstbelastungsfreiheit den Schutz, dass die zur Erfüllung dieser Informationsverpflichtungen getätigten Aussagen nicht die Voraussetzungen für eine strafgerichtliche Verurteilung oder die Verhängung vergleichbarer Sanktionen liefern müssen. Aber auch im Übrigen greift jede Verpflichtung zur Selbstbezichtigung, also auch solche, die der Erfüllung außerstrafrechtlicher Offenbarungs- oder Mitwirkungspflichten im Interesse Dritter dienen, in den Schutzbereich der

Selbstbelastungsfreiheit ein. Ob und inwieweit Beschränkungen der Selbstbelastungsfreiheit einer verfassungsrechtlichen Rechtfertigung zugänglich sind, ergibt sich insbesondere aus der Abwägung der kollidierenden verfassungsrechtlich geschützten Interessen.

Demnach greift die Informationspflicht des § 630c Abs. 2 Satz 2 BGB als außerstrafrechtliche Offenbarungspflicht in den Schutzbereich der Selbstbelastungsfreiheit ein, denn sie verpflichten den Behandelnden zur Erteilung von fehlerbezogenen Informationen über die zurückliegende Behandlung, mit der sich der Behandelnde nicht nur selbst der zivilrechtlichen Inanspruchnahme durch den Patienten, sondern auch der Gefahr eines Strafverfahrens wegen eines Körperverletzungsdelikts und gegebenenfalls weiteren (berufsrechtlichen) Verfahren mit entsprechenden Sanktionen aussetzt.

Im Vergleich zur bloßen Tatsacheninformation stellte dabei die Verpflichtung zur Information über die medizinische Bewertung einen empfindlicheren Eingriff dar, weil die Gefahr der Strafverfolgung, berufsrechtlicher Sanktionen und zivilrechtlicher Inanspruchnahme des Behandelnden durch die medizinische Bewertung des Geschehens signifikant zunimmt. Mit der Information zur medizinischen Bewertung lieferten die Behandelnden selbst die notwendige tatsächliche Grundlage zur Frage, ob ein Anfangsverdacht vorliegt. Denn regelmäßig fehlt nicht nur den Patienten die fachspezifische Fähigkeit den Behandlungsvorgang medizinisch bewerten zu können, sondern auch den mit der strafrechtlichen Aufarbeitung solcher Sachverhalte befassten Strafverfolgungsorganen, die zunächst juristisch beurteilen müssen, ob ein die Eröffnung eines Ermittlungsverfahrens begründender Anfangsverdacht vorliegt.

Soweit für den Eingriff in den Schutzbereich der Selbstbelastungsfreiheit von Teilen des Schrifttums zusätzlich ein mit der außerstrafrechtlichen Offenbarungspflicht verbundenes – nicht nur faktisches – Zwangselement auf den Auskunftspflichtigen vorausgesetzt wird, ist dieses dadurch gegeben, dass die Erfüllung der Informationspflicht klageweise geltend gemacht und mit Mitteln der Zwangsvollstreckung im Verfahren nach § 888 ZPO durch Zwangsgeld oder Zwangshaft durchgesetzt werden kann. Im Übrigen muss sich der Behandelnde bei Verletzung der Informationspflicht nach § 630c Abs. 2 Satz 2 Alt. 2 BGB mit der Gefahr der Einleitung eines Strafverfahrens wegen Körperverletzung bedroht sehen.

Grundsätzlich ist der Eingriff in den Schutzbereich der Selbstbelastungsfreiheit durch die Informationspflicht des § 630c Abs. 2 Satz 2 BGB einer verfassungsrechtlichen Rechtfertigung zugänglich. Das betrifft insbesondere die wertungsfreien Informationen zum Behandlungsvorgang, zu denen dem Patienten ohnehin im Rahmen der Einsicht in die Patientenakten Zugang gewährt werden muss (§ 630g BGB), weil aus fachlicher Sicht für die derzeitige und künftige Behandlung wesentliche Maßnahmen und deren Ergebnisse aufzuzeichnen, insbesondere die Anamnese, Diagnosen, Untersuchungen, Untersuchungsergebnisse, Befunde, Therapien und ihre Wirkungen, Eingriffe und ihre Wirkungen, Einwilligungen und Aufklärungen nach § 630f Abs. 2 Satz 1 BGB zu dokumentieren sind.

Eine Informationspflicht, die den Behandelnden auf Nachfrage oder zur Abwendung einer Gesundheitsgefahr verpflichtet, dem Patienten auch Informationen über die medizinische Bewertung der eigenen Behandlungstätigkeit zu erteilen, stellt jedoch einen verfassungsmäßig nicht zu rechtfertigenden Eingriff in die Selbstbelastungsfreiheit dar.

Mit Blick auf die Nachfragealternative der Informationspflicht des § 630c Abs. 2 Satz 2 BGB fehlt es unter Abwägung des Informationsinteresses des Patienten und des Interesses des Behandelnden, sich nicht selbstbezichtigen und damit zumindest der Gefahr der Strafverfolgung aussetzen zu müssen, an der Angemessenheit (Verhältnismäßigkeit im engeren Sinne). Denn der Patient ist auf eine fachliche Würdigung bzw. medizinische Bewertung des zurückliegenden Behandlungsvorgangs gerade durch die Person des an dieser Behandlung beteiligten Behandelnden nicht angewiesen. Denn die zwischen Arzt und Patient regelmäßig bestehende Asymmetrie hinsichtlich fachspezifisch medizinischer Kenntnisse, die nicht nur zur Durchführung der medizinischen Behandlung, sondern auch zu deren fachlicher Bewertung entscheidend sind, kann einen Ausgleich durch die Einschaltung fachkundiger Dritter erfahren. Diese Dritte können auf Grundlage der dem Patienten zu erteilenden Informationen über seinen Gesundheitszustand, die Art und den Verlauf der Behandlung sowie durch Einsicht in die Patientenunterlagen eine Begutachtung der Behandlung vornehmen und dem Patienten so die aus seiner Sicht erforderlichen objektiven Informationen, insbesondere medizinische Bewertung der Behandlung, verschaffen.

Mit Blick auf die Gesundheitsgefahrenabwendungsalterative fehlt es bereits an einer Eignung der Information über die fachliche Würdigung der zurückliegenden Behandlung durch die Person des Behandelnden zur Abwendung einer Gesundheitsgefahr für den Patienten. Mit Blick auf eine weitere Behandlung zur Abwendung der Gesundheitsfahr ist es völlig unerheblich, ob der bisherige Behandlungsverlauf als schicksalhaft oder behandlungsfehlerhaft zu bewerten ist. Eine objektive Risikoerhöhung der Weiterbehandlung lässt sich aus einer behandlungsfehlerhaften Vorbehandlung durch den Vorbehandelnden nicht ableiten. Auch für die Richtigstellung einer Diagnose spielt es keine Rolle, ob die zuvor gestellte Diagnose vorwerfbar irrtümlich gestellt wurde. Hinzunehmen ist jedoch die Gefahr aus Sicht des Behandelnden, dass der Patient selbst oder ein Dritter aus den zur Abwehr einer Gesundheitsgefahr notwendigen Tatsachen zum Behandlungsvorgang den Rückschluss auf eine möglicherweise im Raum stehende Unterschreitung des gebotenen medizinischen Standards zieht.

Damit ist die Informationspflicht des § 630c Abs. 2 Satz 2 BGB verfassungskonform dahingehend auszulegen, dass zwar die tatsächliche Information über den zurückliegenden Behandlungsvorgang geschuldet ist, eine medizinische Bewertung durch den Behandelnden jedoch nicht.

Zu einem etwaigen (schuldhaften) Behandlungsfehler muss sich der Behandelnde daher auch auf Nachfrage nicht äußern und darf in diesem Punkt schweigen. Auch eine Negativauskunft darf damit nicht verlangt werden, weil aus der Verweigerung einer solchen Negativauskunft der Schluss auf das Vorliegen eines Behandlungsfehlers gezogen werden könnte.

Jedoch darf der Behandelnde tatsächliche Umstände über den Behandlungsvorgang nicht verschweigen, aus denen sich bereits aus Sicht des medizinischen Laien hinreichende Anhaltspunkte für einen Behandlungsfehler ergeben. Ein umfassendes Schweigerecht steht dem Behandelnden also nicht zu. Er ist insbesondere auf Nachfrage des Patienten zur Tatsacheninformation verpflichtet.

Mit § 630c Abs. 2 Satz 3 BGB wurde eine Regelung aufgenommen, nach der die Information des § 630c Abs. 2 Satz 2 zu Beweiszwecken nur mit Zustimmung des Behandelnden in einem gegen ihn oder nahen Angehörigen gerichteten Straf- oder Bußgeldverfahren verwendet werden darf, wenn der Behandlungsfehler dem Behandelnden oder einem nahen Angehörigen unterlaufen ist. Nach dem Willen des Gesetzgebers soll damit dem nemo-tenetur-Grundsatz Rechnung getragen und überdies gewährleistet werden, dass dem Behandelnden durch die Offenbarung eigener Fehler keine unmittelbaren straf- oder ordnungwidrigkeitenrechtlichen Nachteile entstehen. Die nach der Gesetzesbegründung wegen des Grundsatzes des fairen Verfahrens erforderliche Ausdehnung des Anwendungsbereichs des § 630c Abs. 2 Satz 3 auf Angehörige des Behandelnden geht auf eine Änderung durch den Ausschuss für Gesundheit des Deutschen Bundestages im parlamentarischen Verfahren zum Patientenrechtegesetz zurück.

Die im Schrifttum geführte Diskussion um die sachliche Reichweite von Verwendungsverboten im Strafverfahren macht deutlich, dass der alleinige Rückgriff auf den Wortlaut „verwendet" als Argument für den Umfang des jeweiligen Beweisverbots im Strafverfahren nicht tragfähig ist. Vielmehr sind der Wortlaut der jeweiligen Vorschrift insgesamt, ihr Zweck, die Gesetzesbegründung und Systematik sowie verfassungsrechtliche Erwägungen im Rahmen der Auslegung in den Blick zunehmen.

Eine generelle trennscharfe Abgrenzung zwischen den Verwendungsverboten einerseits und Beweisverwertungsverboten andererseits existiert bezogen auf ihre sachliche Reichweite im Strafverfahren, insbesondere in Bezug auf Fragen einer Früh- oder Fernwirkung nicht. Damit geht die eigenständige Kategorisierung der (Beweis-) Verwendungsverbote neben Beweisverwertungsverboten innerhalb der strafrechtlichen Beweisverbote fehl.

Die Beweisregelung in § 630c Abs. 2 Satz 3 BGB lässt sich ihrem Wortlaut und der Gesetzessystematik nach als Verwendungsverbot einordnen, ohne dass sich aus dieser Begrifflichkeit Aussagen über den Umfang und die Reichweite des Beweisverbotes ableiten lassen, was bereits der Vergleich mit den als Verwendungsverboten eingeordneten Regelungen der §§ 97 Abs. 1 Satz 3 InsO und 393 Abs. 2 AO, die ebenfalls dem Schutz der Selbstbelastungsfreiheit im Hinblick auf außerstrafrechtliche Informationspflichten dienen, zeigt.

Soweit es um den Umfang des Beweisverbotes des § 630c Abs. 2 Satz 3 BGB im Strafverfahren geht, ist die Regelung nicht ohne Widersprüche.

Der Wortlaut des § 630c Abs. 2 Satz 3 „zu Beweiszwecken" spricht auch unter Berücksichtigung der gesetzgeberischen Erwägungen zu den Regelungen in §§ 161 Abs. 2 und 477 Abs. 2 StPO, die ebenfalls die Wendung „zu Beweiszwecken" enthalten, für eine Begrenzung des Verwertungsverbotes auf die Beweiswürdigung und Urteilsfindung.

Allerdings enthält das Gesetzesmaterial zu § 630c Abs. 2 Satz 3 BGB eine solche klarstellende Erläuterung des Wortlauts „zu Beweiszwecken" gerade nicht. Die Wendung selbst ist aus sich heraus nicht so bestimmt, dass als Umfang einzig die Verwendung im Hauptverfahren und für die Urteilsfindung abgeleitet werden kann und dieser Wortlaut daher einer weitergehenden Auslegung, die auch den Spurenansatz erfasst, von vornherein verschlossen wäre, wie dies das *BVerfG* die zu § 100d Abs. 5 Satz 2 StPO a. F. im Rahmen der verfassungsrechtlichen Überprüfung des sog. „großen Lauschangriffs" trotz des dort enthaltenen Wortlauts „zu Beweiszwecken" vorgenommen hat.

Jedoch hat nicht nur der Gesetzgeber in der Folgezeit deutlich gemacht, dass er den Wortlaut „zu Beweiszwecken" als Begrenzung von Verwendungsverboten auf die Beweiswürdigung und Urteilsfindung verstanden wissen will. Auch das *BVerfG* selbst nutzte zuletzt diese Wendung in solch einschränkender Weise. Dem folgend könnte sich mittlerweile ein allgemeines Verständnis herausgebildet haben, wonach die Formulierung „zu Beweiszwecken" eine hinreichend bestimmte Begrenzung der strafrechtlichen Verwendung auf das Hauptverfahren darstellt.

Dies hat zur Folge, dass eine möglicherweise verfassungsrechtlich gebotene Auslegung des Verwendungsverbots in § 630c Abs. 2 Satz 3 BGB methodische Widersprüche aufwirft.

Zugleich setzte sich der Gesetzgeber mit der restriktiven Verwendungsregelung des § 630c Abs. 2 Satz 3 BGB in den Widerspruch zur ebenfalls mit dem Patientenrechtegesetz eingefügten Verwendungsregelung in § 135a Abs. 3 SGB V, wonach Meldungen und Daten aus einrichtungsinternen- und einrichtungsübergreifenden Risikomanagement- und Fehlermeldesystemen im Rechtsverkehr nicht zum Nachteil des Meldenden verwendet werden dürfen. Dieses Verwendungsverbot wird von § 135a Abs. 3 Satz 2 SGB V insoweit eingeschränkt, dass dieses nicht gilt, wenn die Verwendung zur Verfolgung einer Straftat, die im Höchstmaß mit mehr als fünf Jahren Freiheitsstrafe bedroht ist und auch im Einzelfall besonders schwer wiegt, erforderlich ist und die Erforschung des Sachverhalts oder die Ermittlung des Aufenthaltsorts des Beschuldigten auf andere Weise aussichtslos oder wesentlich erschwert wäre.

Nach dem Wortlaut des § 135a Abs. 3 SGB V und dessen Gesetzesbegründung sind nicht nur die strafrechtliche Verwendung im Hauptverfahren zur Beweiswürdigung und Urteilsfindung ausgeschlossen, sondern zumindest auch die Nutzung als Spurenansatz und zur Begründung von Ermittlungsmaßnahmen. Darüber hinaus dürfte wegen der weitgehenden Formulierung bereits die Verwendung zur Begründung eines Anfangsverdachts vom Verwendungsverbot erfasst sein. Damit dürfte mit Blick auf ein Straf- oder Ordnungswidrigkeitenverfahren aus dem Verwendungsverbot zugleich ein Erhebungsverbot folgen, weil die Erhebung nicht verwendbarer Beweismittel unverhältnismäßig wäre.

Die Verwendung der Informationen aus den Meldesystemen ist danach für eine strafrechtliche Verfolgung wegen fahrlässiger Tötung nach § 222 StGB, (einfacher vorsätzlicher) Körperverletzung nach § 223 StGB sowie fahrlässiger Körperverletzung nach § 229 StGB, weil diese Delikte im Höchstmaß mit einer Freiheitsstrafe von fünf Jahren bedroht sind, gänzlich ausgeschlossen. Weil die Tat nach § 135a Abs. 3 Satz 2 SGB V auch im Einzelfall besonders schwer wiegen muss, dürfte für die Qualifikationstatbestände der gefährlichen Körperverletzung (§ 224 StGB), schweren Körperverletzung (§ 226 StGB) sowie Körperverletzung mit Todesfolge (§ 227 StGB), obwohl diese – ungeachtet minderschwerer Fälle – eine Höchststrafe von mehr als fünf Jahren vorsehen, eine Verwendung zur Strafverfolgung nur dann in Frage kommen, wenn eine Freiheitsstrafe von mehr als fünf Jahren ernstlich erwartet werden kann.

Im Gegensatz dazu wären Informationen, die der Behandelnde nach § 630c Abs. 2 Satz 2 BGB dem Patienten mitteilt, unabhängig von dem in Betracht kommenden Delikt und der daraus resultierenden Straferwartung außerhalb des

Hauptverfahrens einer Verwendung, insbesondere im (Vor-)Ermittlungsverfahren gegen den Offenbarenden, zugänglich, soweit ein aus dem Begriff „zu Beweiszwecken" enges Verständnis der Verwendungsregelung angelegt wird.

Dieser aus der unterschiedlichen Verwendungsmöglichkeit inhaltlich deckungsgleicher Informationen resultierende Widerspruch wird dadurch verstärkt, dass der Offenbarende, der der gesetzlichen Verpflichtung zur Information gemäß § 630c Abs. 2 Satz 2 BGB unterliegt, schlechter geschützt ist, als der Offenbarende, der die Information freiwillig in einem einrichtungsinternen oder einrichtungsübergreifenden Meldesystem hinterlegt. Eine solch unterschiedliche Behandlung gegebenenfalls für den Offenbarenden strafrechtlich belastender Informationen ist mit Blick auf die verfassungsrechtlich geschützte Selbstbelastungsfreiheit nicht nachvollziehbar.

Das Beweisverwendungsverbot des § 630c Abs. 2 Satz 3 BGB umfasst ausschließlich die Information, die der Behandelnde zur Erfüllung seiner Informationspflicht aus § 630c Abs. 2 Satz 2 BGB gegenüber dem Patienten erteilt. Dagegen werden Informationen, die der Behandelnde aufgrund anderer rechtlicher Pflichten oder ohne Rechtsgrund erteilt, nicht erfasst. Der Begriff der „Information" umfasst dabei nach dem Sinn und Zweck des Beweisverwendungsverbotes nicht nur den Informationsinhalt, sondern auch die Informationserteilung als kommunikativen Vorgang. Insbesondere mit Blick auf die Gesundheitsgefahrenabwendungsalternative des § 630c Abs. 2 Satz 2 BGB wäre sonst der Behandelnde bereits durch das Bekanntwerden eines Gesprächs mit dem Patienten über einen Behandlungsfehler der Gefahr strafrechtlicher Ermittlungen ausgesetzt. Eine restriktive Auslegung des Begriffs der Information stünde auch im Widerspruch zum Gemeinschuldnerbeschluss des *BVerfG*, wonach den Strafverfolgungsbehörden aus einer drittschützenden Informationspflicht keine Möglichkeiten erwachsen sollen, die ohne die bestehende gesetzliche Informationspflicht nicht gegeben wären. Damit muss auch das Schweigen des Behandelnden als Vorgang der Informationserteilung vom Beweisverwendungsverbot erfasst werden. Es kommt auch nicht darauf an, ob es sich um neutrale, entlastende oder belastende Angaben handelt. Die Verwendung der aus der Informationspflicht resultierenden Auskunft im Strafverfahren steht im Ganzen zur Disposition des verpflichteten Behandelnden. Ihm und nicht etwa den Strafverfolgungsbehörden ist das Dispositionsrecht eingeräumt.

Die Information nach § 630c Abs. 2 Satz 2 BGB darf ohne Zustimmung des Behandelnden nicht zum Gegenstand der Beweiswürdigung und Urteilsfindung gemacht werden. Dies schließt aus, dass die Information durch Vernehmung des Patienten oder einer Vernehmungsperson eingeführt oder Dokumente verlesen werden, die die Informationserteilung zum Gegenstand haben.

Die Gewährleistung der verfassungsrechtlich geschützten Selbstbelastungsfreiheit gebietet jedoch auch solche Beweismittel vom Beweisverwendungsverbot zu erfassen, die den Strafverfolgungsbehörden ausschließlich aufgrund der Informationserteilung des Behandelnden bekannt geworden sind. Daraus folgt zugleich für die Beweiswürdigung im Hauptverfahren, dass – wie bei § 97 Abs. 1 Satz 3 InsO – die Beweiskette in der Hauptverhandlung ohne solche Beweise gebildet werden muss, die auf Angaben des Behandelnden gegenüber dem Patienten aus der Erfüllung seiner Informationspflicht nach § 630c Abs. 2 Satz 2 BGB beruhen. Demgegenüber dürfen Tatsachen verwertet werden, die den Strafverfolgungsbehörden auch ohne die Informationserteilung des Behandelnden bereits bekannt waren oder bekannt geworden sind.

Die vom Beweisverwendungsverbot des § 630c Abs. 2 Satz 3 BGB erfasste Information darf von den Strafverfolgungsbehörden auch nicht zur Begründung eines Anfangsverdachtes verwendet werden. Denn es wäre unverhältnismäßig und daher mit den rechtsstaatlichen Prinzipien unvereinbar mittels im Ermittlungsverfahren unverwertbarer Erkenntnisse zunächst formell ein solches Ermittlungsverfahren zu eröffnen, es dann allerdings nicht weiterbetreiben zu können, ohne auf unverwertbare Angaben des Behandelnden zurückzugreifen. Dagegen bleiben andere Erkenntnisquellen, die nicht auf der Verpflichtung des § 630c Abs. 2 Satz 2 BGB gründen, einer strafrechtlichen Verwertung zugänglich, soweit nicht die Angaben des Behandelnden selbst den Weg dorthin gewiesen haben. Verwertbar sind damit auch für die Begründung eines Anfangsverdachts insbesondere die von Dritter Seite oder durch Sicherstellung in die Hände der Strafverfolgungsbehörden gelangten Patientenunterlagen sowie die mündlich oder schriftlich nieder gelegten Bewertungen des Behandlungsgeschehens durch Dritte.

In personeller Sicht erfasst das Beweisverwendungsverbot des § 630c Abs. 2 Satz 3 BGB nach seinem Wortlaut und dem Sinn und Zweck der Regelung ausschließlich den Behandelnden und seine in § 52 Abs.1 StPO bezeichneten Angehörigen soweit diese an der (Vor-)Behandlung beteiligt waren, auf die die Informationserteilung nach § 630c Abs. 2 Satz 2 BGB Bezug nimmt. Die Information des Behandelnden kann im Umkehrschluss auch ohne die Zustimmung des Behandelnden in einem Straf- oder Ordnungswidrigkeitenverfahren gegen andere Behandelnde oder sonstige Dritte verwendet werden, die nicht in einem Angehörigenverhältnis i. S. d. § 52 Abs. 1 StPO mit dem Behandelnden stehen.

Das auf die behandlungsvertragliche Informationspflicht nach § 630c Abs. 2 Satz 2 BGB verweisende Beweisverbot des § 630c Abs. 2 Satz 3 BGB erfasst zunächst nach der Gesetzessystematik und dem Wortlaut unmittelbar nur den Behandelnden i. S. d. § 630a Abs. 1 BGB im Rahmen eines bestehenden Behandlungsvertrages.

Darüber hinaus kommt aber auch eine analoge Anwendung des § 630c Abs. 2 Satz 3 BGB auf die tatsächlichen Behandelnden als Erfüllungsgehilfen des vertraglichen Behandelnden in Betracht.

Der Gesetzgeber stellt in der Gesetzesbegründung auf das „Interesse des Behandelnden am Schutz seiner Person" ab und beabsichtigte mit dem Beweisverbot des § 630c Abs. 2 Satz 3 BGB „unter Beachtung des nemo-tenetur-Grundsatzes [zu gewährleisten], dass dem Behandelnden aus der Offenbarung eigener Fehler, die gegebenenfalls strafrechtlich oder auch aus der Sicht des Ordnungswidrigkeitenrechts relevant sein können, keine unmittelbaren strafrechtlichen oder ordnungswidrigkeitsrechtlichen Nachteile erwachsen." Strafrechtliche Nachteile können jedoch gerade den tatsächlichen Behandelnden, der als Erfüllungsgehilfe des vertraglichen Behandelnden den Patienten nach § 630 Abs. 2 Satz 2 BGB informiert, treffen.

Die Delegation der Erfüllung der Informationspflicht auf den tatsächlichen Behandelnden wird für den vertraglichen Behandelnden deswegen regelmäßig sinnvoll sein, weil der tatsächliche Behandelnde eine größere Nähe zum Behandlungsverlauf hat und diesem daher die Erfüllung behandlungsbezogener Informationspflichten mit geringerem zeitlichen Aufwand möglich ist, als dem vertraglichen Behandelnden, beispielsweise in Form eines Vertreters bzw. Organs der juristischen Person, wenn es um den Träger eines Krankenhauses oder MVZ geht.

Es ist nicht einzusehen, warum der tatsächliche Behandelnde, der nicht Partei des Behandlungsvertrages ist, schlechter geschützt sein soll als der vertragliche Behandelnde, der auch die tatsächliche Behandlung übernimmt. Soweit es um die Erfüllung der Informationsverpflichtung des § 630c Abs. 2 Satz 2 BGB geht, kann der Schutz der Person und die Gewährleistung der Selbstbelastungsfreiheit nicht davon abhängen, ob der Informierende eine vertragliche Bindung mit dem Patienten hat.

Insoweit ist auch von einer planwidrigen Unvollständigkeit des § 630c Abs. 2 Satz 3 BGB auszugehen, denn zwar hat der Gesetzgeber grundsätzlich das Bestehen solcher 3-Personen-Konstellationen erkannt, im Rahmen der Schaffung der konkreten Beweisregelungen scheint sich der Gesetzgeber über das aus einer Delegation der Informationspflicht vom Arbeitgeber als vertraglichem Behandelnden auf den tatsächlichen Behandelnden als Arbeitnehmer resultierende Spannungsverhältnis jedoch nicht bewusst gewesen zu sein. Zwar besteht auf Seiten des Arbeitgebers in seiner Eigenschaft als vertraglicher Behandelnder das Interesse, die vertragliche Informationspflicht des § 630c Abs. 2 Satz 2 BGB zu erfüllen. Dagegen besteht jedoch auf Seiten des Arbeitnehmers als tatsächlicher Behandelnder das Interesse, jedenfalls sofern ein behandlungsfehlerhaftes Geschehen im Raum steht, an dem er beteiligt war, sich nicht selbst belasten und damit zumindest auch nicht der Gefahr der Strafverfolgung aussetzen zu müssen. Gerade die Delegation solcher Informationspflichten dürfte dann, wenn die Information in einem Strafverfahren gegen den tatsächlichen Behandelnden verwertbar wäre, der dem Arbeitgeber auferlegten Fürsorgepflicht widersprechen.

Bei § 630c Abs. 2 Satz 3 BGB handelt es sich also um ein auf das Straf- und Bußgeldverfahren beschränktes Verwendungsverbot mit Erlaubnis- bzw. Zustimmungsvorbehalt. Dem Behandelnden wird damit durch § 630c Abs. 2 Satz 3 BGB die alleinige Dispositionsbefugnis über die Verwendung der Information nach § 630c Abs. 2 Satz 2 BGB in einem gegen ihn selbst oder gegen einen seiner in § 52 Abs. 1 StPO bezeichneten Angehörigen geführten Straf- oder Bußgeldverfahren eingeräumt.

Im Hinblick auf das Verwendungsverbot des § 630c Abs. 2 Satz 3 BGB ist eine Hinweis- und Belehrungspflicht der Strafverfolgungsbehörden in Bezug auf die Unverwendbarkeit der Information des Behandelnden ohne dessen Zustimmung in einem gegen ihn geführten Strafverfahren zu fordern. Diese Belehrungspflicht ergibt sich unmittelbar aus der Verfassung. Die Belehrung des Betroffenen sichert die verfassungsrechtlich geschützte Selbstbelastungsfreiheit ab und ermöglicht erst die Wahrnehmung der mit ihr verbundenen Rechte des Betroffenen. Die Gewährleistung der Aussagefreiheit des Betroffenen setzt voraus, dass er Kenntnis über die Unverwertbarkeit seiner im Rahmen der Erfüllung der Informationspflicht getätigten Angaben hat.

Die Zustimmung zur Verwendung kann der Behandelnde ausdrücklich erklären. Darüber hinaus kann eine konkludente Zustimmung angenommen werden, wenn der über sein Schweigerecht und die Unverwendbarkeit seiner Informationserteilung belehrte Behandelnde seine Angaben im Rahmen einer Vernehmung wiederholt oder weiter ausführt.

Zumindest unter dem Gesichtspunkt, dass das Beweisverwendungsverbot des § 630c Abs. 2 Satz 3 BGB von Gesetzes wegen eine Zustimmung voraussetzt, dürfte die von der Rechtsprechung entwickelte und unter heftiger Kritik der Literatur stehende Widerspruchslösung auf die Verwertung von Informationen, die der Behandelnde zur Erfüllung seiner Informationspflicht nach § 630c Abs. 2 Satz 2 BGB erteilt hat, keine Anwendung finden. Zugleich stellt nach der Rechtsprechung das Beweisverwendungsverbot kein Verfahrenshindernis dar. Eine insoweit rechtswidrige Verwertung vom Beweisverwendungsverbot erfasster Beweismittel in einem Urteil erfordert danach den Angriff der Verwertung durch eine hinreichend unterlegte Verfahrensrüge im Rahmen der

Revision. Der sorgfältig agierende Verteidiger wird daher – auch mit Blick auf die sog. Rügeverkürzung – gehalten sein, rechtzeitig begründeten Widerspruch gegen den Versuch der Verwertung vom Verwendungsverbot umfasster Beweise in erster Instanz zu erheben.

Mit Blick auf die Reichweite des Verwendungsverbots des § 630c Abs. 2 Satz 3 BGB außerhalb des Straf- und Ordnungswidrigkeitenverfahrens, also insbesondere im berufsgerichtlichen Verfahren oder vertragsärztlichen Disziplinarverfahren, scheidet eine unmittelbare Anwendung des § 630c Abs. 2 Satz 3 BGB auf berufs- oder disziplinarrechtliche Verfahren von vornherein wegen des eindeutigen Wortlauts aus.

Jedoch kommt eine analoge Anwendung des § 630c Abs. 2 Satz 3 BGB auf berufsrechtliche, vertragsarztrechtliche und andere verwaltungsrechtliche Verfahren mit entsprechendem Sanktionscharakter in Betracht.

Eine vergleichbare Interessenlage i. S. eines rechtsähnlichen Sachverhalts liegt insoweit vor, als dass auch in berufsrechtlichen und vertragsarztrechtlichen Verfahren ein Schweigerecht der Betroffenen besteht, selbstbelastende Informationen des Behandelnden aus der Offenbarungspflicht nach § 630c Abs. 2 Satz 2 BGB gleichwohl zum Nachteil des betroffenen Behandlers in diesen Verfahren gegen ihn genutzt werden könnten. Die in solchen Verfahren möglichen Sanktionen gegen den Betroffenen können dabei im Einzelfall sogar schwerer wiegen, als die Rechtsfolgen eines Straf- oder Bußgeldverfahrens.

Darüber hinaus ist auch von einer planwidrigen Unvollständigkeit des Gesetzes auszugehen, und nicht von einem „rechtspolitischen“ Fehler, der keinen judikativen Spielraum zur Vervollständigung lässt, denn aus den Gesetzesmaterialen geht mit keinem Wort hervor, dass der Gesetzgeber berufs-, disziplinar- oder andere verwaltungsrechtliche Verfahren mit Sanktionscharakter überhaupt in seine Überlegungen einbezogen und dessen Wirkungen auf die Informationspflichtigen erkannt hat.

Insgesamt stellen sich die fehlerbezogene Informationspflicht des § 630c Abs. 2 S. 2 BGB und das korrespondierende Beweisverbot des § 630c Abs. 2 S. 3 BGB aufgrund der Vielzahl der rechtlichen Probleme und Widersprüche, die diese Regelungen auch mit Blick auf das Verfassungsrecht aufwerfen, als wenig gelungen dar.

Die Informationspflicht des § 630c Abs. 2 Satz 2 BGB kann in der Gesundheitsgefahrenabwendungsalternative eine rechtspolitische Berechtigung für sich beanspruchen, wo es um die Klarstellung geht, dass die therapeutische Information des § 630c Abs. 1 Satz 1 BGB auch wertungsfreie Informationen bzw. Tatsachen zum Behandlungsvorgang umfasst, die schon dem medizinischen Laien Rückschlüsse auf einen Behandlungsfehler erlauben. Eine solche

Informationspflicht müsste nach der hier vertretenen Auffassung aus verfassungsrechtlichen Gründen zur Wahrung der Selbstbelastungsfreiheit nicht zwingend mit einem strafrechtlichen Beweisverbot unterlegt werden. Gleichwohl kann ein umfassendes Verwendungsverbot eine Anreizfunktion entfalten und damit rechtpolitisch in Erwägung gezogen werden.

Die Nachfragealternative des § 630c Abs. 2 Satz 2 BGB ist dagegen verzichtbar, denn es muss bezweifelt werden, dass solch eine Regelung zur Stärkung des Vertrauensverhältnisses zwischen Arzt und Patient geeignet ist. Die Regelung kann, wenn es um die Nachfrage des Patienten nach dem Behandlungsfehler eines anderen Behandelnden geht, als Denunziationforderung missverstanden werden.

Insbesondere die Regelung § 630c Abs. 2 Satz 2 Alt. 1 BGB eröffnet jedoch auch, wenn es um die Frage des Patienten nach Behandlungsfehlern eines nahen Angehörigen oder engen Kollegen des Frageadressaten bzw. Informationspflichtigen geht, rechtliche Probleme insbesondere im Hinblick auf die über das Allgemeine Persönlichkeitsrecht geschützte Privats- und Sozialsphäre des Behandelnden. Diesbezüglich könnten sich weitere Untersuchungen anschließen.

Sofern der Gesetzgeber sucht, größere Transparenz im Arzt-Patient-Verhältnis herzustellen und dem Selbstbestimmungsrecht des Patienten in einem höheren Maß Geltung zu verschaffen, Patienten und Arzt also tatsächlich „auf Augenhöhe" zu bringen, kann gerade die Schaffung eines barrierefreien Zugangs zu den Patientenunterlagen bzw. Behandlungsdokumentationen, – soweit möglich – deren Laienverständlichkeit sowie die stärkere Gewährleistung der Nachverfolgbarkeit von Änderungen in den Patientenunterlagen einen ganz wesentlichen Beitrag leisten.

Literaturverzeichnis

AG Medizinrecht im DAV/IMR (Hrsg.): Aktuelle Entwicklungen im Medizinstrafrecht, 4. Düsseldorfer Medizinstrafrechtstag, Baden-Baden 2014

[zitiert: Bearbeiter, in: AG Medizinrecht].

Ambos, Kai: Beweisverbote, Grundlagen und Kasuistik – internationale Bezüge – ausgewählte Probleme, Berlin 2010

[zitiert: Ambos, Beweisverwertungsverbote].

Anschütz, Felix: Ärztliches Handeln. Grundlagen, Möglichkeiten, Grenzen, Widersprüche, Darmstadt 1987.

Arnold, Michael: Verantwortung und Zusammenwirken des Vorstands und Aufsichtsrats bei Compliance-Untersuchungen, ZGR 2014, 76-106.

Arzt, Gunther / Weber, Ulrich: Strafrecht, Besonderer Teil, Lehrbuch, Bielefeld 2000.

Ascheid, Reiner / Preis, Ulrich / Schmidt, Ingrid (Hrsg.): Kündigungsrecht, 5. Auflage, München 2017

[zitiert: Bearbeiter, in: Ascheid/Preis/Schmidt, Kündigungsrecht].

Baden, Eberhard: "Wirtschaftliche Aufklärungspflichten" in der Medizin, NJW 1988, 746-749.

Bader, Markus: Das Verwendungsverbot des § 97 I 3 InsO, NZI 2009, 416–420.

Ballo, Emanuel: Beschlagnahmeschutz im Rahmen von Internal Investigations – Zur Reichweite und Grenze des § 160a StPO, NZWiSt 2013, 46-52.

Bamberger, Heinz Georg / Roth, Herbert / Hau, Wolfgang / Poseck, Roman (Hrsg.): Beck'scher Online-Kommentar BGB, 54. Edition, Stand 01.05.2020, München 2020 [zitiert: Bearbeiter, in: BeckOK-BGB].

Barthelme, Ulrich: Die qualifizierte Belehrung bei Verfahrensverstößen im Strafprozess, Frankfurt 2012

[zitiert: Barthelm, Die qualifizierte Belehrung bei Verfahrensverstößen].

Bauer, Gerhard: Die Aussage des über das Schweigerecht nicht belehrten Beschuldigten, Göttingen 1972

[zitiert: Bauer, Die Aussage].

Baumann, Jürgen / Braunegg, Anna-Eva / Grünwald, Gerald / Hanack, Ernst-Walter / Kaufmann, Armin / Kaufmann, Arthur / Klug, Ulrich / Lampe, Ernst-Joachim / Lenckner, Theodor / Maierhofer, Werner / Noll, Peter / Roxin, Claus / Schmitt, Rudolf / Schultz, Hans / Stratenwerth, Günter / Stree, Walter:

Alternativ-Entwurf eines Strafgesetzbuches, Besonderer Teil, Straftaten gegen die Person, Erster Halbband, Tübingen 1970.

Baumann, Jürgen / Weber, Ulrich / Mitsch, Wolfgang / Eisele, Jörg: Strafrecht, Allgemeiner Teil, 12. Auflage, Bielefeld 2016
[zitiert: Baumann/Weber/Mitsch/Eisele, Strafrecht AT].

Baumgärtel,Gottfried / Laumen, Hans-Willi / Prütting, Hanns (Hrsg.): Handbuch der Beweislast, Grundlagen, 3. Auflage, Köln 2009.
[zitiert: Bearbeiter, in: Handbuch der Beweislast].

Baumgärtel, Gottfried / Wittmann, Arno: Beweislastverteilung im Arzthaftungsprozeß, JA 1979, 113-119.

Beaucamp, Guy: Zum Analogieverbot im öffentlichen Recht, AöR 134 (2009), 83-105.

Becker, Ulrich / Kingreen, Thorsten (Hrsg.): SGB V Gesetzliche Krankenversicherung Kommentar, 3. Auflage, München 2012.

von Beling, Ernst: Beweisverbote als Grenze der Wahrheitserforschung im Strafprozess, Breslau 1903.

Beulke, Werner: Strafprozessrecht, 13. Auflage, Heidelberg 2016.

Beulke, Werner: Muß die Polizei dem Beschuldigten vor der Vernehmung „Erste Hilfe" bei der Verteidigerkonsultation leisten?, NStZ 1996, 257-262.

Bernsmann, Klaus: Verwertungsverbot bei fehlender und mangelhafter Belehrung, StraFo 1998, 73-78.

Besson, Philipp: Das Steuergeheimnis und das Nemo-tenetur-Prinzip im (steuer-) strafrechtlichen Ermittlungsverfahren, Frankfurt 1997
[zitiert: Besson, Das Steuergeheimnis].

Bettermann, Karl August / Nipperdey, Hans Carl / Scheuner, Ulrich: Die Grundrechte. Handbuch der Theorie und Praxis der Grundrechte, Band IV, 1. Halbband, 2. Auflage, Berlin 1972.

Bittmann, Folker / Rudolph, Carolin: Das Verwendungsverbot gemäß § 97 Abs. 1 Satz 3 InsO, wistra 2001, 81–85.

Bittmann, Folker / Brockhaus, Matthias / von Coelln, Sibylle / Heuking, Christian: Regelungsbedürftige Materien in einem zukünftigen „Gesetz über Interne Ermittlungen", NZWiSt 2019, 1-10.

Bleiler, Lisa-Maria: Strafbarkeitsrisiken des Arztes bei religiös motiviertem Behandlungsveto, Berlin / Heidelberg 2010.

Blersch, Jürgen: Berliner Kommentar Insolvenzrecht, InsO, Arbeitshilfen, InsVV, internationales Insolvenzrecht, Steuerrecht, Loseblattsammlung, 34. Aktualisierungslieferung, Stand Juni 2009, Freiburg im Breisgau [zitiert: Bearbeiter, in: Berliner Kommentar zum Insolvenzrecht].

Bockelmann, Paul: Rechtliche Grundlagen und rechtliche Grenzen der ärztlichen Aufklärungspflicht, NJW 1961, 945-951.

Bockelmann, Paul: Strafrecht des Arztes, Stuttgart 1968.

Bockelmann, Paul: Der ärztliche Heileingriff in Beiträgen zur Zeitschrift für die gesamte Strafrechtswissenschaft im ersten Jahrhundert ihres Bestehens, ZStW 93 (1981), 105-150.

Böcker, Philipp: Die „hypothetische Einwilligung“ im Zivil- und Strafrecht, JZ 2005, 925-932.

Bogs, Harald: Das Grundrecht der Berufsfreiheit (Art. 12 GG) im Spiegel des Arztsystems, in: *Becker, Bernd / Bull, Hans Peter / Seewald, Otfried (Hrsg.)*, Festschrift für Werner Thieme zum 70. Geburtstag, Köln u.a. 1993, 715-732.

Bömelburg, Regina: Der Selbstbelastungszwang im Insolvenzverfahren, Eine Untersuchung zur Reichweite des Verwendungsverbotes gemäß §97 Absatz 1 Satz 3 Insolvenzordnung, Köln 2004.

Bork, Rheinhard: Allgemeiner Teil des Bürgerlichen Gesetzbuchs, 4. Auflage, Tübingen 2016.

Bosch, Nikolaus: Aspekte des nemo-tenetur-Prinzips aus verfassungsrechtlicher und strafprozessualer Sicht, Berlin 1998

[zitiert: Bosch, Aspekte des nemo-tenetur-Prinzips].

Böse, Martin: Die verfassungsrechtlichen Grundlagen des Satzes „Nemo tenetur se ipsum accusare“, GA 2002, 98–128.

Böse, Martin: Wirtschaftsaufsicht und Strafverfolgung. Die verfahrensübergreifende Verwendung von Informationen und die Grund- und Verfahrensrechte des Einzelnen, Tübingen 2005

[zitiert: Böse, Wirtschaftsaufsicht und Strafverfolgung].

Braun, Christian / Gründel, Mirko: Approbationsentzug wegen Unwürdigkeit und Anspruch auf Wiedererteilung der Approbation, MedR 2001, 396–401.

Braun, Bernard / Marstedt, Gerd: Patientenrechte im deutschen Gesundheitssystem, in: *Böcken, Jan / Braun, Bernard / Landmann, Juliane (Hrsg.)*, Gesundheitsmonitor 2010, Bürgerorientierung im Gesundheitswesen, Gütersloh 2010, 329-352.

Brüggemeier, Gert: Haftungsrecht: Strukturen, Prinzipien, Schutzbereich, Berlin / Heidelberg 2006 [zitiert: Brüggemeier, Haftungsrecht].

Brüggemeier, Gert: Deliktsrecht, Ein Hand- und Lehrbuch, Baden-Baden 1986

[Brüggemeier, Deliktsrecht].

Büttner, Hermann: Die deliktsrechtliche Einordnung der ärztlichen Eingriffsaufklärung – ein juristischer Behandlungsfehler?, in: *Brandner, Hans Erich / Hagen, Horst / Stürner, Rolf (Hrsg.)*, Festschrift für Karlmann Geiß. Zum 65. Geburtstag, Köln 2000, 353-366.

Christlich Demokratische Union Deutschlands / Christlich-Soziale Union in Bayern / Freie Demokratische Partei: Wachstum. Bildung. Zusammenhalt., Koalitionsvertrag zwischen CDU, CSU und FDP, 17. Legislaturperiode, 2009.

Cirener, Gabriele / Radtke, Henning / Rissing-van Saan, Ruth / Rönnau, Thomas / Schluckebier, Wilhelm (Hrsg.): Leipziger Kommentar, StGB, Großkommentar, 13. Auflage, Berlin,

- Band 1, Einleitung, §§ 1-18, 2020,

[zitiert: Bearbeiter, in: LK-StGB, 13. Aufl.].

Cramer, Peter: Ein Sonderstraftatbestand für die eigenmächtige Heilbehandlung, Einige Bemerkungen zu §§ 229, 230 des Entwurfs eines 6. Gesetzes zur Reform des Strafrechts (6. StrRG), in: *Eser, Albin (Hrsg.)*, Festschrift für Theodor Lenckner zum 70. Geburtstag, München 1998, 761-780.

Dahs, Hans: Die Ausweitung des Widerspruchserfordernisses, StraFo 1998, 253-258.

Dann, Matthias: Ärztliche Fehleroffenbarung – Strafrechtliche Strategien für postinvasive Arzt-Patientengespräche, MedR 2007, 638-643.

Dann, Matthias / Schmidt, Kerstin: Im Würgegriff der SEC? – Mitarbeiterbefragungen und die Selbstbelastungsfreiheit, NJW 2009, 1851–1855.

Dannecker, Gerhard / Dannecker, Christoph: Die „Verteilung" der strafrechtlichen Geschäftsherrenhaftung im Unternehmen, JZ 2010, 981-992.

Dautert, Franziska: Beweisverwertungsverbote und ihre Drittwirkung, München 2015.

Dencker, Friedrich: Über Heimlichkeit, Offenheit und Täuschung bei der Beweisgewinnung im Strafverfahren, StV 1994, 667-683.

Dencker, Friedrich: Verwertungsverbote und Verwendungsverbote im Strafprozeß, in: *Eser, Albin (Hrsg.)*, Strafverfahrensrecht in Theorie und Praxis, Festschrift für Lutz Meyer-Goßner zum 65. Geburtstag, München 2001, 237-256.

Deutsch, Erwin: Arztrecht und Arzneimittelrecht, Eine zusammenfassende Darstellung mit Fallbeispielen und Texten, Berlin / Heidelberg 1983.

Deutsch, Erwin: Neue Aufklärungsprobleme im Arztrecht, NJW 1982, 2585-2588.

Deutsch, Erwin: Schutzbereich und Beweislast der ärztlichen Aufklärungspflicht, NJW 1984, 1802-1803.

Deutsch, Erwin: Die Zwecke des Haftungsrechts, JZ 1971, 244-248.

Deutsch, Erwin / Geiger, Michael: Medizinischer Behandlungsvertrag: Empfiehlt sich eine besondere Regelung der zivilrechtlichen Beziehungen zwischen dem Patienten und dem Arzt im BGB?, in: *Bundesministerium der Justiz (Hrsg.)*,Gutachten und Vorschläge zur Überarbeitung des Schuldrechts, Band II, 1981, 1049-1113.

Deutsch, Erwin / Spickhoff, Andreas: Medizinrecht, 6. Auflage, Berlin / Heidelberg 2008.

Deutsch, Erwin / Spickhoff, Andreas: Medizinrecht, 7. Auflage, Berlin / Heidelberg 2014.

Diller, Martin: Der Arbeitnehmer als Informant, Handlanger und Zeuge im Prozess des Arbeitgebers gegen Dritte, DB 2004, 313-319.

Dingeldey, Thomas: Der Schutz der strafprozessualen Aussagefreiheit durch Verwertungsverbote bei außerstrafrechtlichen Aussage- und Mitwirkungspflichten, NStZ 1984, 529–534.

Dingeldey, Thomas: Das Prinzip der Aussagefreiheit im Strafprozessrecht, JA 1984, 407–414.

Diversy, Judith: Eigene Angaben des Insolvenzschuldners gegenüber dem Insolvenzgericht als Erkenntnisquelle der Staatsanwaltschaft?, ZinsO 2005, 180–184.

Dose, Catharina: Übermittlung und verfahrensübergreifende Verwendung von Zufallserkenntnissen, Berlin 2013

[zitiert: Dose, Übermittlung und verfahrensübergreifende Verwendung].

Duttge, Gunnar: Zum Unrechtsgehalt des kontraindizierten ärztlichen "Heileingriffs", MedR 2005, 706-711.

Duttge, Gunnar: Die „hypothetische Einwilligung“ als Strafausschlußgrund: wegweisende Innovation oder Irrweg?, in: *Hoyer, Andreas / Müller, Henning Ernst / Pawlik, Michael / Wolter, Jürgen (Hrsg.)*, Festschrift für Friedrich-Christian Schroeder zum 70. Geburtstag, Heidelberg 2006, 179-196.

Ebermayer, Ludwig (Begr.) / Jähnke, Burkhard / Laufhütte, Heinrich Wilhelm / Odersky, Walter (Hrsg.): Strafgesetzbuch. Leipziger Kommentar, Großkommentar, 11. Auflage, Berlin

- Band 6, §§ 223-263a, 2005,

[zitiert: Bearbeiter, in: LK-StGB, 11. Aufl.].

Eder, Florian: Beweisverbote und Beweislast im Strafprozess, München 2015

[zitiert: Eder, Beweisverbote].

Ehlers, Alexander: Die ärztliche Aufklärung vor medizinischen Eingriffen, Bestandsaufnahme und Kritik, Köln 1987.

Ehlers, Alexander (Hrsg.): Disziplinarrecht für Ärzte und Zahnärzte, 2. Auflage, München 2013.

Eidam, Lutz: Die strafprozessuale Selbstbelastungsfreiheit am Beginn des 21. Jahrhunderts, Frankfurt 2006

[zitiert: Eidam, Selbstbelastungsfreiheit].

Eisenberg, Ulrich: Beweisrecht der StPO, Spezialkommentar, 10. Auflage, Berlin 2017

[zitiert: Eisenberg, Beweisrecht].

Ellbogen, Klaus: Verdeckte Ermittlungen und das nemo-tenetur-Prinzip, Kriminalistik 2006, 544-548.

Engisch, Karl: Einführung in das juristische Denken,

[zitiert: Engisch, Einführung in das juristische Denken, Aufl.].

- 1. Auflage, Stuttgart 1956,

- 11. Auflage, Stuttgart 2010

Engisch, Karl: Ärztliche Eingriffe zu Heilzwecken und Einwilligung, ZStW 58 (1939), 1-52.

Engisch, Karl: Die rechtliche Bedeutung der ärztlichen Operation, in: *Stich, Rudolf / Bauer, Karl H.* (Hrsg.), Fehler und Gefahren bei chirurgischen Operationen, Band 2, 4. Auflage, Jena 1958.

Epping, Volker / Hillgruber, Christian (Hrsg.): Beck'scher Online-Kommentar Grundgesetz, 42. Edition, Stand 01.12.2019, München 2019

[zitiert: Bearbeiter, in: BeckOK-GG].

Erb, Saskia: Die Kodifikation des Behandlungsvertragsrechts im BGB, Beseitigung alter oder Generierung neuer Probleme?, Baden-Baden 2018.

Erman, Walter (Begr.): Bürgerliches Gesetzbuch, 14. Auflage, Köln 2014

[zitiert: Bearbeiter, in: Erman, BGB].

Eschelbach, Ralf: Richterliche Rechtsfortbildung, in: *Barton, Stephan / Eschelbach, Ralf / Hettinger, Michael / Kempf, Eberhard / Krehl, Christoph / Salditt, Franz (Hrsg.),* Festschrift für Thomas Fischer, München 2018, 81-98.

Eser, Albin: Medizin und Strafrecht: Eine schutzgutorientierte Problemübersicht, ZStW 97 (1985), 1-46.

Esser, Josef / Weyers, Hans-Leo: Schuldrecht II, Besonderer Teil, Teilband 2, 8. Auflage, Heidelberg 2000.

Fezer, Gerhard: Anmerkung zu BGH, Urt. v. 28. April 1987 – 5 StR 666/86, JZ 1987, 937-939.

Fezer, Gerhard: Anmerkung zu BGHSt 38, 214, JR 1992, 385-386.

Fezer, Gerhard: Zur Reichweite einer Rügepflichtverletzung im Strafverfahren, JZ 2006, 474-476.

Fezer, Gerhard: Anmerkung zu BGH, Beschl. v. 20.12.1995 – 5 StR 445/95, StV 1997, 57-59.

Fischer, Thomas: Strafgesetzbuch mit Nebengesetzen, 67. Auflage, München 2020 [zitiert: Fischer, StGB].

Francke, Robert: Ärztliche Berufsfreiheit und Patientenrechte: eine Untersuchung zu den verfassungsrechtlichen Grundlagen des ärztlichen Berufsrechts und des Patientenschutzes, Stuttgart 1994.

Francke, Robert / Hart, Dieter: Ärztliche Verantwortung und Patienteninformation, Stuttgart 1987.

Franzen, Klaus / Gast-deHaan, Brigitte: Steuerstrafrecht mit Zoll- und Verbrauchersteuerstrafrecht, Kommentar, 8. Auflage, München 2015 [zitiert: Bearbeiter, in: Joecks/Jäger/Randt].

Franzen, Martin: Vertragliche Auskunftspflicht und Schutz gegen Selbstbezichtigunng, in: *Alexander, Christian (Hrsg.)*, Festschrift für Helmut Köhler zum 70. Geburtstag, München 2014, 133-144.

Franzki, Harald / Franzki, Dietmar: Waffengleichheit im Arzthaftungsprozess, NJW 1975, 2225-2229.

Frisch, Wolfgang: Einwilligung und mutmaßliche Einwilligung in ärztliche Eingriffe, in: *Frisch, Wolfgang (Hrsg.)*, Gegenwartsfragen des Medizinstrafrechts, Portugiesisch-deutsches Symposium zu Ehren von Albin Eser in Coimbera, Baden-Baden 2006, 33-70.

Frisch, Wolfgang: Grundfragen der Täuschung und des Irrtums beim Betrug. Zum sogenannten Recht auf Wahrheit, in: *Putzke, Holm / Hardtung, Bernhard / Hoernle, Tatjana (Hrsg.)*, Strafrecht zwischen System und Telos, Festschrift für Rolf Dietrich Herzberg zum siebzigsten Geburtstag am 14. Februar 2008, Tübingen 2008, 729-762.

Fritz, Hans-Joachim / Nolden, Dagmar: Unterrichtungspflichten und Einsichtsrechte des Arbeitnehmers im Rahmen von unternehmensinternen Untersuchungen, CCZ 2010, 170-177.

Fuhrmann, Lambertus: Internal Investigations: Was dürfen und müssen die Organe bei Verdacht von Compliance Verstößen tun?, NZG 2016, 881-889.

Gallas, Wilhelm: Zum gegenwärtigen Stand der Lehre vom Verbrechen, ZStW 67 (1955), 1-47.

Gatzweiler, Norbert: Zur Frage der Wirksamkeit und Durchsetzbarkeit strafprozessualer Beweisverwertungsverbote – dargestellt an Beispielen aus dem Insolvenz- und Steuerrecht, in: Arbeitsgemeinschaft Strafrecht des Deutschen

Anwaltsvereins (Hrsg.), Strafverteidigung im Rechtsstaat, 25 Jahre Arbeitsgemeinschaft Strafrecht des Deutschen Anwaltsvereins, Baden-Baden 2009, 480-489.

Geerds, Friedrich: Auskunftsverweigerungsrecht oder Schweigebefugnis? Zur Problematik der §§ 55, 56 StPO, in: *Spendel, Günter (Hrsg.),* Studien zur Strafrechtswissenschaft, Festschrift für Ulrich Stock zum 70. Geburtstag am 8. Mai 1966, Würzburg 1966, 171-196.

Geiger, Michael: Anm. zu BGH Urt. v. 26.10.1982 – 1 StR 413/82, JZ 1983, 153-154.

Geiß, Karlmann / Greiner, Hans-Peter: Arzthaftpflichtrecht, 7. Auflage, München 2014.

Geppert, Klaus: Zur Einführung verdachtsfreier Atemalkoholkontrollen aus rechtlicher Sicht, in: *Seebode, Manfred (Hrsg.),* Festschrift für Günter Spendel zum 70. Geburtstag am 11. Juli 1992, Berlin 1992, 655-678.

Geppert, Klaus: Hypothetische Einwilligung als Rechtfertigungsgrund?, JK 2004, StGB, § 223/3.

Geppert, Klaus: Zur Rechtfertigung eines ärztlichen Heileingriffs durch eine hypothetische Einwilligung, JK 2008, StGB, § 223/4.

Gerst, Hans-Joachim: Unternehmensinteressen und Beschuldigtenrechte bei Internal Investigations – Problemskizze und praktische Lösungswege, CCZ 2012, 1-5.

Giesen, Dieter: Arzthaftungsrecht: die zivilrechtliche Haftung aus medizinischer Behandlung in der Bundesrepublik Deutschland, in Österreich und der Schweiz, 4. Auflage, Tübingen 1995 [zitiert: Giesen, Arzthaftungsrecht].

Giesen, Dieter: Wandlungen im Arzthaftungsrecht, Die Entwicklung der höchstrichterlichen Rechtsprechung auf dem Gebiet des Arzthaftungsrechts in den achtziger Jahren, JZ 1990, 1053-1064.

Glatz, Christian: Der Arzt zwischen Aufklärung und Beratung, Eine Untersuchung über ärztliche Hinweispflichten in Deutschland und den Vereinigten Staaten, Berlin 1996.

Göpfert, Burghard / Merten, Frank / Siegrist, Carolin: Mitarbeiter als „Wissensträger" – Ein Beitrag zur aktuellen Compliance-Diskussion, NJW 2008, 1703-1709.

Gössel, Karl Heinz: Strafrecht – Besonderer Teil, Band 1, Heidelberg 1987.

Graf, Peter / Jäger, Markus / Wittig, Petra (Hrsg.): Wirtschafts- und Steuerstrafrecht, 2. Auflage, München 2017

[zitiert: Bearbeiter, in: Graf/Jäger/Wittig].

Greco, Luis / Caracas, Christian: Internal investigations und Selbstbelastungsfreiheit, NStZ 2015, 7–16.

Gropp, Walter: Hypothetische Einwilligung im Strafrecht?, in: *Hoyer, Andreas / Müller, Henning Ernst / Pawlik, Michael / Wolter, Jürgen (Hrsg.)*, Festschrift für Friedrich-Christian Schroeder zum 70. Geburtstag, Heidelberg 2006, 197-208.

Grünwald, Gerald: Die Aufklärungspflicht des Arztes, ZStW 73 (1961), 5-44.

Grünwald, Gerald: Der Vorsatz des Unterlassungsdelikts, in: *Geerds, Friedrich / Naucke, Wolfgang (Hrsg.)*, Beiträge zur gesamten Strafrechtswissenschaft, Festschrift für Hellmuth Mayer zum 70. Geburtstag am 1. Mai 1965, Berlin 1966, 281-304.

Grünwald, Gerald: Anm. zu BGHSt 34, 362 StV 1987, 470-473.

Gubernatis, Gabriele: Zur Offenbarungspflicht bei ärztlicher Fehlbehandlung, JZ 1982, 363–366.

Günter, Hans-Helmut: Staatsanwaltliche Ermittlungen gegen Ärzte bei Verdacht eines "Kunstfehlers", DRiZ 1982, 326-334.

Günther, Hans-Ludwig: Die Schweigebefugnis des Tatverdächtigen im Straf- und Bußgeldverfahren aus verfassungsrechtlicher Sicht, GA 1978, 193-206.

Gutmann, Thomas: Die Pflicht des Arztes zur Information über Behandlungsfehler (§ 630c Abs. 2 S. 2 und 3 BGB), in: *Steinmeyer, Heinz-Dietrich / Roeder, Norbert / von Eiff, Wilfried*, Medizin – Haftung – Versicherung, Festschrift für Karl Otto Bergmann zum 70. Geburtstag, Berlin / Heidelberg 2016, 59-74.

Haas, Günter: Columbo – Lösegeld für eine Leiche oder: Columbo und das nemo-tenetur-Prinzip, NJW 1996, 1120–1121.

Häberle, Peter (Hrsg.): Erbs/Kohlhaas, Strafrechtliche Nebengesetze, 229. Ergänzungslieferung, Stand März 2020, München

[zitiert: Bearbeiter, in: Erbs/Kohlhaas].

Haefcke, Maren: Beschlagnahmefähigkeit der Interviewprotokolle einer Internal Investigation, CCZ 2014, 39–43.

Hanau, Peter: Arzt und Patient – Partner oder Gegner, in: *Prütting, Hans (Hrsg.)*, Festschrift für Gottfried Baumbgärtel zum 70. Geburtstag, Köln 1990, 121-136.

Hannich, Rolf (Hrsg.): Karlsruher Kommentar zur Strafprozessordnung, 8. Auflage, München 2019

[zitiert: Bearbeiter, in: KK-StPO].

Hardwig, Werner: Betrachtungen zur Frage des Heileingriffs, GA 1965, 161-173.

Hart, Dieter: "Organisationsaufklärung" Zum Verhältnis von Standardbehandlung, Organisationspflichten und ärztlicher Aufklärung, MedR 1999, 47-50.

Hart, Dieter: Grundlagen des Arzthaftungsrechts, Pflichtengefüge, Jura 2000, 64-70.

Hart, Dieter: Diagnosefehler – Seine Verortung als Behandlungsfehler und die Verpflichtung zur Aufklärung, in: *Brüggemeier, Gert (Hrsg.)*, Liber Amicorum Eike Schmidt zum 65. Geburtstag am 26.11.2004, Heidelberg 2005, 131-158.

Hart, Dieter: Patientensicherheit nach dem Patientenrechtegesetz, MedR 2013, 159-165.

Hattemer, Stefanie: Mediation bei Störungen des Arzt-Patient-Verhältnisses, Berlin / Heidelberg 2012.

He, Jian: Anteilige Haftung für ärztliche Behandlungsfehler, Berlin 2017.

Hefendehl, Roland: Beweisermittlungs- und Beweisverwertungsverbote bei Auskunfts- und Mitwirkungspflichten – das sog. Verwendungsverbot nach § 97 Abs. 1 S. 3 InsO –, wistra 2003, 1–9.

Hegerfeld, Nicola: Ärztliche Aufklärungs- und Informationspflichten, Tübingen 2018.

Hegerfeld, Nicola: Die Informationsbefolgungsfähigkeit – das Pendant zur Einwilligungsfähigkeit, MedR 2019, 710-714.

Heinze, Meinhard: Die rechtlichen Rahmenbedingungen der ärztlichen Heilbehandlung, MedR 1996, 252-257.

Heinrich, Bernd: Rügepflichten in der Hauptverhandlung und Disponsibilität strafverfahrensrechtlicher Vorschriften, Dargestellt anhand der Geltendmachung von Beweisverwertungsverboten, ZStW 112 (2000), 398-428.

Hellmann, Uwe: Strafprozessrecht, 2. Auflage, Berlin 2006.

Hengstenberg, Nike: Die hypothetische Einwilligung im Strafrecht, Zu den „Risiken und Nebenwirkungen" eines Transfers der Rechtsfigur aus dem Zivil- und Strafrecht, Berlin / Heidelberg 2013.

Hengstenberg, Achim: Die Frühwirkung der Verwertungsverbote, Eine Untersuchung der Bedeutung der Beweisverwertungsverbote für die strafprozessualen Verdachtsbeurteilungen, Hamburg 2007

[zitiert: Hengstenberg, Die Frühwirkung der Verwertungsverbote].

Herdegen, Gerhard: Das Beweisantragsrecht. Zum Rechtsmissbrauch – Teil III, NStZ 2000, 1–8.

Hillenkamp, Thomas / Cornelius, Kai: 32 Probleme aus dem Strafrecht, Allgemeiner Teil, 14. Auflage, München 2012.

Hirsch, Hans Joachim: Zum Spannungsverhältnis von Theorie und Praxis im Strafrecht, in: *Jeschek, Hans-Heinrich / Vogler, Theo (Hrsg.)*, Festschrift für Herbert Tröndle zum 70. Geburtstag am 24. August 1989, Berlin 1989, 19-40.

Hohnel, Andreas: Selbstbelastungsfreiheit in der Insolvenz, NZI 2005, 152–154.

Hübschmann, Walter / Hepp, Ernst / Spitaler, Armin (Hrsg.): Abgabenordnung, Finanzgerichtsordnung, Kommentar, Loseblattsammlung, Stand September 2017, Köln

[zitiert: Bearbeiter, in: Hübschmann/Hepp/Spitaler].

Hufen, Friedhelm: Inhalt und Einschränkbarkeit vertragsärztlicher Grundrechte, MedR 1996, 394-403.

Huster, Stefan / Kaltenborn, Markus (Hrsg.): Krankenhausrecht Praxishandbuch zum Recht des Krankenhauswesens,

- 1. Auflage, München 2010
- 2- Auflage, München 2017

[zitiert: Bearbeiter, in: Huster/Kaltenborn, Krankenhausrecht, Aufl.].

Ignor, Alexander / Bertheau, Camilla: Der „Zwischenrechtsbehelf" des § 238 II StPO – Ein zentrales Institut des Revisionsverfahrens?, NStZ 2013, 188-191.

Jaeger, Lothar: Patientenrechtegesetz, Kommentar zu §§ 630a bis 630h BGB, Karlsruhe 2013

[zitiert: Jaeger, Patientenrechtegesetz].

Jäger, Christian: Beweisverwertung und Beweisverwertungsverbote im Strafprozess, München 2003

[zitiert: Jäger, Beweisverwertung].

Jäger, Christian: Die ärztliche Pflicht zur Fehleraufklärung und deren Folgen für die Beweisverwertung nach § 630c Abs. 2 S. 2 und 3 BGB, in: *Bockemühl, Jan / Gierhake, Katrin / Müller, Henning Ernst / Walter, Tonio (Hrsg.)*, Festschrift für Bernd von Heintschel-Heinegg zum 70. Geburtstag, München 2015, 211-220.

Jarass, Hans: Das allgemeine Persönlichkeitsrecht im Grundgesetz, NJW 1989, 857–862.

Jarass, Hans / Pieroth, Bodo: Grundgesetz für die Bundesrepublik Deutschland. Kommentar, 16. Auflage, München 2020

[zitiert: Bearbeiter, in: Jarass/Pieroth, GG].

Joecks, Wolfgang / Miebach, Klaus (Hrsg.): Münchener Kommentar zum StGB, Band 1-8, 3. Auflage, München 2017

[zitiert: Bearbeiter, in: MüKo-StGB].

Jungnickel, Sebastian / Meinel, Gernod: Aufklärungsdefizit und verwirklichtes Risiko, MDR 1988, 456-458.

Jürgens, Andreas: Betreuungsrecht, Kommentar, 6. Auflage, München 2019

[zitiert: Bearbeiter, in: Betreuungsrecht].

Kahlke, Winfried /. Reiter-Theil, Stella (Hrsg.): Ethik in der Medizin, Stuttgart 1995.

Kargl, Walter: Begründungsprobleme des Dopingstrafrechts, NStZ 2007, 489-496.

Kargl, Walter: Die Bedeutung der Entsprechensklausel beim Betrug durch Schweigen, ZStW 119 (2007), 250-289.

Kasiske, Peter: Mitarbeiterbefragungen im Rahmen interner Ermittlungen – Auskunftspflichten und Verwertbarkeit im Strafverfahren, NZWiSt 2014, 262–268.

Kasiske, Peter: Die Selbstbelastungsfreiheit im Strafprozess, JuS 2014, 15–20.

Kasiske, Peter: Widersprüchlichkeiten der Widerspruchslösung, NJW-Spezial 2011, 376.

Katzenmeier, Christian: Arzthaftung, Jus Privatum, Beiträge zum Privatrecht, Bd. 62, Tübingen 2002

[zitiert: Katzenmeier, Arzthaftung].

Katzenmeier, Christian: Die Rahmenbedingungen der Patientenautonomie, MedR 2012, 576-583.

Katzenmeier, Christian: Der Behandlungsvertrag – Neuer Vertragstypus im BGB, NJW 2013, 817-823.

Kaufmann, Armin: Die Dogmatik der Unterlassungsdelikte, Göttingen 1959

[zitiert: Kaufmann, Dogmatik der Unterlassungsdelikte].

Kaufmann, Arthur: Die eigenmächtige Heilbehandlung, ZStW 73 (1961), 341-384.

Keller, Rainer: Rechtliche Grenzen der Provokation von Straftaten, Berlin 1989

[zitiert: Keller, Rechtliche Grenzen].

Kern, Bernd-Rüdiger: Die neuere Entwicklung in der Rechtsprechung zur Aufklärungspflicht, GesR 2009, 1-11.

Kern, Rüdiger / Laufs, Adolf: Die ärztliche Aufklärungspflicht unter besonderer Berücksichtigung der richterlichen Spruchpraxis, Berlin / Heidelberg 1983

[zitiert: Kern/Laufs, Die ärztliche Aufklärungspflicht].

Kern, Rüdiger / Laufs, Adolf: Anm. BGH VI ZR 188/82, JZ 1984, 631-632.

Kett-Straub, Gabriele / Sipos-Lay, Iris: § 630c Abs. 2 S. 2 BGB im Spannungsfeld von Patientenrechten und dem Nemo tenetur-Grundsatz, MedR 2014, 867–876.

Kiel, Heinrich / Lunk, Stefan / Oetker, Hartmut (Hrsg.): Münchener Handbuch zum Arbeitsrecht, 4. Auflage, München 2018

[zitiert: Bearbeiter, in: Münchener Handbuch zum Arbeitsrecht, Bd.].

Kindhäuser, Urs / Neumann, Ulfrid / Paeffgen, Hans-Ullrich (Hrsg.): Nomoskommentar, Strafgesetzbuch, 5. Auflage, Baden-Baden 2017 [zitiert: Bearbeiter, in: NK-StGB].

Kindhäuser, Urs / Schumann, Kay: Strafprozessrecht, 5. Auflage, Baden-Baden 2019.

Klein, Franz / Orlopp, Gerd (Begr.): AO, Abgabenordnung, Kommentar, 14. Auflage, München 2018

[zitiert: Bearbeiter, in: Klein, AO].

Kleinheisterkamp, Daniela: Kreditwesengesetz und Strafverfahren, Tübingen 2010.

Kleinknecht, Theodor: Die Beweisverbote im Strafprozeß, NJW 1966, 1537–1545.

Kleuser, Michael: Die Fehleroffenbarungspflicht des Arztes – unter besonderer Berücksichtigung der versicherungsrechtlichen Obliegenheiten nach einem Behandlungszwischenfall, Karlsruhe 1995

[zitiert: Kleuser, Fehleroffenbarungspflicht].

Knauer, Christoph / Kudlich, Hans / Schneider, Hartmut (Hrsg.): Münchener Kommentar zur StPO,

- Band 1, §§ 1-150 StPO, München 2014,
- Band 2, §§ 151-232 StPO, München 2016,
- Band 3/1, §§ 333-499 StPO, München 2019,
- Band 3/2, GVG, EGGVG, u.a., München 2018

[zitiert: Bearbeiter, in: MüKo-StPO].

Köhler, Michael: Strafrecht, Allgemeiner Teil, Berlin / Heidelberg 1997

[zitiert: Köhler, Strafrecht AT].

Kölbel, Ralf: Selbstbelastungsfreiheiten. Der nemo-tenetur-Satz im materiellen Strafrecht, Berlin 2006

[zitiert: Kölbel, Selbstbelastungsfreiheiten].

Koppernock, Martin: Das Grundrecht auf bioethische Selbstbestimmung, zur Rekonstruktion des allgemeinen Persönlichkeitsrechts, Baden-Baden 1997.

Kottek, Petr: Die Kooperation von deutschen Unternehmen mit der US-amerikanischen Börsenaufsicht SEC, Grenzen der strafprozessualen Verwertbarkeit unternehmensinterner Ermittlungen, Frankfurt 2012

[zitiert: Kottek, Die Kooperation von deutschen Unternehmen mit der SEC].

Krey, Volker: Strafrecht Besonderer Teil, Band 1, 11. Auflage, Stuttgart 1998.

Kriele, Martin: „Stand der medizinischen Wissenschaft" als Rechtsbegriff, NJW 1976, 355-358.

Krug, Björn / Skoupil, Christoph: Befragungen im Rahmen von internen Untersuchungen, Vorbereitung, Durchführung und Umgang mit den Ergebnissen, NJW 2017, 2374-2379.

Krüger, Matthias: Offenbarungspflicht versus Selbstbelastungsfreiheit, urologen. info 2015, 20-21.

Kudlich, Hans: Wie weit reicht die Widerspruchslösung?, Zugleich Gedanken zur Entscheidung OLG Frankfurt 3 Ss 285/10 vom 08.11.2010, HRRS 2011, 114-119.

Kühl, Kristian / Heger, Martin: Strafgesetzbuch Kommentar, 29. Auflage, München 2018

[zitiert: Lackner/Kühl].

Kuhlen, Lothar: Objektive Zurechnung bei Rechtfertigungsgründen, in: *Schünemann, Bernd / Achenbach, Hans / Bottke, Wilfried / Haffke, Bernhard / Rudolphi, Hans-Joachim (Hrsg.)*, Festschrift für Claus Roxin zum 70. Geburtstag am 15. Mai 2001, Berlin 2001, 331-348.

Kuhlen, Lothar: Ausschluss der objektiven Erfolgszurechnung bei hypothetischer Einwilligung des Betroffenen, JR 2004, 227-230.

Kühne, Hans-Heiner: Strafprozessrecht, Eine systematische Darstellung des deutschen und europäischen Strafverfahrensrechts, 9. Auflage, Heidelberg 2015

[zitiert: Kühne, Strafprozessrecht].

Kunz-Schmidt, Susanne: Bedienungsfehler beim Einsatz von Medizintechnik, voll beherrschbares Risiko und nichtärztliche Mitarbeiter, MedR 2009, 517-524.

Küpper, Georg: Tagebücher, Tonbänder, Telefonate, Zur Lehre von den selbstständigen Beweisverwertungsverboten im Strafverfahren, JZ 1990, 416-424.

Küpper, Georg / Börner, René: Strafrecht, Besonderer Teil 1, Delikte gegen Rechtsgüter der Person und Gemeinschaft, 4. Auflage, Berlin / Heidelberg 2017.

Lagodny, Otto: Verdeckte Ermittler und V-Leute im Spiegel von § 136a StPO als „angewandtem Verfassungsrecht", StV 1996, 167–172.

Lampe, Ernst-Joachim: Ingerenz oder dolus subsequens?, ZStW 72 (1960), 93-107.

Langheid, Theo / Wandt, Manfred (Hrsg.): Münchener Kommentar zum Versicherungsvertragsgesetz, Band 2: §§ 100-216 VVG, 2. Auflage, München 2017

[zitiert: Bearbeiter, in: MüKo-VVG].

Larenz, Karl / Canaris, Wilhelm: Methodenlehre der Rechtswissenschaft, 3. Auflage, Berlin/Heidelberg 1995.

Laufhütte, Heinrich Wilhelm / Rissing-van Saan, Ruth / Tiedemann, Klaus (Hrsg.): Leipziger Kommentar, StGB, Großkommentar, 12. Auflage, Berlin,

- Band 9/1, §§ 263-266b, 2012,

[zitiert: Bearbeiter, in: LK-StGB, 12. Aufl.].

Laufs, Adolf: Arztrecht, 5. Auflage, München 1993.

Laufs, Adolf: Die Entwicklung des Arztrechts 1982/1983, NJW 1983, 1345-1351.

Laufs, Adolf / Katzenmeier, Christian / Lipp, Volker: Arztrecht, 7. Auflage, München 2015.

Laufs, Adolf / Uhlenbruck, Wilhelm (Hrsg.): Handbuch des Arztrechts, 3. Auflage, München 2002.

Laufs, Adolf / Kern, Rüdiger (Hrsg.): Handbuch des Arztrechts, 4. Auflage, München 2010.

Laufs, Adolf / Kern, Rüdiger / Rehborn, Martin (Bgr./Hrsg.): Handbuch des Arztrechts, 5. Auflage, München 2019.

Linnenbaum, Tim: Belehrung und „qualifizierte" Belehrung im Strafverfahren, Hamburg 2009.

Löwe, Ewald / Rosenberg, Werner (Begr.) / Erb, Volker / Esser, Robert / Franke, Ulrich / Graalmann-Scheerer, Kirsten / Hilger, Hans / Ignor, Alexander (Hrsg.): Löwe/Rosenberg, StPO, Die Strafprozeßordnung und das Gerichtsverfassungsgesetz, Großkommentar, 26. Auflage, Berlin

- Band 1, Einleitung, §§ 1-47, 2006,
- Band 4, §§ 112-150, 2007,
- Band 5, §§ 151-212b, 2008,
- Band 12, Nachtrag, 2014,

[zitiert: Bearbeiter, in: LR-StPO, 26. Aufl.].

Löwe, Ewald / Rosenberg, Werner (Begr.) / Becker, Jörg-Peter / Erb, Volker / Esser, Robert / Franke, Ulrich / Graalmann-Scheerer, Kirsten / Hilger, Hans / Ignor, Alexander (Hrsg.): Löwe/Rosenberg, StPO, Die Strafprozeßordnung und das Gerichtsverfassungsgesetz, Großkommentar, 27. Auflage, Berlin

- Band 1, Einleitung, §§ 1-47, 2016,
- Band 2, §§ 48-93, 2018,
- Band 4/1, §§ 112-136a, 2019,
- Band 6, §§ 212-255a, 2019,

[zitiert: Bearbeiter, in: LR-StPO, 27. Aufl.].

Lorenz, Frank Lucien: „Operative Informationserhebung" im Strafverfahren, „Unverfügbares" und Grundrechtsschutz durch „Institutionelle Kontrolle", JZ 1992, 1000-1011.

Lützeler, Martin / Müller-Sartori, Patrick: Die Befragung des Arbeitnehmers – Auskunftspflicht oder Zeugnisverweigerungsrecht?, CCZ 2011, 19-25.

Mäder, Detlef: Betriebliche Offenbarungspflichten und Schutz vor Selbstbelastung. Zum Spannungsfeld von Umweltrecht und nemo tenetur-Grundsatz, Freiburg im Breisgau 1997

[zitiert: Mäder, Betriebliche Offenbarungspflichten].

Martis, Rüdiger / Winkhart-Martis, Martina: Arzthaftungsrecht, Fallgruppenkommentar, 3. Aufl., Köln 2010

[zitiert: Martis / Winkhart, Arzthaftungsrecht].

Maunz, Theodor / Dürig, Günter / Herzog, Roman / Scholz, Rupert / Herdegen, Matthias / Klein, Hans (Bgr./Hrsg.): Grundgesetz Kommentar, München, Stand: 90. Ergänzungslieferung, Februar 2020

[zitiert: Bearbeiter, in: Maunz/Dürig, GG].

Maurach, Reinhart / Schroeder, Friedrich-Christian / Maiwald, Manfred: Strafrecht, Besonderer Teil, Teilband 1, 10. Auflage, Heidelberg 2009.

Meyer-Goßner, Lutz / Schmitt, Bertram: Strafprozessordnung, 63. Auflage, München 2020

[zitiert: Meyer-Goßner, StPO].

Michael, Lothar / Morlok, Martin: Grundrechte, 5. Auflage, Baden-Baden 2016.

Mitsch, Wolfgang: Strafrechtlicher Schutz gegen medizinische Behandlung, Zur Problematik des ärztlichen Heileingriffs, Baden-Baden 2000.

Mitsch, Wolfgang: Die „hypothetische Einwilligung“ im Arztstrafrecht, JZ 2005, 279-285.

Mitsch, Wolfgang: Strafrecht, Besonderer Teil 2, Vermögensdelikte, 3. Auflage, Berlin / Heidelberg 2015

[zitiert: Mitsch, Strafrecht BT 2].

Mosbacher, Andreas: Zur aktuellen Debatte um die Rügepräklusion, Zugleich ein Beitrag zur Zukunft der Widerspruchslösung, NStZ 2011, 606-611.

Mosbacher, Andreas: Zur Zukunft der Widerspruchslösung – der Widerspruch als Zwischenrechtsbehelf, in: *Bernsmann, Klaus / Fischer, Thomas (Hrsg.)*, Festschrift für Ruth Rissing-van Saan zum 65. Geburtstag am 25. Januar 2011, Berlin 2011, 357-378.

Müller, Gerda: Beweislast und Beweisführung im Arzthaftungsprozeß, NJW 1997, 3049-3056.

Müller-Glöge, Rudi / Preis, Ulrich / Schmidt, Ingrid (Hrsg.): Erfurter Kommentar zum Arbeitsrecht, 20. Auflage, München 2020

[zitiert: Bearbeiter, in: Erfurter Kommentar].

Müller-Gugenberger, Christian / Bieneck, Klaus (Hrsg.): Wirtschaftsstrafrecht, Handbuch des Wirtschaftsstraf- und -ordnungswidrigkeitenrechts, 5. Auflage, Köln 2011
[zitiert: Bearbeiter, in: Müller-Gugenberger/Bieneck].

von Münch, Ingo (Begr.) / Kunig, Philip (Hrsg.): Grundgesetz, Kommentar, 6. Auflage, München 2012
[zitiert: Bearbeiter, in: von Münch/Kunig, GG]

Nathan, Ernst: Nothilfe und ärztlicher Eingriff im Entwurf von 1919, ZStW 43 (1922), 451-454.

Narr, Helmut: Ärztliches Berufsrecht, 2. Auflage, Köln 1977.

Niese, Werner: Narkoanalyse als doppelfunktionelle Prozeßhandlung, ZStW 63 (1951), 199–228.

Niese, Werner: Ein Beitrag zur Lehre vom ärztlichen Heileingriff, in: *Bockelmann, Paul / Gallas, Wilhelm (Hrsg.),* Festschrift für Eberhard Schmidt zum 70. Geburtstag am 16. März 1961, Göttingen 1961, 364-382.

Nothhelfer, Martin: Die Freiheit von Selbstbezichtigungszwang: verfassungsrechtliche Grundlagen und einfachgesetzliche Ausformungen, Heidelberg 1989
[zitiert: Nothhelfer, Selbstbezichtigungszwang].

Opderbecke, Hans W. / Weißauer, Walther: Forensische Probleme in der Anästhesiologie, Erlangen 1981.

Otto, Harro: Einwilligung, mutmaßliche, gemutmaßte und hypothetische Einwilligung, Jura 2004, 679-683.

Otto, Harro: Grundkurs Strafrecht – Allgemeine Strafrechtslehre, 7. Auflage, Berlin 2004
[zitiert: Otto, Grundkurs Strafrecht]..

Otto, Harro / Albrecht, Andreas: Die Bedeutung der hypothetischen Einwilligung für den ärztlichen Heileingriff, Jura 2010, 264-271.

Paeffgen, Hans Ullrich: Vorüberlegungen zu einer Dogmatik des Untersuchungshaft-Rechts, Köln 1986
[zitiert: Paeffgen, Vorüberlegungen].

Palandt, Otto (Begr.): Bürgerliches Gesetzbuch,
- 71. Auflage, München 2012,
- 79. Auflage, München 2020
[zitiert: Bearbeiter, in: Palandt, BGB, Aufl.].

Panagopoulou-Koutnatzi, Fereniki: Die Selbstbestimmung des Patienten.: Eine Untersuchung aus verfassungsrechtlicher Sicht, Berlin 2009.

Pieroth, Bodo / Schlink, Bernhard: Grundrechte, Staatsrecht II, 20. Auflage, Heidelberg 2005.

Pitschas, Rainer: Das Grundrecht der Berufsfreiheit im Kassen- und Vertragsarztrecht, in: *Wissing, Gerhard / Umbach, Dieter (Hrsg.)*, 40 Jahre Landessozialgerichtsbarkeit, Festschrift zum 40jährigen Bestehen der Sozialgerichtsbarkeit in Rheinland-Pfalz, Stuttgart 1994, 217-238.

Pitschas, Rainer: Beziehungen zwischen Leistungserbringer und Krankenkassen, insbesondere vertragsärztliche Versorgung, in: *Wannagat, Georg / Gitter, Wolfgang (Hrsg.)*, Jahrbuch des Sozialrechts der Gegenwart, Band 17, Berlin 1995, 267-319.

Ponsold, Albert: Lehrbuch der gerichtlichen Medizin einschliesslich der ärztlichen Rechtskunde und der Versicherungsmedizin, 2. Auflage, Stuttgart 1957.

Prütting, Dorothea (Hrsg.): Fachanwaltskommentar Medizinrecht, 3. Auflage, Köln 2014

[zitiert: Bearbeiter, in: Prütting, Fachanwaltskommentar Medizinrecht].

Prütting, Hanns: Gibt es eine ärztliche Pflicht zur Fehleroffenbarung?, in: *Kern, Bernd-Rüdiger / Wadle, Elmar / Schroeder, Klaus-Peter / Katzenmeier, Christian (Hrsg.)*, Humaniora, Medizin – Recht – Geschichte, Festschrift für Adolf Laufs zum 70. Geburtstag, Berlin 2006, 1009-1024.

Prütting, Hanns / Wegen, Gerhard / Weinreich, Gerd (Hrsg.): BGB, Kommentar, 10. Auflage, München 2015,

[zitiert: Bearbeiter, in: Prütting/Wegen/Weinreich, BGB].

Puppe, Ingeborg: Die strafrechtliche Verantwortlichkeit des Arztes bei mangelnder Aufklärung über eine Behandlungsalternative – Zugleich Besprechung von BGH, Urteile vom 3.3.1994 und 26.6.1995, GA 2003, 764-776.

Puppe, Ingeborg: Kleine Schule des juristischen Denkens, 3. Auflage, Stuttgart 2014.

Püschel, Christof: Das Verwendungsverbot des § 97 Abs. 1 S. 3 InsO und seine Folgen für die Verteidigung in Insolvenzstrafverfahren, in: Arbeitsgemeinschaft Strafrecht des Deutschen Anwaltsvereins (Hrsg.), Strafverteidigung im Rechtsstaat, 25 Jahre Arbeitsgemeinschaft Strafrecht des Deutschen Anwaltsvereins, Baden-Baden, 2009, 759-772.

Püschel, Christof: Die Pflicht zur „qualifizierten“ Belehrung im Insolvenz(straf) verfahren, in: *Ahlbrecht, Heiko / Dann, Matthias Wessing, Helga / Frister, Helmut / Bock, Dennis (Hrsg.)*, Festschrift für Jürgen Wessing zum 65. Geburtstag, München, 2015, 753-762.

Püschel, Christof: Die Pflicht zur „qualifizierten“ Belehrung im Insolvenz(straf) verfahren, ZInsO 2016, 226-264.

Quaas, Michael / Zuck, Rüdiger / Clemens, Thomas: Medizinrecht Öffentliches Medizinrecht – Pflegeversicherungsrecht Arzthaftpflichtrecht – Arztstrafrecht,

- 3. Auflage, München 2014

- 4. Auflage, München 2018

[zitiert: Bearbeiter, in: Quaas/Zuck/Clemens, Aufl.].

Ratzel, Rudolf / Lippert, Hand-Dieter: Kommentar zur Musterberufsordnung der deutschen Ärzte (MBO), 6. Auflage, Berlin / Heidelberg 2014 [zitiert: Ratzel/ Lippert, MBO-Ä].

Ratzel, Rudolf / Luxenburger, Bernd: Handbuch Medizinrecht, 2. Auflage, Bonn 2011.

Rauscher, Thomas / Krüger, Wolfgang (Hrsg.): Münchener Kommentar zur Zivilprozessordnung mit Gerichtsverfassungsgesetz und Nebengesetzen, 5. Auflage,

- Band 1, §§ 1-345 ZPO, München 2016,

- Band 2, §§ 355-945b ZPO, München 2016,

- Band 3, §§ 946-1117 ZPO u.a., München 2017

[zitiert: Bearbeiter, in: MüKo-ZPO].

Rebmann, Kurt /

Rixecker, Roland / Säcker, Franz Jürgen (Hrsg.): Münchener Kommentar zum Bürgerlichen Gesetzbuch, Band 3, §§ 705-853, 3. Auflage, München 2009

[zitiert: Bearbeiter, in: MüKo-BGB, 3. Aufl.].

Rehborn, Martin: Das Patientenrechtegesetz, GesR 2013, 257-272.

Reinecke, Jan: Die Fernwirkung von Beweisverwertungsverboten, München 1990.

Reiß, Wolfram: Besteuerungsverfahren und Strafverfahren. Zugleich ein Beitrag zur Bedeutung des Grundsatzes von nemo tenetur se ipsum prodere im Besteuerungsverfahren, Köln 1987

[zitiert: Reiß, Besteuerungsverfahren].

Rengier, Rudolf: Strafrecht Besonderer Teil II, Delikte gegen die Person und die Allgemeinheit, München 1998.

Renzikowski, Joachim: Die förmliche Vernehmung des Beschuldigten und ihre Umgehung, JZ 1997, 710–717.

Reuter, Marcel / Hahn, Erik: Der Referentenentwurf zum Patientenrechtegesetz – Darstellung der wichtigsten Änderungsvorschläge für das GBG, VuR 2012, 247-259.

Richter, Hans: Auskunfts- und Mitteilungspflichten nach §§ 20, 97 Abs. 1 ff. InsO, wistra 2000, 1–5.

Rieger, Hans-Jürgen: Pflicht zur Aufklärung über Unverträglichkeitsrisiken bei der Gabe von Medikamenten, DMW 1996, 997-998.

Rieger, Hans-Jürgen: Lexikon des Arztrechts, Berlin 1984.

Rieger, Hans-Jürgen: Aufklärung des Patienten über Behandlungsfehler, DMW 1986, 234-235.

Riepl, Frank: Informationelle Selbstbestimmung im Strafverfahren, Tübingen 1998.

Röckl, Edgar: Das Steuerstrafrecht im Spannungsfeld des Verfassungs- und Europarechts, Berlin 2002
[zitiert: Röckl, Steuerstrafrecht im Spannungsfeld].

Rödiger, Katja: Strafverfolgung von Unternehmen, Internal Investigations und strafrechtliche Verwertbarkeit von „Mitarbeitergeständnissen", Untersuchung am Beispiel der Siemens-Korruptionsaffäre, Frankfurt 2012
[zitiert: Rödiger, Strafverfolgung von Unternehmen].

Rogall, Klaus: Der Beschuldigte als Beweismittel gegen sich selbst, Berlin 1977
[zitiert: Rogall, Der Beschuldigte als Beweismittel].

Rogall, Klaus: Hypothetische Ermittlungsverläufe im Strafprozeß, Ein Beitrag zur Lehre der Beweiserhebungs- und Bewertungsverbote, NStZ 1988, 385-392.

Rogall, Klaus: Gegenwärtiger Stand und Entwicklungstendenzen der Lehre von den strafprozessualen Beweisverboten, ZStW 91 (1979), 1-44.

Rogall, Klaus: Über die Folgen der rechtswidrigen Beschaffung des Zeugenbeweises im Strafprozess, JZ 1996, 944-955.

Rogall, Klaus: Zur Lehre von Beweisverboten, in: *Samson, Erich / Dencker, Friedrich / Frisch, Peter / Frister, Helmut / Reiß, Wolfram (Hrsg.)*, Festschrift für Gerald Grünwald zum siebzigsten Geburtstag, Baden-Baden 1999, 523-548.

Rogall, Klaus: Beweiserhebungs- und Beweisverwertungsverbote im Spannungsfeld zwischen den Garantien des Rechtsstaates und der effektiven Bekämpfung von Kriminalität und Terrorismus, JZ 2008, 818-830.

Rogall, Klaus: Die Selbstbelastungsfreiheit vor neuen Herausforderungen, in: *Fahl, Christian / Müller, Eckhart / Satzger, Helmut / Swoboda, Sabine (Hrsg.)*, Ein menschengerechtes Strafrecht als Lebensaufgabe, Festschrift für Werner Beulke zum 70. Geburtstag, Heidelberg 2015, 973-986.

Rönnau, Thomas: Anm. zu BGH, Urteil von 15.10.2003 – 1 StR 300/03, JZ 2004, 801-804.

Roxin, Claus: Strafrecht, Allgemeiner Teil, Band 1, 4. Auflage, München 2006.

Roxin, Claus: Ein „neues Bild" des Strafrechtssystems, ZStW 83 (1971), 369-404.

Roxin, Claus: Nemo tenetur: die Rechtsprechung am Scheideweg, NStZ 1995, 465–469.

Roxin, Claus: Zum Hörfallen-Beschluß des Großen Senats für Strafsachen, NStZ 1997, 18-21.

Roxin, Claus: Das Recht des Beschuldigten zur Verteidigerkonsultation in der neuesten Rechtsprechung, JZ 1997, 343-347.

Roxin, Claus: Zum Beweisverbot bei bewusster Missachtung des Richtervorbehalts nach § 105 I1 StPO, NStZ 2007, 616-618.

Roxin, Claus / Schünemann, Bernd: Strafverfahrensrecht, 28. Auflage, München 2014

[zitiert: Roxin/Schünemann].

Roxin, Imme: Probleme und Strategien der Compliance-Begleitung in Unternehmen, StV 2012, 116–121.

Rübenstahl, Markus: Internal Investigations (Unternehmensinterne Ermittlungen) – status quo, Teil 1: Interviews in Internal Investigations und deren prozessuale Verwertbarkeit, WiJ 2012, 17-33.

Rudkowski, Lena: Die Aufklärung von Compliance-Verstößen durch „Interviews", NZA 2011, 612–615.

Ruppert, Felix: Das Beweisverwertungsverbot in § 630c Abs. 2 S. 3 BGB – Anwendungsbereich und Reichweite, HRRS 2015, 448–454.

Rüthers, Bernd / Fischer, Christian / Birk, Axel: Rechtstheorie mit Juristischer Methodenlehre, 9. Auflage, München 2016.

Rützenhoff, Steffen Moritz: Das Patientenrechtegesetz, Zwischen Vertrags-, Delikts- und Sozialrecht: Eine Bestandsaufnahme zur Kodifizierung zur geltenden Rechtsprechung im Arzthaftungsrecht durch die §§ 630 a bis 630 h im Bürgerlichen Gesetzbuch und ihren Auswirkungen, Hamburg 2017.

Sachverständigenrat für die Konzertierte Aktion im Gesundheitswesen: Gutachten 2000/2001 – Bedarfsgerechtigkeit und Wirtschaftlichkeit, Band 1: Zielbildung, Prävention, Nutzenorientierung und Partizipation, Baden-Baden 2002.

Säcker, Franz Jürgen / Rixecker, Roland / Oetker, Hartmut / Limperg, Bettina (Hrsg.): Münchener Kommentar zum Bürgerlichen Gesetzbuch,

- Band 1, 8. Auflage, München 2018, §§ 1-240 BGB u.a.,
- Band 4, 7. Auflage, München 2016, §§ 535-630h BGB u. a.,
- Band 5, 8. Auflage, München 2020, §§ 535-630h BGB u. a.,
- Band 5, 6. Auflage, München 2013, §§ 705-853 BGB u. a.,
- Band 6, 7. Auflage, München 2017, §§ 705-853 BGB u. a.

[zitiert: Bearbeiter, in: MüKo-BGB, Aufl.].

Sarhan, Amr: Unternehmensinterne Privatermittlungen im Spannungsfeld zur strafprozessualen Aussagefreiheit, wistra 2015, 449-455.

Satzger, Helmut / Schluckebier, Wilhelm / Widmaier, Gunter: StGB, Strafgesetzbuch, Kommentar, 3. Auflage, Köln 2016
[zitiert: Bearbeiter, in: Satzger/Schluckebier/Widmaier].

Schaefer, Torsten: Der Nemo-Tenetur-Grundsatz im Steuerstrafverfahren, Marburg 2007.

Schaub, Günter (Bgr.): Arbeitsrechts-Handbuch, Systematische Darstellung und Nachschlagewerk für die Praxis, 18. Auflage, München 2019
[zitiert: Bearbeiter, in: Schaub, Arbeitsrechts-Handbuch].

Schelling, Philip: Die ärztliche Aufklärung über die Qualität der Behandlung, Berlin / Heidelberg 2003
[zitiert: Schelling, Ärztliche Aufklärung].

Schelling, Philip / Warntjen, Maximilian: Die Pflicht des Arztes zur Offenbarung von Behandlungsfehlern – Zugleich Überlegung zum Entwurf eines Patientenrechtegesetzes, MedR 2012, 506–512.

Schipperges, Heinrich: Arzt und Patient in der Welt von morgen, Heidelberg 1983.

Schipperges, Heinrich: Moderne Medizin im Spiegel der Geschichte, München 1970.

Schmalz, Dieter: Methodenlehre für das Juristische Studium, 4. Auflage, Baden-Baden 1998.

Schmidt, Eberhard: Der Arzt im Strafrecht, Leipzig 1939.

Schnapp, Friedrich: Muss ein Vertragsarzt demokratisch legitimiert sein?, NZS 2001, 337-341.

Schnapp, Friedrich / Wigge, Peter (Hrsg.): Handbuch des Vertragsarztrechts, Das gesamte Kassenarztrecht, 3. Auflage, München 2017.
[zitiert: Schnapp/Wigge].

Schneider, Christian: Beweisverbote aus dem Fair-Trial-Prinzip des Art. 6 EMRK. Der Nemo-tenetur-Grundsatz im Lichte der EMRK, Hamburg 2013.

Schneider, Hartmut: Grund und Grenzen des strafrechtlichen Selbstbegünstigungsprinzips auf der Basis eines general-präventiv-funktionalen Schuldmodells, Berlin 1991
[zitiert: Schneider, Selbstbegünstigungsprinzip].

Schneider, Lena: Neue Behandlungsmethoden im Arzthaftungsrecht Behandlungsfehler - Aufklärungsfehler - Versicherung, Berlin / Heidelberg 2010.

Scholler, Heinrich: Die Freiheit des Gewissens, Berlin 1958.

Schöne, Wolfgang: Unterlassene Erfolgsabwendung und Strafgesetz, zur gesetzlichen Regelung „unechter" Unterlassungsdelikte, Köln 1974

[zitiert: Schöne, Unterlassene Erfolgsabwendung].

Schönke, Adolf (Begr./Hrsg.) / Schroeder, Horst (Fortgeführt) / Eser, Albin: Strafgesetzbuch Kommentar, 30. Auflage, München 2019

[zitiert: Bearbeiter, in: Schönke/Schröder].

Schroeder, Friedrich-Christian: Besondere Strafvorschriften gegen Eigenmächtige und Fehlerhafte Heilbehandlung?, in: *Buchmüller, Hans-Rainer*, Angermühler Gespräche Medizin-Ethik-Recht, Band 11, Passau 1998.

Schulze, Reiner: Bürgerliches Gesetzbuch, Handkommentar, 10. Auflage, Baden-Baden 2019

[zitiert: Bearbeiter, in: Schulze, Bürgerliches Gesetzbuch].

Schumacher, Lena: Nemo tenetur im Spannungsfeld zu außerstrafrechtlichen Offenbarungspflichten, Berlin 2017

[zitiert: Schumacher, Nemo tenetur].

Schumann, Antje: Verhör, Vernehmung, Befragung, Zu Geschichte und Dogmatik des Rechtsbegriffs der Vernehmung im Strafprozess und seiner Auflösung im 20. Jahrhundert, Tübingen 2016

[zitiert: Schumann, Verhör, Vernehmung, Befragung].

Schünemann, Bernd: Zur Kritik der Ingerenz-Garantenstellung, GA 1974, 231-242.

Schünemann, Bernd: Die Unterlassungsdelikte und die strafrechtliche Verantwortlichkeit für Unterlassungen, ZStW 96 (1984), 287-320.

Schürmann, Hannes: Unterlassungsstrafbarkeit und Gesetzlichkeitsgrundsatz, Berlin 1986

[zitiert: Schürmann, Unterlassungsstrafbarkeit und Gesetzlichkeitsgrundsatz].

Schwacke, Peter: Juristische Methodik mit Technik der Fallbearbeitung, 5. Auflage, Stuttgart 2011.

Schwarz, Susanne: Hinweispflicht des Arztes auf eigene Behandlungsfehler?, JR 2008, 89-94.

Seebode, Manfred: Zur gesetzlichen Bestimmtheit des unechten Unterlassungsdelikts, in: *Seebode, Manfred (Hrsg.)*, Festschrift für Günter Spendel zum 70. Geburtstag am 11. Juli 1992, Berlin 1992, 317-346.

Singelnstein, Tobias: Strafprozessuale Verwendungsregelungen zwischen Zweckbindungsgrundsatz und Verwertungsverboten, Voraussetzungen der Verwertung von Zufallsfunden und sonstiger zweckentfremdender Nutzung personenbezogener Daten im Strafverfahren seit dem 1. Januar 2008, ZStW 120 (2008), 854-893.

Singelnstein, Tobias: Unselbstständige Verwertungsverbote und informationelle Selbstbestimmung, in: *Müller, Henning Ernst / Sander, Günther M. / Válková, Helena (Hrsg.)*, Festschrift für Ulrich Eisenberg zum 70. Geburtstag, München 2009, 643-656.

Sodan, Helge (Hrsg.): Beck´sche Kompakt-Kommentare, Grundgesetz, 4. Auflage 2018

[zitiert: Bearbeiter, in: Sodan, GG]

Sodan, Helge (Hrsg.): Handbuch des Krankenversicherungsrechts, 3. Auflage, München 2018

[zitiert: Bearbeiter, in: Sodan, Handbuch des Krankenversicherungsrechts].

Solbach, Günter: „Aufklärung" des Patienten über wirtschaftliche Aspekte der Behandlung?, JA 1986, 419-422.

Sowada, Christoph: Die hypothetische Einwilligung im Strafrecht, NStZ 2012, 1-12.

Spickhoff, Andreas (Hrsg.): Medizinrecht,

- 2. Auflage, München 2014,
- 3. Auflage, München 2018

[zitiert: Bearbeiter, in: Medizinrecht, Aufl.].

Spickhoff, Andreas: Die Entwicklung des Arztrechts 2006/2007, NJW 2007, 1628-1638.

Spickhoff, Andreas: Patientenrechte und Gesetzgebung – Rechtspolitische Anmerkungen zum geplanten Patientenrechtegesetz, ZRP 2012, 65-70.

Spickhoff, Andreas: Patientenrechte und Patientenpflichten – Die medizinische Behandlung als kodifizierter Vertragstypus, VersR 2013, 267-282.

Spickhoff, Andreas: Behandlungsfehler und Offenbarungspflicht: Gründe und Grenzen, JZ 2015, 15-27.

Sternberg-Lieben, Detlev: Anm. zu BGH, Urteil vom 5.7.2007 – 4 StR 549/06, StV 2008, 190-193.

Störmer, Rainer: Dogmatische Grundlagen der Verwertungsverbote, eine Untersuchung über die Strukturen strafprozessualer Verwertungsverbote unter dem Einfluss der Verfassung und der Grundsätze des öffentlichen Rechts, Marburg 1992

[zitiert: Störmer, Dogmatische Grundlagen der Verwertungsverbote].

Stürner, Rolf / Eidenmüller, Horst / Schoppmeyer, Heinrich: Münchener Kommentar zur Insolvenzordnung, Band 2, §§ 80-216 InsO,

- 3. Auflage, München 2013,
- 4. Auflage, München 2019
[zitiert: Bearbeiter, in: MüKo-InsO, Aufl.].

Stürner, Rolf (Hrsg.): Jauernig, Bürgerliches Gesetzbuch, 17. Auflage, München 2018
[zitiert: Bearbeiter, in: Jauernig, BGB]

Stürner, Rolf: Strafrechtliche Selbstbelastung und verfahrensförmige Wahrheitsermittlung, NJW 1981, 1757-1763.

Stürner, Rolf: Die Aufklärungspflicht der Parteien des Zivilprozesses, Tübingen 1976.

Swoboda, Sabine: Die hypothetische Einwilligung – Prototyp einer neuen Zurechnungslehre im Bereich der Rechtfertigung?, ZIS 2013, 18-32.

Tag, Brigitte: Der Körperverletzungstatbestand im Spannungsfeld zwischen Patientenautonomie und Lex artis, Berlin / Heidelberg 2000
[zitiert: Tag, Der Körperverletzungstatbestand].

Taupitz, Jochen: Die zivilrechtliche Pflicht zur unaufgeforderten Offenbarung eigenen Fehlverhaltens, Tübingen 1989
[zitiert: Taupitz, Offenbarungspflicht].

Taupitz, Jochen: Aufklärung über Behandlungsfehler: Rechtspflicht gegenüber dem Patienten oder ärztliche Ehrenpflicht?, NJW 1992, 713-719.

Tempel, Otto: Inhalt, Grenzen und Durchführung der ärztlichen Aufklärungspflicht unter Zugrundelegung der höchstrichterlichen Rechtsprechung, NJW 1980, 609-617.

Tepperwien, Ingeborg: „Schöpferische Rechtsfindung" in der neueren Rechtsprechung des Bundesgerichtshofs zum Strafverfahrensrecht, in: *Schöch, Heinz / Satzger, Helmut / Schäfer, Gerhard / Ignor, Alexander / Knauer, Christoph (Hrsg.)*, in: Strafverteidigung, Revision und die gesamte Strafrechtswissenschaften, Festschrift für Gunter Widmaier zum 70. Geburtstag, Köln 2008, 583-598.

Terbille, Michael / Clausen, Tilman / Schroeder-Printzen, Jörn: Münchener Anwaltshandbuch, Medizinrecht,
- 1. Auflage, München 2009,
- 2. Auflage, München 2013
[zitiert: Bearbeiter, in: MAH-Medizinrecht, Aufl.].

Terbille, Michael / Schmitz-Herscheidt, Stephan*:* Zur Offenbarungspflicht bei ärztlichen Behandlungsfehlern, NJW 2000, 1749-1756.

Tiemann, Burkhard / Muschallik, Thomas: GSG ´93 zwischen Staatsmedizin und Verfassungsbruch, ZM Nr. 2/1993, 22-31

Tiemann, Burkhard: Wandel vom Kassenarzt zum Vertragsarzt – Definition oder Statusänderung? – Der zahnärztliche Versorgungssektor, VSSR 1994, 407-428.

Theile, Hans: Die Herausbildung normativer Orientierungsmuster für Internal Investigations – am Beispiel selbstbelastender Aussagen, ZIS 2013, 378-384.

Theile, Hans / Gatter, Marcella Janina / Wiesenack, Tobias C.: Domestizierung von Internal Investigations?, ZStW 126 (2014), 803-843.

Thole, Larissa: Das Patientenrechtegesetz – Ziele der Politik, MedR 2013, 145-149.

Thole, Larissa / Schanz, Michael: Die Rechte der Patienten – transparent, verlässlich und ausgewogen, RDG 2013, 64-70.

Thurn, Peter: Das Patientenrechtegesetz – Sicht der Rechtsprechung, MedR 2013, 154-157.

Tröndle, Herbert: Selbstbestimmungsrecht des Patienten – Wohltat und Plage?, MDR 1983, 881-887.

von Troschke, Jürgen / Schmidt, Helmut (Hrsg.): Ärztliche Entscheidungskonflikte, Falldiskussionen aus rechtlicher, ethischer und medizinischer Sicht, Stuttgart 1983

[zitiert: Bearbeiter, in: Troschke/Schmidt].

Uhlenbruck, Wilhelm: Das Recht und die Pflicht des Arztes zur restitutio ad integrum nach einem Behandlungsfehler, in: *Heberer / Georg, Opderbecke, Hans Wolfgang / Spann, Wolfgang (Hrsg.),* Ärztliches Handeln – Verrechtlichung eines Berufsstandes, Festschrift für Walther Weißauer zum 65. Geburtstag, Berlin 1986, 150-163.

Ulsenheimer, Klaus: Ausgreifende Arzthaftpflichtjudikatur und Defensivmedizin: Ein Verhältnis von Ursache und Wirkung, Dortmund 1997.

Ulsenheimer, Klaus: Arztstrafrecht in der Praxis, 5. Auflage, Heidelberg / München 2015.

Verrel, Torsten: Die Selbstbelastungsfreiheit im Strafverfahren. Ein Beitrag zur Konturierung eines überdehnten Verfahrensgrundsatzes, München 2001

[zitiert: Verrel, Selbstbelastungsfreiheit].

Verrel, Torsten: Nemo tenetur – Rekonstruktion eines Verfahrensgrundsatzes (Teil I), NStZ 1997, 361–365.

Volk, Klaus / Engländer, Armin: Grundkurs StPO, 8. Auflage, München 2013

[zitiert: Volk/Engländer].

Wagner, Gerhard: Kodifikation des Arzthaftungsrechts? – Zum Entwurf eines Patientenrechtegesetzes, VersR 2012, 789–802.

Wagner, Heinz: Anmerkung zu BGH, Urt. vom 28.04.1987 – 5 StR 666/86, NStZ 1989, 34-35.

Wagner, Regine / Knittel, Stefan (Hrsg.): Soziale Krankenversicherung, Pflegeversicherung, Kommentar, Stand 105. Ergänzungslieferung Januar 2020

[zitiert: Bearbeiter, in: Krauskopf, Soziale Krankenversicherung, Pflegeversicherung].

Walter, Ute: Das neue Patientenrechtegesetz, Praxishinweise für Ärzte, Krankenhäuser und Patienten, München 2013.

Weßlau, Edda: Zwang, Täuschung und Heimlichkeit im Strafverfahren, ZStW 110 (1998), 1–37.

Weyand, Raimund: Zur „Verwendung" von Angaben des Schuldners für strafrechtliche Zwecke, Anm. zu LG Stuttgart, Beschl. v. 21.07.2000 – 11 Qs 4600, aus Sicht der Strafverfolgungspraxis, ZinsO 2001, 108-110.

Widmaier, Gunter: Mitwirkungspflicht des Verteidigers in der Hauptverhandlung und Rügeverlust (?), NStZ 1992, 519-523.

Widmaier, Gunter / Müller, Eckhart / Schlothauer, Reinhold / Schütrumpf, Matthias (Hrsg.): Münchener Anwaltshandbuch Strafverteidigung, 2. Auflage, München 2014 [zitiert: Bearbeiter, in: MAH-Strafverteidigung]

Wiesner, Sandra: Die hypothetische Einwilligung im Medizinstrafrecht, Baden-Baden 2010.

Wilk, Thomas: Die Rechtsbeziehungen im Vertragsarztwesen unter besonderer Berücksichtigung der Rechtsstellung des Belegarztes, Frankfurt 2005.

Wolter, Jürgen (Hrsg.): SK-StPO, Systematischer Kommentar zur Strafprozessordnung, Mit GVG und EMRK,

- Band I, §§ 1- 93, 5. Auflage, Köln 2018,

- Band II, §§ 94-136a StPO, 5. Auflage, Köln 2016,

Band III, §§ 137-197 StPO, 5. Auflage, Köln 2016

[zitiert: Bearbeiter, in: SK-StPO].

Ziegler, Hans-Berndt / Oynar, Dennis: Der Beginn der Verjährung im Arzthaftungsrecht, Ohne Gutachten läuft nichts – regelmäßig auch nicht die Verjährung, NJW 2017, 2438-2442.

Zippelius, Rheinhold: Juristische Methodenlehre, 11. Auflage 2012.

Zöller, Wolfgang: Patientenrechtegesetz, MedR 2011, 229-230.

Zuck, Rüdiger: Die Zukunft der freien Berufe und staatliche gebundene Freiberufe, in: *Hermann, Harald / Backhaus, Jürgen (Hrsg.),* Staatlich gebundene Freie Berufe im Wandel, Baden-Baden 1998, S. 1-21.

www.ingramcontent.com/pod-product-compliance
Ingram Content Group UK Ltd.
Pitfield, Milton Keynes, MK11 3LW, UK
UKHW021927290926
8980IPUK00016B/1487

9 783631 881545